比較文化学の地平を拓く

日本比較文化学会関東支部

開文社出版

『比較文化学の地平を拓く』の刊行に寄せて
日本比較文化学会会長
山内信幸

　このたび、日本比較文化学会関東支部の編集で、『比較文化学の地平を拓く』が開文社から発刊される運びとなりました。本書は、関東支部の長年の活動を記念するものとして、同支部にご縁のある方々が寄稿されたものです。学会としては、設立20周年を記念して、1998年に開文社出版から故芳賀馨先生の編集で『比較文化学論纂』を刊行しましたが、今般の同書の発刊は、学会にとっても35周年に当たる節目として、意義深いものであると存じます。
　私事になりますが、1985年4月に新島学園女子短期大学（当時）に研究助手として採用され、その際に太田敬雄先生がかかわっておられた日本比較文化学会をご紹介いただき、すぐさま入会手続きを取り、関東支部の編集担当に加えていただきました。最初に手がけた『比較文化研究』第3号には拙稿も掲載していただいて、研究者として初めての業績とさせていただきました。初期の頃にご寄稿いただいた先生方の多くはすでに鬼籍に入られていますが、いつも全国大会や支部例会などでお目にかかって、いろいろとご教示を仰いだ経験が、一本の太いつながりとなって、後に続く者たちに引き継がれ、現時点での比較文化学の学術的水準を示す立派な研究書となって結実を見たことは、30年近くに亘る本学会との関わり合いを思い返してみて、たいへん感慨深いものを感じざるを得ません。
　関東支部は、本学会の端緒である東北比較文化学会が全国規模の展開を企図したときに、東北支部に続いて、2番目の支部として発足し、主力支部として学会を支えてきた歴史があります。今後も、関東支部のますますの発展を祈念し、現会員のみならず、新しい会員の諸兄姉によって、魅力ある研究活動を展開されていくことを願っております。
　最後になりましたが、ご寄稿いただいた執筆者の皆様方ならびに編集の労をお取り下さった野口周一先生ならびに佐藤知条先生にはこの場をお借りして御礼申し上げます。また、昨今の厳しい出版事情の中で、出版をご快諾下さった開文社出版の安居洋一社長にも長年のご厚誼に深く感謝申し上げます。

はじめに

野口周一
佐藤知条

　「文化」を「比較」するという営みをどう規定するか。これはきわめて困難な問いである。文化という語の意味や定義は専門領域においても異なり、さらにいえば論者一人ひとりによっても差異がある。また比較という言葉も、何と何を並立させ、どのような方法によって両者を峻別するのかは、個人に委ねられる部分があり、多様性に開かれたものであろう。本書に収録した23編も各執筆者の興味関心およびそれぞれの専門領域におけるアプローチを通して文化を比較し、そこから見えるものを剔出した論考で、ヴァラエティに富んだものである。

　すべての論が、書名にあるように「比較文化学の地平を拓く」ための意欲的な試みであるが、本書は「歴史的視野からのアプローチ」「現代社会へのまなざし」の2部構成となっている。より詳細にみれば、第1部の中村、下田尾、熊谷、高山、伊藤、石井、王、齋藤論文は、歴史的な視点から人間の営みをあきらかにしようとするアプローチによる各論である。続く鈴木、佐藤、野口の3編は教育という文化の歴史に迫る試みといえよう。第2部の阿久津、才藤論文では過去と現在をつなぐ回路を見いだそうとする試みがなされている。山内、三井、木下、荒井論文は対象を現代の文化におき、その内面を抉っている。そして高橋、成田、前田、水島、森崎、大塚論文は軸足を現代に置きつつ、多様な専門領域において比較文化学を展開させようとしている試みといえよう。

　むろん本書が採った配列はあくまで一つの分け方にすぎず、まったく異なる編み方もできるだろう。それは比較文化学が多様性に開かれているからこそ可能となるものである。所収の論文から現在の比較文化学の多様性を読みとるだけではなく、その総体をいかに捉えるか（それは比較文化学の将来像の構想につながるものだろう）もまた本書が全体として提示する重要な問題提起なのである。

目　次

刊行によせて　iii
はじめに　v

第1部　歴史的視野からのアプローチ

1 『ランカシャーの魔女たち』とナサニエル・トムキンス：
　　近代初期イングランドの観客心性
　　　　　　　　　　　　　　　　　　　　　　　　　　中村　友紀　3

2 "Advance with Courage"
　　―鳥猟犬ゴールデン・レトリーバー作出の意図を探る―　下田尾　誠　20

3 18世紀末の英国にみる纏足のイメージ
　　―マカートニー使節団の記録より―　　　　　　　熊谷　摩耶　36

4 中世南都の寺院法会と僧具
　　―その宗教的・社会的役割に関する一考察―　　　高山　有紀　60

5 俳諧史における芭蕉の位置
　　―「俳諧文化」研究の可能性―　　　　　　　　　伊藤　善隆　81

6 新渡戸稲造の台湾認識をめぐって　　　　　　　　　石井　智子　97

7 悲劇の皇子・時空を超えた旋律
　　―蘭陵王と「蘭陵王入陣曲」の伝承をめぐって―　王　　　媛　110

8 宋代招安考
　　～『守城録』を手がかりとして～　　　　　　　　齋藤　忠和　127

9 歴史教科書の地平を拓く
　　―20世紀初頭、清末「欽定学堂章程」公布前後の諸家の見解―　鈴木　正弘　147

10 1930年代半ばの教材映画の学校教育における布置
　　―教材映画『南洋諸島』の教育的な利用可能性―　佐藤　知条　163

11 元寇！キミならどうする？
　　―歴史教科書における「元寇」叙述をめぐって―　野口　周一　181

第2部　現代社会へのまなざし

12 地域資料を生かした災害文化の形成
　　―「天明三年浅間焼け」を事例として―　　　　　阿久津　聡　225

13 カリフォルニア日系新一世女性の死別体験と悲嘆　　才藤千津子　239

vii

14 現代の若者たちの「距離感」に関する一考察
　　―「若者ことば」から見た 若者の精神的志向性を中心に―······ 山内　信幸　257
15 フィンランドの保育政策と多文化保育
　　―乳幼児期からの多文化保育の意義―······················ 三井　真紀　277
16 カンボジアと日本の英語の教科書の比較
　　―中学1年（7th grade）における英語教育のアプローチの違い―··木下　哲生　291
17 日本語教育の現場から見た比較文化···················· 荒井　美幸　314
18 ESPとCLILについての一考察 ························ 高橋　　強　329
19 わが子へのケアから他者へのケアへ
　　―重症心身障害者の母親における他者との関係性に基づいた世代性の類型化―
　　··· 成田小百合　358
20 Handsomeの女性に用いられる用法
　　―アンケート調査とコーパスを用いて―·················· 前田　　浩　371
21 中学校外国語科の必修の根拠を考える
　　―『学習指導要領解説書』の通時的分析を通して―·········· 水島　孝司　392
22 造形の印象評価に関する一考察
　　―触覚的鑑賞行動から立体造形の印象評価を予測する―······ 森崎　巧一　404
23 「ステークホルダーアプローチ」に基づく不採算路線の活性化
　　··· 大塚　良治　412

あとがき　423

執筆者一覧　424

第1部　歴史的視野からのアプローチ

『ランカシャーの魔女たち』とナサニエル・トムキンス： 近代初期イングランドの観客心性

中 村 友 紀

はじめに

　近代初期イングランド演劇の観客は、識字率の低さゆえに観劇の評を多くは残していない[1]。観客の受容の研究の限界はこの点にある。しかし、少ないながらも存在する観客による手記の類、あるいは、演劇関係者や劇作家による様々な周辺的著作、あるいは会計や法律関係の史料および行政史料など、各種史料から判明することも多い。さらには、近年の観客研究のトレンドとして、演劇作品の言説から観客の受容のあり方を分析するという方法もある。本論文では、トマス・ヘイウッドとリチャード・ブルーム共作の戯曲、『ランカシャーの魔女たち』（1634年初演）について、数種類の史料から、観客の受容や心性を分析する。

　『ランカシャーの魔女たち』には、観客による詳細な評が残っている。また、この戯曲の題材となった事件の裁判史料の記述は、劇の中の諸表現の多くと酷似している。世間を賑わせた事件への人々の関心が高いという状況にあって、演劇が、裁判の内実を世間に広く知らしめることでゴシップ流通に関与し、ニュースメディアとして機能したという点も、観客の受容の性質を考える上で重要である。さらには、題材となった事件の背景には、政治的・宗教的事情があり、それが戯曲の成立にもかかわっている。近代的市民になりつつあったこの時代の人々が、国内政治的な問題が根底に潜む芝居に関心を持ったという点も、近代初期個人および社会に対する、演劇受容の文化史・社会史的役割を考える上で、注目すべき点である。

1. 観客反応とパブリック圏への手掛かりとしての史料

当論文は、近代初期イングランド社会における、演劇のパブリック圏としての役割を検証する。この試みにおいてまず問題となるのは、16世紀末から17世紀初頭のイングランドの劇場に、パブリック圏の概念が適用可能であるかどうかという点である。ハーバマスの言うところのパブリック圏とは、18世紀のイングランドにおいて、印刷物やコーヒーハウスなどを媒介に、ブルジョワ市民の間に出現した議論の場である。16世紀末から17世紀初頭の演劇については、観客はブルジョワ層に限定されず雑多であるという点で、ハーバマスの定義にはあてはまらない。また、印刷物の読者が、識字率という条件によりコミュニケーションのネットワークに組み入れられ、議論・批評に参加する主体としてパブリック圏を形成したのに対し、16-17世紀のロンドンの劇場の観客の集団への参加には、同質の批判力や能動性はない。ハーバマスの言うようなパブリック圏が成立する諸条件を、16-17世紀演劇は満たしていない。しかしながら、限定的な意味で、初期段階のパブリック圏と見なせるものが、16-17世紀演劇にもあったと考えることができる[2]。それは、劇場が劇場であるためには、興行側のみならず、観客という存在が不可欠であり、さらには観客とは、芝居を評価し、芝居に対して反応するという能動的なコミュニケーション行為を行うという点からである。つまり、人々が自発的に集い、芝居について感想を持ったら自由に批評して反応し、また、周囲の反応を知り、世論あるいは集団的反応に参加するというこれらの行為を考えると、観客は、劇場というフォーラムに束の間出現するコミュニティにおいて公論を形成するパブリックといえる。したがって、そのような公衆が集って成立する演劇とは、パブリック圏創出の場であったと言える。

　このパブリック圏の実証的な分析は、戯曲というテクスト単一では不可能である。観客の反応、あるいは、芝居の周辺で観客が形成していたコミュニケーションのネットワークがどのようなものであったかについての情報が必要である。観客の評価や反応を知るには、彼らが書き残した芝居への感想がわからなくてはならない。あるいは、芝居と関連のあるゴシップ等から、観客のコミュニケーションや、情報・知識の共有がどのようなものであったかを知る必要がある。

これらの情報を得られる史料がそろった演劇作品として顕著な例が、トマス・ヘイウッド（Thomas Heywood）とリチャード・ブルーム（Richard Brome）共作の The Witches of Lancashire（1634年初演・出版。以下、『ランカシャーの魔女たち』と表記）[3] である。この作品の成立には、社会を賑わせたゴシップが関わっており、それを如実に物語る裁判資料が残っている。また、観客の一人であったナサニエル・トムキンス（Nathaniel Tomkyns）による詳細な報告が残っている。

 一般的に、16-17世紀のイングランドの観客の芝居への評価・反応についての史料は、殆ど残っていない。それゆえに、彼らが芝居にどのように反応し、どのような感想をもったのか、また、芝居からどのような心理的影響を受けたのか、といった問題は、量的にも質的にもアプローチが限定され、困難である。その理由は、まず、識字率の低い社会において、観劇の記録を残した観客が極めて少ないという事実にある。さらには、少ないながらも存在するそうした史料における演劇に関するコメントは、書簡や日記の中の単なる一つの話題として書かれたものであり、批評やルポルタージュという意識から書かれたものではない。したがって、情報としては不十分であり、評というにはあまりに素朴であることが多い。あるいは、それら史料は、字義通りに理解するには注意を要し、テクストとしての解釈を要する難物であることも多い。というのも、彼らの言説は、彼らのバイアスや利害関係や、あるいは言説・思考のパターンを形作る文化的諸要因等の、テクストをコンテクストたらしめる様々な要素を考慮した読みでないと、こぼれ落ちるものが多くなるゆえである。

 こうした問題点を克服しつつ、史料から近代初期観客の心性を読み取る試みは、近年様々な形で行われてきた。イングランド演劇に関していうと、その嚆矢は Andrew Gurr の Playgoing in Shakespeare's London（1987）である。ガーは、劇場での観客の経験を、多角的な観点から様々な史料を根拠に再現した。その観点の一つが、芝居を見ることを通じて観客の間に形成される集団的心性（collective mind）である（6）。ガーは、集団的心性へのアプローチとして、人々が書き残した、広範にわたる種類のテクストを概観し、当時の演劇受容体験を再構築しようと試みた。そのテクスト群には、戯

曲や演劇関係者による著述以外に、パンフレット、書簡、日記等様々な種類が含まれている。こうした史料には、人々の芝居への感想や、演劇周辺の実際的詳細や出来事といった、演劇をとりまく社会的・文化的環境が描かれている。さらには、ガー以降も盛んに行われている、劇場における観客経験についての研究の多様な展開の例としては、例えば Matthew Steggle の *Laughing and Weeping in Early Modern Theatres*（2007）のような、観客の手による資料の限界を超えて、作品の内容から逆照射して観客のふるまいを分析しようとする試みも登場した。観客の反応、および彼らの劇場における経験の解明には、様々な手段が開発されつつある。

2. 裁判記録と『ランカシャーの魔女たち』の類似点

次に、裁判資料と戯曲の比較を行う。この2種の一次資料の内容は、複数の点で一致している。研究者たちの間では、そのような一致が見られる根拠として、劇作家たちに係争中の裁判の資料を見る特別な機会があり、それをドキュメンタリードラマとして劇作したから、という見方が多くなされている（Berry 124-125, 134-136; White 186）。裁判から劇化への経緯の可能性の説明として有力なのは、Herbert Berry によるものである。

ベリーは、枢密院の判決文書等の各種資料から、裁判および劇化の過程を再構築している（127-138）。ベリーによる情報が有意義なのは、戯曲のゴシップ性を検証するためには出来事のタイミングが重要であるから、さらには、事件の劇化までの時間の顕著な短さがこの戯曲成立の特異さの証明になるからである。以下、ベリーにより再現された経緯から、重要な出来事を抜き出して時系列的に整理してみる。

(1) 告発・巡回裁判・枢密院裁判・劇化の経緯
事件の発端から劇化までの進行をまとめると、以下のようになる。

　　1633 年秋：　　　　ロビンソン少年が魔女を告発
　　1634 年 2 月 10 日：ロビンソン親子が証言
　　1634 年 3 月 2 日：　容疑者が証言

1634年3月24日：ランカシャーでの巡回裁判で21人の公判。いったん有罪となったが、裁判に疑問を持った判事たちが、ロンドンの高次の裁きに委ねた。
1634年6月15日：チェスター司教ブリッジマンが枢密院メンバーのニューバラ卿に容疑者尋問をさせ、その結果を枢密院に書き送る。「3人の尋問から3人とも無罪と判断。ロビンソン少年の父は偽証により利益得た」と。（この証言内容が芝居の材源。初演の7週間前）
1634年6月28日：容疑者4人もロビンソンも皆ロンドンに召喚された。
1634年7月10日：枢密院で、ロビンソン少年が、全て虚偽だったと証言。
1634年7月16日：法手続きが全て中断。（このあと芝居の初日まで動かない。）
1634年7月20日：King's Men（国王がスポンサーとなった劇団）が、宮内大臣に、自分たちより先に他の劇団にこの題材を使わせないよう陳情。
1634年8月11あるいは12日：このいずれかに初演。裁判はまだ継続中。
（Berry 127-138 より抜粋および再構築）

　芝居の上演直後、4人の容疑者は無罪となった。しかし、1637年になってもまだ拘留されていた（Findlay 151）。
　事件の発端から芝居の初演までは1年足らずであり、しかも、芝居の題材となった情報源の裁判証言記録は、6月15日以降に取られたものである。速報ともいえる新しさがあることに加え、国王一座にのみ特権的に与えられた特ダネ的情報に基づくこの芝居には、ニュース劇としての格別の価値があったと言える。

(2) 枢密院での証言内容と戯曲
　次に検証すべきは、裁判記録と戯曲の類似である。ここで問題となる裁判

とは、地方で行われる巡回裁判ではなく、ロンドンで王の名において行われるより高次の裁判であり、枢密院での取り調べである。このロンドンでの取り調べには、容疑者4人とロビンソン親子が召喚された。枢密院での証言を収めた裁判記録が *Calendar of State Papers, Domestic*（以下、*CSPD* と省略）に所収されている。*CSPD* とは、国務文書を集めて編纂したものであり、1600年代の文書は19世紀にまとめられている。この *CSPD* における記述と『ランカシャーの魔女たち』における表現の類似点を検討していく。戯曲との類似を示すのは主に、関係者たちが裁判で証言したその内容である。これらの類似により、芝居を通じて事件についての情報が、ゴシップとしてどのように共有されていたかを検証する。

　まずは、戯曲中の以下のくだりでは、魔女が魔法でもって、バケツに触れずして自由自在に動かすというエピソードが登場する。

> *Moll* 　I'll but take up my milk-pail and leave it in the
> 　　　　 field till our coming back in the morning, and
> 　　　　 we'll away.
> *Robert* 　Go fetch it quickly, then.
> *Moll* 　No, Robert, rather than leave your company so
> 　　　　 long, it shall come to me.
> *Robert* 　I would but see that! (*The pail goes* [*towards MOLL*])
> 　　　　　　　　　　　　　　　　（『ランカシャーの魔女たち』2.6.40-47）[4]

裁判記録においては、以下のような証言が行われた。これは、魔女がバケツを自由自在に動かし呼び寄せたという告発である。魔女がバケツを動かすという劇中のエピソードの、材源と考えることができる。"Cunliffe accused her to call a collock, or pear [pail], which come running to her of its own accord." (*CSPD*. 1634. June 15.)

　次に挙げる例は、兎を追う2頭の猟犬の働きが悪くなったかと思うと、犬が女性と子どもの悪魔に変身するというくだりである。

Enter BOY with the greyhounds

Boy   A hare, a hare! Halloo, halloo!
　　　[..]
　　　What, are they grown so lither and so
　　　lazy? Are Master Robinson's dogs turned tykes
　　　with a wanion? The hare is yet in sight, halloo,
　　　halloo!
　　　[..]
　　　I'll see if I can put spirit into you and put
　　　you in remembrance what 'halloo, halloo!'
　　　means.

As he beats them, there appears before him [GILLIAN]
Dickinson and [*a small demon-child in place of the greyhounds*]
　　　Now, bless me heaven! One of the greyhounds
　　　turned into a woman, the other into a boy!
　　　　　　　　　　　　（『ランカシャーの魔女たち』2.5.1-19）

裁判の証言でこのくだりと類似するのは、以下の箇所である。"Examinant told his father and mother, and the Justices of Peace, and Judges of Assize of co. Lancaster, and divers other persons, of divers things concerning the finding two greyhounds and starting a hare, and that the greyhounds refused to run at the hare, and that he tied the greyhounds to a bush and beat them, and that thereupon one assumed the shape of a woman, and the other of a boy, and that the woman offered examinant twelvepence to say nothing [....]" (*CSPD*. 1634. July 10.) この記述においては、猟犬が兎を追うのを止めたので少年がそれらを打ったところ、2頭の犬が女性と少年に変身したという話が語られている。ここにも類似が見られる。

　次の例では、魔女により魔法の馬具の轡をかけられた男性が、馬に変身さ

せられるというエピソードが登場する。

> *Mrs Generous*　Oh, is it so? And must he be made acquainted with my actions by you, and must I then be controlled by him, and now by you? You are a saucy groom!
> *Robert*　You may say your pleasure. (*He turns from her*)
> *Mrs Generous*　No, sir, I'll do my pleasure. (*She bridles him*)
> *Robert*　Aw!
> *Mrs Generous*　'Horse, horse, see thou be,
> 　　　　　　　And where I point thee carry me.'
>
> 　　　　　　　　　　　　　　*Exeunt, [he] neighing*
> （『ランカシャーの魔女たち』3.2.96-104）

　これとの類似が見られるのは、証言中の以下のくだりである。"[…] and that she put a bridle into the boy's mouth, whereupon he became a white horse, and took up examinant, and carried him on his back to a place called Horestones in Pendle Forest, where he saw a number of persons gathered together who gave examinant meat, &c." (*CSPD*. 1634. July 10.) これは、魔女が少年に轡をかけると少年が馬に変身し、目撃者を背に乗せて魔女の宴の場所まで走ったという趣旨である。

　これら3点以外にも類似は散見される。こうした表現の一致が戯曲と裁判記録の間に見られることから、裁判記録が劇作家の手に渡り、芝居の材源になったという見立ては有力であると考えられる。

　先行研究において、ヘイウッドとブルームによる戯曲執筆の経緯に、政治的要因を探る試みが行われてきた。その説明付けの根拠は以下の2点である。まず、機密事項であるはずの証言内容がそっくりそのまま演劇関係者の手に渡るとは、普通ならば考えにくい。演劇は、時にプロパガンダの手段となることもあったが、基本的に当該社会においてはむしろ取り締まりを受ける存在であった。政治的に反体制的暗喩を潜ませた芝居も多く、そうしたも

のは上演禁止となった[5]。そもそも、当時の社会において演劇とは、周縁的存在であった。チェインバレン（宮内大臣）の管轄下で検閲を受けた上で芝居は上演され、また、多くの劇場はロンドン市中ではなく、リバティーズと呼ばれる周辺市外地域で運営されていた。ロンドンの主要な各劇団は、Queen's Men（女王一座）、King's Men（国王一座）、Admiral's Men（海軍大臣一座）、Lord Chamberlain's Men（宮内大臣一座）などの権威あるパトロンの名を冠していたとはいえ、それでも無法者と紙一重の俳優たちの集まりとして基本的に危険視された[6]。決して各種権力と親密な関係にあったとは言い難い[7]。王の施政にかかわる機密文書を劇団が手にできたということは、注目に値する。

次に、『ランカシャーの魔女たち』の上演機会が、裁判が未決のうちに国王一座に許されたという点も顕著な点である。さらには、奇妙なことに、7月16日に証言が行われたのち、芝居の初日まで裁判が中断している（Berry 128）。芝居の上演のために裁判が休廷になっていた、とまでは言い切れないが、少なくともこの状況は、国王一座が他の劇団に先駆けて特ダネを舞台にかけるうえでは、大変有利であった。情報提供者である有力者が、様々な便宜をはからってまで芝居によるパブリシティを必要とした理由は後述するが、芝居を手掛けた興行側にとって、裁判未決のうちに上演にこぎつけることには、利点があった。既にパンフレットやチャップブックを通じて人々の耳目を集め、ゴシップの種となっていた事件を題材として、目新しい芝居を舞台にかけることで、劇団は興行的成功を見込めた。情報提供を持ちかけられた以上、真に協力するかどうかはともかく、その機会を利用するという動きが劇団側にあったことが考えられる。このように、演劇や劇場の自己保存の姿勢は功利的ともいえるものであった。観客の欲求に応えることで経営を存続できるという生存競争の原理に基づいていたことが、こうした近代初期ロンドンの劇場の特性の理由であった。

(3) 政治的背景

そもそも、情報提供の背景にある政治的事情とはなにか。それは、宗教政治的な対立である。チャールズ1世の側近の王党派でカンタベリー大司教の

ウィリアム・ロード（William Laud）が、ランカスターの魔女告発事件の背後にピューリタンの運動があると考え、この裁判を迷信的で非合理としたところから始まる。ロード派は、魔術の存在自体に懐疑的であり魔女を有罪とすることに反対していた。これに反発したのが、議会派でピューリタンの宮内大臣ペンブルック伯爵（Earl of Pembroke）であった。ピューリタンは魔女告発に積極的であり、エクソシズムもピューリタン聖職者が積極的に行っていた[8]。ペンブルックが、事件を周知すべく、国王一座を利用しようとしたというベリーの推測には瑕疵がないように思われる（138）。ペンブルックの目的は、ピューリタンが人々に、魔女たちの罪状はこうであると思わせたいものを舞台で演じさせ、彼女らが有罪であるというイメージを観客に刷り込むことであったと考えられる。

　また、ランカシャーという地域は、宗教政治的に複雑な事情を持っていた。基本的に当地は国教忌避の地域であり、カトリックとピューリタン勢力がないまぜになって共存していた。その一方で、イングランドのピューリタン勢力は、当地域をカトリックと魔術の温床と見なしていた（Findlay 159）。ロビンソン少年の証言や芝居のとおりの魔女や魔術は、ピューリタン的バイアスからは、ランカシャーのような地域にはあるべくしてあるものであり、そうした脅威を排除することが彼らの正義であった。ランカシャーにおける魔女事件は、ピューリタンが他の宗教勢力を攻撃する良い口実であった。この宗教政治的錯綜の中、ランカシャーの魔女告発は、枢密院内での政治的対立の中で優位に立ちたいピューリタンにとっては、政敵を凌駕するための好機であった。対する国教会派は、裁判を利用して事件を創り出したピューリタンのやり方を看過できなかった。

　しかしながら、情報提供者の意図に、劇作家たちは必ずしも忠実ではなかったと考えられる。情報提供者ペンブルックの期待とは、魔女裁判に懐疑的であったロード派に反して、魔女裁判の意義を肯定し、魔女を有罪として描くというものであった。確かに、『ランカシャーの魔女たち』の結末の台詞において、魔女たちは極刑を免れないだろうという予想もある。しかし、その直後に、"What their crime / May bring upon 'em, ripeness yet of time / Has not reveal'd. Perhaps great mercy may / After just condemnation give them day / Of longer life."（『ランカシャーの魔女たち』Epilogue 3-7）と、魔女たちが放免される可能性も示唆している。この曖昧な結末は、決して有罪説を肯定してはいない。ベリーの見方では、ヘイウッドとブルームは、魔術による大損害や殺人を描くことは避け、それどころか、魔女を楽しく面白いものとして描いている（136-137）。次の章で見るように、これが観客から大いに受けたことを考えると、彼らにとっては芝居の成功が重要であり、政治家の駆け引きも、興行的成功という第一義のための材料にすぎなかった。

3. 観客によるコメント

『ランカシャーの魔女たち』には、芝居の成立にかかわる史料のほかに、観客によるコメントも残っており、これは稀有なケースである。観客とは、元議員で王室の執務の任にも就いていたナサニエル・トムキンス（1585-1643）である。内容は、友人の議員フィリップスに宛てた手紙に、ロンドンで見た芝居について微に入り細に入り報告するというものである。

この書簡において、観客心性の表出として顕著な点があるとすれば、以下の３点である。まず、魔術についての見解、芝居を面白がる情動、そして、芝居の結末あるいは芝居の表明する事柄への見解である。

まず一つ目の魔術に関する見解に関して注目すべきは、当時の一般的な人々の迷信についてのコンセンサスと、ゴシップの流通過程に対する、演劇というメディアの関与のあり方を示す証拠となっている点である。トムキンスは魔術の数々について "things improbable and impossible"（Somerset Record Office, DD/PH 212/#12.）とコメントしており、これらが迷信に過ぎないという理性的な見解を示している。このように、魔法物語のシナリオをありえないとしつつも、楽しんで見ていたという、観客の受容の仕方がわかる。さらには、トムキンスが、非現実的な物語と断言しながらも、"witches and their familiars"（Somerset Record Office, DD/PH 212/#12.）と呼んでいることから、登場人物のモデルとなった実際の人物たちを魔女という定義で認識する世の慣習は受け入れていることもわかる。また、先に裁判資料との照合において明らかにしたように、この芝居には、実際の被告たちの所業として世間で噂されていた魔術の数々が登場する。芝居で実際にその再現が行わ

れると、迷信だと思われていても、それが観客の好奇心に訴えたということがわかる。目新しさがトムキンスのような観客をひきつけ、詳細に記憶され書き残されるほどに、印象深かったのである。

　次に芝居を面白がる情動については、次の評から考えたい。「笑いを呼ぶ面白い言葉や愚行、そして様々な歌や踊りが多分に含まれているので、楽しく優れた新しい芝居だと言える」"in regard it consisteth from the beginning to the ende of od passages and fopperies(=follies) to provoke laughter, and is mixed with diuers songs and dances, it passeth for a merrie and excellent new play." (Somerset Record Office, DD/PH 212/#12.) この芝居で描かれているのは、魔女事件の詳細だけではない。魔女の復讐を受ける中上流階級の善男善女の、欺瞞や愚かさが描かれている。トリックスターの魔女からしっぺ返しを受け翻弄される彼らは、明らかにバフーン的役回りである。彼らが魔女から欺瞞を暴かれ右往左往する姿を喜劇的だと受け止める感性を、トムキンスは示している。つまり、魔女たちはトムキンスのような感性を持つ観客にとっては、肩入れできない悪役というわけではなかった。

　舞台上で演じられる魔術の世界が、ニュースを知りたいという観客の好奇心に訴え、何らかの感興を呼びさましたことが書簡からわかる。一方で、"tenet of witches (wch I expected,)" (Somerset Record Office, DD/PH 212/#12.) がなかった、つまり、魔女に下される審判が明確にされていなかった、と述べている点から、魔女裁判の結果についての情報を期待していた観客が少なからずいたと考えられる。

　トムキンスの感想にあるように、観客の一般的なニーズとはまず娯楽性であった。それと同時にゴシップを求める好奇心も重要な要素である。ゴシップという形でコミュニティの情報共有・流通に参加したい、という欲求は様々な社会に広くあるものではあるが、それぞれの社会の特有の背景や事情もある。16世紀半ばから1642年までのロンドンに関しては、観劇や熊いじめ（bear baiting）・牛いじめ（bull baiting）等、不特定多数の人々が集い、集合的心性形成を人々が経験する場が制度として存在し、人々の行動様式には、コミュニティあるいは社会の一種の世論に触れる場に出かけて集団経験と情報共有を行うというパターンがあった[9]。Alison Findlayの指摘では、

魔女騒ぎ事件とは、人々に判断を要求するニュースであった（151）。つまり、こうした話題を扱う芝居の上演において、観客は、魔女は存在するかしないか、あるいは、有罪か無罪か、などの判断に能動的に参加した。コミュニティへの帰属、あるいはパブリック圏への参加を実感できる経験であったと考えられる。

このように、メディアとマスの初期段階といえるものが形成されつつあった時期に、演劇においては時事的話題がしきりに盛り込まれた。様々な階層の人々が集うパブリック圏において共有される情報に、一定の価値が付与され、演劇にはメディアとしての役割があった。この点が、魔女裁判の劇化という演劇史上の出来事において、明らかになっているのである。

4. おわりに

先に紹介したベリー説を前提にして、『ランカシャーの魔女たち』のジャーナリズムとしての意義を分析してみる。まず注目すべきは、劇作家たちが情報を利用するにあたって、政治的な勢力に与しようとしていなかった点である。先に検証したように、劇作家たちは魔女有罪説を肯定しておらず、放免される可能性さえ示唆していた。さらには、後で観客の手記から見るように、魔女たちのキャラクタライゼイションは、観客に受け入れられている。この戯曲に登場する魔女たちは、道化的系譜に当てはまるものであり、彼女らが意趣返しを行う過程は、小気味のよいトリックスターの喜劇として描かれている。以上の点を考えると、この作品がプロパガンダに与していたかどうかという問題点については、与していたとはいいきれないと結論づけることができるであろう。かといって、ペンブルックに忠実ではないものの、背いてもいない。有力者の庇護を維持しつつ、政治的形勢にとりこまれることなく、微妙なバランスを保っている。

劇場は、リバティーズという一種の治外法権的な、ライセンスを付与された特区に存在した。劇場の社会における周縁的な位置づけは、江戸時代の歌舞伎小屋や吉原と似ているが、こうした地勢的状況に象徴されるように、演劇は権力から距離を持つマージナルな文化装置であるがゆえに、民衆の自由なコミュニケーションの場となりえていた。観客たちも、議会派と王党派の

対立よりむしろ、オカルトや復讐、ファルス、メロドラマ的要素を求め、受容行為の主体として芝居を支持したりブーイングを行ったりした。そのような観客の木戸賃からの興行収入に支えられていることもあって、彼らの嗜好やニーズを政治的事情よりも優先させて、演劇人たちは劇作を行った。イデオロギーの作用から自由であるがゆえに、劇場という場は、観客つまり民衆が主体的に振舞える場であったのである。

　戯曲と *CSPD* という、2種の一次資料の照合から言えることは、劇場という場がニュースの共有の場であり、また、一般的な民衆（国民）感情や世論に触れる場であったということ、つまり、社会化の場であったということである。劇作家たちに、ジャーナリズムとしての意識があったかどうかは、厳密には不明である。しかし、劇冒頭で"corrantoe"（ニュース）を意識していることから、耳目を集める話題で観客の関心を惹く意図があったことは明らかである。また、トムキンスのような観客反応は興行側には望ましいことであった。客を集め、目新しい内容を提供して彼らを喜ばせるということは、近代初期イングランド劇場の至上命題であり、それができない芝居は、1回限りの上演を最後に二度と日の目を見ないというのが常であった。

　一方、観客の側にも、これが実際の裁判証言のルポルタージュであるという明確な認識はなかったはずである。それよりも、真偽はともかく面白い芝居として、観客は喝采をもってもてはやした。3日も興行が続いたという実態およびトムキンスの記述からは、事件への関心の高さとともに、芝居の評判の高さがうかがえる。このように、情報の共有、経験の共有、集団反応および評判形成への参加などの場となった劇場は、パブリック圏が立ち現れる場所であったということができる[10]。ゴシップの周囲に集う人々が情報を共有し、パブリックの反応を見ながらその中で意見を持ち、世論形成に参加し、そこで演劇および劇場が、多様な矛盾する利害に齟齬をきたしたりきたさなかったりしながら、フォーラムの器として機能したといえる。

注

＊本研究は、独立行政法人日本学術振興会の科研費（23520337）の助成を受けたもの

である。
1) 16世紀半ばのイングランドの成人男性の識字率は20％、17世紀末には50％であった。しかしながら、貴族、ジェントリー、商人に限れば、ほぼ完全に識字能力があった（Cressy 314）。
2) Lake and Pincus は、印刷物や説教、回覧手稿、パフォーマンス等の周囲に集う人々が、自分たちの目の前にある情報や議論に基づいて事実を判断したり断定したりする点で、その集団は公衆（public）と言える、としている（3, 6）。
3) この戯曲には、*The Witches of Lancashire* と *The Late Lancashire Witches* という二通りの題名が存在する。近年まで後者の名で呼ばれることが多かったが、2005年に出版された Egan の編注による版では、前者が採用されている。前者が初演時の題名であることは、後述のナサニエル・トムキンスの書簡でも証明される。また、1635年のオックスフォードでの上演も、1634年のクォート版も、続く1637年と1642年の出版でも前者のタイトルである（Egan xi; Findlay 151; White 184）。本論文は Egan 版のテクストに準拠しているため、前者のタイトルを採用する。
4) 本論中の『ランカシャーの魔女たち』からの引用は全て以下の版から：Thomas Heywood and Richard Brome, *The Witches of Lancashire*, ed. Gabriel Egan (Routledge, 2003).
5) 例えば Ben Jonson は、*The Isle of Dogs* (1597) の諷刺内容のため投獄された。他にも Thomas Kyd など、言論活動における体制批判が原因で投獄された劇作家や著述家の例は多い。
6) 劇場は、俳優や徒弟、兵士など徒党を組む者たちの闘争や騒擾の場となることが度々あった（Gurr 56, 81）。
7) ただし、仮面劇（court masque）に関しては、この限りではない。まず、王侯貴族の催す行事の折に依頼されて執筆・上演された仮面劇は、依頼主の満足を存在理由とするため、プロパガンダを通り越して、パトロン賛美の趣旨であるものが多い。
8) ピューリタンは、魔女や魔術をカトリックと同一視していたため（Gibson 94）、エクソシズムに熱心であった。また、魔女や魔術の脅威を説くパンフレットが近代初期イングランドにおいて多く出版されたが、多くはピューリタン著述家によるものであった（Thomas 637）。例えば、Reginald Scott の *The Discoverie of Witchcraft* (1584) が挙げられる。
9) このような集合参加の機会が庶民にどれほどあったかという問題については、人口動態や劇場観客数の統計が参考になる。1629年時点でロンドンには劇場が6軒あった。また、1580年時点でのロンドンの全ての劇場の収容人数合計は5000人であったのが、1610年には10000人となっていた（Gurr 21）。ロンドンの人口自体は、1600年時点で20万人、1650年には40万人であった（Finlay 16）。
10) Capp は17世紀の女性の政治活動参加増加の議論の中で、ゴシップの非公式の

ネットワークは、そこに参加する者を能動的市民にした、と述べているが（268）、同じ説明が劇場観客にも当てはまる。

参考文献

Primary Sources

Calendar of State Papers, Domestic Series of the Reign of Charles I 1634-1635. Ed. Bruce, John Esq., F.S.A. London: Longman, 1864. 77-79.

Somerset Record Office, DD/PH 212/#12. (A letter from Nathaniel Tomkyns to Robert Phelips in Phelips Manuscripts).

Heywood, Thomas, and Richard Brome. *The Witches of Lancashire*. Ed. Gabriel Egan. New York: Routledge, 2003.

Secondary Sources

Berry, Herbert. *Shakespeare's Playhouses*. New York: Ams Press, 1987.

Capp, Bernard. *When Gossips Meet: Women, Family, and Neighbourhood in Early Modern England*. Oxford: Oxford UP, 2003.

Cressy, David. "Literacy in Context: Meaning and Measurement in Early Modern England." *Consumption and the World of Goods*. Ed. John Brewer and Roy Porter. New York: Routledge, 1993. 305-334.

Egan, Gabriel. Editor's Introduction. *The Witches of Lancashire*. By Thomas Heywood and Richard Brome. New York: Routledge, 2003. x-xii.

Findlay, Alison. "Sexual and Spiritual Politics in the Events of 1633-34 and *The Late Lancashire Witches*." *The Lancashire Witches: Histories and Stories*. Ed. Robert Poole. Manchester: Manchester UP, 2002. 146-165.

Finlay, Roger. *Population and Metropolis: the Demography of London 1580-1650*. Cambridge: Cambridge UP, 2009.

Gibson, Marion. *Possession, Puritan and Print: Darrell, Harsnett, Shakespeare and the Elizabethan Exorcism Controversy*. London: Pickering and Chatto, 2006.

Gurr, Andrew. *The Shakespeare Company 1594-1642*. Cambridge: Cambridge UP, 2004.

Habermas, Jurgen. *The Structural Transformation of the Public Sphere: An Inquiry into a Category of Bourgeois Society*. Trans. Thomas Burger. 1962. Massachusetts: The MIT Press. 1991.

Lake, Peter, and Steven Pincus, ed. *The Politics of the Public Sphere in Early Modern England*. Manchester: Manchester UP, 2007.

Laroque, François. *Shakespeare's Festive World: Elizabethan Seasonal Entertainment and the Professional Stage*. Trans. Janet Lloyd. 1991. Cambridge:

Cambridge UP, 1993.
Steggle, Matthew. *Laughing and Weeping in Early Modern Theatres*. Hampshire: Ashgate Publishing, 2007.
Thomas, Keith. *Religion and the Decline of Magic*. 1971. London: Penguin Books, 1991.
Underdown, David. *Revel, Riot and Rebellion*. 1985. Oxford: Oxford UP, 1987.
White, Paul Whitfield. *Drama and Religion in English Provincial Society, 1485-1660*. Cambridge: Cambridge UP, 2008.
Whitney, Charles. *Early Responses to Renaissance Drama*. Cambridge: Cambridge UP, 2006.

"Advance with Courage"
― 鳥猟犬ゴールデン・レトリーバー作出の意図を探る ―

下 田 尾 誠

はじめに

　温順な家庭犬として、さらには身体障害者補助犬、災害救助犬などとして現在、世界各地で活躍しているゴールデン・レトリーバーは、元来スコットランド原産の鳥猟犬であった。この犬については一時、ロシアのサーカス犬起源説[1]が有力であったが、エルマ・ストネックスにより、それは覆される。同研究家は第6代イルチェスター伯爵が持つ情報[2]に基づき、伯爵の大伯父にあたる第1代ツィードマウス男爵が黄金のレトリーバー作出に関わり、1868年から1889年までの間、繁殖記録を残していたという事実を突き止めたのである[3]。この犬籍簿はツィードマウス男爵の孫であるレディー・ペントランドにより英ケネルクラブに寄贈され、今日に至っている。それに拠れば、ゴールデンは少なくとも3つの異なる犬種（ウェイビーコーテッド・レトリーバー、ツィード・ウォータースパニエル、レッド・セター）の掛け合わせから成る猟犬である。この混成の意図はなにか。本論では、ツィードマウス男爵の狩猟場があったグーシカンの自然環境をふまえ、彼がどのような形質をもつレトリーバーを新たに作ろうと試みたのかを探ってみたい。

1. 猟の変化とレトリーバー誕生の背景

　ゴールデンが鳥猟犬であることは既に述べたが、どんなスタイルの猟で活躍する犬であったのか。まずは原産国イギリスにおける銃猟の発達史を辿り、ゴールデンをふくむレトリーバーたちの誕生の背景をおさえてみたい[4]。

　イギリスで銃猟が始まったのは17世紀であった。その段階では銃の製造

"Advance with Courage"

についてはヨーロッパ大陸のモデルをコピーするのが精一杯で、猟も見よう見まねであった。内乱期の王党派でフランスに亡命した者の中には同国で飛ぶ鳥を撃つ光景を目の当たりにし、忽ち魅了された者もいたようだが、後進国イギリスでそのような射撃法が試みられるのは先の話である。17世紀の銃猟とは基本的には、地面に足をつけた鳥か、枝に止まった鳥を撃つものであった。

　銃弾の射程距離が短かったこの時代の猟に同伴したのはいわゆるスパニエルであった。地表をくまなく捜索し、ゲーム（猟鳥）を見つけ出し、その在り処を主人に知らせる。その後で鳥を空中に飛びたたせるケースもあったが、その際、ヤマシギ猟に使われた小型のランド・スパニエルの中には、茨や小低木の繁みに潜り込むものもいた。また繁みには入らないものの、同じように生垣や藪から鳥を飛び立たせるのに活躍した、少しサイズの大きなスパニエルもいた。また指示を受けて、撃たれた鳥を回収する類もいた。スパニエルには、自主的に獲物を追いかけるハウンド（獣猟犬）とは明らかに異なる自制心が求められた。騒いで、不用意に鳥を飛び立たせれば、シューターから射撃のチャンスを奪ってしまうからである。

　18世紀以降、穏やかな歩みながら、着実にシューティングは進歩していった。銃器が目に見えて改良されるのは1780年代であるが、それ以前にも銃猟界での意識変化は着実に進行していた。その一因となったのが、当時、良家の子弟が教育の仕上げとして体験したグランド・ツアー（大陸周遊旅行）であった。大陸のより進んだシューティングの技術、あるいは銃器そのものを目の当たりにした若者は、地面に足をつけた鳥ではなく、空を飛ぶ鳥を撃つことに憧れて帰国したのである。そうは言うものの、発砲にいたるまでに時間を要し、空高く飛ぶ鳥を撃つ技術も大陸のそれには追いつかず、しばらくの間は低空飛行する鳥を間近で撃つというスタイルが主流であった。

　18世紀の初め、銃猟犬の世界に新たな種が登場する。大陸で繰り広げられたスペイン継承戦争（1701–13）から帰還した将校たちがイギリスに持ち帰ったとされる大陸のポインターであった。それらの猟犬は暫くするとイギリス産フォックスハウンドなどとの交雑を経て、新環境で活躍できるスタミナをもつイングリッシュ・ポインターへと改良されてゆく。

ポインターの役割とは、鋭い臭覚を用いて浮遊臭を拾い、鳥の在り処を突き止めると、その方角にむけて片方の前足をあげ、静止のポーズをとることにあった。このポーズにより、鳥たちは一種の催眠状態に陥った。その間に射撃手は弾を込め、的を絞る余裕を与えられた。お膳立てが整うと、ほとんどの鳥はポインター（多くは2頭）越しに撃たれた。農地が改良されず、水はけが悪かった時代は草も伸び放題で、よく茂った草むらは鳥たちの格好の隠れ処であった。また当時の農場には丈の長い刈株があったおかげで、射撃手はポインターを同伴して、そうした鳥の隠れ処に歩いて接近できたのである。だが、19世紀に排水システムが整備され、手動の鎌に代わり、草を短く刈り込む機械が使われはじめると農地の状況は一変する。

　ポインターと同じくよく用いられたのがセターであった。セターはその名のごとく、鳥を発見すると居場所の方に前足を向けてかがみ込み、射撃手に鳥の在り処を教える犬であった。セターの作出にあたっては、新時代の銃猟に生かせる性能を重視した上で、スパニエルをベースに、臭覚の優れたフォックスハウンドをはじめとする様々な犬が掛け合わされた。やがてスパニエルから分化したそれらの犬たちは時の流れとともに大型化してゆく。それは銃の改良にともない、より広い猟野で、時にギャロップしながら獲物を捜索できるスピードとスタミナのある犬が求められた結果である。

　銃世界での画期的な出来事としては、ブリストルの配管工であったウィリアム・ワットが1782年に開発した鉛弾を挙げることができる。やがて銃器が軽量化され、丈も短くなり、ようやくシューティング・フライイングという新しい射撃法を習得するチャレンジが可能となる。その後もモダン・シューティングを可能にする漸進的な技術改革は続けられた。1850年にフランスで発明された後装銃（ブリーチローダー）は、ロンドン万国博覧会でも脚光を浴びる。この頃には射撃手の腕も確実に上がっていた。しかるべき場所に固定された銃から発砲する射撃法は1840年頃から見られ、1860年代までには空高く速く飛ぶ鳥を狙う手法が現実のものとなっていた。

　シューティングのスタイルがウォーキング（徒歩で獲物に接近し、射撃する方法）からドライヴィング（犬や勢子が空中に飛び立たせた鳥を撃つ方法）に変化するのに応じてポインターやセターの出番は少なくなる。こうな

ると必要とされたのが専ら撃ち落された獲物を探し、回収する犬であった。回収作業にはスパニエルも有能であったが、大きめの猟鳥を上手に、素早く咥えて運べるかという点については疑問視されることもあった。そこで一躍、脚光を浴びたのがスパニエルよりも大型のレトリーバーであった。この犬はキジ、ヤマウズラの猟のみならず、カモ猟、ライチョウの追い出し猟などでも力を発揮し、さらには傷を負った野ウサギ、翼を傷めたキジなどを隠れ処から持ち帰るのも得意であった。そして何より、獲物に歯型をつけないように優しく咥える「ソフト・マウス」の持ち主であった。

　この回収犬は元をただせば16世紀頃からヨーロッパ各地より遠洋漁業の舞台であるカナダに船で主人たちと渡った犬たちの末裔であった。イギリス人が目をつけたのはカナダ東海岸のニューファンドランド（セントジョンズはその主要な港町）の漁師が使っていた犬であった。同地の犬たちは泳いで漁網を運び、そこから逃れた魚を回収する仕事をしていた労働犬であった。セントジョンズ・ドッグ（あるいはレサーニューファンドランド・ドッグ）と呼ばれる、それらの犬は凍てつく海での作業に適した、水をよく弾くコートと船舵のような働きをする尻尾をもっていた。18世紀からヴィクトリア時代を通してニューファンドランドからもたらされた犬たちはイギリスの有閑階級により、しっかりと保護され、各々の目的に合わせた繁殖が展開される。すなわちセントジョンズ・ドッグを基礎に、セター、コリーなどの血が足されて、いくつかの種類が作り出されてゆく。ちなみにゴールデンを作る際に基礎となったウェイビーコーテッド・レトリーバーは、セントジョンズ・ドッグにセターなどを掛けて作り出された回収犬である。

2. マーチバンクスと初期ゴールデン・レトリーバーの作出

　ここでゴールデン・レトリーバーの作出者であるダドリー・カウツ・マーチバンクスについてふれてみたい。マーチバンクスは1820年にスコットランドで出生。オックスフォード大学を卒業後、法廷弁護士の資格を取得。その後は政界に進出し、1853年から1859年までの間、代議士を務めた。引退後、暫くすると男爵となり貴族の仲間入りをしている。選挙区のあったボーダー地方ベリックがツィード川沿いにあることに因んでツィードマウス男爵

と称された。マーチバンクスは政治家としてだけでなく、ミュークス醸造所を買い取り、一大財産を築くと、アメリカのテキサスとノースダコタの牧場に投資するという実業家の一面も持っていた。

多くの上流階級仲間と同様、マーチバンクスも狩猟に興じた一人であった。彼が目をつけた土地はスコットランドのインバネス南西に位置するグーシカン（ゲール語で「モミの木の土地」という意味）である。数年間、そこを借りて狩猟に没頭した後の1854年、およそ300年前から居をかまえていたフレイザー家から屋敷を含む約2万エーカーの土地を購入する。

新たな土地を手に入れると、マーチバンクスはグーシカンの改造に乗り出す。まずはウィリアム・フレイザーが住んでいた古い屋敷を取り壊し、16の家族部屋と15の召使部屋をふくむ新邸宅を建設。また領地にはトミック村が作られ、牛小屋、馬小屋、ビール醸造所、バター製造所、粉引き場で多くの使用人が働いた[5]。さらには猟場の管理人、猟師、勢子、猟犬の世話係も雇われていた。グーシカンはヴィクトリア王朝時代の有閑階級が享受する豪奢な生活のショーピースであった。

政治家、実業家としてのマーチバンクスについて紹介したが、彼には忘れてはならぬ、もう一つの顔がある。知る人ぞ知る品種改良家であったのだ。手がけた牛としてはアバディーンアンガス種やハイランド種が有名である。サラブレッドとハイランドポニーを掛け合わせ、優れた乗馬用の馬を作出したのもマーチバンクスであった[6]。

この家畜改良の知識と経験はやがて新タイプの猟犬作出へと応用される。そのきっかけとなる出会いは1865年、休暇で家族と訪れていたリゾート地ブライトンで生まれる[7]。ある日曜日、息子のエドワードと小高い草原地を歩いていた時のこと、マーチバンクスは若いレトリーバーを連れた一人の男性と遭遇する。イエローのコートをもつその犬にすっかり魅了されたマーチバンクスは、男性が靴の修繕屋であり、近くに住む地主の犬係から借金の支払いとしてその犬を貰ったという事情を知る。さらに、その犬はチチェスター卿の所有する黒のウェイビーコーテッド・レトリーバーから生まれたことも判る。修繕屋にとり、その犬は何ら価値をもたなかったので、マーチバンクスが頼むと、すぐに売買の話は成立した。かくして、ヌースと名づけら

"Advance with Courage"

れるその犬はイングランドを横断し、遠路スコットランドまでマーチバンクスと旅路を共にする。

　ここからはマーチバンクスの犬籍簿[8]を辿り、ゴールデン・レトリーバーを作る基礎となった初期の繁殖をふりかってみたい。犬籍簿には、このヌースと交配された犬はベルという名の雌犬（1863 年生まれ）で、マーチバンクスがレディーカークに住むディヴィッド・ロバートソンから入手したツィード・ウォータースパニエル（絶滅種）であったと記録されている。ヌースとベルの交配からはイエローの仔犬 4 頭が誕生。この中の 1 頭エイダはマーチバンクスの甥であった第 5 代イルチェスター伯爵に贈られるが、プリムローズと初期の系統繁殖を展開する基礎犬として重要な役割を果たすカウスリップは手元に残された。このカウスリップはベルとは別のツィード・ウォータースパニエルであるツィードと掛け合わされる。これにより生まれたトプシーがサンボという犬と交配される。サンボは黒のウェイビーコーテッド・レトリーバーで、マーチバンクスの商売仲間であるヘンリー・ミュークスの所有犬であった。トプシーとサンボの間に生まれた雌犬のゾーイが繁殖犬として残され、この犬はカウスリップから生まれたジャックと 1884 年に交配される。ジャックはダドリーの息子エドワードが所有していたレッド・セッターとカウスリップとの間に生まれた 2 頭のうちの 1 頭であった。そしてゾーイとジャックの交配から生まれた 4 頭のうち 2 頭、ヌース II とジルがマーチバンクスの繁殖計画の終盤で用いられる。先ずは 1887 年にジルがトレーサーという黒のウェイビーコーテッド・レトリーバー（有名なムーンストーンというチャンピオン犬の兄弟）と掛け合わされる。そして、この交配により生まれたクィーニーが母犬の兄弟であるヌース II と交配され、その結果、プリムとローズというイエローの仔犬が 1889 年に誕生する。ここにカウスリップを介してヌースとベルの系統を 4 代にわたり引き継いだ、イエローのレトリーバーを作出するラインブリーディング（系統繁殖）が完成する。プリムとローズはマーチバンクス（1894 年没）の犬籍簿に記された最後の 2 頭であったが、注目すべきは 1890 年代のある時点で薄茶色のブラッドハウンド（最も優れた嗅覚をもつとされる犬種）が用いられたという事実である。それを伝える、イルチェスター伯爵も確認済のマーチ

資料　1868 年から 1889 年までの繁殖記録
Guisachan—A History の記録に基づき作成

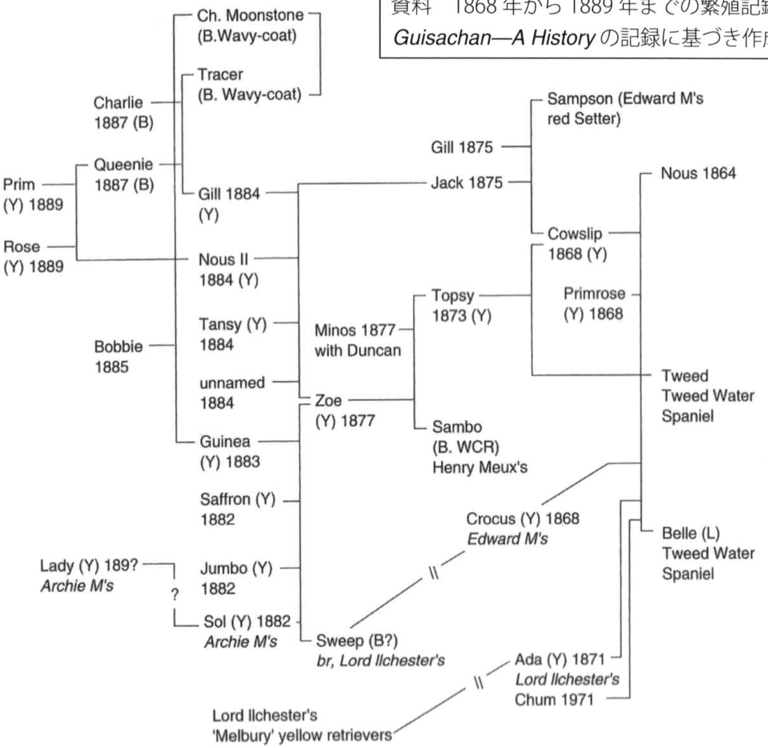

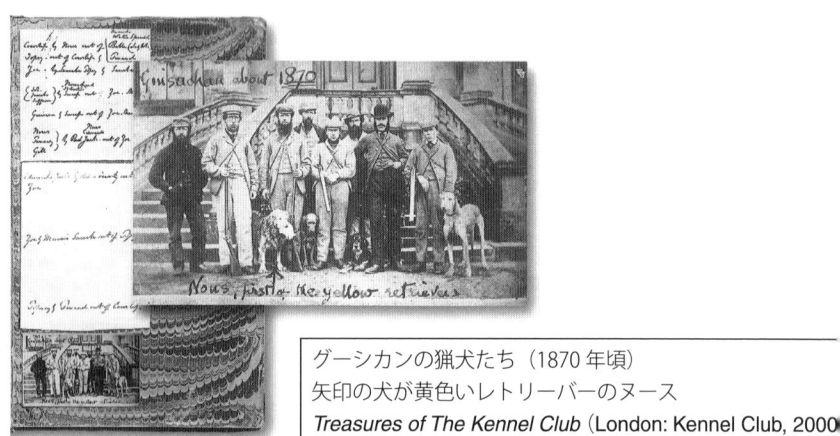

グーシカンの猟犬たち（1870 年頃）
矢印の犬が黄色いレトリーバーのヌース
Treasures of The Kennel Club（London: Kennel Club, 2000

"Advance with Courage"

バンクスの手書きメモは、一時は犬籍簿に挟まれていたとされるが、現在はどこにあるかは不明である。

3. グーシカンの狩猟環境に適したレトリーバーの改良

　前章ではゴールデン・レトリーバーの基本的な成り立ちを、初期の繁殖記録を通して確認した。次に問うべきは、この犬にどのような性能と気質が求められたのかという点である。容易に想像されるのは、猟場であるグーシカンで役立つ犬を作りたいというマーチバンクスの思いである。ここでは、ヌースとベルを交配させる前の状況に遡り、マーチバンクスが新種の猟犬に期待したものは何であったのかを尋ねてみたい。

　スコットランドのネス湖に近いグーシカンの広大な所領には森林、沼地、川、荒野が在り[9]、狩猟の対象となった獲物としてはシカ、ライチョウ、キジなどが生息していた。マーチバンクスの所有犬としては、ポインター、ウォータースパニエル、ディアハウンド、ウェイビーコーテッド・レトリーバー、テリアがあげられるが[10]、そのほとんどが今述べたゲームの捕獲を

ゴールデン・レトリーバーの生誕地―グーシカン（スコットランド）

27

援助した犬たちであった。即ち、シカのハンティングにはディアハウンド、ヒースを含む荒野でのライチョウのシューティングにはポインター、森林でのキジ撃ちではウェイビーコーテッド・レトリーバー、水辺の猟にはウォータースパニエルが適宜用いられたことは容易に想像がつく。

では、なぜ敢えて新種の作出を考えたのか。ここで再度、ウェイビーコーテッド・レトリーバーとツィード・ウォータースパニエルの掛け合わせについて考えてみたい。この交配に関しては、川や沼地のある環境での猟に欠かせない水中での回収能力をより強化する為である、とする説[11]が有力である。たしかに両者とも水に強い犬であるのは疑う余地はない。ウェイビーコーテッド・レトリーバーが祖先にセントジョンズ・ドッグ（カナダの水猟犬）をもつ事実は既に紹介したが、この犬に猟欲の旺盛なツィード・ウォータースパニエルを掛け合わせ、さらに優秀な水猟犬を作ったとする考え方には、それなりの説得性はある。

だが、それだけに止まらぬもう一つの可能性を、マーチバンクスがすでに回収犬として使用していたウェイビーコーテッド・レトリーバーの形質を手がかりにして、ここで考えてみたい。このレトリーバーは先に述べたようにセントジョンズ・ドッグに主にセターを掛け合わせて作られた犬である。作

ヌース（右下）　　　ツィード・ウォータースパニエル（ジョン・カールトン画）

"Advance with Courage"

出者には、セターの血を導入して臭覚を充実させ、水中作業だけでなく、陸上でもゲームの浮遊臭を取れる、まさに水陸両用の回収犬を作る狙いがあったのは想像に難くない。その計画は作出犬を見る限り、満足のゆくかたちで実現できたものと判断できる[12]。では、この犬をもってしてもマーチバンクスが不満を覚えた点があったとすれば、それは何であろうか。

　ここで再度グーシカンの狩猟環境を確認してみる。そこは川や沼地だけでなく、森林、ヒースの生い茂る荒野、丘陵地を含む変化に富んだ土地であった。まず、水あるいは傾斜地への対応という点では、カナダの海で活躍していたセントジョンズ・ドッグの血、スコットランド丘陵地で活躍するスタミナのあるゴードン・セターの血をともに引くウェイビーコーテッドに資質面での問題は特になさそうである。

　では、森林、荒野などの地表に生えるラフな植物への対応といった点では、どうであったのか。先に述べた通り、マーチバンクスが生きた時代ではフライイング・シューティング、すなわち空高く、速く飛ぶ鳥を撃つ猟が主流となっていた。グーシカンのような変化に富んだ猟地では、撃たれた鳥が落下する地点は予想しにくく、獲物が落ちる地表の植生も様々であったことが考えられる。たしかにウェイビーコーテッド・レトリーバーはその優れた臭覚により、獲物の在り処を探しあてることには長けている。しかし回収犬の役割はそれに止まらない。ゲームを探し出した後に、シューターのところに運んでくるまでが仕事である。その際に獲物を咥えるに至るプロセスの出来を左右する要素といえば犬の性向あるいはコートの質ということになろうか。そのような疑問を抱きつつ、ウェイビーのコートに関する当時の見解を探ってみると、『フィールド』誌の犬管理部門の編集主任であったロードン・リーが次のような批評をしている事実が判明した。

> The flat or wavy coated retriever is now pretty well distributed throughout the British Isles, and few shooting parties leave home unaccompanied by a well trained specimen or two, which are, however, actually more useful in turnips and on comparatively open ground, than they are in thick covert and tangled brushwood. Their coats are fine, and

certainly not made for the purpose of resisting thorns and briers, and, so far as the experience of the writer goes, their one fault lies in their indisposition to face thick covert, and in whins and gorse I have seen them actually useless.[13]

　以上でリーが指摘する点は、有刺性植物を含むラフな地表をもつグーシカンで同じレトリーバーを使って猟をしていたマーチバンクスも、恐らくは認識していたものと考えられる。だとすればヌースとベルとの交配には、ウェイビーコーテッド・レトリーバーの気質とコートをグーシカン向けに改良する作出者の狙いがあったと考えるのは妥当な推論と言えよう。

　そこでヌースの交配相手となったベルの犬種について、とくに形質面におけるその特徴を確認してみたい。先に述べた通り、ベルはツィード・ウォータースパニエルである。残念ながら現在は絶滅種であり、この犬について語る文献は限られているが、その中から19世紀の獣医師リチャード・ローレンスの見解を紹介したい。

Along rocky shores and dreadful declivities beyond the junction of the Tweed with the sea of Berwick, water dogs have derived an addition of strength, from the experimental introduction of a cross with the Newfoundland dog, which has rendered them completely adequate to the arduous difficulties and diurnal perils in which they are systematically engaged.[14]

　以上でローレンスが指摘するのはツィード・ウォータースパニエルの逞しさ、危険を顧みない勇気である。そうなると関連で注目したいのが、同スパニエルの剛健さの後ろ盾ともなる装備、すなわちコートの出来である。ツィード・ウォータースパニエルの被毛についてはアイリッシュ・ウォータースパニエルの繁殖家であるスキッドモアが以下のように観察している。

When I first commenced to keep Irish water spaniels, many years ago,

"Advance with Courage"

there were three strains, or rather varieties – one was known as the Tweed spaniel, having its origin in the neighbourhood of the river of that name. They were very light liver colour, so close in curl as to give me the idea that they had originally been a cross from a smooth-haired dog.[15]

ここでは薄いレバー色を帯びるコートの形態は、「ぴったりしたカール」と表現されている。ツィードを含む古いウォータースパニエルの成り立ちについてはウォータードッグ[16]とランド・スパニエルを掛けて作ったという見方[17]が一般的であるが、そうであれば、有刺性のグランド・カバーに対応できるランド・スパニエルの血を受け継いだツィードが、通常考えられているように水をよく弾くだけでなく、陸におけるゲームの回収に少なからず貢献できる良質のコートを有していたことは十分に窺える。この点を裏付ける観察は、フラットコーテッド・レトリーバー研究者として名高いスタンレー・オニールが友人のエルマ・ストネックスに宛てた書簡の中に確認できる。

In describing the curl … I called it "tight." This might be misleading. I certainly didn't mean "close" or curling pinched-like to a small curl. I meant firm and hard. The water ran off them from the oiliness and strength of hair as it did off the Labs 50 years ago.[18]（下線部筆者）

このオニールの言は、以前ストネックスに送った書簡で伝えたツィード・ウォータースパニエルに関する自らのコメントを補足する内容であるが、同氏がツィードのコートに認めたのは、密なる毛の生え方というよりは堅固な質である。そして興味深いのは、このコートが、猟犬として活躍するゴールデンが備えているべきトップコート（上毛）と同質の関係にあるという事実である。アメリカを代表するゴールデンの専門家マーシャ・シュレアーは次のように述べている。

The Golden's topcoat is of a texture and firmness that makes it maintain

31

its position; that is, if it is ruffled with the hand, the body coat will spring back into position. … The topcoat is never to be soft and silky, although a prime coat has a pleasant, "polished" feel when stroked with the lie of the hair. The soft, silky, "flowing" coat will not stand up to work in the field and does not offer the degree of protection from burrs and other hazards that is necessary. Nor is it properly water resistant.[19]（下線部筆者）

犬種の差こそあれ、コートに求める要件が「堅牢」である点はオニールと共通している。同時に注目したいのは、以上でシュレアーがゴールデンのコートとしてあるまじき状態と述べる内容が、百年以上も前にグーシカンでマーチバンクスが時のウェイビーコッド・レトリーバーについて憂慮したと考えられる内容とほぼ一致している点である。その弱点を補う目的でマーチバンクスが用いた犬こそ紛れもなくベルとツィードに代表されるツィード・ウォータースパニエルであったのは言を俟たない。この絶滅種からゴールデンは猟の困難な状況においてこそ示される勇気と、ラフな植物から身体を護る、弾力性のある優れたコートを上毛として受け継いだのである。

おわりに

　新種のレトリーバーの作出を手がけたマーチバンクスにとり、コートの色が一大関心事であったことは、イエローのヌースを種犬にした事実からして疑いの余地はない。しかし、繁殖の基本的な狙いは、性能を重視した、つまり狩猟場であるグーシカンで活躍できる猟犬の作出にあった。それにあたりマーチバンクスは、すでに親しみのあった犬たちの性質をふまえ、それらの交雑を通してより優秀な回収犬を作ろうと試みる。川や沼地を有する所領での猟に相応しい、水に強い犬を期待したのは勿論であったが、それ以上に欲しかったのはバラエティーに富んだ植生をもつ猟地での回収を全うできる犬であった。具体的には、耐寒性のアンダーコートのみならず、森林、荒地に生える有刺性植物への耐性を備えたトップコートを持つ犬が必要であった。すぐれた臭覚をもち、スタミナのあるウェイビーコーテッド・レトリーバーと、猟欲があり、堅牢なコートをもつツィード・ウォータースパニエルの掛

け合わせは、その期待に見事に応えるものであった。

　同時に注目したいのは、マーチバンクスの繁殖法である。品種改良家であった彼は自らの経験を活かし、すこぶる健全な方法を採用する。すなわち基本はライン・ブリーディング（系統繁殖）、時にアウトクロス（1頭のレッド・セターと2頭の黒いウェイビーコーテッド・レトリーバー）を用いるという周到な手順をふまえ、結果として「黄色い」コートをもつ一系統の基礎作りに成功する。プリムとローズを基礎に、さらに歳月を重ねて確立されたゴールデン・レトリーバーは、まさにマーチバンクス家の「勇気をもって前進せよ」というモットーを体現する、スコットランド高地の荒涼たる猟地で遭遇する幾多の困難にも怯まない、たくましい猟犬として活躍するのであった。

注

　本論の執筆にあたり、英ケネルクラブ図書館の Colin Sealy 氏には貴重な文献を紹介して頂き、またゴールデン・レトリーバーの研究家である Malcolm Moorcroft 氏からは同レトリーバー作出に関する筆者の私見について示唆に富むコメントを賜った。記して両氏に謝意を表したい。

1) W. A. Charlesworth, *The Book of the Golden Retriever* (London: Fletcher, 1947) に詳しく述べられている。
2) "The Origin of the Yellow Retriever", *Country Life*, July 25, 1952.
3) Elma Stonex, *The Golden Retriever Handbook* (London: Nicholson & Watson, 1953) を参照されたい。
4) Desmond Morris, *A Dictionary of Dog Breeds* (London: Ebury Press, 2001) の Flushing Dogs, Setting Dogs, Pointing Dogs, Retrieving Dogs の頁を参照。
5) Donald Fraser, *Guisachan – A History* (Guisachan House, 2013), pp.10-11.
6) Marcia Schlehr, *The New Golden Retriever* (New York: Howell Book House, 1996), p. 48.
7) *Ibid.*, p. 49; Donald Fraser, p. 27.
8) Donald Fraser, p. 29.
9) Marcia Schlehr, pp. 48-49; Donald Fraser, pp.19-21; John Lister-Kaye, *The Seeing Eye* (Aigas: Allen Lane, 1979), pp. 140-141.
10) Donald Fraser, p. 11; Marcia Schlehr, p. 48.
11) Mark D. Elliott, "Early Ancestors of Golden Retrievers", Golden Retriever Club of America, October 10, 2010 などが代表的である。

12) ハチンソンは最高のレトリーバーを作る掛け合わせについて次のように述べる。
"Probably a cross from the heavy, large-headed setter, who, though so wanting in pace, has an exquisite nose, and the true Newfoundland makes the best retriever." (W. N. Hutchinson, *Dog Breaking* [London, 1848], p. 73.) ここに、ウェイビーコーテッド・レトリーバーを作る際に掛け合わされたとされるニューファンドランドとセターの名前が出てくるが、「重量感があり、頭部の大きいセター」との記述から、該当する種はスコットランド原産のゴードン・セターと考えられる。

13) Rawdon B. Lee, *A History & Description of the Modern Dogs of Great Britain & Ireland* (Sporting Division) (London: Horace Cox, 1893), pp. 380-381.

14) Richard Lawrence, *The Complete Farrier and British Sportsman* (W. Lewis and Co., 1816), p. 405. また *Pantologia* の「スパニエル」の項目にも同様の性質を伝える記述がある。

> The water spaniels of both variety are chiefly employed in wild fowl shooting, in moors, marshes, and the neighbourhood of rivers; where ducks, wigeons, teal, coots, moor-hens, dab-chicks, and snipes, are to be found; to all which they are particularly appropriate; not much for their indefatigable industry in finding the game, than for their surmounting every obstacle to recover it, and bring it to hand when killed. (*Pantologia: a new cabinet encyclopedia, comprehending a complete series of essays, treatises and systems*, edited by J. M. Good, O. Gregory and N. Bosworth, 1819, vol.xi)

15) Hugh Dalziel, *British Dogs–Their Varieties, History, Characteristics, Breeding, Management and Exhibition* (London: The Bazaar Office, 1880), p.149. ツィード種とは断わっていないが、19世紀の獣医師ユアットはウォータースパニエルのコートを同様の表現で描写している：His head is long, his face smooth, and his limbs–more developed than those of the Springer–should be muscular,…and his hair long and closely curled.(William Youatt, *The Dog* [Philadelphia: Blanchard and Lea, 1852], p. 80.)

16) ヴィアロ・ショーはウォータードッグについて次のように説明している。

> The idea that has been forced upon us by the perusal of several of the earlier writers on canine subjects is, that the Water-dog was a descendant of the Water Spaniel referred to by Dr. Caius in his "English Dogges", and that he had become crossed with other breeds to such an extent that a great deal of his original identity was lost, and, generally speaking, dogs who were used for the pursuit of wild-fowl were designated Water-dogs. (Vero Shaw, *The Classic Encyclopedia of the Dog* [New York: Crown Publishers, 1984], p. 452.)

17) *Ibid.*, p. 453. 先に紹介した通り、リチャード・ローレンスがツィード・ウォータースパニエルを観察した19世紀初頭では、同犬には、すでにカナダの水猟犬（ニューファンドランド犬）の血が導入されていたものと考えられる。(Richard Lawrence, p. 405.)
18) Marcia Schlehr, p. 38.
19) *Ibid.*, p. 152.

18世紀末の英国にみる纏足のイメージ
―マカートニー使節団の記録より―

熊 谷 摩 耶

はじめに

　1792年9月21日に英国のスピトヘッド港より、清朝治下の中国へ向けて使節団を乗せた軍艦ライオン号らが出帆した。それは、大使マカートニー（George Macartney, 1737-1806）を筆頭とした初の英国からの対中使節団を乗せた船であった。18世紀当時、英国は産業革命の只中にあり、毛織物製品の新たな市場の確保、植民地拡大に力を注いでいた。また、英国国内では紅茶の需要が高まり、それに伴い交易を求めて中国への使節団派遣が決まった。そこで、外交官としてのキャリアが長いマカートニーに白羽の矢が立ったのである。1793年7月24日には渤海湾の大沽沖合に到着したのち、同年9月24日に使節は熱河でときの皇帝である乾隆帝との謁見を果たすことになる。しかし、謁見の際中国での最高敬礼である三跪九叩頭の礼を断ったことや、そもそも中国側が英国との外交を行うつもりは毛頭なかったこともあり、英国は単なる朝貢国の一つとして扱われた。使節団は本来の目的を達成することはできず、翌年の1月8日にカントンを発った[1]。

　このように外交面では成功を果たせなかったが、マカートニー使節団が中国情報を英国に持ち帰り、そして彼らの手による書籍が18世紀当時の西欧諸国で広く受け入れられていたことは注目に値する。使節団は、中国の風俗を記録するために、マカートニーのような外交官以外に、兵士や医者はもちろんのこと、他にも機械工、二人の画家、植物学者など、様々な分野の専門家を引き連れていった。結果、団員のうち少なくとも7名がこの中国滞在について帰国後各々、自著を出版している。それらは、たちまち西欧諸国で評判を呼び、もっとも早くに公刊された大使の従僕アンダースン（Aeneas

Anderson, 生没年不明）の著作に至っては、出版された1795年の間に、たちまち第三版まで増刷され、様々な言語に翻訳されたほどである[2]。

18世紀の西欧諸国では、中国は道徳的、政治的に比類なく卓越した「均質的儒教国家」[3]と評価され、シノワズリーが流行しており、中国を讃美する傾向が顕著であった。当時の英国では風景庭園が発展したが、それは中国の造園術の影響を多々受けていることは明らかであった。18世紀中期までは、ヴォルテールやケネーをはじめとする知識人たちによる、西欧は中国に学ぶことが多いと考える傾向が顕著であった。例えば、ラックは中国の田園の牧歌的な生活の魅力を強調するブーシェなどの画家らの作品によって、中国は「合理性、良き政体、呑気な暮らしのモデル」と考えられてきたと指摘している。しかし、1773年にイエズス会が解散を命じられると、西欧人は、中国を礼賛する傾向が強いイエズス会士らの報告の信憑性に、次第に疑惑の目を向けるようになった。さらに、19世紀に入ると、西欧人の大多数は中国社会に対して非常に多様で、矛盾した見解を抱いていたとラックは述べている。アダム・スミス、ヘルダー、マルサス、ヘーゲル等によって中国は進歩のない文明を有するという指摘がなされるようになり、1850年にはマルクスとエンゲルスは、中国は孤立状態で腐っていく「世界最古にして最も動揺せざる帝国」であると考えていた。その上、1840-42年のアヘン戦争、1856年のアロー戦争以後は中国の停滞に対してヨーロッパは優越感を覚えるようになっていった。その一方で、1860年代以降は、中国が西欧の物質的優位を前にしても奇怪にも超然とし、揚子江流域に萌芽的な工業基地を発達させるなど国力の衰えない様子から、西欧では中国は地力があるという認識もされた、と指摘している[4]。このように、ラックは18世紀の西欧では中国を礼賛していたが、19世紀には中国を進歩のない国であるとした中国イメージの変化の過程を述べている。

これまでたびたび先行研究では、同使節の報告が18世紀後半から19世紀にかけての西欧諸国における中国イメージを変える材料となってきたと指摘されており、大野は18世紀末から19世紀初頭にかけて西欧における中国像が大きく変化する要因は、報告者の変化と報告内容の変化であると述べている。その中でもマカートニー使節団の団員らが記した記録が契機となっ

ており、中でもバロー（John Barrow, 1764-1848）の著作の影響力が大きいことを指摘している[5]。

そこで、本稿では18世紀の英国において当時の英国の中国イメージの形成に強い影響力を有していたマカートニー使節団の記録をもとに、彼らの作り出した中国イメージを検討し、18世紀英国の中でマカートニー使節団のもたらした中国像について検討をする。団員らの記した内容は多岐に渡っており、それぞれの興味の矛先は異なっているが、中でも団員らが興味を持ち、全員が共通して記していた項目の一つである中国の習慣、纏足について取り上げたいと思う[6]。

纏足とは、漢民族の女性の習慣とされ、その習わしは広く18世紀の英国でも知られていた。そのため、団員らは皆階級もその日の行動が異なっていても、共通して纏足に関する記録を記している。のちに19世紀後半に中国人自身の手による初の反纏足運動は、康有為によって1883年に設立された「不纏足会」であるが、この運動を促進し、中国各地にその活動を知らしめた重要な役割を果たした人物は、英国人女性作家リトル夫人（Archibald Little,1845-1926）である[7]。このように英国と纏足、というのは決して縁遠いテーマではないのだ。纏足解放運動以前の18世紀後半に中国を訪れ、中国情報をもたらしたマカートニー節団員たちは纏足をどのように記録し、意見を述べたのであろうか。そして、それらはこれまでの纏足に関する記録と相違点はあったのであり、彼らは纏足を通して中国をどのように理解しようとしていたのだろうか。

本稿では、まず1.において纏足についてその起源や中国社会における意義を先行研究に基づいて紹介する。2.では、マカートニー使節団の訪中以前に、中国情報の主たる発信源となっていたイエズス会士の書簡等からもたらされた纏足に関する情報を述べる。3.ではマカートニー使節団の団員らの記録から彼らの纏足に関する記録を抜粋し、1.および2.で紹介した纏足に関する記述と比較しつつ、使節団員たちがもつ纏足への意見の検討を行う。

1. 纏足について

纏足とは、よく知られているように、宦官、科挙に並ぶ中国が生んだ独創

的な風習の一つであるとされている[8]。それは、中国の女性の足を通常3歳から6歳までの幼いころから小さく縛った状態にしておき、その成長を止めることで小さな足を保たせる一種の身体改造を行う習慣である[9]。纏足の起源については、諸説あるが五代北宋とされる説が有力であり、元来宮廷の踊り子が施していたものとされていたため、主として漢人女性、とりわけ社会的地位の高い女性が施していたものであった。纏足の施された足の理想の大きさは約10センチ（三寸）とされ、そのような小さな足が美人の条件としてあげられるようになり、その美しさを「三寸金蓮」と讃えられるにつれ、庶民の間でも上流階級への嫁入りを望み、かつある程度生活に余裕がある家庭でも纏足を行う者が増えていった[10]。そのため、マカートニー使節団が訪れた18世紀末は徐々に庶民の間でも纏足が流行していた時期であり、もはや纏足は上流階級の女性にのみ許されていたものではなかった。

　マカートニー使節団が訪れた清代中国は、満州人皇帝が治める国家であり、漢民族の風習であった纏足を何度も禁じたが、満州人にもその風習は広がっていった。纏足は、前漢の成帝に愛された飛燕や唐の玄宗に愛された楊貴妃がいずれも非常に小さい足だったこともあり、美人の条件となっていたのである[11]。しかし、その施術は非常に苦痛を伴うものであった。

　足を「纏足」にするためには、通常は骨の柔らかい3歳ころから始められ約2年間の激痛に耐えることとなる。細かな手順は省略するが、まずは親指を除いた四本の足の指を内側に丸め、その形が保たれるまで布をきつく巻き続ける生活が続く。その後、踵を内側に折り曲げる段階へと移る。このように、本来であれば自然に成長するはずの足の指を内におりまげた状態を続けるため、足の裏は膿と血だらけになったという[12]。「纏足」となった足はその後も平均して3日に1回は足に巻いた布をほどき、お湯で足を洗い、爪や魚の目などの手入れ等を行いつづけねばならず、何かと手間がかかるものであった。このような纏足の魅力の一つは、纏足のもつ官能的な魅力であり、ただ男性の愛撫に耐えるためであった、とする見方もある[13]。纏足の目的に関しては、そのような「女性の性的な魅力」であったとする説が有力である。その一方、コウは纏足を施すことが出来るのは女性だけであることから、娘と母の絆を強くするとし、また纏足靴の美しさを認め、纏足とは単

に男性から一方的に押し付けられた習慣ではないと意味づけることが出来ると主張している[14]。

2. イエズス会士の記録にみる纏足

それでは、この纏足という風習は、西洋人の目にどのように映ったのであろうか。次に、キリスト教の伝道を目的に16世紀の明代の中国を訪れて以来、中国に関する様々な情報を西欧に提供し続けたマテオ・リッチをはじめとするイエズス会士らの残した書簡集などの記録をみる。

イエズス会の中国進出以前にも、中国に関する記録は種々存在した。しかしイエズス会士たちは、約200年以上も中国に永住し、宮廷において中国皇帝らとの接触を有することで中国の内部にまで入り込むことが出来た。19世紀にプロテスタント宣教師らに情報の担い手を取って代わられたが、それまで彼らの記録は、西欧における中国像を形成するのに非常に強い影響力を有していた。この点は、西洋における中国像の形成過程を論じたドーソンをはじめとする先行研究でも一致した見解である[15]。その中国情報に偏りがあるという批判があったものの、西欧社会に多大な影響力を有していたことに鑑み、マカートニー使節団らの記録との比較を行うために、ここでイエズス会士たちの記録について検討を行う。イエズス会士らは、中国の女性が家に閉じこもり、めったに外にその姿を現さないという、いわゆる「籠居[16]」という傾向と共に、中国女性の纏足に関する記録を残している。

イエズス会士の書簡集は、1702年にフランスで第一巻が出版されたのち、1776年の第三十四巻まで実に74年間にわたって、公刊され続けていた。それらは、英語、イタリア語、スペイン語、ドイツ語、ポーランド語にそれぞれ翻訳されるほどであり、18世紀の西欧諸国において、強い影響力を有していたのである[17]。ではイエズス会士が記した書簡では纏足に関してどのように述べられていたのだろうか。

第三書簡
シナにおけるイエズス会の宣教師ド・シャヴァニック師が同会のル・ゴビアン師[18]にあてた書簡　撫州府にて、一七〇三年二月十日

…さて、神父さま、シナの婦人たちに改宗のすべての道を閉しているかに見える、かの女たちに係わる慣習についてつぎに話すことにします。かの女たちは決して家から外出しませんし、男の訪問は絶対に受けません。婦人が決して公衆の面前に姿を現さないこと、また外部の事件に口出ししないことは全国に通用する基本的金言です。さらにかの女たちにこの金言をどうでもよりよく守らせるために、美というものは顔容にあるのではなくて、足の小ささにあるということをかの女たちに納得させることができたのです。[19]

この書簡より、中国女性にとって家を出ないこと（籠居）は美徳であり、これを守らせるために纏足が女性を家に閉じ込める最も有効な手段として用いられていることがわかる。さらにこの書簡は「それですから、かの女たちの第一の関心事は歩く力を自分自身から取り除いてしまうことなのです」と述べている。また、纏足を施した足の大きさについては「生後一か月の子供の方が四十歳の婦人よりも大きな足をしています」と若干大げさに表現しているのである。1.にて述べたように、中国では確かに足は小さいことが理想とされていた。しかし、その大きさが約10センチであったことを考えると生後一か月の赤子よりも小さいという誇張した表現より、纏足が如何に自分たちにとって異常な習慣であるのかを伝えていることがわかる。また同時に、イエズス会士らは「纏足＝美の基準」であったことも、認識していた。この点は、ファン・ゴンサーレス・デ・メンドーサも同意している[20]。結論として、イエズス会士らは中国人女性の気の弱さから、纏足を施されても文句をいう事すら出来ないとし、纏足の普及は中国人女性の責任であるとほのめかしている[21]。そして、矢沢は纏足が普及した主な理由としては、根本的には中国男性の倒錯した性癖のためである、と結論付けている[22]。

3. マカートニー使節団の記録にみる纏足

では、マカートニー使節の団員らはどのような記録を残したのだろうか。使節団はほぼ全員がイエズス会士らの残した中国情報に感化され、記述する

際にイエズス会士らの記録を意識していたことが散見される。そして、団員らは渡航前に各々中国に関する情報を事前に入手していた。例えば、マカートニーは渡航前に東インド会社から全二十一巻にのぼる中国情報を手渡されており[23]、フランス人イエズス会士デュ・アルドがイエズス会士の中国に関する報告を収集した書籍 *History of China* などがマカートニーの自宅の図書室にあったことも確認されている[24]。

団員らは中国女性の容貌、衣服などについて記すと同時に、イエズス会士らが言及した中国の女性がめったに外出せず、家に閉じこもるという「籠居」という習慣と共に、纏足に関して、イエズス会士ら同様に関心を抱いており、それぞれの立場からの見解を述べている。彼らが残した記録は、イエズス会士らの記録とどのように異なるのか、そして、団員らが纏足に関して如何なる意見を有していたのかを検討したいと思う。本論では、団員たちが記した書籍の中でも反響が大きく、かつ18世紀末から19世紀初頭に記された書籍をとりあげる。取り上げる書籍は以下の5人のものである。

第一に、大使マカートニーの日記[25]である。これは1964年に東洋史家クランマービングによってその全文が活字となるまでは、その一部がストーントンやバローなどが引用するにとどまっていた。ほぼ毎日記録はつけられており、主に外交交渉の経過を中心に記されている。巻末には、「マカートニー卿の中国に関する報告」と題された風俗から人口や科学技術など多岐に渡って記された付録が付されている。第二に、マカートニーが仮に命を落とした場合は大使をつとめる予定であった副使ストーントン[26] (George Leonard Staunton, 1737-1801) 著の『グレートブリテン国王より中国皇帝への使節団の正式報告[27]』(1797) である。ストーントンは、医学および植物学の学位を有しており、副使とはいえ官僚とのやりとりや、外交交渉の経過を中心に述べるマカートニーに比べると圧倒的に中国の人民、植物、食物、建物、宗教といった中国の風俗を記録することに重点をおいている。同書はスペイン語、ドイツ語、フランス語、オランダ語、ポーランド語版が1804年までに印刷されていることが確認できており、西欧諸国で広く読まれていたといっても過言ではないだろう。第三に、現地では主に皇帝への贈り物を管理し、帰国後もマカートニーの秘書を務めていた機械係のバロー[28]

著の『中国旅行記[29]』(1805)である。バローは、派遣前まではストーントンの息子トマス[30]の算数の家庭教師であった。しかし、帰国後は中国に関する書籍をはじめ多くの書を残しており、『中国旅行記』の記述はジェーン・オースティンやワーズワースに引用されるほどの影響力があった[31]。第四に、マカートニー付の従僕アンダースン著の『中国使節記[32]』(1795)である。使節の中では最も早くに刊行され、盗作疑惑などもあったほどである。最も早くに刊行されたこともあり、第五に、中国のスケッチ画を残すために随行し、その絵はのちに中国イメージを定着させたものとして定評[33]のある、当時27歳であった画家のアレグザンダー[34] (William Alxander,1767-1816) の書籍『中国の衣服[35]』(1805)と、『中国の衣服および風俗のピクチャレスク画[36]』(1814)である。

3.1. 纏足の認識

そもそも、団員たちは纏足に対してどの程度の知識を有していたのであろうか。団員たちは、イエズス会士による記録をはじめ、それまで中国に関して記されてきた書物や旅行記などを基礎とした情報を身に着けていた。彼らの著作や日記によれば、時には、現地で使節の通訳をつとめていた中国人宣教師であるプラム氏[37]本人や、滞在中使節の世話として終始付き添っていた二人の官人、王大人や喬大人[38]を通じて中国に関する知識を得ていたようである。先にも述べたように、纏足の起源には諸説あり、曖昧である。その点に関してはバローも認めており、以下のように述べている。

> …そしてかかとを無理やり前方に押し込んでそれが形をすっかりなくなるまでにすることで、足はより美しくなるのであり、このようにして、かくも不自然かつ非人間的な習慣は何世代にもわたって続けられてきたのだろう。少なくとも、この習慣の起源が全くわかっていない。若しくは、そのような信じられないほどの不条理によって説明されているから、この習慣の実行を決めることはあまりに馬鹿げているからだ。[39]

纏足が広く流布した結果、あまりに一般的な現象となっていたため、今更

それについて中国側が不思議に思ったり、中国側の人間も纏足に関する確かな記録を入手することはできていないことが推測できる。つまり、バローは主に西洋人の手による記録、そして自分の見聞によって纏足の知識を有しているのではないかと考えられるのである。

では、他の団員らは、纏足の施術方法及びそれを施していた階級を把握していたのであろうか。アレグザンダーの著作に注目すると、この点が明らかになる。アレグザンダーの著作は共に見開きのページで片面は絵、その反面にはその絵に関する説明とアレグザンダー自身の見解を述べる、という構成になっている。彼は中国女性について述べるときはほぼ必ずといっても良いほど女性が纏足を施しているか否かについて言及している。それほど、纏足は彼らにとっては興味を強く引き付けるものであると同時に、アレグザンダーの著作が長い間注目されてきたことや、彼自身がその前も精力的にロシアやトルコなどの衣装や風俗について積極的に売り出していた[40]ことを考えるに、纏足について書く、ということはつまり英国の読者側のニーズに応えていたものであることも考えられなくはないのである。そこでは、まず、纏足とは4本の指を内側にぴったりとくっつけて曲げ、親指はそのままの状態で、大きくなることを防ぐために幼いころからきつく縛られる、としている[41]。の価値についてこのように記している。

　　プレート44　「乳母と二人の子供たち」
　　最も卑しい身分にある中国人女性は、もし自分の足を不具にすることを許されなければ、面目を失わされた気分になるのであろう。[42]

このように、「纏足を施せない女性＝女性としての体面を損なった存在」という図式が成り立つとしている。つまり、纏足とは女性自らの誇りを保つ習慣でもあるとアレグザンダーは理解していた。これはあくまでも一例であるが、図1のように高貴な身分にある女性を描く際、傘の下にいる左の女性とその子供の足を見比べてみると、その足の大きさは子供と同等かそれよりも小さいくらいである。その中で、彼は「足が小さくなければ、女性の地位を示せない」[43]ということを記している。

44

18世紀の英国にみる纏足のイメージ

　その言葉通り、彼女らの足に注目すると、乳母や図2のような船乗りといったいわば労働者階級の女性は、明らかに足を大きく描いているのが分かる。このように、アレグザンダーは足の大きさを描き分けることで女性の身分の差を表現していた。つまり、これによって「纏足＝女性の社会的ステータス」であることを強く認識していたことがわかるのである。

　また、このように纏足を施す理由と纏足への執着について、アレグザンダー

図1：「中国の婦人とその息子」　　　　　図2：「舟漕ぎの少女」
　　Alexander（1805）　　　　　　　　　Alexander（1814）

は「農夫とその妻と子供たち」と題した絵にて以下のように述べている。

「農夫とその妻と子供たち」
　…この奇妙な習慣のせいで、成人女性の足は5インチ半を越えることはまれであり、小作農たちですら彼らの足の小ささに頭を悩まし、そのほかの衣服が非常にみすぼらしい貧しさを露呈していても、絹の刺繍をした靴を履き、足首にリボンをして足を飾ることに最大限の注意を払うのだ。[44]

裕福ではない農夫の子供であれば、労働力となるのが自然と思われるが、それよりも高貴な女性を模倣し、足を小さくしている。他方で瀟洒なのは足まわりのみであり、それ以外の服のみすぼらしさとの落差が、不自然さを醸し出しているとしている。

では、大使マカートニーは纏足に関してどのように日記に記していたのであろうか[45]。マカートニーは、8月5日に通州を船で通り過ぎた時に見かけた女性を見て、纏足の広がりについて以下のように述べている。

> 堤の上に鈴なりに群がっていた人間の間に、数名の女性を見かけた。彼女たちはきわめて軽快に歩きまわっていて、中国人に通常みられるような纏足をしていないのだろうと思ったほどである。事実、この習慣は北部の諸省では現在、他の諸省に比べてことに下層階級の間ではあまり見られなくなっているということだ。[46]

これはマカートニーが日記の中で纏足について最も詳細に述べている箇所である。マカートニーは纏足がもはやイエズス会士の報告とは異なり、清代では下層階級にまで広く普及しはじめていたと認識している。さらに興味深いことに、纏足を施した女性の足に触れたという記述がアンダースンの記録にある。

> 1793年12月19日（木）
> 私は20歳のある婦人の足の長さを測らせてもらったが、その長さはせいぜい5インチ半しかないのである。このような足の圧縮についてだが、実のところそれは、偏愛されている慣習だといえるかもしれない。[47]

これは、北京で行われた最後の交渉のあと乾隆帝から追い出されるように北京を離れた一行が、東インド会社がある広東に滞在していた時の記述である。一行らは北京での交渉以後これまで軟禁状態であった状態は一変し、一行はそれまでに比べると、比較的自由な行動を許された。ここで、アンダースンは現地の女性の足の大きさを測ったとあるが、これは筆者の調べた限り

ではイエズス会士の記録には見ることの出来ない記述である。纏足の持つ性的な側面を把握しているイエズス会士らには見られることのない記録である。纏足のもつ性的な側面を鑑みると、社会的地位の高い女性の足ということとは考えにくい。また、足をさらすということは中国女性にとって最も羞恥心をあおられるものであり、女性への刑罰として、足を裸足にしてさらすという罰がある[48]。これが如何に当時の女性にとって恥辱的な行為であったかを表している。更に、女性が自らの足をさらし、触らせる行為は非常に性的な意味合いを持つ。当時清代では、女性への貞操観念がピークに達しており、女訓などが大量に記された時代でもある。そのような時代に生まれた女性がいとも簡単にそのような意味合いを含んだ足を触らせる、という行為を許したとは考えにくく、そのような行為に応じられたのは娼婦ではないかと考えられる。また、民国時代には、中国を訪れた観光客を相手に自身の纏足姿を晒し、写真を撮らせることで料金をとっていた女性たちもいたが、18世紀末は海外からの観光客は皆無に等しく、観光客を相手に商売をする土壌はまだ育っていないと思われる。このような点が恐らくバローがアンダースンの本を「ロンドンのブックセラーによるでっちあげ[49]」と非難する理由なのかもしれないが、その一方でひっそりと足を触らせた人物がいた可能性も捨てきれないのである。

3. 2. 「流行」としての纏足

　纏足を施した足にセクシュアルな理由もあったことは、先にも述べたが、それは異なる文化圏に属する西洋人が一見してわかるものではない、いわば秘められた魅力である。さもなければ、そもそもこのように議論の対象とならないであろう。果たして団員たちはどの程度それを認識していたのであろうか。ここでは英国の習慣と比較し、その中で中国の位置づけをはかる団員の姿勢を検討する。まず、英国の女性たちとの比較をはかるアレグザンダーは以下のように述べている。

　　「婦人とその息子」
　　我が国におけるヘッド・ドレスの概念は、どうやら中国人のそれと似

通っているようだ。されども、我が国の婦人たちが、自身の脚の自主的な能力を奪う、中国人女性の小さくて不自由な足を決して真似ないことを願うのである。[50]

アレグザンダーは中国人女性の髪飾りに関しては英国人女性との共通性を認めている。他方で、ファッションにすぐ飛びついてしまう英国人女性たちの流行への姿勢を皮肉として述べると同時に、ファッション感覚で纏足という不自然な習慣に英国女性が憧れて、取り入れないことを望んでいる。アレグザンダーは、中国における纏足とはすなわち社会的地位の高い女性が施せるものであると同時に、女性たちの憧れであり、彼女らの自尊心を保つための習慣であると認識していた。だがその一方で、英国では流行して欲しくはない、望ましくない習慣であるとしているのである。

　中国の女性にとっての纏足を自国の女性の間での流行と同様にとらえているのはストーントンも同様であった。彼は、英国の女性たちが躍起になってウェストを細く見せようとしている流行と同列に纏足を扱い、纏足については「イングランドでの細いウェストという風習と、その点に抜きんでるためにどれほどの痛みが耐えられ、苦しみが我慢されているかを思い起す方は、このような他の実例における異常なまでの努力に対してさほど驚かないかもしれない[51]」としている。では、そのような流行にストーントンは「美」を見出しているかというと決してそうとは言えなかった。

　ストーントンは、纏足のもつ痛々しさをインドの、火の中に身を投げ入れる寡婦殉死の習慣になぞらえているが、寡婦殉死の方がより「野蛮(barbarous)」であると評している[52]。そして、ストーントンが憐れみを感じているのは、纏足そのものではなく、纏足を施している女性に対してである。ストーントンは、それらの習慣が男性により強いられたものであって、女性自らが望むものではないだろう、とする若干フェミニズム的な見方を有している。つまり、ストーントンは纏足とは一見中国人女性が自主的に行っているかのようにみえるものの、それは、実際は男性より強いられている悲しい習慣だと感じている。ストーントンの纏足に関する記述は、以下の文で締めくくられている。

本来の大きさを下回るよう成長を止めた足によってもたらされる、想像上の魅力から女性が得たものがなんであったとしても、それは女性の健康と体つきを害しても相殺しきれない、それ以上のものなのである。というのも、*彼女の一歩一歩には優美さはなく、その顔つきには生気はない*のだから。53)

引用文の斜線部分は、ミルトンの『失楽園』(1667) 第 8 巻 第 488 行から 489 行の "Grace was in all her steps, heaven in her eye, In every gesture dignity and love.54)(その歩みの一歩一歩に優美さが、その眼には天国の輝きが、／そして、身のこなし方の一つ一つに威厳と愛情が満ち溢れていました) 55)" をパロディ化したものである。第 8 巻は、アダムが天使ラファエルに天体の運行について尋ねている巻である。アダムは、ラファエルを引き留めるために、創造以来、楽園に置かれたこと、孤独と好ましい交わりとについて神と話しあったこと、初めてイヴに出会ったことやその後の彼女との結婚生活など、自分の記憶について話す。つまり、ストーントンが引用した個所は、アダムがイヴに初めて出会ったとき、その美しさに圧倒され、喜びのあまり大声をあげて叫び、目の前にいるイヴ（人）を「女（ウーマン）」と名付けたという場面である。この箇所は、『失楽園』では以下のように続く。「おお、惜しみなく恩恵を施し給う主よ、すべての美しきものを与えたもう主よ、なんという温情を示して、今までの償いをし、御言葉を守り給う事か！まことに、この者こそ、あなたのすべての贈り物の中でも最も美しき者、しかも、あなたは私にそれを快く与えてくださいました！（以下略）56)」このように、アダムは初めて目にする異性であったイヴの歩く姿や姿形に、まぎれもなく絶対的な「美」を感じていたのである。

　つまり、アダムがイヴを「初めて」目にしたように、ストーントンが中国人女性の纏足姿を「初めて」目にした時に抱いた感情を述べているのである。しかし、纏足に対して流行の一つ、という女性の美の象徴となることを認めてはいるものの、ストーントンにとって、不自然に小さく改造された足をよしとする中国人の美意識は到底共感できるものではなかったのである。

ストーントンは中国人にとって「纏足＝美」であることは認めていたものの、それはひどい苦痛を伴う、不自然な身体の改造をしてまで作り出さねばならないほどの「美」であるのか、と疑問を呈している。要は、ストーントンにとって、纏足を施した女性は美しく見えないのである。纏足を施した女性たちがよちよちと歩くさまには「優美さ」はなく、その表情が暗いことから彼女たち自身も男性から強いられた纏足という習慣に対して否定的に見ているのではないかと述べている。そのような、痛みや苦痛を伴ってまで「纏足によってもたらされる美」を求める女性たちに皮肉をこめた眼差しで見ているのである。纏足が中国では社会的地位を表し、それを施さない女性は虐げられる存在であるため、いたしかたがないものの、纏足はインドの寡婦殉死ほど野蛮な習慣ではないが、女性を痛めつける悪しき習慣であるとしている。また、ストーントンにとっては纏足が女性自身の体を痛めつけてまで達せねばならない「美しさ」の基準となっていることに対して到底認めることのできない、自身の美意識とは相いれないものだと思っているのであった。

3.3. 纏足にみる男性性と女性性

では、なぜ中国女性は体の一部を変形させ、不自由な生活を自ら送ることとなっているのか。纏足を施した足にセクシュアルな理由もあったことは、先にも述べたが、それは異なる文化圏に属する西洋人が一見してわかるものではない、いわば秘められた魅力である。高貴な身分にある女性を真似ること、そしてそれによってより裕福な家への嫁入りを果たすということ以外にも何か理由があるのではないかと団員たちは考えた。その疑問に対して、各々以下のようにその理由を推測している。

マカートニーもまた、この点に強い疑問をもち、かなり執拗に調べたようであるが、満足のいく答えを見つけることはなかった、としている[57]。ただ、喬大人から纏足というものは、遥か古代より続くもので宗教的な背景を有し、中国の性格の主要な特徴の一つであるものである、という回答を得ている[58]。更に、纏足をおこなう理由としては男性による女性への支配でもあり、それは東洋的な嫉妬心に由来するもので、その結果女性を閉じ込めることが出来る効率的な方法であり、男性はそれによって安心して外出が出来

ると喬大人から伝えられた、と述べている[59]。

 しかし、イエズス会士らと異なり、団員の中で纏足のもつ性的魅力に言及しているのはマカートニーただ一人である。マカートニー自身は、体の一部をすっかりと切り取ってしまうイタリアのカストラートに施す、「体裁の悪い」施術に比べると、体の一部を不具にしたり、変形したりする纏足や、体の一部を切り取る割礼のほうがまだましである、としている[60]。それでも、纏足を施す理由について喬大人や宣教師たちにその疑問を投げかけていた。その結果、以下のような回答を得ている。

> 上流階級にある中国人は、纏足は欠かすことの出来ない女性としてのたしなみとしてとらえている。それどころか、北京にいるとある敬意をはらうべきカトリックの宣教師によって、情事において小さくて優美な足をちらりと見せることは、中国人にとっては最も刺激的な興奮剤であるということを私に確信させてくれた。[61]

 纏足のどのような点が「刺激的」であったのかという点についてはこれ以上具体的には記してはいないものの、マカートニーが中国男性の足への執着を認識していたことがここで見て取れるのである。これは、他の団員には見られることのない記述である。

 バローはというと、マカートニーの日記を事前に見ている可能性が高いからか、マカートニーの意見に追随していると思われる点がある[62]。バローは纏足のように身体へ大きな苦痛を伴わせたり、傷を負わせるという不自然なことを課す習慣は「未開（savage）」であるとしている[63]。他にも、唇に穴をあけたり、鼻の軟骨をあけたりする他国の習慣と同等であるとし[64]、纏足とは「未開」な習慣の一つとして結論づけている。つまり、バローにとって纏足とは男性によって女性を管理するための、不条理で野蛮な習慣であったのだ。

 この異様な風習は通例、男たちの嫉妬心から生まれたとされてきた。それが事実だったとすれば中国人は性の管理に熟練していると認めなけれ

ばならない。彼らは、運動能力という人生で最大の楽しみにして神の賜り物の一つを自ら進んで断念することを求める風習を受け入れるよう女性を説得し、女性に対する支配を獲得したのである。[65]

つまり、バローはイエズス会士、そしてマカートニー同様、「纏足＝女性を家に閉じ込めるための手段」とみなしていることがわかる。纏足とは、男性による女性への支配の一手段であると認識しているのである。同段落では、最後に「他の者より優位にたちたいという思いは時に、男性を行き過ぎた行動に移させる」と述べ、締めくくっている。

このように、纏足とは女性の足を不自由にすることで結果的には女性の籠居へと導いていることを認識していた。つまり、纏足とは男性の嫉妬心と独占欲のあらわれであったことを明らかにしている。

まとめ

マカートニー使節団が中国を訪れるまで纏足に対してイエズス会士らは、纏足とは、女性の気の弱さもあいまって、それは男性によって家に籠居させるための習慣であり、特に纏足のもつ性的な魅力ゆえに纏足は中国に根深く根付いていたとしていた。

それに対して、団員は、イエズス会士同様共通して纏足に対して好意的な印象を受けるものはいないものの、その反応は様々であった。イエズス会士らの記録と比較すると、バローは「纏足＝籠居を促進するもの」としているものの、アレグザンダーやストーントンのように纏足は女性の自主性や社会的地位を示す習慣である、と述べている点に大きな違いがあったことが分かる。また、イエズス会士らの報告とは異なり、纏足の性的な側面には光があたっていない。それよりも寧ろ、纏足を施した足は「中国女性のステータス」としてのシンボルであることにばかり言及されていたことが分かる。たとえそれが歪であっても、それは纏足を施していない女性との差別化をはかることができる、女性の裕福さや優位性を示すものであったとしている。だが、団員たちは纏足には性的関心はもちろんのこと、「美」を見出すことはなく、小さな靴に施された刺繍なども称賛の対象にはなっていない。一行

は、纏足の不自然さと歪さに強い関心を抱き、それぞれがなぜ中国人が纏足を施すのかという理由は、主に男性の嫉妬による女性の籠居を行わせるための第一歩であり、男性性による女性性の支配であることを述べている。

そして、纏足のセクシュアルな面に目を向ける代わりに、ストーントン、バロー、アレグザンダーの記述にみられるように、体の一部を「不自然な形」に改造する纏足を取り上げることで、中国を「野蛮」で「未開」な国であるのかを判断する好材料になっていたことが分かった。使節は、纏足を通して中国の歪んだ美意識を批判し、世界でも最も野蛮な国とはいえないものの、野蛮な国の一つなのでは、という可能性を示しており、19世紀の西欧諸国における中国像に近いイメージを提示しているのである。

本稿では、あくまでも使節が纏足に関する記述の検討、およびイエズス会士との比較に留まっているが、今後はこれらが英国の纏足および中国イメージに対して与えた影響について更に分析を行いたい。さらに、19世紀後半になり、英国で纏足のイメージはどのように変化したのか、そしてリトル夫人の纏足への意見との比較などを行うことでより英国における中国像とその変化の過程を分析出来るのではないかと思われる。また、纏足のみならず、団員らが共通して記している中国の官僚や皇帝をはじめとする他の項目からも中国イメージを論じていきたい。

注

1) マカートニー使節団に関する資料は、Cranmer-Byng, J. L. *An Embassy to China : being the Journal kept by Lord Macartney during his Embassy to the Emperor Ch'ien-lung, 1793-1794*（London:Longmans,1962）、E. H. Prithcard, *The Crucial Years of Early Anglo-Chinese Relations, 1750-1800*（Pullman, Washington: the State College of Washington,1936）、マカートニー著／坂野正高訳注『中国訪問使節日記』（平凡社、1970）等を参考にしている。
2) すぐさま同年にはドイツ語、翌年にはフランス語の翻訳本が現地で出版されている。
3) Raymond Dawson, *The Chinese Chameleon: An Analysis of European Conceptions of Chinese Civilization*（London: Oxford University Press, 1967) p.59.
4) ドナルド・F・ラック他著 高山宏他訳『東方の知』（平凡社、1987）86頁。

5) 大野英二郎『停滞の帝国―近代西洋における中国像の変遷』（国書刊行会、2011）48頁。
6) なお、先行研究ではマカートニー使節団の記録に記された特定の事柄を抜き出して論じている研究はいくつかあるが、纏足に関する記述を取り上げて論じているものは、管見の限りでは存在しない。
7) 東田雅博『纏足の発見―ある英国女性と清末の中国』（大修館書店、2004）IV頁。作家であるリトル夫人は、商人である夫の仕事で中国に滞在するようになり、そこで反纏足運動を始める。リトル夫人および反纏足運動については、本書に詳細に記されている。
8) 岡本隆三『纏足物語』（東方選書、1986）、1頁。他にも纏足に関しては、Levy (1965) や高 (1995) が詳しい。
9) 岡本、16頁。
10) ドロシー・コウ著　小野和子・小野啓子訳『纏足の靴―小さな足の文化史』（平凡社、2005）、16頁。
11) 岡本、14頁。
12) 同書、24頁。
13) 同書、83頁。
14) コウ、16頁。
15) Dawson,p.38.
16) この現象に関しては、矢沢は『西洋人の見た十六～十八の中国女性』（東方書店、1990）にて「籠居」と記している。
17) なお、全34巻本を所蔵しているのはロンドンの大英博物館図書館（現大英図書館）とパリの国立図書館のみである。（矢沢292-296頁）
18) 1653年フランス生まれのイエズス会士。イエズス会士書簡集の編纂に携わる。
19) 矢沢利彦編訳『イエズス会士中国書簡集1　康熙編』（東洋文庫、1970）、98頁。
20) 矢沢（1990）、15頁。
21) 同書、70頁。
22) 同書、19頁。
23) 坂野、308頁。
24) Cranmer-byng,p.42.
25) なお、マカートニーの日記は東京都の東洋文庫に所蔵されており、請求番号はMS-33である。現在第一巻以外のすべての日記が揃っている。MS-33とクランマービングの書籍とを照合したところ、僅かではあるが差異がある。本稿の引用は、MS-33に基づいたものである。
26) ストーントンは、アイルランドのゴールウェイ出身で、フランスのモンペリエ大学にて医学を学び、1758年に博士号を取得。その後英国に帰国するも、1762年から西インド諸島で開業し、数年後にはグラナダ島で地主となる。1776年にマカートニーがグラナダの法務長官として赴任した際に親しくなる。1781年には

マカートニーがマドラスに赴任する際に秘書として同行する。1787 年にはオクスフォード大学より Doctor of Civil Law という名誉学位をおくられる一方、植物学等にも詳しい知識人である。
27) *An Authentic Account of an Embassy from the King of Great Britain to the Emperor of China* Vol. 1-3（London: Printed for G. Nicol,1798）
28) バローはランカシャー出身であり、当初はグリニッジで数学の教師をしていたが、トマスの家庭教師となり、その後使節団へ機械工として同行する機会を得る。帰国後はマカートニーの秘書を務め、のちに海軍本部の秘書として 40 年間働く。その後も中国に関する情報を政府より意見を求められることも多く、*Quarterly Review* にも多く記事を投稿している。1835 年には準男爵の爵位を叙される。
29) John Barrow, *Travels in China*（London,1804）
30) トマス（George Thomas Staunton, 1781-1859）も 13 歳の時に使節に同行し、中国語を身に着ける。その後アマースト使節団にも同行している。
31) Elizabeth Hope Chang, *Britain's Chinese Eye: Literature, Empire and Aesthetics in Nineteenth Century Britain* (California: Stanford University Press, 2010) p.38
32) Aeneas Anderson, *A Narrative of the British Embassy to China*, 1793 (London,1795)
33) ウィリアム・シャング（William Shang・安田震一）「財団法人東洋文庫の歴史画コレクション：作られた中国的イメージを中心に」（『東洋文庫書報』34 巻、2002）
34) アレグザンダーは帰国後、王立士官学校にて、軍事および建築写生術を教えた。使節団には他にもアイルランド人画家 Thomas Hickey が同行していたが、彼は殆ど絵を描かず、使節団の記録として残された絵の大半はアレグザンダーの手によるものである。アレグザンダーの描いた風景画や人物画はバローとストーントンの著書にて挿絵としても使用されている。アレグザンダーの描いた中国に関する画像史料は、約 1200 点確認されている（安田（2001）30 頁）。画家としての確かな技術をもち、中国を誇張することなく描いたという点から、安田は「アレグザンダーの筆は中国を誇張することなく自然に美化すると同時に、ヨーロッパにおいて中国を『理解可能な国』」にした、と述べている (安田 (2007))。また、技法の面では「青色、灰色、茶色など一般的な色を用いて、中国を神秘的な『キャセイ』から予測、分析、一般化できる国に置き換えた」としても評価をしている。なお、絵を作成するうえで基となったとみられるスケッチ集が 3 冊大英図書館に所蔵されている。請求番号は WD959, WD960, WD961。
35) William Alexander, *The Costume of China, Illustrated by Forty-Eight Coloured Engravings* (London,1805) は 48 枚の銅板画が描かれている。題には『衣服』とあるが、目にした寺、建築物、船などの描写が多く、人物画としては、官人を

はじめに、刑罰を受ける男性や、寺で祈りをささげている男性などが中心に描かれている。

36) William Alexander, *Picturesque Representations of The Dress and Manners of the Chinese* (London, 1814) は、55 枚の銅版画が描かれており、1805 年の *Costume in China*…同様、見開きの左側に絵が描かれ、右側にその絵の短い説明が記されたものである。*Costume in China*… に比べ、女性の描写が非常に多くなっているのが特徴。

37) 団員らの日記及び書籍では Mr. Plum とされている。これは、Yacobus Li という中国人宣教師を指す。

38) 王大人、とはマカートニーの日記では Van ta-gin、喬大人は Chou ta-gin とされている。前者は通州協副将である王文喬を、後者は天津道の喬人傑を指している。(Cranmer-byng pp.325-331, 坂野 259 頁参照)

39) 原文は以下の通りである。"…and by forcing the heel forward, until it is entirely obliterated, make it the more wonderful how a custom, so unnatural and inhuman, should have continued for so many ages, at least such is the opinion, that its origin is entirely unknown, or explained by such fabulous absurdities as are too ridiculous to assign for its adoption." (Barrow, p.73)

40) *The Costume of the Russian Empire.* (London : W. Miller, 1803) や *The Costume of Turkey* (London , 1802) などが出版されている。

41) Alexander (1805), 'The Peasant and his family'.

42) 原文は以下の通りである。"PLATE XLIV "A Nursery Maid and Two Children–A Chinese woman of the meanest condition would feel herself degraded if not allowed to mutilate her feet." (Alexander (1814))

43) Alexander (1805), p.185

44) 原文は以下の通りである。"A Peasant, with his Wife and Family…In consequence of this extraordinary custom the feet of adult women seldom exceed five inches and a half; even the peasantry pique themselves on the smallness of their feet, and take great care to adorn them with embroidered silk shoes, and bands for the ankles, while the rest of their habiliments display the most abject poverty." Alexander (1805), p.23.

45) マカートニーは、日記中ではさほど纏足のもつ中国社会の背景に言及することはなく、日記の後ろに付されている「マカートニー卿の中国情報」と題された資料に纏足の項目を設け、纏足への考察を行っている。日記では、中国人女性を見かけると纏足をしていたか否か、そしてどの地方には見られたのか、という点を主に記している。

46) 原文は以下の通りである。"Among those who crowded the banks we saw several women, who tripped along with such agility as induced us to imagine their feet had not been crippled in the usual manner of the Chinese. It is said, indeed, that

this practice, especially among the lower sort, is now less frequent in the northern provinces than in the others."(MS-33)

47) 原文は以下の通りである。"1793 December 19 Thursday I was permitted to take the measure of a lady's foot, who was twenty years of age, which measured no more in length than five inches and a half. Of this compression of the feet, it may, indeed, be said to be a partial practice."（Anderson, p.309）

48) 邱海濤著　納村公子訳『中国五千年　性の文化史』（徳間文庫、2005）130-131頁。それによると、「『櫟社瑣記（れきしゃさき）』には明の嘉靖年間、浙江省の総督、胡宗憲が罪に問われ獄につながれ、彼の妻と娘が同罪の嫌疑で調べられた折、このような恥辱を受けた」とのこと。

49) Barrow, pp.579-80.

50) 原文は以下の通りである。"A Lady, and her Son—Our modern notion of a head-dress, however, approximate those of Chinese; though it is to be hoped that our ladies will never be brought to imitate the small and mutilated feet of the Chinese women, which disqualify them from the free use of their limbs."（Alexander, 1814）

51) 原文は以下の通りである。"They who recollect the fashion of slender waists in England, and what pains were taken, and sufferings endured, to excel in that particular, will be somewhat less surprised at extraordinary efforts made in other instances." (Staunton, Vol. II, p.48)

52) Staunton, Vol. II, p.48.

53) 原文は以下の通りである。"Whatever a lady may have gained, by the imagined charms of feet decreased below the size of nature, is more than counterbalanced by the injury it does to her health and to her figure; for *grace* is not *in her steps*, or animation in her countenance." (Staunton, Vol. II, p. 49)

54) テクストは第二版をもとにした Fletcher, Francis Harris. *John Milton's Complete Poetical Works* (Urbana: The University of Illionis Press, 1948) を使用。

55) 訳文は、平井正穂訳『ミルトン　失楽園』（筑摩書房、1977）を使用。

56) 同書、357頁。

57) MS-33, p.58.

58) MS-33, p.58.

59) MS-33, p.58.

60) MS-33, p.58.

61) 原文は以下の通りである。"Chinese above the vulgar considers it as a female accomplishment not to be dispensed with. Nay, a reverend apostolic missionary at Pekin assured me that in love affairs the glimpse of a little fairy foot was to a Chinese a most powerful provocative." (MS-33, p.61)

62) 帰国後はマカートニーの秘書を務めることになり、バローの著書の中にもマカートニーの手記から引用したとみられる記述が多々ある。

63) Barrow, p.73.
64) Barrow, p.71.
65) 原文は以下の通りである。"This monstrous fashion has generally been attributed to the jealousy of the men. Admitting this to have been the case, the Chinese must be allowed to be well versed in the management of the sex, to have so far gained the ascendancy over them, as to prevail upon them to adopt a fashion, which required a voluntary relinquishment of one of the greatest pleasures and blessing of life, the faculty of locomotion;……"（Barrow, p.76）

参考文献

ウィリアム・シャング (安田震一)『絵画に見る近代中国－西洋からの視線』(大修館書店、2001)

ウィリアム・シャング（William Shang・安田震一）「財団法人東洋文庫の歴史画コレクション：作られた中国的イメージを中心に」(『東洋文庫書報』34 巻、2002)

大野英二郎『停滞の帝国－近代西洋における中国像の変遷』(国書刊行会、2011)

岡本隆三『纏足物語』(東方選書、1986)

邱海濤著 納村公子訳『中国五千年 性の文化史』(徳間文庫、2005)

東田雅博『纏足の発見――ある英国女性と清末の中国』(大修館書店、2004)

ドナルド・F・ラック他著 高山宏他訳『東方の知』(平凡社、1987)

ドロシー・コウ著 小野和子・小野啓子訳『纏足の靴―小さな足の文化史』(平凡社、2005)

矢沢利彦編訳『イエズス会士書簡集』全6巻 (東洋文庫、1970)

矢沢利彦『西洋人の見た十六～十八世紀の中国女性』(東方書店、1990)

安田震一「マカートニー使節団の画像史料―東洋文庫の画帖を中心に」(『東洋学報』89、2007)

J.S. ミルトン著 平井正穂訳『ミルトン 失楽園』(筑摩書房、1977)

Alexander, William. *The Costume of China, Illustrated by Forty-Eight Coloured Engravings* (London,1805)

Alexander, William. *Picturesque Representations of The Dress and Manners of the Chinese* (London,1814)

Anderson, Aeneas. *A Narrative of the British Embassy to China,* 1793 (London,1795)（邦訳：アンダーソン著／加藤憲一訳『マカートニー奉使記』(筑摩書房、1947)）

Barrow, John. *Travels in China* (London,1804)

Cranmer-Byng, J. L. *An Embassy to China : being the Journal kept by Lord Macartney during his Embassy to the Emperor Ch'ien-lung, 1793-1794*

(London:Longmans,1962)（邦訳：マカートニー著／坂野正高訳注『中国訪問使節日記』（平凡社、1970））

Dawson, Raymond. *The Chinese Chameleon: An Analysis of European Conceptions of Chinese Civilization* (London: Oxford University Press, 1967)（邦訳：レイモンド・ドーソン著 田中正美他訳『ヨーロッパの中国文明観』（大修館書店、1971））

E.H.Prithcard, *The Crucial Years of Early Anglo-Chinese Relations, 1750-1800* (Pullman, Washington: the State College of Washington,1936)

Elizabeth Hope Chang, *Britain's Chinese Eye: Literature, Empire and Aesthetics in Nineteenth Century Britain* (California: Stanford University Press, 2010)

Fletcher, Francis Harris. *John Milton's Complete Poetical Works* (Urbana: The University of Illionis Press,1948)

Levy, S. Howard. *Chinese Footbinding: The History of a Curious Erotic Custom* (NY: Bell Pub. Co., 1967)

Macartney, George. *A Journal of the Embassy to China*（東洋文庫所蔵、請求番号：MS-33)

Staunton, Sir George Leonard. *An Authentic Account of an Embassy from the King of Great Britain to the Emperor of China* Vol. 1-3 (London: Printed for G. Nicol,1798)

Wood, Frances. "Closely Observed China: From William Alexander's Sketches to his Published Works", *The British Library Journal* No.24 (London: The British Library, 1998)

高洪興『纏足史』（上海：上海文芸出版社、1995)

中世南都の寺院法会と僧具
―その宗教的・社会的役割に関する一考察―

高 山 有 紀

はじめに

　法会とは、利益、功徳を期待して行われる宗教行事である。そしてそれは、僧侶たちによる日常的な修学活動によって支えられており、法会と修学活動を寺院社会による宗教活動そのものとして捉えることもできる[1]。寺内外で勤修される法会に職衆として出仕し、修学の成果を披露することは僧侶の目標であり、法会を毎年勤修し続けていくことは寺院社会にとって大きな意味を持つ問題であった。

　中世の南都寺院社会における法会の記録を調べる過程で、法会や諸仏事に出仕する際に僧侶が身につけるもの、使用するものの名称を目にする機会が多くあった。「僧具」・「供養具」と称され、法会で使用された道具や衣類は、実際にどのような形状をもち、どのように使用されていたのか。一般にあまり知られることのない、それらの実態を明らかにすることは、法会や寺院社会そのものの社会的・宗教的役割を解明することにつながるのではないか。また各僧具の使用の目的についての理解を深めることで、それを用いた僧侶が寺院社会の歴史の中でいかなる仕事を果たしていたのか、より多くの知識を得ることができると考えている。

　ところで、『日本の美術』第283号（『供養具と僧具』）[2]によれば、「僧具」とは、「僧尼がその修業の日常生活、あるいは各種の儀式の場において使用する衣や持物・飲食器・儀器類」とある。さらに具体的な内容として、「法衣類」・「持物・携帯品」・「置用具」・「椅子」が掲げられている。その種類は豊富で、使用方法も時代により宗派により多様である。

　そこで本稿においては、中世興福寺における法会史料の中からいくつかの

僧具の使用に関わる記録を抽出し、その実像について考察を行うこととする。史料としては、大乗院尋尊（1430-1508）による『尋尊御記』[3]などの年中行事記や、法会の継承のため多く記された記録類を取り上げる。主として室町時代の史料を扱うことになるが、前時代の記録との比較が可能な場合には、僧具の使用方法の時代的な変化についても明らかにしたい。また、現存する興福寺の記録類は、興福寺別当の周辺に関わるものが多く、いわゆる「貴種」（貴族出身者）の僧侶たちが用いた道具の記録が多いという実情があり、この点については留意しなければならない。従来、法会における僧具・供養具の使用の実態を解明した先行研究はほとんどないといってもよく、本稿が法会研究の一助となることを期すものである。

1. 装束（法衣・袈裟）

本章では、僧侶にもっとも身近な僧具である装束について考察することとする。法会や法会準備の際、南都の僧侶はどのような装束を身につけていたのであろうか。

装束のうち「法衣」とは、僧尼の着用する衣服であり、本来は律に定める五条・七条・九条の「三衣」すなわち袈裟を指す。しかし日本においては、これら三衣の下に着用する色服、別衣を主として「法衣」と称するようになり、袈裟とは区別されている（『密教大辞典』）。

『尋尊御記』は、大乗院門主、同寺別当であった尋尊の手になり、江戸時代に信雅が書写したものである。一年の時間の流れに従い、別当の関わる法会や儀式の次第の大略、発給される文書の書様などが記される。法会の装束に関する記事が多いとはいえないが、年中行事記に衣装の記録を残すのは忘備のためと考えられ、特定の年中行事において必ずその装束を身につける必要性があったことを意味する。そこで、特に法会の装束に関わる記事を追ってみることにする。

さっそく正月一日の条では、春日詣における興福寺別当の装束が記され、「法服平袈裟、従僧各法服」とみえている。春日詣は、藤原氏の氏長者による春日社参詣がよく知られる。室町時代における興福寺別当（寺務）は、一乗院あるいは大乗院の院主であり、多くが氏長者の子息であることが慣例と

なっていた[4]。このため、別当が摂関家出身者として春日社に詣でることも「春日詣」と称されている。この際に身につけたのが「法服」と「平袈裟」であるということは、これらが厳粛な儀式で用いられる正式な装束であったことが想像される。

　応永3年（1396）に著された『法躰装束抄[5]』では、「法服」は、「袍（上着）」と「裳」を着す装束であり、その着様は「鈍色」と同様である、との説明がなされているにすぎない。「鈍色」については後述するが、こうした「法服」の扱いについて、近藤好和氏は「同抄の成立時期には、法体の最正装である法服が限られた機会にしか着用されておらず、日常は鈍色が用いられることが多かったためではないか」と示唆している[6]。先の春日詣で「法服」を着すことが強調されるのは、そのような状況を反映しているとも考えられる。

　一方「平袈裟」は、「法服」の時に懸ける袈裟である。『法躰装束抄』では、「丈数四丈、裏はなきなり、綴も甲も一色の物也、七帖歟、」と記される。「綴」は「縁（ヘリ）」を指しているとみられ[7]、「甲」は袈裟を構成する細長い布である。ヘリと甲が同じ布であって、甲が七条（枚）分縫い合わされた形状のものが「平袈裟」ということになる。また、「香織物」・「白織物」・「白生平絹」・「布」といった色や材質の別があり、「香織物」すなわち香色（黄ばんだうす赤色）の織物状のものは僧正以上が懸ける。「白織物」は「可然人懸之、」とあり、具体的な対象身分が明確にされないが、「常には不懸之歟、」と記されるので滅多に用いられることはないということらしい。これらに対し「白生平絹」は、「貴賤懸之」とされ、身分にかかわりなく広く用いられた材質であった。また「布」は薄墨色である。

　こうした「平袈裟」の有り様から、正月に別当が着した同袈裟についてさらなる考察を加えるとすれば、元日の特別な社参であることや、身分に関わる規定を考慮すると、「香の平袈裟」が使用された可能性が高いといえよう。

　つづいて『尋尊御記』に認められる装束の記録として、興福寺別当任命の長者宣到来の場における諸職の装束がある。まず、儀式を取り仕切る導師の装束は「鈍色、白之表袴、五帖袈裟」、官使より長者宣を請け取る別当は「鈍色、表袴、五帖ケサ、シタウツ（韤）」に「五帖ケサ」であると記されている。加えて、別当に従う坊官の装束は「鈍色、指貫、モ、ケサ」であった。

ここでは、「鈍色」と「五帖ケサ」について、少々説明を付しておく。『法躰装束抄』には、「鈍色」の着用方法が記されるが、これによれば、最初に「大口」・「大帷」・「単」・「袙」といった下着をつけ、それらの上から「表袴」を着用し、さらに「裳」をつけるという。最後に「鈍色」を羽織って身につけるのであるが、これは香色か白色であり、「裳」と同様であるという。帯を腰につけ、いわゆる靴下にあたる「韈」と「鼻広」を履くという慣例であった。「鼻広」とは「俗のあさ沓の鼻のあるものなり」と説明がなされ、浅沓のつま先の部分が高く盛り上がった沓であることがわかる。これに念珠と檜扇を手にすれば、装束一式が完成する。一方「五帖袈裟」は、裏地がなく、夏冬の区別なく用いられる袈裟である[8]。「鈍色」・「裘袋」「付衣」等を着用した場合、常に懸ける袈裟として定められていた。このように、「鈍色」「五帖袈裟」は、「法服」「平袈裟」よりもやや格式の下がる装束として、汎用性が高い装束であることがわかる。

さて、『尋尊御記』の記載内容の半分近くを占めるのは、維摩会に関わる先例、同会勤修の手続きに関する記事である。ここで維摩会の装束について触れたいと考えるが、まずは同会の特別な役割について予め確認する意味で、その由来を概観しておくことにしたい。

維摩会は斉明天皇3年（657）の創始とされ[9]、維摩経の講説と二種の論義（講問論義・竪義論義）によって構成される法会である。承和元年（834）には同会講師を翌年の宮中御斎会・薬師寺最勝会の講師に順次招請することが定められ[10]、さらに同会の竪義が課試という機能を持つようになり、諸国講・読師の課業次第のひとつとして位置づけられる[11]と、南都の僧侶にとっては僧階昇進のための重要な法会となった。

朝廷から勅使が下され、国家的法会としての性格を有する維摩会であったが、その代表的職衆である講師の所作や装束等については、まだ明らかになっていない点が多い。尋尊筆『大乗院寺社雑事記』、興福寺重賢筆『維摩会講師坊引付』[12]には、講師の装束に関わる記事が散見されるため、これらを大まかに追いながら、特に講師の装束の実態をみていく。

『大乗院寺社雑事記』には、「文明七年維摩会講師方条々」として特に維摩会講師に関わる記事が集約された箇所が認められる。文明7年（1484）12月、

尋尊の弟子政覚が維摩会講師を勤めることになり、同年9月より様々な準備活動が行われ、その骨子が記録として残されたものである。次期大乗院門主、興福寺別当への就任が内定していた政覚のため、尋尊は「法服」・「表袴」・「韈」等を新たに用意したほか、大童子や従僧ら諸職衆の装束に用いる衣類を購入したり、借用している[13]。「貴種」に相応しい装束を用意するためには、経済的負担が軽く済むということはなかったようである。

また、重賢が大永3年（1523）に書き写した『維摩会講師坊引付』には、講師として用意すべき装束や道具が列挙されている。

　　　自身御分、法服二具〈如懸法服定〉、衲袈裟、表袴二具〈新古〉、腰幃、袒、
　　　檜扇、念珠、畳紙、帯、三衣袋、座具、草座、居箱、香呂、香呂箱、鼻高、
　　　草鞋、韈二足、唐笠袋、手洗水瓶、手輿〈綱等〉、平袈裟、筒、縁指筵、
　　　宿衣、付衣、帯、白五帖、小袖、湯帷、[14]

上記によれば、講師坊が講師自身の御分として用意するのは「法服二具」であり、これを着する場面が多いことが想定される。「法服」、「衲袈裟」、「表袴」と続き、「念珠」に至るまでが基本的な講師の装束一式と捉えてよいかと思われる。これに対し、「平袈裟」は「手輿」の後に掲げられ、必要に応じて使用する機会があったことが示唆される。最後に「付衣」、「帯」、「白五帖」とあるのは、出仕以外の場面で身につけた衣装であろう。「鈍色」はみえず、維摩会会中は用いられなかったものと考えられる。

長享2年（1488）12月、維摩会の専寺探題を勤仕した政覚は、尋尊による『大乗院寺社雑事記』の記録とは別に、『政覚大僧正記』において自身でも記録を残している。なお「探題」は維摩会の竪義論義[15]における出題者を指し、専寺探題と他寺探題の別がある。興福寺別当は、専寺探題（興福寺側の探題）を勤める慣例があり、後に専他両探題を兼任する事例もみられる[16]など、維摩会勤修の責任者としての立場にあった。

『政覚大僧正記』には、竪義論義への出仕に先立って、別当政覚が勅使のもとを訪れる場面が記される。この際の政覚一行の装束に注目したい。

雪雨降之間、悉指唐笠、先御前ノ中綱六人〈法服・白裳・狩袴、赤ケサ四人、青ケサ二人、〉次予、装束香法服・平袈裟・唐笠大童子一﨟春辰指之、手輿〈御童子如例、脇ヲ取、〉次従僧二人、〈専實寺主、清圓寺主、〉各法服・表袴・白五帖、[17]

　勅使房を訪れる行列では、別当の前を中綱[18]が歩いていた。その装束は「法服」で、これに懸けた袈裟は「青」と「赤」であった。色から判断すると、これは「甲袈裟」であった可能性が高い[19]。これらに対し別当政覚は、香色の「法服」に「平袈裟」を着した。つづく従僧も「法服」である。勅使を迎え入れた寺院側は敬意を表し、最も威儀ある装束で勅使坊を訪れるのである。また勅使坊に入る時、「三衣[20]」を入れた居箱を畳の上に置く。
　つづいて維摩会始行後の別当の装束に目を向ける。勅使坊を退出した同日、政覚はいよいよ維摩会第一日の朝座に出仕する。この時の装束は「法服・納袈裟」、翌11日に探題として竪義論義に出仕した際は「予装束法服・甲ケサ・念珠・檜扇、」であった。ここで新たに「納袈裟」・「甲ケサ（袈裟）」というふたつの袈裟が現れる。ところで、10日は「平袈裟」から「納袈裟」に、11日は「甲袈裟」へと、袈裟が懸け替えられたのはなぜなのであろうか。
　これについては、『維摩会寺務方故実記[21]』に、次の一節を確認することができる。

　一御袈裟事、初結衲御袈裟、間甲御袈裟、取鉢時御平ケサ、

室町時代においては、興福寺別当が維摩会で懸ける袈裟の種類は、法会の次第に応じて定められていた。すなわち、初日は「衲袈裟」を懸け、第二日から六日までの間は「甲袈裟」で出仕、結日は講堂における結願の作法を「衲袈裟」で行い、場所を改めて行われる取鉢に向けては「平袈裟」に懸け替えるという規定である。
　では、ここで「納袈裟」と「甲袈裟」のそれぞれの特質について確認しておきたい。「衲袈裟」は、九条であり裏地のついた袷(あわせ)であることが特徴である[22]。他方「甲袈裟」は七条で、ヘリが黒、甲がそれとは異色の袈裟であ

る[23]。いずれも法服に懸ける慣例があり、そのため「平袈裟」と両袈裟は晴儀で用いられたという[24]。従って「衲袈裟」と「甲袈裟」の用途の違いについては不明な点もあるが、いずれも「平袈裟」に次ぐ格式であったことは間違いないようである。

　以上の考察から、講師や興福寺別当が、維摩会に出仕する際の装束に特別な配慮をしていたことが明らかである。それでは、ここで維摩会の装束に関し、併せて注目しておきたい点について付言する。例えば長享2年12月13日、政覚は師である尋尊とともに「裏頭」で維摩会第三夜の竪義論義を聴聞した[25]。「裏頭」とは白五帖の袈裟を頭部に巻いた状態を指し[26]、僧兵の姿として知られている。維摩会の論義場面を描いたことで著名な『春日権現験記絵』（宮内庁）には、講堂の外で論義を見守る「裏頭」の僧侶が大勢みられる。これに対して堂内で座る僧侶に裏頭姿はみえないのであるが、果たして両者は堂外から聴聞をしたのであろうか。

　また『尋尊御記』・『政覚大僧正記』のいずれもが、維摩会の第七日、講堂での結願の作法終了後に行われる、別当の袈裟の懸け替えについて言及している。次回維摩会の職衆を選任する「細殿之挙」と、「取鉢」と称される布施取りを前に「平袈裟」を着すというものである。前述のとおり、「衲袈裟」から「平袈裟」への懸け替えが行われたとみられる。この時別当は、講堂後戸において「蘿箱」の蓋に入れて持参した「平袈裟」を懸けるのであるが[27]、この行為自体が、別当を象徴する行為として重んじられていたように見受けられる。それはどうしてなのか。これについては機会を改めて考えていく必要があると思われる。また、「羅箱」については次章で扱うことになる。

　なお、維摩会に出仕した他寺僧の装束については、いまだ多くの記録を見いだせていない。ひとつの事例として、永正15年（1518）、竪者として同会に参じた東大寺僧英憲は、探題を訪問する場面で「重衣・白五帖」の装束を身につけている[28]。「重衣」とは、襟が立ち上がった僧綱襟の墨染めの衣であり、現在でも東大寺の修二会や薬師寺最勝会で使用される[29]。南都の法会の装束は一様ではなく、寺院に固有の装束もあれば、法会における規定にも様々なものがあったと考えるべきであろう。

　維摩会をはじめとし、別当らによる「法服」着用の機会に注目してきた。

それでは、尋尊や政覚のような階層の僧侶が、「法服」以外の装束を身につけたのはどのような場面であったろうか。これについて概観することにしたい。

『政覚大僧正記』に見られる事はいくつかあるが、まず慈恩会番論義への出仕の際、政覚は自らの装束を「香鈍色・平ケサ」と記している[30]。慈恩会は興福寺の本宗法相宗の宗祖、慈恩大師窺基の忌日を会日とする法会である。同会の番論義は、維摩会の番論義とともに寺僧の昇進の登竜門としての役割を果たし[31]、14人の論匠が2人で一組となって論義が行われた。室町時代には、寺内で維摩会につぐ法会とされた慈恩会であるが、別当は「法服」ではなく、「鈍色」を着用して出仕している。また樸揚講への出仕の折にも「香鈍色」、「香五帖ノケサ、檜扇、念珠」とあり[32]、「法服」でないばかりか、袈裟も「五帖袈裟」を使用した。また内々に春日社を参詣した時にも「付衣」を着用している[33]。なお「付衣」とは、「裳付衣」の略称であり[34]、裏がなく、貴賤を問わず用いられる衣であった。

このように装束の違いを見ると、維摩会と諸法会および講の差違を改めて確認せざるを得ない。数ある興福寺の法会や講のなかにあって、維摩会は別格の法会であった。維摩会に出仕する時、勅使の前に現れる時、別当は「法服」を着したが、それは僧侶として最高の装束を身に纏い、法会開催の威儀を整えるという意味で、大変重要な規定であった。つまり「法服」着用が故実として記され、記録に残されることになったのは、単なる偶然ではない。他の法会とは一線を画す法会として、維摩会出仕における「法服」着用の規定が堅持されようとしていたのである。

年中行事と装束に関するごく限られた記録を通し、規定や着用方法の実態を明らかにしてきた。最後に、嘉禄2年（1226）に発せられた「南都新制」[35]の一部を引用し、僧侶の装束に関する規定が室町時代と共通するものであったかをみておきたい。

今制云、鈍色衣・裳袈裟、用中下品絹、例調精好及綾、一向可停止、
　　　　　　　　　諸院家三十講
但除維摩会并御八講・○　論匠著五帖之日、（略）三綱者、著平袈裟之

67

日、必可用表袴、従者装束者、裳袈裟、同用中下品絹、例調精好及織衣
　　等、皆停止之、

　これは、鎌倉時代に発せられた寺院社会における新制（禁制）の一文である。元久年間（1204-1206）の「新制」につぐ発令であった。こうした禁制がどの程度の強制力を持ったかは定かではないが、法衣の品質を落とし、華美を禁じようとする内容である。そして「鈍色」や「裳袈裟」の絹の質を落としたとしても、維摩会と御八講および諸院家三十講の論匠の装束は例外であることが強調されている。また、三綱については、「平袈裟」を着す機会が認められ、必ず「表袴」と合わせるという規定まで設けられている。

　ここで注目するのは、華美を禁ずる風潮にあっても、維摩会ほかの重要行事については、元来の装束が堅持されようとしていた点である。南都随一という維摩会の威儀が保たれていたからこそ、こうした別格的な扱いがみられたのであろう。

2.　如意

　つづいては、講師が法会の際に手にするという持物としての「如意」について考察を行う。

　僧侶が日常生活や儀式の場において使用する道具には、「比丘六物」や「比丘十八物」と言われるものがある[36]。「如意」はこれらには含まれないが、古くから金属・竹・木などを素材とする僧侶の生活用具であった。しかし日本仏教においては、生活用品の域を越え、法会における重要な役割を有することで知られている。顕密ともに説教・講会・布薩の際に講師や戒師が手にし、特に密教では灌頂の三摩耶戒で大阿闍梨が用いるという（『密教大辞典』）。

　「如意」の起源を辿れば、インドでは「阿那律」、秦で「如意」と称されていたという。またその名称は、あたかも人の手のように背の痒いところを掻くことができる、という意味によるものであった。しかし、別の由来として、法会で講僧が忘備のため柄に要文を書き込むなど、「意のままに行える」という意味であるとの説もある[37]。

　興福寺の年中行事記に見える「如意」に関する記録といえば、維摩会講師

68

の持物としての「五獅子如意」にほぼ限定されるといってよい。
　『中右記』大治 4 年（1129）11 月 25 日条には、興福寺の別当恵暁が追捕された折、東大寺累代宝物である「五獅子如意」が紛失し、鎮護国家の公物を失った興福寺と東南院の人々が大いに嘆いているという記事がみえる。すぐに発見され事なきを得たが、同如意の由来について、以下の解説が付せられている。

　　件如意ハ、寛平法王令作給後、給聖宝僧正也、彼僧正弟子勤三会時令持、
　　後連々不絶也、

これによると、宇多法皇の命によって作られた「五獅子如意」は、法皇より理源大師聖宝（832-909）に与えられたものである。聖宝と同様に顕密の碩学であることを象徴する法具として、聖宝の弟子が興福寺維摩会・薬師寺最勝会・宮中御斎会の三会を勤めた時以来、維摩会の講師が手にするという慣例が生まれたというのである。
　聖宝は、東大寺で三論・法相・華厳の各宗を学び、後に醍醐寺の開山となった。また東大寺東南院を建立し、南都における三論宗研究の拠点となった。顕密の両方において優れた足跡を残した聖宝の先例に基づき、維摩会講師は東南院所蔵の如意を持つこととなったのである。また、『三会定一記[38]』の記事を参照すれば、聖宝の弟子で最初に維摩会で「五獅子如意」を手にした僧侶は延敏であり、その年が延喜 11 年（912）であったことが確認される。
　維摩会で「如意」を用いるのは、講師が同会の開始にあたり、表白を披露した後に行う講問論義の場面である。平安院政期の成立とされる『類聚世要抄[39]』によれば、その所作は以下のとおりであった。

　　論義之問題条了、欲答之時、取如意也、一乗院僧正玄覚伝、彼僧正講師
　　時如此、或説一帖答了、欲答今一帖之時、取如意也、証願僧都先師説〈覚
　　晴、〉近来不知其旨歟、

講師が行う講問論義では、講師への出題は「二明」によって構成され、第一

69

問が「内明」、第二問が「因明」からの出題と決められていた[40]。講師が興福寺僧であれば、「内明」は唯識を指す。これに対して「因明」は7世紀頃に伝来した仏教の論理学である。法相宗における「因明」は、唯識論と倶舎論研究の補助的な分野として研究が進められていた。この時の講師の所作については、第一問については三重に問答が行われ、第二問は一重であった[41]。『類聚世要抄』によれば、講師が「如意」を手に論ずるのは一問目であるとする玄覚の説と、二問目を答えようとする時という証願の二説があったという。

　鎌倉時代以降も、維摩会に際し東大寺から「五獅子如意」を借用するという慣例は踏襲されていた。そして、東大寺興福寺間の関係が悪化するような事態が生じると、東大寺側は「五獅子如意」を貸し出さないという手段に出ることがあった。

　永仁元年(1293)、維摩会で講師を勤めた興福寺の隆遍は、翌年の最勝会の開催がなかったため、維摩会で用いた「如意」を2年以上預かり持っているべきところ、これを東大寺に返却してしまった。しかし、この対応を不満とした東大寺側が八幡の神輿をもって強訴に及んだことから、永仁3年8月に前年度分の最勝会が開催されることとなった。ところが東南院は、会期が迫っても隆遍に再びは「如意」を渡さなかったので、やむを得ず興福寺は一乗院伝来の如意を取り寄せて最勝会にのぞんだ(『三会定一記』)。以後、東大寺より「如意」を借りられない場合には、一乗院の「如意」を使用することが前例となったのである。

　本来、東大寺から「如意」を借りる際には請文状を出す慣例があった。『類聚世要抄』にみえる書様は以下のとおりである。

　　請謹
　　五獅子如意事
　　　右、為当年維摩会謹所請如件、
　　　　年　月　日　大法師　　講師名

上記請文は、維摩会始行の前日、講師の従僧がこれを携えて東南院に向かっ

たという。こうした「五獅子如意」借用の手続きは室町時代にも変わらず行われたのであろうか。

『維摩会講師坊引付』にみられる「五獅子如意」借用の請文は、先の『類聚世要抄』とまったく同じ内容である。ただし維摩会の会期の前日ではなく、初日の早朝に如意を迎えている。また、室町時代では「如意持」が置かれ、「如意」に関わる所作を執り行っている。結日にも「送文」と併せて「如意」を返却し、それをもって維摩会は終了することになった[42]。

講師が「如意」を手にどのような所作をみせたのか、室町時代の史料からその詳細を窺い知ることはできない。そこで、「如意持」の所作を通し、講師の動きを想像してみたい。

　　一如意持振舞事〈舜覚房、〉講師御前参賜如意、(略)随講師入堂三礼之時、鼠走ノ内立ヤスラウ、登高座時分、如意香呂箱指入、上向可置云々、(略)又高座下給之時、取如意、西柱ソヒテ立講師前過、少礼後、随出不離儀也、右手上ニキル如意ヒタヒ程有、能々可尋習也、返如意奉行、御前可交替事、

講師の講堂入堂前、「如意持」は講師の御前に「如意」を持って参ずる。やがて「表白」と論義のために、講師が高座に登ろうとする時分、「如意持」は「如意」を香呂箱の中に入れ、取り出し易いよう上に向けて置くという。また講師が高座を下りる時に「如意」を取り、所作に応じて運んで「如意」返しの奉行と替わるという。

「香呂箱」と「如意」の関係については、次章で改めて触れることになる。室町時代においても、「如意」は講問論義の席上確実に用いられていたことは確認できるようである。

ところで、「如意」は、一般に他の論義会でも使用されるというが、講師の持物として具体的にどのように使用されたのであろうか。中世の仏教説話集には、講師が「如意」を手に持ち講説を行う場面が描かれる[43]。他方で、興福寺の年中行事において、維摩会以外の法会に「如意」に関わる記録を見出すことは少ない[44]。さらに、寺院所蔵の文化財として伝えられる「如意」

も数が限られ、前出東大寺の「五獅子如意」がそのひとつといってよい。このため、一般的な僧具としての「如意」を通し、その存在意義やこれを持物とする講師の役割を論じることは叶わない。しかし「五獅子如意」が、単なる僧具ではなく、維摩会勤修の意義自体と深いつながりを持つ存在であることをここで再認識するのである。

3. 法具箱

　寺院法会の記録には、いくつかの箱が登場する。論義の際に論題を書いた短尺を収める「短尺箱」もその一例であるが、「居箱」・「道具箱」そして「䕠箱」など、おおよその用途は想像できるものの、なぜその箱が必要なのか、という点については不明なものも多い。そこで、本稿においては特に「䕠箱」と「香呂箱」を取り上げ、使用方法とその理由について考察してみることにしたい。

(1) 䕠箱

　「䕠」とは、ひめあざみなどの草を意味する語である。そこで「䕠箱」は、草で編まれた形状の箱であることが想像される。しかし、仏具や法具の一環として「䕠箱」の名称を目にすることはない。このことから、一般的な僧具というよりも、むしろ興福寺における慣例としての「䕠箱」の蓋の使用について分析する必要があるようである。というのも、室町時代の興福寺においては、年中行事や別当が関わる様々な場面で「䕠箱」の蓋が登場するからである。

　『尋尊御記』を通覧すると、まず別当任命の長者宣が「䕠箱」の蓋に入れられ、別当に進められるという記載がみえる。また、法華会・慈恩会の竪者の「放請」に際しても、請定が「䕠箱」の蓋に入れられている。これら二会のうち、法華会は平安前期に創始し、9月30日からの7日間、法華経の講説と論義を修する法会である。維摩会や慈恩会と同様に、興福寺「十二大会」のひとつであった[45]。

　　　当年法華会三口放請事、三口者操出分・三十講分・一﨟分也、（中略）
　　　供目代参申令放請者也、自余毎度出世奉行直令放請者也、限三口者也、
　　　竪者鈍色・五帖、供目代鈍色・五帖、出世奉行付衣・五帖、放請三通入

蘤箱蓋候出之、竪者名字出世奉行書之、

「放請」とは法会に出仕する僧侶の請定を発注することである。この年の法華会では、三口（3名）の僧侶が遅れて出仕の要請を受けた。そもそも同会の竪者には、入寺後間もない僧侶からの選出分である「一﨟分」などの区分があった。予め出仕僧が定められていたが、何らかの事情で追加が行われる時には、追加分の僧侶への出仕要請を伝達する文書が作成され、竪者は自身の名前の下に「奉」の字を書き入れた。3名までの「放請」であれば手続きは出世奉行が行い、三通の請定を「蘤箱」の蓋に入れて発給したのである。

同じく『尋尊御記』によれば、「放請」は一乗院・大乗院主が竪者を勤仕する年に必ず行われた。その場合、出世奉行が門跡の御名を書き、「蘤箱」の蓋は良家三綱が持ち門主の御前に進めた。別当が竪者である場合も同様であったが、御名は別当が自署したという。

慈恩会においても、竪者や竪義論義の問者（竪問）を一乗院・大乗院門主が勤仕する場合については、供目代が相計って請定を行った。このように室町時代における「放請」は、時として「貴種」による法会出仕を優先的に進める目的で行われていた可能性がある。

他に、維摩会の勤修に向けて行われるさまざまな次第においても「蘤箱」が登場している。まず、藤原氏長者が同会の始修を指示する「開白宣」が同箱の蓋に入れられて到来する[46]。また、先述のとおり、結日には「平袈裟」が「蘤箱」の蓋に入れられ、別当の前に差し出された。さらに、竪者への「義名付」の場面でもこの箱をめぐる所作を確認することができる。『政覚大僧正記』の記事から、この時の所作を少々追ってみることにする。

> 研学義名付之、申次坊官清円〈按察寺主、〉法服・表袴・白五帖、先出世奉行光俊〈修南院、〉付衣・五帖、取継二字ヲ進、其後予〈香鈍色・檜扇・五帖・念珠、〉着座、申次清円、西ノ大床ニ候、竪者盛乗法服・平袈裟、直ニ蘤箱ノ蓋ニステ、義名ト寺解文二通共ニ持参、草鞋、予先覧義名、次寺解文ヲ取テ名ヲ四所ニ書之、二通同之、上下ヲ押折テ蘤箱ノ蓋ニ入テ返之、瓦硯・折敷、始ヨリ置之、

ここでいう「研学」は興福寺僧分の竪者を指し、5名の竪者のうち2名を占める[47]。また、はじめに探題に提出される「二字」とは、竪者の名前と年号を二行で著した文書であり、これによって竪者の身元が明らかにされる[47]。続いて行われる「義名付」は、竪者が論義への出仕以前に探題のもとに参上し、自身の本宗に応じた問題の出題範囲を記した「義名」の提出を行うものである。国家的な課試としての役割を持つ維摩会竪義であるが、実際には、出題範囲を予め申告するといったことが行われていた。この記事によれば、「蘿箱」の蓋に「義名」と「寺解文[48]」が入れられ、直接探題に進上されている。

　それでは、改めて「蘿箱」の蓋はどのような目的で用いられたのであろうか。これほど多くの事例を引くまでもなく、それは興福寺別当に対し、何かを進めるという目的であった。別当に進上する文書や衣類を入れる道具、それが「蘿箱の蓋」であった。

　しかし、「蘿箱」が必ずしもよきものを入れる箱ではなかったことは、以下の史料から確認される。

　　正荘厳頭并（人）呪願并大導師布施事、近年減少者延文元年例云々、是ハ還花事歟、所詮蒔絵手箱ヲ蘿箱成之、被物半減通也、（下略）[49]

寛正4年5月、東金堂修二会の結夜の頭役として呪師・大導師に下される布施が減額となった。延文元年（1356）の例に習う措置であったが、「蒔絵の手箱」が「蘿箱」になる程度の減額であり、被物は半減したと記される。ここで「蘿箱」は、布施減額の例と併せて掲げられている。「蒔絵手箱」と比して粗末な箱、それが「蘿箱」とみられるのである。

　「蘿箱」を別当専用の箱とする慣例が室町時代に始まったとすれば、「貴種」である別当の権威づけのために用いられたと想像することができる。「蘿箱」は粗末ではあっても、他の箱と大きく形状が異なっていたことから、特別に重要な役割を負うことになったものであろうか。今その理由を特定することはできないが、「放請」や「義名付」という特異な場面において、大げさな道具を用いることなく、迅速に文書の受け渡しが行われることに意味があっ

(2) 香呂箱

「香呂（炉）」は、香を焚く器具であり、多くは金属製か陶製である。香は悪気が去り、心識を清浄にする効能があり、これを仏に供養し、行者の所用とすることになった。香供養具として柄香炉や居香炉がある（『密教大辞典』）。香炉を持って行う「行香」の所作は、法会において重要であり、興福寺の諸法会の記録にも散見される。しかし、香呂を収める箱に関する記事は多くは見られず、維摩会講問論義に興味深い記事が見出されるだけである。

『維摩会講師坊引付』においては、講師方が用意する装束一式の中に「香呂」と「香呂箱」が挙げられている。さらに、「香呂箱」が「縁起」を入れる箱として用いられたとする記事がある。また、これに「如意」を入れるという記事もみえる。香呂を入れることが本来の目的と思われる「香呂箱」に、異質なものがなぜ入れられたのであろうか。同引付を主たる題材に、維摩会講師の所作と用いられる箱の関係を注視することとしたい。

維摩会の第一日目、講師は「経箱・道具等」を携えて朝座に出仕する。これは講師坊への移動の際、従僧のひとりが会堂後戸において、小綱から受け取ったものである。

　　一坊移次第（中略）次従僧一人〈筑前公、〉力者一人召具、会堂後戸行事小綱尋経箱請取之、経員九巻有之歟、経箱持来、縁起彼箱入、読終香呂箱入、訓廻向日縁起香呂箱入、

ここに記されるのは、まず「経箱」と称される箱である。「経箱」には元々九巻の経巻が収められていたが、この箱を講師坊に持って行き、「縁起」を入れて会場に持参するというのである。さらに、「縁起」を読み終えた後、それを「香呂箱」に入れるという手順が示されている。「縁起」とは、講師が初日に読誦する『維摩会表白[50]』の一部であり、維摩会の起源と発展の歴史について記すものであるが、ここでは表白自体を指すと思われる。

そもそも『維摩会表白』とは、講師を勤める僧侶のみが、選任後に師から

75

の伝受によって与えられる貴重なものである。その構成は、冒頭が「縁起」、次に法会勤修のために諸神の来迎を請う「勧請」、参集する人々に功徳が得られることを願う「回向」というように、維摩会初日に講師が行う開白の文言が収録されている。さらに初日朝座から始まり、第六日暮座にいたるまでの維摩経の講説文が収められる。そして最後に、第七日（結日）に読誦する「後料簡並結願文」がみられ、全体が講師にとっての教本といった体裁である[51]。それでは、このような性質を有する表白が、「経箱」に入れて持ち込まれた後、どのような動きをみせるのであろうか。講師出仕の様子をみることにする。

　　　諸僧行烈引入于堂内、次定者〈御童子懐行テ、会堂壇置返参、〉其時講師出仕、登壇西戸脇寄待、次経箱・道具等置、〈即草座等敷草鞋用之、〉次香呂役僧香呂取鼠走出、取直講師授、講師取之入堂内、講・読登礼盤三礼之時諸僧惣礼、下礼盤香呂返給登高座、次勅使着座、次唄、金〈二打之、〉次香呂役僧所備之火舎蓋〈礼盤前有之、〉取定者与之、一返行道、香呂蓋返了、本僧・定者退出、次散花師等行道、法用終行事小綱炷補指燭而来時、表白始之、〈表白之間、従僧一人本院威儀触之、下記、〉次問者表白、論義有之、次講師自嫌句、取條答之、

出仕後、講師はまず登壇し、西戸脇にて入堂を待つ。次に「縁起」の入った「経箱」、道具類が壇上に置かれて準備が整う。香呂役の僧が鼠走りをして講師に香呂を届け、これを持った講師の入堂となる。こうした一連の動きは、行香を行うためと考えられる。当初、香呂は「香呂箱」に収められ、道具の一部として壇上に置かれていたに相違ない。

　行道等の法用が終わると、香呂を返した講師は登高座し、表白を読誦する。これに続いて問者の表白が行われ、講問論義が修される。講師による読誦の際、表白は「経箱」から取り出されたと思われるが、その所作は特に記されていない。さらに読み終わった表白が「香呂箱」に入れ替えられたはずであるが、これに関する詳細も記されていない。

　しかし、同じく『維摩会講師坊引付』における従僧の動きをみることで、ふたつの箱に関わる所作が少しく明らかになる。

「供奉人等振舞事」の項においては、一﨟の僧の振舞として「壇上経箱取、机之南端置之後、不可取出、」という記載がある。つまり「経箱」は、従僧が壇上から取って机の南端に置くが、中に入った「縁起」を取り出すことはしない。これを取り出すのは、講師本人ということになろう。また、別に三﨟の従僧が、壇上の「居箱」を取って机の北端に置く[52]。さらに四﨟の従僧が壇上の「香呂箱」を取って机の中央に置き、先のように香呂だけを取り出して講師に進める。そして「三礼之後返給■（畢カ）、度々香呂箱入、」と記されるのである。

表白読誦が終わって論義に入る際、講師は「如意」を手にすることになる。従僧の手によって香呂箱に予め「如意」が入れられていたとするならば、「如意」を取ろうとする時点で、講師は表白を下に置かなければならない。つまり、表白と「如意」を取り出して用い、その後順次空箱に戻していった場合、最終的に表白を「香呂箱」に入れることになったと考えられる。

『維摩会講師坊引付』を通し、講師の所作と「経箱」「香呂箱」の動きを概観してきた。以上のことから、何が明らかになったであろうか。推測に止まざるを得ないが、初日朝座から第六日暮座までは、講師による維摩経の講説が行われるため、表白は「経箱」に入れられて入堂する。各座表白は講説をもって終わるのであり、読誦後は役目を終えたという意味で「香呂箱」に入れられると考えられる。あるいは香によって清めるという意図もあるのであろうか。また、訓廻向日のみは、「縁起」が初めから香呂箱に入れられるという記事もみえている。訓廻向が修される第七日目は結日である。この日は「後料簡」が読誦されるが、経の講説は行われず、論義も修されない。表白を使用しないので、予め「経箱」に入れる必要がなかったと解することができよう。

おわりに

中世興福寺の法会において、僧具がどのように使用されていたかを明らかにしようという試みを通じ、維摩会が如何に特別な法会であったかという点について改めて確認できたと考える。

維摩会出仕にあたっては、講師、別当ともに法服を着しており、特に別当の装束は、会中の各日で懸ける袈裟が定められていた。つまり、維摩会に関

しては、装束を通して僧侶の社会的階層を窺い知ることができることが明らかになったのである。

また「五獅子如意」は、法会で用いられる僧侶の持物のなかでも別格の存在であったとみられる。同如意の貸し借りを廻り、東大寺興福寺間に幾たびも問題が発生したが、興福寺側は維摩会の威儀を整えるため、この「如意」を何としても会場に迎えたいという希望を持っていた。先例に従って法会を勤修し、存続させていくためには、僧具もが重要な舞台装置だったのである。

最後に法具箱については、講師が香呂箱に「縁起」を入れる所作や、「蘿箱の蓋」を用いて興福寺別当への進上がなされるといった事例をみてきた。僧具が法会の宗教性を高めたり、寺院社会の階層や秩序を維持するために使用された可能性があることを指摘しておきたい。

本稿は端緒にすぎないが、今後も僧具の研究を通し、法会の諸相を明らかにしていくため、法会空間の復元を試みていきたいと考える。

注

1) 永村眞氏『中世寺院史料論』187頁　吉川弘文館（2000年）
2) 文化庁監修『日本の美術』12（No.283）至文堂（1989年）
3) 興福寺所蔵
4) 高山京子氏『中世興福寺の門跡』181頁　勉誠出版（2010年）
5) 『群書類従』第八輯（装束部）所収
6) 近藤好和氏「『法体装束抄』にみる法体装束」（『立命館文学』第24号）2012年
7) 同上 465頁
8) 『法躰装束抄』
9) 『興福寺縁起』（大日本仏教全書　寺誌叢書二所収）ほか
10) 『続日本後記』（国史大系）第八　承和6年12月15日条
11) 斉衡2年8月23日太政官符（『類聚三代格』巻三）
12) 『大乗院寺社雑事記』文明9年4月9日条
13) 興福寺所蔵　原本は応永28年（1421）成立
14) 〈　〉内は割り注を表す、以下同じ。
15) 探題が出題を行う竪義論義は、第一夜から第五夜に修され、毎夜5名の問者が出仕し、竪者との間で因明・内明各一問の問答を行うもの。
16) 『維摩会講師研学竪義次第』万寿2年の条
17) 長享2年12月10日条

18) 寺官である三綱の下に置かれた所司
19) 井筒雅風氏『法衣史』（雄山閣出版　1974年）によれば、香甲（香色の甲袈裟）は僧正用、紫甲は律師以上の僧綱用、黄甲は已講（興福寺維摩会・宮中御斎会・薬師寺最勝会の講師を勤仕した者）用、青甲は凡僧用、赤甲は威儀師・従儀師用という。
20)「三衣」とは、本来仏教教団の人々を他と区別するための衣服であり、大衣・中衣（上衣）・小衣（下衣）とも称された（井筒氏前掲書）。本章冒頭に記したように、一般に袈裟と同意とされる。このため「居箱」には、袈裟が収められたと考えられる。「居箱」については、注52の項参照。
21) 興福寺所蔵、永禄6年実暁筆
22)『法躰装束抄』
23) 同上
24) 井筒氏前掲書113頁。
25)『政覚大僧正記』第二（史料纂集）
26) 井筒氏前掲書147頁
27)『維摩会寺務方故実記』
「会堂儀結願之後、御退出之時、於後戸御平ケサ可被懸替之、仍結日御出仕之時、御平袈裟蘿箱之蓋入可被持之、」
28)『維摩会遂業日記』（東大寺図書館所蔵）
29) 井筒氏前掲書138頁。また薬師寺HPによると、近年最勝会の装束が復元された。
30) 文明18年4月18日条
31) 拙著「中世の慈恩会」（奈良女子大学古代学学術研究センター設立準備室遍『儀礼にみる日本の仏教』所収）法蔵館　2001年
32) 文明18年9月19日条。樸揚講は、樸揚大師智周の忌日に修される講で番論義が行われた。
33) 文明16年12月28日条
34)『法躰装束抄』。「くびたちたる裳付衣の事」とあるが、井筒氏前掲書（141頁）によれば、くびを立てずに着すこともあったという。
35)『福智院家文書』第一（史料纂集古文書編）第九十六号。なお文中の○は、按文（追加的な説明）がその箇所に入ることを意味する。「諸院家三十講」が按文にあたる。
36) 前掲『日本の美術』
37)『釈氏要覧』
38)『大日本仏教全書』興福寺叢書一所収
39) お茶の水図書館所蔵「成簣堂文庫」
40) 堀一郎『宗教・習俗の生活規制』（『日本宗教史研究』II所収　未来社　1963年）
41)『宗性維摩会問答記』（東大寺図書館所蔵）

42）「奉送／五獅子如意事／右、奉送之状如件、／応永廿八年十月十六日権律師〈奉〉」（／は改行を表す、以下同じ）
43）『今昔物語集』巻第三十六ほか
44）東大寺法花会講師の結願の所作の一環として如意を持ち上げる例等が史料によって確認される。（英性筆「法花会私日記」東大寺図書館所蔵）
45）『大乗院寺社雑事記』康正3年6月28日条
46）『維摩会寺務方故実記』
47）『尋尊御記』
48）永村氏前掲書329頁
49）「寺解文」は、「興福寺竪者簡定状」（永村氏前掲書319頁）とも称され、竪者を勧学院別当や僧綱等の連署によって藤原氏氏長者に推挙する文書である。「寺解文」と別に別当から長者に進められる「別当挙状」とを受け、竪者任命の長者宣が下される慣例であった（『維摩会遂業日記』ほか）。従って、すでに発給されているはずの「寺解文」が、維摩会始行直前に行われる「義名付」の場面で登場するのは異例と考えられるが、如何なる事情であろうか。加えて寺務が「寺解文」二通四所に署名をしていることから、「寺解文」と記されてはいるが、実質は別当挙状であるという可能性もある。つまり、長者宣下を待たずに「義名付」が行われたとも解されよう。
50）『経覚私要抄』第六（史料纂集）
51）拙著『中世興福寺維摩会の研究』（勉誠出版 1997年）第1部第2章第2節
52）『政覚大僧正記』には「居箱」に関する記述が散見される。また前掲『日本の美術』には、「説相箱（居箱）」に関する説明として、法会に際して机上に置かれる蓋のない箱。香呂箱と居箱は二箱一具と記されている。

俳諧史における芭蕉の位置
―「俳諧文化」研究の可能性―

伊 藤 善 隆

はじめに

　俳諧研究の中心は芭蕉である。芭蕉が高く評価されるのは、俳諧の文学性を高め、後世に大きな影響を与えたからである。しかし、芭蕉に対する評価や注目度が高いため、芭蕉以外の俳人たちの研究が進展しにくいという状況も存在する。これはつまり、俳諧研究が芭蕉の「文学」にあまり重きを置いてしまうと、結果的に芭蕉に研究成果が集中してしまい、俳諧史の総体的な解明が進まない、ということである。

　本稿では、現在の俳諧研究の枠組みが確立した昭和30年代に、すでに上記のジレンマが意識されていたことを確認する。そして、俳諧研究と芭蕉顕彰のあり方を検討することで、俳諧を「文化」として捉える研究の可能性を考えてみたい。

1. 俳諧史の区分

　現在、俳諧史を記述する際には、以下のように区分するのが一般的である。
　　①室町俳諧（宗鑑と守武の俳諧）
　　②貞門俳諧（貞徳とその一門の俳諧）
　　③談林俳諧（宗因と西鶴たちの俳諧）
　　④蕉風俳諧（芭蕉と蕉門俳人たちの俳諧・元禄俳諧）
　　⑤享保期〜宝暦期（暗黒時代・都市俳諧と地方俳諧）
　　⑥明和期〜天明期（中興期・蕉風復興運動・蕪村時代）
　　⑦化政期（一茶時代）

⑧天保期〜幕末期（月並俳諧）
　⑨明治期（旧派の俳句と新派の俳諧）
　以上のうち、②貞門俳諧、③談林俳諧、④蕉風俳諧は、師系・俳風による呼称だが、それ以外は元号や時代名称による呼称である。
　芭蕉は、貞門俳人として出発し、談林俳諧を経て、蕉風俳諧を樹立した。したがって、②③④は芭蕉の俳諧活動の軌跡と重なる。つまり、芭蕉と関係の深い時代だけは、師系・俳風による呼称で俳諧史に定着している。このことは、俳諧研究の中心が芭蕉であることを象徴的に表していると考えることができるだろう。
　もちろん、②③④の時代に比べ、⑤以降の時代には俳壇の状況がより複雑になる。そのため、⑤以降の時代を特定の師系・俳風によって区分することは困難であるとも言える。だから、元号・時代名称で呼ぶことは便宜的な処置に過ぎないと考えることもできるかもしれない。
　しかし、⑤以降ほどではないにしても、②③④にも複数の師系・俳風は存在した。たとえば、「蕉風俳諧」の時代にも、貞門系や談林系の有力俳人たちは活動を続けている。したがって、この時代の俳諧を「蕉風俳諧」と呼ぶことは、蕉風以外の俳人たちの存在を無視していることになるのである。
　実際、近年では、蕉風俳諧の時代を「元禄俳諧」と捉えることが提唱され、その呼称も定着してきている[1]。つまり、「蕉風俳諧」と言う場合は芭蕉と蕉門俳人たちの俳諧を指し、「元禄俳諧」と言う場合は、貞享〜元禄・宝永期の俳諧を広く指すという使い分けがされるようになってきた。
　また、以前は⑤を「暗黒時代」と称することがあった。「暗黒時代」とは穏やかならぬ言い方だが、これは当時の俳諧が低調であったことを示そうとする呼称であり、つまり芭蕉没後の俳諧に価値を認めない用語である。さすがに、最近は「暗黒時代」という否定的なニュアンスを含んだ呼称は使われなくなったが、⑥の「中興期」という肯定的な呼称ならば、現在でも用いられている。この「中興期」とは、つまり「暗黒時代」の後、蕉風復興運動が盛んになったという意味を込めた呼称だから、やはり芭蕉を中心に俳諧史を見た結果の用語である。いっぽうで、芭蕉から遠く隔たった⑦以降の時代には、そうした呼称すら存在しない。

このように、俳諧史を記述する上でもっとも基本的な時代区分の呼び方には、すでに芭蕉を中心に考える価値観が入り込んでいるのである。

やや極端な言い方をすれば、俳諧研究で中心となってきたテーマは、「芭蕉の卓越性を検討する」ことであり、芭蕉以前の研究は「芭蕉の卓越性が生み出された背景を明らかにする」ためのものであって、芭蕉以後の研究は、「芭蕉の高みから堕落する歴史の跡付け」だったと言うことも可能であろう。こうした価値観を、本稿では仮に、「芭蕉中心主義」、あるいは「芭蕉中心の俳諧史観」と呼ぶことにしたい。この俳諧史観を支えたのは、「文学」重視の価値観であると考えることができる。

1.「芭蕉中心主義」への異論

俳諧研究の根底にある芭蕉中心主義に対する疑問は、現在の研究の枠組みが確立された昭和30年代には、すでに存在していた。

戦後の俳諧研究は、昭和25年に俳文学会が設立されて活発化し、昭和30年前後になるとそれまでの研究成果を踏まえた業績が数多く公刊された。とくに、『俳諧大辞典』（明治書院、昭和32年）と『俳句講座』全10巻（明治書院、昭和33～35年）の両書が示した研究の基本的な情報と枠組みは、現在でも有効なものである。

その『俳句講座』第1巻「俳諧史」に収録された、鈴木勝忠「享保俳諧史」と市橋鐸「天保俳諧史」を読むと、前章で指摘した「芭蕉中心の俳諧史観」が、享保俳諧や天保俳諧を研究する上で強い制約となっていたことが判る。まず、「享保俳諧史」の冒頭部分を参照してみよう。

> 今までの俳諧史の多くは、蕉門俳諧史から中興俳諧史へ飛ぶのを例とし、蕉門末流から蕪村へという便法がとられて来た。蕉門以外の享保俳人に注意されたのは潁原博士ではあったが、しかもなお、享保期は俳諧史上の暗黒時代であるという立場においてであり、常に継子扱いにされて来たのである
>
> この態度の中には、蕉風以外に俳諧性はみとめられないという潔癖さが不文律として底流し、そうした価値論による選択眼にのみよる時の

当然の結果であるといえる。だから、享保期において史的価値ある動きとしては、芭蕉復興への先駆としての「五色墨」運動が最も重視され、それを導き出した敬雨、また蕪村の師なるが故の巴人・蘭更（ママ）らを産んだ希因など、いわば蕉風継承史の上に浮び出てくる俳人群が注目され、他は俗俳の徒であるという烙印は、すでに消すよしもない古疵とさえなっている。（中略）

　文学史が特定の史眼によって整理されるのは当然であり、扱った個人なり、又その時代色なりによって、それぞれの意義をもつはずではあるけれど、史実が軽くみられては文学史の目的か（ママ）とは離れてしまう。事実としての現象史が、文学史に先行しなければならぬゆえんである。しかも、文学担当者は、自らの行為を是認し、前時代からの前進——単に変化に止まるかもしれないが——を信じていたわけだし、流行現象には又それだけ意味のあったのを思うとき、それは、現在における価値判断にだけ頼ろうとする態度とは矛盾するのであり、現代過信による近代人の傲慢さが指摘されてもよいのではあるまいか。

以上には、当時の享保俳諧に対す否定的な考えを端的に示すように「暗黒時代」「継子扱い」「俗俳の徒」「烙印」「古疵」といった言葉が並んでいる。では、いっぽうの天保期はどうか。同様に「天保俳諧史」の冒頭部分を参照してみよう。

　天保の俳諧は、言うまでもなく、文字の遊戯に堕していて、型にはまった小主観を墨守し、小技巧をひねくりまわしている。まことにお粗末千万なものには違いない。だが、それだって、世相の好みをそのままに表現したまでで、もしそれを無価値というのなら、彼らをそこへ追いやった時代をこそ罵倒すべきで、彼らのみが背負わされる性質のものではあるまい。言うなれば、彼らはこの俗化された雰囲気の中で、最良と思惟される句風に努力と精進を払っていたのである。たとえその結果が香ばしくないからといっても、それはか弱い人間の宿命とでもいうものである。所詮、人間は時代の子でしかあり得ない。俳聖と称えられる芭

蕉だって、この頃に生を享けたとしたら、結局は月並作家の域をどれほど抜け出していたかは大きな疑問である。
　天保の俳諧を認識するには、何より先に時代の姿を掴み、その上に立って大乗的の見地から眺めてやるのが、親切な方法ではあるまいか。

　ここにも、「文字の遊戯」「型にはまった小主観」「小技巧」「お粗末千万」とやはり否定的な言葉が並んでいることは、享保期と同様である。
　たしかに、鈴木氏が「享保俳諧」の側に立って現代の傲慢さを指摘していたのに対し、市橋氏は現代の側に立って「天保俳諧」を同情的に見ようとしていたという立場の違いはある。しかし、鈴木氏も市橋氏も、芭蕉中心の俳諧史観から見たときのマイナー・エポックに向き合った時、それを研究することの意義について自問せざるを得なかったのである。俳諧研究において、芭蕉研究は、いわば先天的に存在するテーマであるため、そうした自問をする必要はない。しかし、その対極に位置する「俗俳」たちや「俗化された」俳諧を研究する場合には、その研究のそもそもの意義が問われるという厄介な問題が付随して生じるのである。
　以上のように、芭蕉中心主義は、俳諧研究に対し、大きな制約として作用していたのである。程度の差はあるものの、この状況の大枠は、現在でもあまり変わってはいないのではないだろうか。

2. 芭蕉中心主義で見落とされたもの

　芭蕉中心主義のために、研究が疎外されてきたのは、享保俳諧や天保俳諧といった特定の時代区分ばかりではない。俳諧一枚摺や絵俳書、あるいは俳人の手紙などの資料体も、その重要性の割には顧みられることが少なかったと考えることができる。すなわち、これらの資料体は、俳人の伝記資料や、俳壇史の資料として利用されることがあっても、資料体としてその意義が注目されることは少なかったと言ってよいだろう。
　まず、俳諧一枚摺だが、これは俳人同士で交換されたもので、歳旦や春興、秋興などの季節の挨拶として、あるいは嗣号披露や追善などの挨拶として、その折々の機会に制作されたものだ。

現存するもっとも古い俳諧一枚摺は、「元禄十五年歳旦摺物十二種帖」（柿衞文庫蔵）だが、宝永・享保期になると、大名俳人や江戸座の俳人たちによって、俳諧一枚摺は盛んに制作されるようになる。その中には、当時はまだ珍しかった多色摺を用いたものもある。錦絵の発生が明和2年（1765）であることを考えれば、俳諧一枚摺に用いられた多色摺の重要性は明らかである。また、化政期以降、とくに幕末・明治期には、これを全国的な規模で俳人たちが遣り取りすることが一般化し、膨大な量が制作された。このことは、文化史的にも興味深い事象である[2]。

　しかし、そうした重要性を持っているにも関わらず、俳諧一枚摺は、錦絵はもちろん、狂歌摺物と比較しても、資料体としてあまり注目されてこなかった。その要因の一つにも、芭蕉中心主義の影響があると考えることができる。すなわち、俳諧一枚摺とは、芭蕉の没後に制作されるようになったものだからである。先述したように、現存するもっとも古い俳諧一枚摺は、元禄15年（1702年）のものだが、芭蕉が亡くなったのは元禄7年（1694）である。つまり、芭蕉を研究する限り、俳諧一枚摺は研究の俎上に載せられることのない資料なのである

　つぎに、絵俳書とは、絵と句を同時に楽しめるように制作された絵入りの俳書である。その歴史は、貞門時代に刊行された『いなご』（明暦2年）に遡る。編者は芭蕉の師であった北村季吟で、自詠の99句に香山朝三による狩野派風の絵を添えたものである。以後も、『俳仙三十六人』（万治3年）、『俳諧百人一句』（同年）、『源氏鬢鏡』（同年）、『絵入清十郎ついぜん やつこはいかい』（寛文7年）など、貞門時代には多くの絵俳書が刊行されている。

　つづく、談林時代にも、西鶴の『哥仙大坂俳諧師』をはじめ、『本哥取絵入百人一句』（延宝3年）、『絵入豊世見久左』（天和3年）、『誹諧吐綬雞』（元禄3年）など、それぞれに特徴のある絵俳書が刊行された。

　ところが、蕉風俳諧の時代には、絵俳書の刊行点数は極端に少なくなる。とくに、蕉門の俳書には絵俳書は存在しない。興味深いことに、芭蕉には絵俳書を刊行するという発想がまったくなかったようだ。むしろ、雑俳書に、『掃除坊主』（元禄10年）や『追和気絵』（宝永6年）など、絵入りのものがある。

そして、蕉風俳諧で下火になった絵俳書を再び活性化させたのは、享保期以降の江戸座の俳人たちであった。なかでも、『俳度曲』（享保7年）をはじめ多くの絵俳書を刊行した豊嶋露月や、『たつのうら』（享保19年）・『かなあぶら』（享保20年）を刊行した岡田米仲などの活動が注目される。絵俳書の挿絵には、多色摺を用いたものもある。

　このようにみれば、絵俳書が、従来あまり注目されてこなかったのも、一枚摺と同様、芭蕉中心主義の影響だと考えることができよう。すなわち、貞門、談林俳人たちは制作に積極的だったが、蕉門俳人の間ではほとんど顧みられなくなってしまった。それを再び積極的に制作、刊行したのは享保期の俳人たちだった。そうした資料が、俳諧研究の前面に出てくることはなかったのである。

　また、俳人の手紙だが、近世後期には、それ以前に増して、俳人同士の重要なコミュニケーショツールとなっていった。つまり、たんに用事を連絡するというだけでなく、発句を記した手紙を遣り取りする「文通」そのものが、俳人たちの活動の目的の一つとなったのである。そのため、大変多くの手紙が残されることとなった。

　そして、手紙のコミュニケーションツールとしての重要性が増すにつれて、俳人の人名録が多数刊行されるようになった。比較的有名なものだけでも、『万家人名録』（文化10年）、『万家人名録拾遺』（文政4年）、『俳諧人名録初編』（天保7年）、『俳諧人名録二編』（弘化3年）、『俳諧人名録三編』（嘉永4年）、『諸国俳人通名録』（嘉永4年）、『海内人名録』（嘉永6年）、『俳家道の栞』（嘉永6年）、『俳諧画像集』（文久2年）などの書名を挙げることができる。

　そうした手紙に対する関心の高まりを裏付けるものとして、当時、手紙の文例集を趣向にした俳書が刊行されていたことも指摘できる。梅左編『響ふぐるま集』（天保11年）がそれだが、同書は翌年には『四時必用俳諧文章車』と改題刊行され、嘉永3年にもその書名で再版本が刊行されている。

　この俳書には、五十四通の書簡が文例として収録されているが、まず目につくのは、「年頭状」や「端午の節句状」「中元之雅状」など、時候の挨拶の手紙である。そして、「句集披露之状」や「今是へ摺物贈る事」などといっ

た句集や摺物を遣り取りする手紙、あるいは「嵐山満花問合す状」や「鳴門之汐干誘引状」「月見誘引之状」など吟行に人を誘う手紙もある。他にも「新米一袋到来礼状」「河豚到来礼状」などの食品を贈答する際の手紙、「旅中同伴之礼状」「旅宿へ菊を遣す状」といった旅に関わる手紙があるのも面白い。「伊勢より音信状」「筑紫より音信状」「伊予小松へ返事」「尾陽より之文通」「京都より音信状」「東武よりの返事状」など、遠方の俳人たちとも積極的に文通していたことが判る手紙もある。

こうした当時の俳人たちの手紙には、お互いの句を遣り取りするだけの、いっけん他愛もないと思われる内容のものが多い。しかし、そうした手紙を読んでいると、俳諧をコミュニケーションの手段として楽しんでいた当時の俳人たちの様子をうかがい知ることができる。これは、俳諧が「大衆化」して全国津々浦々にまで行き渡り、俳諧を媒介とすることによって、地理的・経済的・身分的な制約を越えて、多くの人々が交流することが可能になった結果である。

こうした近世後期の俳人たちの手紙の機能は、芭蕉の時代の手紙の機能と比べて特徴的である。しかし、化政期以降の俳人の手紙は、「俗俳」たちのつまらないものと見られてしまい、当時の手紙が持っていた機能そのものが注目されることはほとんどなかったのである。

そうであるならば、芭蕉中心主義から離れたところで、こうした俳人の「手紙文化」に価値を見出し、江戸時代後期の文化現象の一つとして位置付けることにも、相応の意義が認められるべきであると思う。

以上、俳諧一枚摺、絵俳書、俳人の手紙について、従来注目されることが少なかった理由を考えてみた。「文学」という価値観や芭蕉その人のみにこだわることをせず、敢えて大きく「俳諧文化」という視点で俳諧資料を見直し、その意義を明らかにすることも、これからは必要ではないだろうか。

3. 中興期の芭蕉顕彰

さて、以上では、現代の俳諧研究における芭蕉中心主義の問題点を検討し、芭蕉ばかりを重く見てしまうと、同時に存在した多くの事象の価値が見えなくなってしまうことを指摘した。ひるがえって、「中興期」であっても、

俳諧史における芭蕉の位置

　芭蕉の「文学」性を讃美する背後には、俳諧の「大衆化」や「通俗性」という問題が同時に存在したということを指摘してみたい。つまり、芭蕉を顕彰する裏側には、非芭蕉的な状況が確実に存在したということである。つまり、現代の研究が芭蕉の「文学性」を讃美してばかりいると、同時に存在した多くの「非芭蕉的」な事象を見逃してしまうことになるのではないか、という問題提起である。

　たとえば、芭蕉が点取俳諧を嫌ったことは広く知られている。「点者をすべきより、乞食をせよ」（普安編『石舎利集』享保十年刊）とまで言ったと伝えられる。その芭蕉は、元禄五年二月十八日付曲水宛書簡で点取俳諧に言及し、俳諧を楽しむ人の態度を三等級に分けて論評している。

　　風雅之道筋、大かた世上三等に相見え候。点取に昼夜を尽し、勝負をあらそひ、道を見ずして走リ廻るもの有。彼等風雅のうろたへものに似申候へ共、点者の妻子腹をふくらかし、店主の金箱を賑はし候へば、ひが事せんには増りたるべし。
　　又其身富貴にして、目に立慰は世上を憚り、人事いはんにはしかじと、日夜二巻三巻点取、勝たるものもほこらず、負たるものもしゐていからず、いざま一巻など又とりかかり、線香五分之間に工夫をめぐらし、事終而即点など興ずる事ども、偏に少年之よみがるたにひとし。されども料理を調へ、酒を飽迄にして、貧なるものをたすけ、点者を肌（肥）しむる事、是又道之建立の一筋なるべきか。
　　△又、志をつとめ情をなぐさめ、あながちに他の是非をとらず、これより実之道にも入べき器なりなど、はるかに定家の骨をさぐり、西行の筋をたどり、楽天が腸をあらひ、杜子が方寸に入やから、わづかに都鄙かぞへて十ヲの指ふさず。君も則此十ヲの指たるべし。能々御つつしみ御修行御尤奉存候。
　　　　引用は、『古典俳文学大系　芭蕉集』（集英社、昭和45年7月）による。

　この書簡は、芭蕉の俳諧に対する高い理想と真摯な態度を示すものとして有名だが、この内容が広く知られるようになったのは、寛政10年（1798）

89

になって『芭蕉翁三等之文』として刊行されたからである。刊行したのは、中興期に蕉風復興運動の立役者として活躍した蝶夢である。

　ところで、蝶夢が蕉風復興で活動していた当時、一方では点取俳諧が大名たちの間で大いに流行していたことが、ここ 20 年程度の間に進展した大名俳諧研究の結果、明らかになってきた。すなわち、大名たちの句会はごく日常的に行われていること、1 回の句会でも複数の宗匠たちに批点を依頼していること、句会によっては、批点を依頼する宗匠の数が 50 名や 100 名の場合もあることなどが具体的に分かるようになったのである[3]。

　批点の謝礼は、宗匠 1 人に百韻 1 巻を依頼した場合、だいたい 300 文程度が相場だったとされている。したがって、仮に 300 文を 20,000 円と換算して 100 名を超える宗匠たちに批点を依頼したとすると、その謝礼だけで 2,000,000 円にも上ることになる。信州松代の真田家には、そうした句会で詠まれた 80,000 句を超える点取俳諧資料が現存することも判明した。

　大名たちは、参勤交代で江戸に滞在するため、江戸座の俳諧に親しんだ。したがって、大名点取俳諧の流行によって潤ったのは、江戸座の俳人たちであったはずだ。江戸座とは、芭蕉の門人であった其角の流を汲む江戸の職業俳人たちが結成したもので、俳壇秩序の安定と点業（依頼された句を採点して報酬を得ること）の寡占化を目的とした宗匠組合である。

　つまり、蝶夢が『芭蕉翁三等之文』を刊行して芭蕉の「点取俳諧」嫌いを世に知らしめようとした背景には、こうした点取俳諧の盛行があったということになる。すなわち、蝶夢が、芭蕉の「文学」の権威を持ち出した背景には、たとえば、江戸座を中心とする点取俳諧の流行に対抗する意識があったからだと見ることも可能になるのである。

　とすれば、大名俳諧も以前には注目されることが少なかったが、その原因の一つが、じつはこの『芭蕉翁三等之文』だったとも考えられる。先述したように、『芭蕉翁三等之文』によって点取俳諧は芭蕉が否定したものであることが広く知られるようになった。そのため、大名の点取俳諧そのものが、疎外された研究対象となってしまったのである。そう考えれば、蝶夢の蕉風復興運動は、現代の俳諧研究にまで影響を及ぼしていたと言えるかもしれない。このように、芭蕉中心の俳諧史観では注目されない、たとえば点取俳諧

のような事象を明らかにすることは、同時に芭蕉顕彰の背景や意義をより明らかにする可能性にもつながるのである。
　さて、中興期の芭蕉顕彰といえば、年忌供養を契機に顕彰事業がなされ、それにともなって芭蕉の神格化が進められたことがその特徴としてあげられる。その経緯を、『俳文学大辞典』（角川書店、平成7年5月）他を参照しながらまとめると以下のようになる。

- 寛保3年（1743）…五十回忌。各地で関連行事が盛行。すなわち、芭蕉塚（翁塚）が建立され、追善集が出版された。なかでも、廬元坊の『花供養』は、芭蕉年忌集の先駆となる。
- 宝暦13年（1763）…七十回忌。この年以降、蝶夢は毎年10月12日に芭蕉忌を営み、『時雨会』を刊行した。なお、宝暦11年（1761）以降、全国に建てられた芭蕉塚を収録する『諸国翁墳記』が刊行されているが、はじめ100基程度だったものが、幕末期には400基を越えるようになる。
- 天明3年（1783）…九十回忌。暁台が、百回忌取越追善俳諧を膳所・京で盛大に興行。蕪村も参加する。また、芭蕉塚が各地に建立された。なお、蕪村はこの年の12月に没し、暁台は寛政4年（1792）に没している。
- 寛政5年（1793）…百回忌。各地で関連行事が盛行。神祇伯白川家から「桃青霊神」の神号を授けられる。翌年には、蝶夢が『祖翁百回忌』（半紙本十冊）を刊行している（蝶夢は寛政7年没）。
- 文化3年（1806）…朝廷から「飛音明神」の神号を授けられる。
- 天保14年（1843）…百五十回忌。二条家から「花の本大明神」の神号を授けられる。
- 明治18年（1885）…「俳諧明倫講社」が「神道芭蕉派古池教会」に改組される。
- 明治26年（1893）…二百回忌。「大成教古池教会」が創設され、深川に芭蕉神社を建立する。

　こうして並べてみると、中興期の芭蕉顕彰と、その後の明治期に至るまでの芭蕉顕彰は、その方法において地続きのものであると見ることができる。

つまり、それぞれの事象の文学性や芸術性はともかく、年忌供養と神格化の推進という現象は、俳諧史上の評価に関わらず、中興期も化政期以降も同じだったのである。

このように考えてみても、「文化」として俳諧史を見ることは、従来の芭蕉中心の俳諧史観を克服する可能性を持った視点になり得るものであると指摘することができよう。

4. 現代の芭蕉顕彰

最後に、現代の芭蕉顕彰について検討してみよう。多くの自治体では、芭蕉を文化行政のテーマの一つとしている。このことは、他の国文学の作品や作者・作家と比較したときの、芭蕉の大きな特徴の一つといえよう。芭蕉のように多数の自治体で顕彰事業がおこなわれている文学者は、他にいないのではないだろうか。

自治体による芭蕉顕彰の代表的な事業の一つに、毎年開催される「奥の細道サミット」の存在がある。これは、『おくのほそ道』ゆかりの自治体等が一堂に集まる会議で、『おくのほそ道』三百年を契機として、昭和63年10月に、結びの地である岐阜県大垣市の呼びかけで始まったものである。『おくのほそ道』ゆかりの市町村と関係機関が芭蕉の業績を顕彰することで、地域の活性化と郷土の歴史文化の活用を広く内外に向けて展開することを謳っており、加入自治体等は37[4]団体にのぼる。

実際のサミットでは、理事会や総会、情報交換会の他、展覧会や講演会、史跡巡りや俳句大会、コンサートや創作劇の上演などのイベントが行われる。たとえば、平成23年の第24回「「奥の細道」関ケ原サミット」では、内田保廣氏による講演「芭蕉と奥の細道〜歌枕をたずねる旅〜」と、浦山純子氏による「奥の細道ピアノコンサート」が開催されている。

さらに、こうした年1回のイベントにとどまらず、東日本大震災後には「奥の細道サミット被災地訪問」も行われた。これは、平成23年7月14日〜15日に、大垣市長が、岩沼市、松島町、大崎市を訪問して、被害見舞金を届け、職員派遣について要望があれば応じる旨を伝え、さらに大垣市の各種イベントで予定している物産展への出品依頼を行った、というものであ

る[5]。

　こうした活動は、俳諧・俳句という文芸の世界にのみとどまるものではなく、芭蕉を主題・契機としたコミュニケーション活動であるとも言えよう。これは、近世後期の俳人たちが、俳諧を契機として全国的なコミュニケーションのネットワークを持っていた文化的状況と共通する要素があると言えるかもしれない。

　また、伊賀市では、毎年「芭蕉祭」を開催している。これは、自治体で行われる芭蕉顕彰事業としては最大規模のものである。伊賀市のホームページには、つぎのように、江戸時代からの芭蕉顕彰の伝統を引き継いだものであることが明記されている。

　　元禄7年から毎年芭蕉の命日である10月12日に催されてきた「しぐれ忌」が、昭和22年から芭蕉祭として発足。セレモニーをはじめ、全国俳句大会や芭蕉翁遺跡参観など、文化薫る歴史のまちの風物詩となっています。[6]

　大規模なセレモニーであるため、観光資源としても人気を集めるのではないかと想像されるが、集客に都合の良い休日を選ぶのではなく、忠実に芭蕉の命日である10月12日に開催されている。
　その12日のセレモニーは、「墓前式典など」と「芭蕉祭式典」から成る。前者は供養・献花の儀式であり、後者は優れた研究や俳句・連句に与えられる各賞の授与が中心となる儀式である。
　「墓前式典など」は、午前8時30分、愛染院の故郷塚での供養・参拝に始まり、上野市駅前の芭蕉翁銅像と伊賀市役所前の芭蕉翁文学碑を巡って献花を行う儀式である。
　いっぽう、「芭蕉祭式典」は、午前10時から、上野公園の俳聖殿前で開催される。各賞の授与や挨拶ばかりではなく、奏楽[7]をはじめ、献茶・献菓・献花、祭詞の読み上げなどの儀式も行われる。
　この「芭蕉祭式典」の中でとくに興味深い儀式は、「懸額除幕」である。これは文部科学大臣賞（俳諧研究の成果が対象）と選者献詠句、特選句を記

載した木製の額を俳聖殿の入口に懸け、それを披露する儀式である。
　江戸時代には、句合の優秀作を「俳額」にして神社などに奉納することが盛んに行われていたが、これはいわばその現代版とでも言うべきものである。1年毎に新しい額が懸けられるわけだが、以前の年度ものは俳聖殿[8]の中に掲げられている。
　こうした芭蕉顕彰のあり方は、江戸時代に行われていた芭蕉顕彰の方法、すなわち、芭蕉の年忌供養のイベントを開催し、芭蕉句碑を建立して、追善の句集を刊行するという方法を、まさに現代に再現したものだと指摘することができよう。つまり、江戸時代の「俳諧文化」を、我々の眼前に甦らせるイベントなのである。
　こうした「俳諧文化」の継承の諸相は、これまでの俳諧研究の立場が基準としてきた「文学」という尺度だけでは測りきれない。とすれば、俳諧を「文化」としてとして捉えることで、我々は江戸時代の俳諧をもっと深く理解できるようになるのではないだろうか。

おわりに

　考えてみれば、芭蕉という存在は、江戸時代の俳諧の基準でありながら、じつはその俳諧師としての行動や価値観にはかなりの特殊性がある。そうした芭蕉の俳諧が「文学」であるならば、いっぽうで我々はもっと積極的に「俳諧文化」の解明に取り組んでも良いのではないだろうか。これまで見逃されてきた俳諧の「文化」としての豊かさを明らかにすることは、巨視的に見れば江戸時代に対する理解をより深くすることに繋がり、同時に芭蕉の特殊性や卓越性を明らかにすることにも繋がるはずである。

注

1)　たとえば、岩波書店から刊行された「新日本古典文学大系」（昭和64年〜平成17年）には、『初期俳諧集』、『芭蕉七部集』と並んで、『元禄俳諧集』が収録されている。これは、集英社から刊行された「古典俳文学大系」（昭和45年〜47年）が、『貞門俳諧集』、『談林俳諧集』、『芭蕉集』、『蕉門俳諧集』、『蕉門名家句集』、『蕉門俳論俳文集』であることと、対照的である。

2) 雲英末雄他「(座談会)画と文の交響―俳諧一枚摺の世界」(『文学』第6巻第2号、岩波書店、平成17年3月)、雲英末雄「俳諧一枚摺ガイダンス」(『柿衞文庫目録　俳諧一枚摺篇』財団法人柿衞文庫、平成20年4月)、伊藤善隆「俳諧一枚摺参考文献目録」(同前)、伊藤善隆「短冊・懐紙・画賛・一枚摺」(『俳句教養講座　第三巻』角川学芸出版、平成21年11月)等を参照。

3) 井上敏幸「真田幸弘の俳諧―真田幸弘の俳諧資料―」(『平成十七年度～十九年度科学研究費補助金基盤研究(B)一七三二〇〇四〇研究成果報告書　近世中・後期松代藩真田家代々の和歌・俳諧・漢詩文及び諸芸に関する研究』平成20年3月)。

4) 「奥の細道サミット」加入自治体等は以下の通り(平成25年6月29日現在)。江東区・荒川区・足立区・草加市・鹿沼市・日光市・大田原市・岩沼市・松島町・大崎市・一関市・平泉町・中尊寺・毛越寺・にかほ市・遊佐町・出羽三山神社・鶴岡市・最上町・尾花沢市・天童市・山形県奥の細道観光資源保存会・大石田町・出雲崎町・朝日町・入善町・滑川市・金沢市・小松市・加賀市・敦賀市・関ヶ原町・垂井町・大垣市・伊賀市・公益財団法人 芭蕉翁顕彰会・NPO法人 芭蕉翁「おくのほそ道」ネットワーク。

　また、これまでのサミット開催地はつぎのとおり。岐阜県大垣市(昭和63年)・山形県鶴岡市(平成元年)・岩手県平泉町(平成2年)・栃木県黒羽町(現大田原市、平成3年)・新潟県出雲崎町(平成4年)・埼玉県草加市(平成5年)・三重県上野市(現伊賀市、平成6年)・富山県朝日町(平成7年)・山形県山形市(平成8年)・富山県入善市(平成9年)・山形県羽黒町(現鶴岡市、平成10年)・東京都江東区(平成11年)・岐阜県垂井町(平成12年)・岩手県一関市(平成13年)・石川県山中町(現加賀市、平成14年)・宮城県鳴子町(現大崎市、平成15年)・三重県上野市(現伊賀市、平成16年)・山形県尾花沢市(平成17年)・東京都足立区(平成18年)・富山県滑川市(平成19年)・秋田県にかほ市(平成20年)・福井県敦賀市(平成21年)・宮城県松島町(平成22年)・岐阜県関ヶ原町(平成23年)・石川県小松市(平成24年)・宮城県岩沼市(平成25年)・東京都荒川区(平成26年、予定)・栃木県鹿沼市(平成27年、予定)。

　以上は『第26回「奥の細道」岩沼サミット報告書』(「奥の細道」岩沼サミット実行委員会事務局、平成25年12月)による。

5) 大垣市のHPに記載される、平成23年7月20日記者発表資料「奥の細道サミット被災地訪問について」(www.city.ogaki.lg.jp/cmsfiles/contents/0000002/2785/110720hisaitihoumon.pdf)に拠る(2014.1.29)。

6) http://www.city.iga.lg.jp/ctg/22086/22086.html を参照した(2014.1.29)。

7) 市民バンド、芭蕉祭子ども合唱団、芭蕉祭市民合唱団が組織され、開式、閉式の際の奏楽の他、会の途中に合唱曲「芭蕉さん」、「芭蕉」、「芭蕉翁賛歌」、「奥の細道」が披露される。

8) 俳聖殿は、芭蕉の旅姿をあらわす聖堂で、昭和17年の芭蕉生誕三百年にあたり、

伊賀上野出身の政治家、川崎克が私費で建設したもの。上の丸い屋根は旅笠、下の八角形の廟は袈裟、それを支える柱は行脚する翁の杖、「俳聖殿」の木額は顔を表しているという。堂の内部には芸術院会員長谷川栄作が原像をつくり、川崎克が焼成した伊賀焼の芭蕉翁瞑想像が安置されている。

付記

　本稿は、平成25年度江東区芭蕉記念館秋季文学講習会「文学史の中の芭蕉」において、「俳諧史における芭蕉の位置」と題して行った講演（於芭蕉記念館、平成25年11月30日）の一部を原稿化したものです。

　本稿をなすにあたり、横浜文孝氏（江東区芭蕉記念館次長）より、「奥の細道」サミットに関する情報を始めとする、御懇切な御教示を頂戴致しました。記して御礼を申し上げます。

　なお、本稿は、伊賀市の平成24年度芭蕉祭に参加させて頂いたことが、そもそもの起稿の契機となりました。記して感謝申し上げます。

新渡戸稲造の台湾認識をめぐって

石 井 智 子

はじめに

　新渡戸稲造については、一例をあげると「新渡戸稲造は、国際人としての資格をゆたかに備えた稀有な人物である。わが国の歴史の中で、彼を超える人物は他にいなかったといっても過言でもあるまい。日本文化、日本民族のよき理解者であり、同時に人類共同体のあり方を考え、実行した巨視的な国際活動家であった」[1] という評価がある。

　しかし、新渡戸の経歴を見ると、1901年に台湾総督府拓殖局長心得となり、台湾における製糖業の改革に大きな役割を果し、さらに京都帝国大学法科大学においては、1905年から植民政策を講義、その後東京帝国大学においても教鞭をとった。

　このような事実から、筆者は新渡戸の「国際人」としての総合的な評価は、その一つとして新渡戸が日本の植民地であった台湾や朝鮮[2]、そして日本が侵略していた中国をどのように見ていたか、すなわち新渡戸のアジア観及び植民観を検討する必要があると考える。

　今回はその中でも、新渡戸の台湾観はどのようなものだったのかを考察したい。なお、新渡戸の資料としては『新渡戸稲造全集』全23巻（教文館、1969年～70年、84～87年）があり（以下『全集』と略称する）、その利用に際しては原典に遡るように努めた。引用については、仮名遣いは原文のまま、漢字旧字体は原則として新字体に改めた。

1. 新渡戸の台湾認識とその経緯

(1) 台湾領有の経緯

日本は日清戦争（1894～95年）の結果、すなわち1895年4月17日の日清講和条約により台湾を領有した。それは、清国側からみれば、「清国は最後の属邦朝鮮を手放し、古くから宗属関係をつうじて東アジア世界に巨大な影響力を行使してきた中華帝国は崩壊した」[3]といえる。

　日本による台湾の植民地化は容易ではなかった。1895年5月、日本は兵を台湾に派遣して台湾島占領作戦を開始したものの、台湾の中国人は台湾民主国を樹立して日本の侵攻に備えていた。日本軍は台湾北部から上陸を開始し、早くも6月には台北を占領したので、台湾民主国の主だった面々は大陸へと逃亡した[4]。その後日本軍は台中から、台南、現在の高雄へと軍を進めたが、慣れない気候やマラリアの蔓延とも相俟って日本軍の損害も急増した。日本軍が全島占領宣言を発したのは11月のことであった。12月には台湾北部の宜蘭が包囲され、96年元旦には台北城が襲われるなど、各地で高山族が蜂起し、日本統治への抵抗は1902年まで続いたのであった[5]。

　初代総督樺山資紀から2代桂太郎、3代乃木希典を経て、4代目の児玉源太郎に至ると、総督府は「土匪」と思しき住民を徹底的に殺戮し、また保甲制度という民衆の相互監視制度という強圧統治により、その抵抗運動も弱まっていた[6]。

　その児玉は、台湾統治の実質的担当者として後藤新平を選んだのであった。後藤は医師出身の内務官僚で、ヨーロッパの植民思想に通じていた。彼は民政局長（のちの民政長官）に就任すると、旧慣調査を実施して領台前の台湾の実情を調査したうえで、インフラの整備に力を尽くし、製糖業を近代化させて台湾の産業振興に努めたのである[7]。その目的は総督府財政の確立にあった[8]。

(2) 新渡戸の渡台について

　1899年末、新渡戸はアメリカにおいて『武士道』[9]の原稿を出版社に引き渡す準備をしていたときに、台湾総督府より招請を受けている。これは前述したように、台湾総督府民政部長官の後藤新平からの依頼によるものであったが、新渡戸は後藤の申し出を二度まで断った。しかし後藤のたびかさなる要請に、新渡戸は台湾行きを決意したのであった。

新渡戸は、台湾に赴任するに先立ち、ヨーロッパ視察を希望した。彼は1900年（明治33）2月にジブラルタルに向けて出航し、スペイン、フランス、イギリス、ドイツ、イタリアをめぐり、1901年1月日本に帰国した。そして2月に台湾に赴き、台湾総督府技師となり、5月には民政部殖産課長となり、11月には新設の殖産局局長心得となった。また、1902年6月に臨時台湾糖務局が新設されるとその局長を兼ねた。

この後藤の懇請と新渡戸の昇進について、「後藤民政長官によって、五等官であるにもかかわらず一等俸を支給する破格の待遇で総督府技師に迎えられ、民政部殖産課長、民政部殖産局長心得、臨時台湾糖務局長として、台湾の製糖業発展に大きく貢献したという物語が、これも一種の神話となっている」[10]とする指摘もある。確かに、そのような神話が一般的な啓蒙書によって流布している[11]。

台湾において製糖業が重要であることは自明であった[12]。それでは台湾における新渡戸の功績となると、北岡伸一氏は1901年9月に出された「糖業改良意見書」であり、新渡戸は台湾製糖業の不振を詳細に論じている、と述べる。そして、氏は「世界各地の実情を把握し、その知識を背景として台湾の欠点を指摘した点は説得力を感じさせる」と評価している。また「最大の問題は、保守的な農民に新しい苗や技術を取り入れさせることであった。新渡戸はこのため、フレデリック大王がプロイセンの馬鈴薯の普及のために実力行使を辞さなかった例を引き、進歩を強制することを主張した。要するに新渡戸は児玉源太郎や後藤新平に啓蒙専制君主たることを進めたのである」[13]と述べている点に、筆者は着目しておきたい。

一方で、新渡戸の政策面での評価は高いものではなかった。また健康にも優れずにいた。加えてその「アイディアは後藤系の優秀な官僚群の中でとくに傑出したものではなかっただろう」、「もはや台湾にいても何もできないと新渡戸は感じたように思われる」[14]とある。

駄馬裕司氏は、「新渡戸を京都帝国大学へと手放して以降、後藤が新渡戸を政策面でのブレーンとして利用した形跡はなく、農政学者としての新渡戸の評価は高くない。『一に人、二に人、三に人』が口癖であったという後藤新平は、学者としての新渡戸稲造の能力には早々に見切りを付けて手放し、

高等教育の現場における人材スカウトに期待するようになっていたのではないかと思われる」[15]という見解を示している。

新渡戸は、すでに1903年10月から京都帝国大学法科大学の教授を兼務していたのであり、1904年6月には専任となり、台湾を去っていたのである。

(3) 新渡戸の台湾認識

上記で概観してきたように、新渡戸の台湾滞在は、1902年2月から1904年6月までという短期間であった。ただ、調査のために台湾各地を歩いており、台湾の民情についても理解を深めていた。ここでは新渡戸の台湾認識を探るべく、2点の資料を挙げることにする。

① 「植民国としての日本」(『日本国民』1912年＜大正1＞／『全集』第17巻)

『日本国民』は1911年(明治44)から翌年にかけて日米交換教授の折りの講演集である。その第9章「植民国としての日本」はクラーク大学とワシントンの全国地理学会での講演に基づくものという[16]。

その講演において、新渡戸は台湾を取り上げた理由として、まず日本にとって最初の植民地であることをあげ、「最も強力な、また最もすぐれた理由」として「私は台湾については、それとの長期にわたる個人的関係から話すことができる」と述べる[17]。

日本が清国との講和条約会議の席上で、台湾の割譲を求めたとき、清国全権李鴻章は「(1)山賊行為は絶対終息できない。(2)阿片吸飲は民衆の間に根が深すぎ、広まっていて根絶できない。(3)気候は健康によくない。(4)首狩族の存在が経済発展にたえず脅威になっている」という理由を挙げて、統治の難しさを述べたという。それを受けて、新渡戸は日本がその4点をいかに克服してきたかを詳細に語るのである。

ことに(4)の首狩族とは、台湾の原住民族のことであり、その使用する言語から、マライ-ポリネシア系に属すると考えられている。かつて清国が支配していたころ、漢族は原住民を中国文明に浴している度合いによって、蕃人を生蕃と熟蕃とに分けたのであった。これを日本の統治時代の後期に

なって（1935年）、主として山地に住む生蕃を高砂族、平地や山麓に住む熟蕃を平埔族と改称したのである。

ここで高山族という呼称について説明しておくと、日本の支配が終わり、国民政府が統治するようになって、高砂族は高山族と改称されたのであった。

新渡戸は、その首狩族について「これらのマレー族は、中国人よりも日本人に似ていて、彼ら自身が日本人のことを親類だといい、中国人は敵だと言っている。中国人は弁髪をしているので、その首はとくに首狩用だと彼らは考えている」、日本の支配に服してきた「これら未開人の名誉のためにここに述べておきたいが、一旦行いを改めるという約束がなされると、それらは守られる。彼らが従うと、われわれは家を建ててやり、農具を与え、土地を与え、平和に暮らしが立てていけるようにしてやる」と恩恵を施していると語るのである。

新渡戸は、最後に植民の一般原則として五項目を挙げ、その第二には「生命財産の保全と法律制度の普及」とある。その説明として、新渡戸は「これはよく治まった国家の基本的任務である。法の保護に不慣れな人々は、まるでそれが専制政治であるかのように感じる。しかし結局、良い政治と良い法律は、社会福祉の守り手であることが、まもなく彼らにもわかる。そこでわれわれは台湾においても朝鮮においても、政治の何たるか法律の何たるかを教えねばならない」と述べ、教化の必要性を力説するのである。

上述の原住民族は台湾における少数派である。多数派である漢民族について、新渡戸は「台湾では、将来長年月にわたって、同化は問題外であろう。また、同化を強制しようとはしないであろう。われわれは民衆に、同化や日本化を行うよう圧力をかけはしない。われわれの考えは、いわば日本的な環境を整えることである。そして、台湾人が自発的にわれわれのやり方に適応するならば、それで結構である。その気のない人々に、社会慣行を押しつけてはならない。昔のことわざに言う、『去る者は追わず、来る者は拒まず』。台湾人や朝鮮人が習慣態度でわれわれに近づくならば、彼らを拒みはしない。両手を拡げて彼らを受けいれ、兄弟として抱くであろう」と述べている。

② 「原住民の統治」（1931年1月14日、『編集余録』／『全集』第20巻）

鬱積した悲しみと不平は、どこかにその吐け口を見出さずにはいない。でなければ、容れ物自体を粉々にしてしまう。台湾の「原住民政策」は、安全弁を許さないほど厳格に構成された。佐久間総督が、仮借なき抑圧というばかげた空想に取りつかれて以来、高貴なる「野人」は、恨みの感情を蔵してきた。——それもきわめて当然である。政府は、未開人たちが理性より感情に影響され易く、法律よりは親切に支配されやすいという事実を認めなければならぬ。

　これは1930年（昭和5）の霧社事件の原因について述べたものである。以下、霧社事件の概要について述べる。

　1930年10月27日、午前8時頃、台中州（現南投県）霧社公学校で、恒例の秋季合同大運動会の開会式が始まろうとしていた。そこには、一年に一度の「お祭り」と寄り合いを楽しもうと、霧社周辺の日本人関係者のほとんどが集まっていた。その会場に集まった日本人の皆殺しを図って、タイヤル族のグループが襲った。郡主を筆頭とした来賓、運動会参加の学童、観客などを含む日本人の男女、子どもなど100余名が犠牲となった。蜂起は同日未明から開始され、周辺の警察の駐在所を霧社から遠い順に襲撃し、日本人警察官を血祭りに挙げていった。そうしながら、蜂起側は運動会会場へとなだれ込む手順を手分けして行ったのだった。日本当局は動転して怒り心頭に発し、正規軍ばかりか航空隊まで出動させて、近代兵器の機関銃、大砲、毒ガスなどを実験かたがた使用し、2ヵ月近くかかってようやく鎮圧した[18]。

　佐久間総督とは児玉のあとに総督となった佐久間左馬太であり、総額2000万円以上にものぼる莫大な予算をもって、1910年度（明治43）から1914年度（大正3）にかけて「五ヵ年計画討蕃事業」を実施したのである。その当時、「先住系諸民族」はなおも狩猟と焼畑農業を主な生産様式としていた。一方、総督府は林野調査事業で地券のない土地は国有化するという、いわゆる無地主土地国有化政策を実施していたのである。これを踏まえての佐久間の集中的な武力行使に依拠した少数民族居住地区への侵略の強行は、「先住民」の激しい抵抗を引き起こし、それが霧社事件となって爆発したのである[19]。

　この佐久間の「高砂族」弾圧について、新渡戸は深い憤りを表明し、講義

の最中、机をたたいて非難したという[20]。 従って、霧社事件が起こったとき、新渡戸は多くの日本人婦女子が殺害されたことには触れず、その原因を佐久間以来の弾圧に求めたのだった。

　新渡戸の台湾に対する姿勢について、①の資料では、少数派の原住民族に対し「恩恵」を施し、「教化」の必要性を説いている。また、多数派の漢民族については、同化主義[21]による植民地経営を否定し、「日本的な環境を整えること」を提示している。また、②の資料では、原住民族に対して、「高貴なる野人」と敬意を払いつつも、「政府は、未開人たちが理性より感情に影響され易く、法律よりは親切に支配されやすいという事実を認めなければならぬ」と述べている。この「親切に支配されやすい」という新渡戸の言葉に加えて、「進歩」を強制すると述べていたことを想起すると、新渡戸の台湾における植民統治観、特に原住民族に対する統治観を読みとることができる。

　以上から考察するに、新渡戸は多数派の漢民族よりも少数派である原住民族にその「温情」を示している。先の資料②の「親切に支配されやすい」という新渡戸の発言は、この「温情」によって植民地を肯定し、統治しようとする試みではないかと考えられる。それは、クエーカー教徒である新渡戸の「寛容性」からくる「温情主義」による植民地統治であり、新渡戸の独自性を窺えるものであると考えられる。

　北岡氏は、「新渡戸は植民地を認めつつ、その支配は文明化を目的とし、被治者に利益をもたらす温情的なものでならないとした。(中略)個人の道義や理想の高さで、はるかに徹底したはずの新渡戸の理論は、文明と温情を媒介することによって、植民地を是認する議論となりえたのである」[22]として、新渡戸の植民地観は「文明」と「温情」によって肯定されているとする。

　つまり、新渡戸は台湾の原住民族に対し、「恩恵」と「教化」を施し、「温情」によって植民地を統治するという姿勢を見ることができる。次に、その新渡戸の植民地観について考察していきたい。

2. 新渡戸の植民思想について

　本章における新渡戸の思想は、『植民政策講義及論文集』(『全集』第4巻)

から採録した。これは、新渡戸の東京帝国大学における講義ノートを整理補完したものを主要部とし、さらに関連の学術論文等9編を加えて、新渡戸の後継者である矢内原忠雄が編纂したものである[23]。

まず、3点の資料を提示する。

① 「輓近植民思想の勃興」

嘗てイギリス首相ソリスベリーが「膨張的国民（expansive nations）は生きる国、非膨張的国民（non-expansive nations）は死ぬる国である。国家はこの二者中その一に居る」、と言ったのは思ふに真理であらう。膨張的国家は必ず植民地を有つ。植民地獲得の利益より見ても、病的とは言ひ得ないであらう。むしろ国民発展の論理的結果と言ふべきものであらう。

② 「自治植民地」

アダム・スミスが植民地に対する本国の唯一の貢献（"in one way, and one way only"）は『強健なる賢母』（"Magna virum Mater"—"Great strong Mother"）であると言った事が、益々真理の光を発揮するに至るであらう。『米国の如き立派なる国を建て、二百年も之を養ひ育てて来た立派な人々は何処から来たか。母国からである。之が植民地に対する母国の最高の貢献である！』実に大きい考である。この思想に立てば植民地に自治を与へることも、その独立さへも、渋る程のことではあるまい。

③ 「植民政策の原理」

例へばドイツの青島大学や、米国が四川省に建てたるユニオン大学等は、政治的の目的があるのであるまいかとの嫌疑を受けてゐるが、実際は文化的ミッションである。国民主義以上の文化を教へるものである。ドイツ思想、アメリカ思想の伝播が主な目的である。日本が旅順を取りし際、ここに日本の大学を建てることを後藤新平男爵が計画したが、誰一人として賛成する者がなかった。之は何れの国が東洋の文化に最も貢献するか、何れの国が精神的に東洋を植民地とするかの競走である。"Colonization is the spread of civilization."「植民は文明の伝播である」。諸君は宜しくヴィジョンを見なければならない。

①、②を見ると、新渡戸の植民地に対する肯定論が述べられていることがわかる。しかし、③の資料を見ると、ただ植民地を肯定するだけではなく、「文化的ミッション」という言葉が示すように、植民は経済的活動のみならず、植民地の文化的水準の向上も必要であるとの見解を示している。

　要するに、新渡戸によれば、『植民は文明の伝播』であり、膨張の究極の目的は、文明化でなければならなかったのである。ただ、北岡氏は「新渡戸の植民政策は、客観的には日本の支配を正当化する論理であった。しかし、その観点から、日本の植民政策に対していくつかの批判を持っていたことも確かである。その一つは文明を目指す志の低さである。アメリカやドイツが中国に大学を建設したのに対し、日本にはそのような試みはなかった。」として、新渡戸の日本政府に対する植民政策批判であるとしている[24]。妥当な見解である。

　以上から、新渡戸の台湾の植民観をまとめると、「恩恵」、「教化」、「温情」、「文明」というキーワードにより表象することができる。それは、植民地に対し、「恩恵」を与え、「教化」し、「温情」をもってその国を「文明」化することを意味していた、そこに新渡戸の植民地観があると考えられる。

おわりに

　新渡戸の植民観を考察するにあたり、研究者の注目を惹いた著作として、太田雄三『＜太平洋の橋＞としての新渡戸稲造』（みすず書房、1986年）があり、学ぶべき点は多々ある。本書は新渡戸の帝国主義者または帝国主義擁護者としての側面を本格的に検討し、「日本の自由主義の父」としての新渡戸像に修正を迫ったものの、筆者には得心がいかないところがある。本稿では対象外であるので論じなかったが、氏は新渡戸が「歪んだ朝鮮観ないしは中国観」を有した人間と断定しているが、筆者はそのように決めつけて良いのかという疑問をもっている。

　しかし、新渡戸が平和主義、国際主義の姿勢をとっていたとしても、そこに起こる現実的問題は、思想的な対応で十分な結果を成すことは難しく、そこに新渡戸の植民地思想における現実的限界が垣間見えることは事実である。

北岡氏は、「新渡戸の思想の特色は、道義が全面に出ることであった。また国家を擬人化してとらえることであった。」[25]と指摘している。しかし、「国家を擬人化している」という点を詳しく述べておらず、根拠について明確にはしてはいない。
　そこで、筆者はこの根拠を新渡戸の人格的主体の概念から考察することを企図している[26]。　そして、その新渡戸の「国家を擬人化」する考えを踏まえつつ、その新渡戸の国家観やクエーカー教徒[27]としての思想を含めて考察をかさねていきたい。

注

1)　花井等『国際人　新渡戸稲造―武士道とキリスト教―』広池学園出版部、1994年、3-4頁参照。
2)　新渡戸の朝鮮観について、筆者は「新渡戸稲造の朝鮮観についての一考察」と題して口頭発表し、当該問題に着手した（総合歴史教育研究会第49回全国大会、於桜美林大学、2013年8月31日）。
3)　大江志乃夫「一八八〇―一九〇〇年代の日本」『岩波講座　日本通史』第17巻所収、岩波書店、1994年、51頁。
4)　詳細は、黄昭堂『台湾民主国の研究』東京大学出版会、1970年、を参照のこと。
5)　原田敬一『日清・日露戦争』＜シリーズ日本近現代史③＞岩波書店、2007年、102頁。
6)　台湾総督府法務部編纂『台湾匪乱小史』（1920年）は、『現代史資料』第21巻、台湾（一）、みすず書房、1971年、に収録されていて参照に便利である。
7)　小林英夫『日本のアジア侵略』山川出版社、1998年、8-9頁。
8)　栗原純「台湾と日本の植民地支配」『岩波講座　世界歴史』第20巻、アジアの＜近代＞所収、岩波書店、1999年、にはその手立てが記されている（72-74頁）。また、浅野豊美氏は「実際、後藤は西洋外国人の独占してきた分野を専売事業化することで、西洋人の植民地権益を『国営化』することにも熱心に取り組んだ。阿片の漸近政策、樟脳の専売制、そしてサトウキビ栽培と製糖工業の設立がそれである」と述べる。浅野『帝国日本の植民地法制』名古屋大学出版会、2008年、118頁。
9)　新渡戸の代表的著作として『武士道』は余りにも著名である。佐伯真一は『戦場の精神史―武士道という幻影―』（日本放送出版協会、2004年）において、「『武士道』の語が使われはじめたのは、おおよそ戦国時代後半ないし末期ごろであり、その後もさして多用されたわけではなく、爆発的に流行するのは明治三〇年代以降であると思われる」（192頁）と明らかにしている。すなわち、新渡戸の『武士道』の刊行（1900年＜明治33＞）以後、日清戦争（1894年＜明治27＞

〜95年＜明治28＞）に続き日露戦争（1904年＜明治37＞〜05年＜明治38＞）でも日本が勝利すると武士道がもてはやされるようになり、その後も時宜をえては武士道ブームが興ったといえる。

一方、今日では『高校生が読んでいる「武士道」』（大森恵子＜抄訳・解説＞、角川書店、2011年）が刊行され、高校生に「リーダーたるにふさわしい見識と教養、ノーブレス・オブリージュとしての志と責任感を身につけ」、「本当の意味のエリートとは、自分のことは二の次にして、まず社会に貢献する必要があるという自覚を持って、公共のために生きる者である」ことを学ばせようとしている。

このように、『武士道』は過去に狂信的愛国者に利用されたり、現代においては高校生のエリート教育に資せられたりしているのである。

10）駄場裕司『後藤新平をめぐる権力構造の研究』南窓社、2007年、95頁。
11）例えば、楠木栄「新渡戸稲造―糖業発展のテクノクラート―」『日本人、台湾を拓く。』所収、まどか出版、2013年、参照。
12）戴国煇『中国甘藷糖業の展開』アジア経済研究所、1967年、には清代の製法が解説されている。
13）北岡伸一「新渡戸稲造における帝国主義と国際主義」『統合と支配の論理』＜岩波講座『近代日本と植民地』第4巻＞所収、岩波書店、1993年、185–186頁。
14）北岡前掲論文、188頁。
15）駄場前掲書、96頁。
16）赤石清悦『新渡戸稲造の世界』渓声出版、1995年、139–140頁。
17）『全集』第17巻、213頁。
18）戴国煇『台湾―人間・歴史・心性―』岩波書店、1988年、77–79頁。
19）戴前掲書、76–77頁。なお、戴氏の編纂した『台湾霧社蜂起事件―研究と資料―』社会思想社、1981年、は貴重な研究資料である。

近年の原住民族研究としては、『高一生（矢多一生）研究』という研究誌がある。これは創刊号（2005年7月）から9・10合併号（2008年4月）まで発行され、その時点で所期の目的を遂げたということで終刊となった。これは日本統治時代に日本政府の手で育てあげられた原住民族エリートを研究対象としたものである。また、ここに洪麗完主編『国家与原住民―亜太地区族群歴史研究―』（中央研究院・台湾史研究所、中華民国98年）も挙げておきたい。

20）矢内原忠雄「新渡戸先生の学問と講義」『矢内原忠雄全集』第24巻、岩波書店、1965年、723頁。
21）新渡戸が同化路線に批判的であったことは、その限界も含めて小熊英二『＜日本人＞の境界―沖縄・アイヌ・台湾・朝鮮　植民地支配から復帰運動まで―』新曜社、1998年、においても随所に述べられている。
22）北岡前掲論文、197頁。
23）「解題」『全集』第4巻、643頁。

24) 北岡前掲論文、190 頁。
25) 北岡前掲論文、199 頁。
26) 新渡戸は、人格の確立を東洋と西洋で比較し、アジアにおいては人格的確立が成されなかったことが政治的失敗であると結論づけている(『全集』第 18 巻、427-428 頁)。
27) 関連する論考として、小泉一朗「新渡戸博士とクエーカー主義」東京女子大新渡戸稲造研究会『新渡戸稲造研究』所収、春秋社、1969 年、鵜沼裕子「新渡戸稲造のアメリカ観とクエーカー主義」『聖学院大学論集』第 16 巻第 2 巻、2003 年、等がある。

参考文献
(本稿中に明記した諸論考は割愛した)

浅田喬二『日本植民地研究史論』未来社、1990 年
石井満『新渡戸稲造』関谷書店、1934 年
石上玄一郎『太平洋の橋―新渡戸稲造伝』講談社、1968 年
蛯名賢造『新渡戸稲造―日本の近代化と太平洋問題』新評論、1986 年
角谷普次『新渡戸稲造とクエーカリズム―キリスト教成人教育者としての新渡戸稲造』(財)新渡戸基金、2013 年
栗原福也 他「福沢諭吉と新渡戸稲造―そのナショナリズムとインターナショナリズム」『比較文化』所収、東京女子大学比較文化研究所、1984 年
琴秉洞『資料雑誌に見る近代日本の朝鮮認識 1』、緑蔭書房 1999 年
権錫永「新渡戸稲造の朝鮮亡国論」『北海道大学文学研究科紀要』第 126 号、2008 年
佐藤全弘『新渡戸稲造―生涯と思想』キリスト教図書新聞社、1980 年
佐藤全弘『日本の心と『武士道』』教文館、2001 年
シリル・H・パウルズ「「武士道」から「平民道」へ」『新渡戸稲造研究』第 11 号、2002 年
ジョージ・アキタ、ブランドン・パーマー「日本の台湾統治―アヘン撲滅の功績」『「日本の朝鮮統治」を検証する 1910–1945』草思社、2013 年
ジョージ・オーシロ『新渡戸稲造―国際主義の開拓者』、中央大学出版部、1992 年
武田清子『土着と背教』 新教出版者、1970 年
武田清子『天皇制思想と教育』 明治図書出版、1975 年
武田清子『思想史の方法と対象』創文社、1975 年
田中愼一「新渡戸稲造について」『北大百年史編集ニュース』第 9 号、1979 年
田中愼一「新渡戸稲造と朝鮮」『季刊三千里』第 34、1983 年
鶴見俊輔 「日本の折衷主義―新渡戸稲造論―」『鶴見俊輔著作集』第 3 巻、筑摩書房、1975 年

鶴見祐輔『＜決定版＞正伝・後藤新平』第 3 巻＜台湾時代　1898 〜 1906 年＞藤原書店、2005 年
西村裕美『子羊の戦い―１７世紀クエーカー運動の宗教思想』　未来社、1998 年
新渡戸稲造『平民道』（財）新渡戸基金、1996 年
平瀬徹也「新渡戸稲造の植民思想」『東京女子大学附属研究所紀要』第 47 号、1986 年
古屋安雄「武士道から平民道へ」『新渡戸稲造研究』第 13 号、2004 年
森上優子「新渡戸稲造の植民論：人間観の観点から」『人間文化創成科学論叢』第 10 巻、2007 年

付記

　本稿は、「新渡戸稲造の台湾観についての一考察」と題して報告（2013 年度台湾日本語文学国際学術研討会、於淡江大学、2013 年 12 月 21 日）したものに加筆したものである。

悲劇の皇子・時空を超えた旋律
―蘭陵王と「蘭陵王入陣曲」の伝承をめぐって―

王　媛

はじめに

　中国の南北朝時代の北朝に、高氏によって建てられた北斉という国があった。北斉は550年から577年までのわずか28年間の歴史しかなかったが、その間に輝きを放ち、人々の興味を引き付けていた人物がいる。それは北斉の皇族、蘭陵王と呼ばれる高長恭である。

　蘭陵王はあまりにも美しい顔立ちをしているため、敵に侮られないように面をつけて戦に赴いた、と『北史』や『北斉書』などに記されている。のちに、蘭陵王が奮戦している場面に因んで、面をつけて演じる楽舞「蘭陵王入陣曲」（以下括弧で括る「蘭陵王」と略す）が作られた。しかし、今日まで広く世に知れ渡っているこの美貌で勇敢な蘭陵王は皇帝の猜疑心を買ってしまい、30歳前後という若さで賜死となった[1]。その悲劇の人生はまた世人の口碑に伝唱する悲話である。

　「蘭陵王」はのちに隋唐代の宮廷饗宴楽―燕楽―に吸収されたが、王朝交代や音楽自身の変遷により燕楽が廃れ、現在の中国には伝承も現存もしていない結果となっている。しかしながら、幸いなことに、唐代と積極的に文化交流を行った日本では、奈良・平安時代に隋唐代の燕楽を吸収したのち、それらを日本雅楽の一部として日本的に編成したのである。その後、日本雅楽は明治維新による音楽教育の西洋化をも含むさまざまな変遷を経たが、「蘭陵王」など燕楽に由来する曲は現在まで受け継がれている。

　こうして、約1500年も前の中国に生きた悲劇の主人公―蘭陵王―は、時間を超え、海も渡り、はるか東にある国―日本―でありありと表現され、そのエキゾチックな風貌は日本の大陸音楽への認識によって、浮き彫りされた

のである。

　日中文化交流について、中国の強勢文化がいかに日本に影響を及ぼしたかというスタンスで語ることはしばしばある。しかし、中国歴史上、もっとも誇らしい時代の唐代に盛んであった燕楽は、当時と異なる形式であるとは言え、現在日本にしか伝承されていない。芸能の伝承という視点から見れば、日本も中国もその担い手として共に重要な役割を果たしているといえる。日本の諸芸能の伝承を見る際、よくみられる手法はかつて都にあたる中央部とそのほかの非中央部に分け、それぞれに伝承される芸能を宮廷芸能と民俗芸能に分けるものである。ここでいう中央部とは場所のみでなく、宮廷や貴族などの上層社会の文化構造であり、非中央部とはそれに対する庶民の文化構造とも理解できる。この捉え方で挙げられた文化の中心などの概念から離れ、さらに日本という地理範囲を文化交渉が行われた東アジアに置き換えれば、中国で伝承されていない燕楽のような芸能はただ消滅したもの、あるいは限定されたものという見方を変えることができると考える。芸能の伝承は一民族間、あるいは一つの国だけに通時的に行われるものではなく、空間を異にした場所で、同じ素材から派生した違う形で行われるという見方もある。

　これから、歴史人物の蘭陵王の話から「蘭陵王」の成立、日本へ伝来し、伝承されるまでの道筋を追いながら、芸能の伝承における国境を越えた見方の可能性を提示したい。

1. 蘭陵王高長恭の生涯

　蘭陵王の生涯について書かれた正史は『北史』と『北斉書』が挙げられる。両者とも二十四史に属し、唐代に成立した歴史書である。『北斉書』の一部は散逸したため、後世の人が『北史』などの諸書によって補ったため、ここでは、『北史』の記述を中心に蘭陵王について見てみよう。

　『北史』[2] 巻五十二・列伝四十・斉宗室諸王下には、簡潔な文章で蘭陵王の青年期から鴆毒を飲んで薨じたまでの悲劇を鮮明に描いた。この伝記のはじめには、文襄皇帝高澄の六人の息子の出自が書かれているが、称号が蘭陵王の高長恭だけは母親の姓が記されていない。南北朝の時代は門閥制度が盛

んな時代であり、貴族が社会の主導権を握っていた時代であり、家柄がもっとも重視される時代でもあった。それにもかかわらず、皇子の母親である女性の姓を歴史書に明記しない。これは蘭陵王の母親の身分が非常低いことを意味する。歴史書には詳しいことが書かれていないが、皇族でありながら、その出自が「不詳」であることに蘭陵王が外的圧力を受けたことは想像に難くない。

蘭陵王の「弱点」はその出自だけではなかった。『北史』には「貌柔心壮、音容兼美」と記され、蘭陵王は顔が優しく心が強い、声も姿も美しい人であった。そのあまりにも美しい顔が乱世の南北朝においては非常に不利で、武術に長けていたとはいえ、蘭陵王は敵に侮られないように仮面をつけて、戦いに赴いた。このことについて、唐の『通典』(巻百四十六)と後晋の『旧唐書』(志第九)に記述がみられる[3]。

美貌のほか、蘭陵王はまた将軍の時にどんな細事であっても自ら勤め、美味しいものを得るたび、たとえ一つの果物であっても必ず将卒と分け合う優しい人であった[4]。その仁徳は以下のエピソードからもうかがわれる。

初めて瀛州へ行ったとき、行参軍の陽士深は蘭陵王の賄賂を列挙した結果、蘭陵王は免官された。定陽を討伐する際、従軍していた士深は禍が及ぶことを恐れた。それを聞いた蘭陵王は「吾はもとよりその意はない」と言い、士深を安心させるために小さな誤りを選び、士深に二十回の杖罪を与えた、という[5]。

さらに、「嘗入朝而出、僕従尽散、唯有一人。長恭独還、无所譴罰」と書かれたように、かつて入朝の帰りに、従僕がみんな(待たずに)居なくなり、蘭陵王は一人で帰ったが、誰も罰せられることがなかった。

部下や従僕に優しい蘭陵王の性格はこのような些細な出来事からも垣間見ることができる。しかし、蘭陵王は戦場に立つと堂々たる勇敢な人であった。

突厥入晋陽、長恭尽力撃之。芒山之敗[6]、長恭為中軍、率五百騎再入周軍、遂至金墉之下、被囲甚急。城上人弗識、長恭免冑示之面、乃下弩手救之、于是大捷。武士共歌謡之、為<u>蘭陵王入陣曲</u>是也。(下線は筆者に

よる。以下同)
（訳）突厥が晋陽に侵入した時、長恭は力を尽くしてこれを撃退した。芒山の戦いでは、長恭は中軍を指揮し、五百騎を率い、再び北周軍に突入し、金墉城に辿り着いたが、敵の包囲が厳しかった。城の守備兵は長恭の軍が味方かどうか判断できなかったため、長恭は兜を脱いで素顔をさらした。味方であることを知った守備兵は弩を下ろして開門し、勝利した。北斉の兵士たちはこの出来事を歌謡にし、それは「蘭陵王入陣曲」である。

　五百騎だけで敵の陣中に入る蘭陵王の鋭気に傾倒した兵士たちは、戦場に起きたドラマチックな出来事を歌謡「蘭陵王」にして、たたえるのであった。この歌謡は現在中国に残っておらず、後述のごとく、日本の中世に成立した楽書『教訓抄』に書かれた舞楽「蘭陵王」には囀の詞が記されており、舞に伴う歌詞の一種であったとみられる。その字里行間は時空を超えた今日の人々に蘭陵王の英姿を表している。
　凱旋した蘭陵王を武成帝は称賛し、賈護に命じて二十人の妾を買い取らせて彼に与えたが、蘭陵王はそのうちからただ一人を受け取った、という[7]。
　しかし、このような美しくて優しく、勇ましくて好色でない、部下に敬愛される皇子は上記の戦いを「国の事」と言うべきところをつい「家の事」と称したため、皇帝の猜疑心を買ってしまった。
　その後、蘭陵王はわざと賄賂を受け取るなど、才能を隠し、皇帝の忌避から身を守るための低い姿勢を見せたが、とうとう武平四年（573）五月に鴆毒が下された。「我忠以事上、何辜于天而遭鴆也？」、私が忠義を尽くして陛下に仕えたのに、どこが天の期待を背いて鴆を飲む身になるべきか、と嘆いた蘭陵王は無念のままに薨じた。毒を飲む前に、人に千金を貸した証文をことごとく燃やしたのも、その貴公子たる人柄を表している。
　美貌と才能を備えた皇子である蘭陵王の人生は悲劇で終わったが、その堂々たる戦場に赴く英姿は世の人の心を引き付け、伝唱されるようになった。のちに唐代の書物に記される「蘭陵王」はこのような説話をモチーフにした芸能である。北斉から唐代までの「蘭陵王」に関する伝承の様子は不明

であるが、古来祭祀に用いられる雅楽ではない「蘭陵王」が唐代の宮廷音楽に吸収されたということは、少なくともそれまでに民間で伝えられた「蘭陵王」が広がり、宮廷にも伝わったことを意味すると考えられる。蘭陵王説話は芸能「蘭陵王」の伝承とともに伝わっていく。

次は、「蘭陵王」が唐代においてどのように伝えられ、またどのような特徴を有したかについて、中国の歴史文献を手がかりに見てみよう。

2. 唐代に伝承されていた「蘭陵王」

「蘭陵王」が宮廷音楽として初めて記されたのは唐代の杜佑が著した『通典』である。『通典』は766年から801年にかけて編纂された、中国歴史上の初めての政書である。その内容は黄帝から唐代の玄宗までの法令制度やその沿革に関するものであるが、唐代についての記述はもっとも詳しいとみなされる。

『通典』[8]の巻一百四十六・楽六には以下の記述がある。

> <u>大面</u>出於北斉。蘭陵王長恭才武而貌美、常著假面以対敵。嘗撃周師金墉城下、勇冠三軍、斉人壮之、為此舞以效其指麾撃刺之容、謂之<u>蘭陵王入陣曲</u>。(下線は曲名を示す原注)
> (訳)大面は北斉に生まれた。北斉蘭陵王長恭は武術に長け、顔立ちは美しく、(このため)常に仮面をつけて敵と戦った。金墉城の下で周の軍隊を攻撃し、彼の勇ましさは三軍に冠するものであった。斉人はこれで勇気を得、舞を創作し、彼の戦いの様子を再現した。これを「蘭陵王入陣曲」と名付けた。

「蘭陵王」の由来について書かれた内容であり、『旧唐書』にもこの記述をほぼ踏襲している。これを前節に引用した『北史』の記述と比べると、『北史』では兵士たちは蘭陵王の勇ましい姿を「歌謡」で表現したと記されるのに対し、『通典』では「舞」と記されている。歌謡の「歌」とは楽器の伴奏がある歌を意味し、「謡」とは楽器の伴奏がない歌を意味する。両者の総称が歌謡である。当初歌詞があったと思われる「蘭陵王」は唐代では、明らか

に舞を伴う演奏形式が定着されたとみられる。

　また、『北史』では仮面を外す動作と結果によって、蘭陵王が認識されるようになったのに対し、『通典』では「常著假面以対敵」という文句が増え、仮面をつけることによって蘭陵王が認識される。言い換えれば、仮面が蘭陵王のシンボルである上、「蘭陵王」を演じる際は、舞人が仮面をつけることによって役を担うことになり、物語が進行する、という意味合いが含まれる。

　『通典』では、堂上で演奏する坐部伎と堂下で演奏する立部伎、すなわち「坐立部伎」という項目の後ろに、「散楽」の項目が設けられ、「蘭陵王」に関する記述はこの散楽の条のもとにみられる。散楽については「隋以前謂之百戯」と記され、散楽は隋代以前に百戯と呼ばれる、という。

　「百戯」の初出は陳寿が撰述した『三国志』の『魏書』にみられ、文帝紀第二に「設伎楽百戯」と書かれており、魏の文帝[9]の時、伎楽と百戯を設けた。また魏収が撰述した『魏書』の楽志（志第十四・楽五）に「太宗初、又増修之、撰合大曲」と書かれたように、北魏の太宗[10]の時は百戯を増修し、大曲として撰した。『隋書』（志第九・音楽中）によると、武成二年（560）正月一日の朝、北周の明帝が諸臣を紫極殿で接見し、初めて百戯を用いたことや、宣帝の時（559〜580）に多くの雑伎を宮中に召し出し、百戯を増修したことがわかる[11]。

　百戯の内容について、同じく『隋書』（志第十・音楽下）にはこのように記している：

斉武平中、有魚龍爛漫、俳優、碨儒、山車、巨象、抜井、種瓜、殺馬、剥驢等。奇怪異端。百有余物、名為百戯。
（訳）北斉の武平年間（570〜576）、魚龍爛漫、俳優、碨儒、巨象、抜井、種瓜、殺馬、剥驢などの奇怪異端な芸がある。演目が百種類以上もあることから百戯と呼ばれる。

　百戯はこのように「殺馬」「剥驢」などの大型幻術が含まれ、民間に生まれた非常に世俗的、視覚的、感覚的な音楽であり、古来儒家によって尊重さ

れる礼節と結びつき、人心を感化し、良き方向へ導く音楽、いわゆる正しい音楽とは質が異なる。そのため、百戯は隋代まで宮廷で演奏することがしばしば禁じられていた。隋煬帝の大業二年（606）から、ついに太常寺でのちに散楽と呼ばれる百戯を教習しはじめ、毎年の正月に演じるようになった[12]。唐代になると、散楽が宮廷の饗宴楽の一つとして用いられたことは『通典』の記述によって知られる[13]。

また、『通典』（楽六）と『唐会要』（巻三十三・散楽の条）に記されたように、散楽は「非部伍之声、俳優歌舞雑奏」である。つまり、散楽は唐代の坐立部伎のような編成された正しい音楽ではなく、「俳優歌舞雑奏」の類である。

「俳優歌舞雑奏」とはどのような内容であったかについて、『通典』や『唐会要』には明記されていない。しかし、散楽の条に分類されるこの「歌舞」とは、坐立部伎に分類される一般的な宮廷歌舞とは異なると考えられる。俳優については、王国維（1877～1927）は俳優が元来音楽を職務とし、主に歌舞や調戯の言葉で政治を風刺したものであったが、漢代以降は時おり故事を演じ、北斉の時より歌舞に合わせて一つの事柄を演じるようになったと指摘している[14]。任半塘（1897～1992）は、俳優とは台詞中心の表現形式、歌舞とは民間音楽を用いる坐立部伎と異なる演奏形式、雑奏とは両者が融合したものであると指摘している。さらに、これらによって演奏される散楽とは単なる民間音楽の特徴を有する歌舞ではなく、「歌舞戯」と主張している[15]。

この「歌舞戯」という言葉は任半塘によってはじめて提唱したものではなく、『旧唐書』にはそれに関する記述がみられる。

『旧唐書』（志第九・音楽二）には「歌舞戯、有大面、拔頭、踏揺娘、窟礧子等戯」と書かれ、歌舞戯には大面、拔頭、踏揺娘、窟礧子などの戯がある。大面はこれまで見てきた「蘭陵王入陣曲」である。『旧唐書』の記述によると、拔頭は、猛獣に食べられた胡人の子供が猛獣を探し求め、ついに猛獣を殺したという話を象って作られた舞である。踏揺娘については、酒飲みの醜い男がいつも酔ったあと妻を殴り、その妻は美しく歌が上手で、歌で訴える際、いつも体を揺することから、踏揺娘と呼ばれる。この故事に因んで

作られた曲と舞は踏揺娘という。窟礧子とは人形を操る劇のことであるという。

　これらを見ると、窟礧子を除いて、「歌舞戯」と呼ばれるものはある特定の物語に因んで、創作された舞と理解される。窟礧子の内容は詳しく明記されていないが、人形が人間の代わりに劇を演じることは確かであり、その上、「善歌舞」という記述より歌舞が付随されることが窺われる。したがって、歌舞戯とは、物語性を有する歌舞を意味すると考えられる。その際、舞を演じる人（または人形）はある意味では劇の役を担当しているともいえる。

　前述した任半塘が「俳優歌舞雑奏」の「雑奏」に対する解釈についてはまだ検討の余地が残されると考えるが、散楽はこのような音楽、舞踊、物語性と役割を有する「歌舞戯」であるという指摘については、筆者も賛同する立場である。

　「蘭陵王」を舞ではなく、「戯」として記す書物もある。歴史書ではないが、唐代の崔令欽が唐代の教坊制度と逸聞を記した『教坊記』はその一つである。『教坊記』には蘭陵王が仮面をつけて戦いに赴くことに因んで、「戯」が創作され、また歌曲にも入れられた（「因為此戯、亦入歌曲」）と「蘭陵王」の由来を記している[16]。そのほか、唐代の段安節が著した『楽府雑録』（鼓架部）にも「戯有代面」[17]、「戯」には代面がある、と書かれている。「代面」とは『通典』などでみられた「蘭陵王」の別称である「大面」を意味し[18]、つまり「蘭陵王」は「戯」の一種としてみなされていたのである。その役者の装束について、『楽府雑録』では「戯者衣紫腰金執鞭也」と記し、役者は紫の衣装に金色の帯、鞭を持つ姿という出で立ちである。

　「戯」とは、そもそも武器の一種の名前であったが[19]、漢代より歌舞と雑技の意味合いを持つようになった[20]。しかし、ここでいう「戯」とは単なる歌舞ではなく、現在でも黄梅戯などの中国古典的演劇の形式―戯曲―に用いられるように、歌舞を伴う物語性を有する表現形式を意味する。戯曲の起源については様々な議論が行われてきたが[21]、その内容は王国維が『戯曲考原』の中で指摘したように、戯曲とは歌舞を以て物語を演ずる[22]音楽、舞踊と物語性が備わる芸術表現であり、「蘭陵王」はその一つである。

「蘭陵王」の唐代における演奏実態を知る手がかりとして、『欽定全唐文』（巻二七九）[23]に収録された唐代の代国長公主碑の碑文を挙げることができる。

唐代の玄宗皇帝の妹、李華の神道碑であるこの碑の碑文には、

> 初、則天太后御明堂、宴。聖上年六歳、為楚王、舞長命（闕字）年十二、為皇孫、作安公子。岐王年五歳、為衛王、弄蘭陵王。公主年四歳、與寿昌公主対舞西涼（芸能の名前を示す下線は筆者による）
> （訳）則天太后は御明堂に宴を設けた。聖上は年六歳、楚王であり、長命を舞った。（闕字）は年十二歳、皇孫であり、安公子を演じた。岐王は年五歳、衛王であり、蘭陵王を披露した。公主は年四歳、寿昌公主と対になって西涼を舞った。

と書かれている。楚王とは玄宗皇帝李隆基（685～762）、岐王とはその弟の李隆範、公主とはのちに「代長公主」と授封される李華である。則天武后が宴を開いた時、皇族の子供たちが披露した芸能の中に、「蘭陵王」も入っていた。これによると、7世紀の後半頃には、芸術表現としての「蘭陵王」が宮廷で流行っていたことがわかる。しかし、「蘭陵王」を含む散楽の宮廷での伝承は、その後の安史の乱による楽人の四散を境に、徐々に廃れはじめた[24]。

一方、玄宗皇帝が即位した開元元年（713）と次の年の開元二年に、散楽を禁止する勅令を二回発布した[25]ほど、散楽が民間への浸透が深かったとみられる。安史の乱以降、四散した宮廷楽人によって民間散楽の繁栄の土台が築かれ、のちの宋元の「劇」時代が唐代の「歌舞戯」時代に取って代わった。

王朝交代、楽人の四散および芸能形態の変化などによって、かつて唐代文化の代表ともなる宮廷音楽は伝承されなくなり、「蘭陵王」も消えていった。ところが、唐代と交流が頻繁であった日本は唐代の宮廷音楽を吸収し、積極的に日本の宮廷音楽—雅楽—に取り入れた。その内容は祖先祭祀に用いられる音楽ではなく、主に散楽を含む宮廷饗宴楽である。

次に、日本の雅楽に吸収された「蘭陵王」が古代日本において、どのように伝承され、日本という風土でどのような特徴を有するようになったのかについて見てみよう。

3. 平安朝に伝承されていた「蘭陵王」

　唐代宮廷饗宴楽は主に7世紀から8世紀の間に日本へ伝来したが、「蘭陵王」に関する記述が正史にみられるのは、『日本三代実録』の元慶六年（882）三月の条が初めてである。
　『日本三代実録』[26]（巻第四十一・陽成天皇・元慶六年）三月二十七日己巳の条には、以下のように記している。

　　天皇於清涼殿設秘宴、慶賀皇太后四十之算也。（中略）親王公卿皆悉侍宴。雅楽寮陳鼓鐘。童子十八人遁出舞殿前。先宴二十許日、択取五位以上子有容貌者、於左衛門府習舞也。貞数親王舞陵王、上下観者感而垂涙。舞畢、外祖父参議従三位治部卿在原朝臣行平、候舞台下、抱持親王、歓躍而出。親王于時年八歳。

　皇太后の四十歳を祝うため、天皇は清涼殿に宴を設け、親王公卿はみんなお仕えした。雅楽寮は鼓と鐘を設置し、童子十八人は次から次へと清涼殿の前へ舞い出した。宴より二十何日間前、五位以上の親王公卿の端正な顔をなす子供を選び、左衛門府にて舞を習わせた。この日に貞数親王は陵王を舞い、殿上殿下でその舞を観た人々は感動のあまり涙を流した。舞台の下で待っていた外祖父の参議従三位行治部卿の在原行平は、舞い終わった親王を抱き上げ、喜んで出て行った。親王は当時八歳であった。
　ここの「陵王」は「蘭陵王」のことである。この記述により、平安時代に「蘭陵王」が貴族の間に親しまれ、饗宴楽に用いられたこと、貴族の子供自身が演奏すること、左衛門府で「蘭陵王」の教習ができたこと、演奏のための舞台が設けられていたことなどが知られる。この元慶六年（882）に演じられた「蘭陵王」はどのようなものであったかについては、『三大実録』には書かれていないが、1233年に成立した楽書『教訓抄』には平安時代より

119

伝承されてきた「蘭陵王」の由来と演奏について詳しく書かれている。
　日本三大楽書の一つである『教訓抄』は奈良興福寺に所属した雅楽家の狛近真（1177〜1242）によって撰述される。狛近真は「蘭陵王」を含む左方舞を担当した狛氏の出身であり、『教訓抄』の中で演奏に実際に携わった楽家に伝える雅楽の口伝を集成した。『教訓抄』巻一[27]に「蘭陵王」について以下のように記している。

　　面有二様。一者武部様、黒眉八方荒序之時用之。一者長恭仮面様小面云、光季家相伝宝物也。
　　此曲ノ由来ハ、通典ト申文タルハ、大国北斉ニ、蘭陵王長恭ト申ケル人、国シヅメンガタメニ、軍ニ出給フニ、件王ナラビニキ才智武勇ニシテ形ウツクシクヲハシケレバ、軍ヲバセズシテ、偏ニ将軍ヲミタテマツラム、トノミシケレバ、其様ヲ心得給テ、仮面を着シテ後ニシテ、周師金墉城下ニウツ。サテ世コゾリテ勇、三軍ニカブラシメテ、此舞ヲ作。指麾撃刺ノカタチコレヲ習。コレヲモチテアソブニ、天下泰平国土ユタカ也。仍テ、「蘭陵王入陣曲」ト云。

　『通典』を踏まえたうえで、「蘭陵王」の由来を説いた記述であるが、「コレヲモチテアソブニ、天下泰平国土ユタカ也」、この舞を舞うと天下泰平と国土豊饒の願いが叶う、という内容が加えられている。
　また、仮面が二通りあるということは日本の伝承でしかみられない。一つ目は武部のような黒眉の姿である。武部とはおそらく日本武尊の名を伝えるために設けられた名代として伝承する、令制前の軍事的部民の一つであろうと考えるが、その顔の特徴はあきらかではない。しかし、黒眉であることは少なくとも現行する「蘭陵王」の仮面と異なる。二つ目の長恭仮面はおそらく現行する舞楽「蘭陵王」の恐ろしい仮面である。注の「小面」は『通典』の「大面」とは対照的な表現であり、両者の関係は装束の伝承を示唆する興味深い内容であるが、今後の課題として残しておきたい。
　この二点を除けば、『教訓抄』は『通典』の内容をほぼ踏襲している。しかし、『通典』の「蘭陵王」の由来に関するだけの非常に簡潔な記述に対し、

『教訓抄』には実際の演奏にまつわる話などが詳細に記されている。
　たとえば、「蘭陵王」の舞具の「桴」について、このような記述がある。

　「陵王」ノ桴ハ蘭陵王入陣ノ時、鞭ノ姿也。而ヲ渡我朝之後、天平勝宝之比、高野天皇御時ニ、以勅定被改当曲之古記。五箇ノ新制之内也。一者、桴ヲ被縮一尺二寸。二者、不可着蘿半臂。三者、止七度囀略定用三度。（中略）四者、古ハ吹先古楽乱声。今ハ用新楽乱声。（中略）五者、古ハ入舞入時吹沙陀調々子。今ハ用「案摩」急吹。

　「蘭陵王」の桴は蘭陵王が戦場に立つ時の鞭の姿を象った舞具である。本朝へ渡った後、天平勝宝の時、高野天皇（孝謙天皇）は勅令を以て当曲の古い制度を改めた。以下の五つが改めた箇所である。一つ目、桴を一尺二寸に縮める。二つ目、蘿半臂を着てはならない。三つ目、七度の囀を三度に略する。四つ目、先に吹く乱声を古楽乱声から新楽乱にと変える。五つ目、舞人が入場する時に吹く沙陀調の調子を、「案摩」の急の調子に変える。
　この鞭について、前節で少し触れたが、『楽府雑録』にはすでに唐代の役者が紫の衣装に金色の帯と鞭を持つ姿であると書かれている。上述したように、「蘭陵王」の由来に関しては『通典』を踏襲した内容であるが、この桴に関する記述と合わせてみると、「蘭陵王」が伝来した当初より、日本の貴族や楽家の間には唐代の伝承を把握していたことは明らかである。孝謙天皇（在位749〜758）がそれを日本の宮中になじむように改修した。
　改修箇所の三つ目の囀は現行する雅楽にはみられないが、古代では舞楽で舞人が漢文の詩句を朗詠することを囀と呼ぶ。その内容について、『教訓抄』では以下のように書かれている。

　囀三度。昔七度アリケレドモ、今世ニハモチヰズ。（中略）狛光時之流外、他舞人不知之。
　其詞云。
　一説云、吾罰胡人。古見如来。我国守護。翻日為楽。
　一説、我等胡人。許還城楽。石於踏泥ノ如。第二度。光則説。当時用之。

一説、阿力胡児。吐気如電初度。我採頂雷。踏石如泥。光近説。

　囀は三度を行う。しかし、『教訓抄』が成立した頃にはすでに用いられなくなった。この囀は狛氏の嫡流しか知らない内容である。ここでは、目につくのは「胡人」、「胡児」という言葉である。特に二度目の囀は後ろの注によると古代に用いられていた詞であるが、その最初の言葉は「我等胡人」という自称である。我ら胡人は、還城の音楽を奏で、石を踏めば泥の如くなり。
　「胡人」、「胡児」とは中原[28]にいる漢民族からみた非中原地域に生業を営む非漢民族のことである。蘭陵王の国であった北斉を建立した高氏は漢民族であったが、当時の北斉は非漢民族が大勢住んでいた多民族国家であり、中原文化と外国文化の融合が進む時代、または地域でもあった。北斉の主な民族の一つの敕勒族は、敕勒族が伝えたとされる有名な民謡「敕勒歌」[29]からも窺われるように、中国古代の北方を生活地域とする遊牧民族であった。
　この囀の詞は中国より伝来したと断定できないが、少なくとも、蘭陵王の英姿を目にして、歌謡「蘭陵王」を作った兵士たちが非漢民族、すなわち「胡人」であった可能性を踏まえて作られたことは事実であろう。
　このように、平安時代から中世初期に日本に伝承されていた「蘭陵王」は中国の記述を踏まえた上で行われたものである。しかし、それは中国から伝来したものを鵜呑みするのではなく、日本的に改変し、工夫を加えたものである。
　『教訓抄』の記述によると、孝謙天皇の頃よりすでに外来楽舞に対する改修が行われたが、その後、外来楽舞の日本化が進むにつれ、9世紀の半ばごろは日本音楽史上の大きな転機である「楽制改革」が行われ、外来楽舞は日本の宮廷社会になじむように編成され、様式化された[30]。その結果として、「舞楽」と呼ばれる中国大陸、朝鮮半島より伝来した楽舞[31]は左方と右方に分けられ、両方の組み合わせで一番とする「番舞」の演奏方式が決められた。「蘭陵王」は左方舞として、『三代実録』元慶六年の記述のように饗宴にも演じられ、宮中の年中行事や寺院の法会に用いられる儀礼芸能としての役割も継承されていく。
　その様子は『舞楽要録』[32]に伝えられている。『舞楽要録』は平安時代の

朝覲行幸、相撲節会などの宮中行事と、堂供養や御八講などの法会に行われた舞楽を書き留めた。その記述によると、康平三年（1060）から仁平元年（1151）までの49回の朝覲行幸に、45回は「蘭陵王」が用いられ、康和四年（1102）から安元二年（1176）までの御賀の際には「蘭陵王」が欠かさず、相撲節会にも「蘭陵王」が頻繁に演じられていたことは明らかである。寺院においては、応和三年（963）の雲林院塔供養から、久安五年（1149）の法務寛信堂供養まで45回の供養会の間に、42回も「蘭陵王」を用い、八講にも頻繁に演奏されたことが書かれている。

『舞楽要録』の記述からもわかるように、宮中と寺社は舞楽の演奏に深く関わる場所である。舞楽の伝承については、さまざまな優れた研究があり[33]、ここでは詳しく述べないが、舞楽を含む雅楽は儀礼的な性格を有しつつ、演奏する場合によって遊興的な一面も示しながら、様式化された形で伝承されていく。

このように、舞楽「蘭陵王」は日本雅楽の一部として、中国の伝承を踏まえた上で伝えられたとみられるが、儀礼的性質と遊興的性質の両方を有し、日本の貴族になじむように様式化されたのである。

おわりに

折口信夫は『日本芸能史六講』の中で、ある動作が固定し、習慣になったあと、その習慣を繰り返しているうちに目的が取り出され、さらにその目的に合うように芸能の形を変えていく、と芸能の発生と目的について語っている[34]。

この折口の指摘を日本における「蘭陵王」の伝承へと置き換えて考えた場合にも、同様なことが言えよう。中国では蘭陵王をたたえるための「蘭陵王」が生まれ、物語性を有する芸能として宮廷の饗宴楽に吸収されたが、祭祀音楽とは区別されていた。「蘭陵王」が日本へ伝来したのち、宮廷音楽に吸収され、儀礼音楽に用いられるようになった。そしてやがて、「蘭陵王」は日本の上層社会への浸透が進むにつれ、さらに日本の宮廷行事や法会になじむように改修されていった。宮廷のために改修され、様式化された「蘭陵王」は宮廷饗宴楽としても用いられたが、これは饗宴楽のみに許される古代

中国の状況とは異なる。

　確かに、中国唐代に伝承されていた「蘭陵王」は日本の古代より伝承されてきた舞楽「蘭陵王」とは、性質や様式が異なる。しかし、文化交渉が行われていた古代日中両国という舞台で、芸能「蘭陵王」を見るならば、それぞれの伝承は単なる断片的なものではなく、同じ素材（蘭陵王説話）から派生した連続性を持つ伝承として見られる可能性が生じてくる。このような可能性を支える背景には、古代日本が外来文化を咀嚼し、実践する積極的な姿勢をなくしては成り立たないと考える。

　文化交流、または交渉があった地域においては、発祥源が同一である場合、それぞれの地域で発展していった文化をその源流から枝分かれした支流へとたとえるならば、それぞれの地域における文化的受容度は発展の土壌となる。その発展の土壌を分析することは、今後、東アジアの芸能文化交流史の研究においても重要な課題ではないかと考える。

注

1) 蘭陵王高長恭の生没年について、二十四史の『北史』『北斉書』、「斉故假黄鉞大師大尉公蘭陵忠武王（肅）碑」の墓誌には生年を明記しておらず、没年は武平四年（573）と記されている。享年は28歳〜33歳と推測される。
2) （唐）李延寿撰『北史』（中華書局、1974年）。
3) 『通典』：「蘭陵王長恭才武而貌美、常著假面以対敵」。『旧唐書』：「北斉蘭陵王長恭、才武而面美、常著假面以対敵」。
4) 「為将、躬勤細事。毎得甘美，雖一瓜数果必与将士共之」。
5) 「初在瀛州、行参軍陽士深表列其臓、免官。及討定陽、士深在軍、恐禍及。長恭聞之曰：「吾本無此意。」乃求小失，杖深二十，以安之」。
6) 「芒山之敗」の「敗」は、北宋に成立した『冊府元亀』では「戦」と書かれ、南宋に成立した『通志』では「役」と書かれている。この『北史』の文章の後述には「大捷」という言葉が続き、史実を考慮すれば、「敗」は誤りであると考える。なお、蘭陵王の父親である文襄帝の生没年（521〜549）を考えれば、蘭陵王が中軍を率いる「芒山の戦い」は、543年に東魏（のちに北斉に禅譲）と西魏（のちに北周に禅譲）の間に起きた「邙山の戦い」とは異なり、『北斉書』列伝第八・段英、『周書』帝紀第五・武帝上、『資治通鑑』巻百六十九の記述によると、河清三年（564）に起きた戦いである。
7) 「武成賞其功、命賈護為買妾二十人、唯受其一」。

8) （唐）杜佑撰『通典』（中華書局、1988 年）。
9) 三国時代の魏の初代皇帝曹丕（187 ～ 226）。
10) 北魏明元帝拓跋嗣（392 ～ 423）。廟号は太宗。
11) 「明帝武成二年、正月朔旦、会群臣于紫極殿、始備百戯。（中略）及宣帝即位、而広召雑伎、增修百戯」。
12) 『通典』楽六、『唐会要』巻三十三・散楽の条による。
13) 「若尋常享会、（中略）及会、先奏坐部伎、次奏立部伎、次奏蹀馬、次奏散楽」。
14) 王国維『宋元戯曲考』（中国戯劇出版社、1999）P.P 2 ～ 3。
15) 任半塘『唐戯弄』（上海古籍出版社、1984 年）P.P241 ～ 242。
16) （唐）崔令欽『教坊記』（中国文学参考資料第 1 輯 8、古典文学出版社、1957 年）P14。
17) （唐）段安節『楽府雑録』（中国文学参考資料第 1 輯 6、古典文学出版社、1957 年）P24。
18) 「大面」と「代面」について、『中国大百科全書』（中国大百科全書出版社、1983 年）、『簡明戯劇詞典』（上海辞書出版社、1990 年）および『中国芸術百科辞典』（商務印書館、2004 年）では両者が同一であるとみなされている。しかし、「蘭陵王入陣曲」がなぜ「大面」、「代面」と呼ばれるようになったかについては、説明に値する史料が見当たらないため、現在はまだ明らかでない。趙錫淮「代面、大面和敷演概念辨析」（中国戯曲学院学報第 33 巻第 3 期、2012 年 8 月）では、「代面」を木製の仮面をつける歌舞劇とし、「大面」を角抵歌舞劇としている。しかし、趙氏の主張は『楽府雑録』（「代面」、木製の仮面の記述無）と『教坊記』（「大面」、木製の仮面の記述有）の記述を解釈できないため、筆者は「代面」と「大面」に関する検討の余地が残されていると考えるものの、現段階では両者を同一視する定説を認める。
19) （漢）許慎『説文解字』（叢書集成初編、中華書局、1985 年）P421。
20) 広東広西湖南河南辞源修訂組編『辞源』（商務印書館、1980 年）P1194、羅竹風主編『漢語大詞典 第 5 巻』（漢語大詞典出版社、1990 年）P252、王力主編『古漢語字典』（中華書局、2000 年）P344 による。
21) 祭祀説、祖先崇拝説、模倣説と生活説（労働・求愛）などに分けられる。孟瑶『中国戯曲史』（伝記文学叢書 66　伝記文学出版社、1979 年）、廖奔『中国戯曲史』（専題史系列叢書、上海人民出版社、2004 年）、陳維昭『20 世紀中国古代文学研究史 戯曲巻』（東方出版中心、2006 年）などが挙げられる。
22) 「戯曲謂以歌舞演故事也」。王国維「戯曲考源」『王国維文集 第 1 巻』（中国文史出版社、1997 年）P425。
23) 清嘉慶二十三年（1818）刻本を参照。
24) 王昆吾『隋唐五代燕楽雑言歌辞研究』（中華書局、1995 年）を参照。
25) 「開元元年十月七日、勅臘月乞寒、外蕃所出、漸浸成俗、因循已久。自今已後、無問蕃漢、即宜禁断」。（開元二年）「十月六日勅散楽巡村、特宜禁断。如有犯者、

并容止主人及村正、決三十。所由官附考奏、其散楽人仍逓送重役」。『唐会要』巻三十四（中華書局、1955 年）P629。
26) 経済雑誌社編『日本三代実録』（国史大系第 4 巻、1916 年）P.P671。
27) 林屋辰三郎校注『教訓抄』（『古代中世芸術論』、日本思想大系 23、1973 年）巻第一「嫡家相伝舞曲物語 公事曲」の「羅陵王」の条を参照。
28) 中原とは中国古代文化の中心で、漢民族発展の根拠となった地域、黄河中下流域の平原を指す。中原文化は中原地域を基礎とする物質文化と精神文化の総称として捉えられる。
29) 歌詞：敕勒川陰山下　天似穹廬籠蓋四野　天蒼蒼野茫茫　風吹草低見牛羊
30) 田辺尚雄『日本音楽史』（雄山閣、1932 年）を参照。
31) 中国大陸系楽舞、中国大陸経由インド系楽舞（林邑楽を含む）、朝鮮系楽舞、それらを真似て日本で新たに作られた楽舞を含む。
32) 塙保己一編『舞楽要録』（群書類従巻第三百四十五、続群書類従完成会、1958 年）。
33) 本田安次『日本の古典芸能 舞楽・延年』（本田安次著作集 15、錦正社、1998 年）、網野善彦『古代仏教の荘厳：国家・権力・音』（大系日本歴史と芸能、平凡社、1990 年）、荻美津夫『古代中世音楽史の研究』（吉川弘文館、2007 年）など。
34) 折口信夫『日本芸能史六講』（三教書院、1944 年）P.P17~18。

宋代招安考
～『守城録』を手がかりとして～

齋藤忠和

はじめに

　武装兵士が行進している。馬上の兵士たちは、どこか誇らしげに見える。（右図）

　招安を受けて帝都開封に入城する山泊の好漢たちを描いた『水滸伝』第82回の挿絵である[1]。

　徽宗は宣徳楼の前で彼らを待ち受け、宮殿で謁見した。宋江らにとって、人生でももっとも華やかな瞬間であった[2]。

　『水滸伝』は、招安を主題とした作品でもある。

　では、招安とは何か[3]。辞書では、「悪事を行うものを招き降して安らかに暮らせるようにしてやること、罪を許される、恩赦を交付する」[4]、「賊徒を懐柔して帰順させること」[5] と説明される。しかし、これだけでよいか。

　宋代、招安はしばしば行われた。だが、それを詳細に伝える史料は少なく、具体的にどのように行われたかさえよくわかっていない。

　本稿では、『水滸伝』のクライマックスである招安が、具体的にどのように行われたかを示すとともに[6]、宋代の兵制・社会においてどのような意味

を持つのか考えたい。
　なお、招安の様子を詳細に伝える貴重な史料が『守城録』である。本稿では、『守城録』を中心に考察する。

1. 『守城録』が語る招安の具体像
(1) 『守城録』が伝える招安の事例
　招安はどのように行われたか。以下、『守城録』[7]（四庫全書）の招安に関する記述を引用する。なお、○で囲んだ数字は、『守城録』が記録する9回の守城戦のうち、何回目であるかを示す。また、招安の経緯を◘を附して箇条書きで整理した。

　　③楊進冠徳安一十六日引去（『守城録』巻3湯璹徳安守禦録上）
　　建炎2年（128）3月4日、群賊楊進が徳安城に迫ったが、徳安は10万人以上の賊軍を食い止め、戦闘は膠着状態に陥った。そこで招安実施となった。
　　…二十日、方遣人至斉安門下、高声呼城上人。且不要放箭防禦、教来打話。当時城上人問、打甚話。其人言、恁也不出来共俺厮殺、我也打恁城不破、有招安官来、俺只待要些犒設受招安。城上人答、待恁受招安了、与恁犒設。其人便去。至晚、有一人着紫道服、領二十余人、持東京留守司請召旗一面、向城隔壕与城上人説話、称是東京留守[8]宗元帥[9]使臣成忠郎王申、元帥遣来招安楊防禦。高声読示宗元帥咨目并箚子言、楊防禦、今日方肯受招安、待問本府要些犒設。并出券往東京。本府許之。二十一日、送犒設在城外、其楊進領人親到斉安門下収受、致謝而去。是日楊進領衆起離向信陽軍前去。

◘ 徳安城を落とせないと悟った賊の使者が斉安門下に来て「招安官が来たので、招安を受けるが、若干の犒設（ねぎらい品）を求める」と呼びかけた。
◘ 城壁上の人は、「汝らが招安を受け終われば、犒設を与える」と回答した。
◘ 賊の使者は一旦立ち去った。
◘ 同日夜、「招安を求める」と記された旗を持った東京留守宗元帥の使臣王

申（招安官）が現れ、「楊防禦（楊進）を招安した」と述べ、宗元帥の公文並びに命令書を読み示し、「楊防禦は、本日（3月20日）、招安を受諾したので、徳安府は犒設を差し出せ」と命じ、証拠の手形を渡して東京（開封）方面に戻った。
◾ 徳安府はこれを了承し、翌日（3月21日）、犒設を城外に置いた。
◾ 楊進は人を率いて自ら斉安門下に至って受け取り、謝意を表して徳安城から撤退し、信陽軍に向かった。

⑥趙寿寇徳安三日引去（守城録巻4湯璹徳安守禦録下）
建炎四年五月十二日、群賊趙寿号不忙、自黄州領衆数万余人、至孝感県界劫掠、遣人至本府、欲就招安。是月、有朝奉郎守尚書兵部員外郎・福建・広南東西・荊湖南北等路撫諭使[10]馮康国到本府。守臣陳規白馮、乞行招安。会趙寿亦遣人以書与馮、願受招安。規復遣人往寿寨、説以撫諭肯行招安之意。六月初二日、寿領衆至城外。是晩、馮親出城見寿。初三日、寿攜数隊入城、聴撫諭聖訓[11]。謝恩招安了当、馮牒[12]寿令権於江州・黄州駐箚、聴候朝命。本府亦支給銭糧犒設訖。十二日、寿起発至東四十里環河鎮駐箚、忽夜遣人馬分頭項於本府八門、改換色衣、偽作民兵装束、一擁奪門。頼諸門守禦素備、即時以死捍禦、旋増弓弩・砲石闘敵、至巳時方退。復於箭砲不及処擺布囲城、迭来攻打。被城上弓弩・砲石不歇、及遣兵披城出戦三昼夜、計窮力尽、二十日、賊抜寨南走。

◾ 建炎4年（1130）5月12日、徳安城に迫ってきた群賊趙寿が、人を派遣して招安を受けたいと望んだ。趙寿は馮康国にも招安を申し出ていた。
◾ 陳規は、徳安に来ていた撫諭使馮康国に、「招安を行いたい」と進言した。
◾ 陳規は人を趙寿の陣に遣し、招安を行う意志があると説いた。
◾ 6月2日、趙寿は手下と徳安城外に迫った。夜、馮康国は城外で趙寿と会見した。
◾ 翌3日、趙寿は数隊を引き連れて徳安城に入城し、撫諭の聖訓を聞いた。招安終了を謝恩し、馮康国は趙寿に文書（牒）を渡して一旦江州・黄州に駐屯させ、朝命を待つことを許した。徳安府も銭・食糧を支給して犒設を終えた。

- 6月12日夜、趙寿は裏切って徳安城の城門を攻めたが、諸門の守りが堅く、6月20日、陣を撤収して南に逃走した。

⑦曹成・李宏寇徳安自六月至二月引去（守城録巻4 湯璹徳安守禦録下）
建炎四年六月、有曹成・李宏賊自舒州歴光州・信陽至本府、衆数十万、布満諸県、直抵襄・随・郢州界、駐箚三龍河。時早禾始熟、広被攻掠。本府以賊兵衆盛、不輟隄備。七月三十日、賊衆至城下、攻打府城。本府一面施放弓弩・箭鑿・砲石、一面発兵出外披城闘敵、賊不能破、巳時方退。八月十四日、成衆又至城下。本府再発人兵出城迎敵、賊復退、於近城桐栢廟〉下立寨、分遣騎於八門一二里外立小寨、囲困本府、不通往還。本府官吏・軍民、以死捍禦、間出兵掩殺、毎夜遣兵刦擾小寨、奪糧入城、昼夜相拒六十余日。是時成等人馬実多、本府兵極少、其勢不敵、遂設計謀、差人齎公文前去問曹成等、誘以禍福利害、指其自新之路、成等始退。十月初三日、遣人入城商議、称一行兵衆、原非為賊、止為郷中不可居止、遂前来尋有糧・喫用、却蒙朝廷収還・招安之後、所授官職、止乞元来官資、湔洗招安之民。及齎到成等申状、本府於初五日備録奏聞、成等始於十六日復還三龍河大寨、仍不住於府城四外焼却。又因本府抄截掩殺之故、十一月二十四日、復領衆来攻城。本府出兵迎敵、至午方退。五年二月十九日、成等領衆起離三龍河、往漢陽軍渡江前去。

- 曹成・李宏の賊数十万と60余日戦ったが、徳安府は不利であった。
- 徳安府は経略を立て、人を遣わして公文を交付し、曹成らに禍福利害を説いて誘ったところ、曹成らは一旦退いた。
- 10月3日、徳安城内で賊と会談。賊は「郷里で食い詰めたためやむなく盗賊化した。食糧生活用品を求め、朝廷の招安を受けたいが、授けられる官職は、元の収入にみあえばよい」と主張。徳安府は招安を了承した賊の罪を許した。
- 徳安府は10月5日に経緯を朝廷に伝えた。
- 曹成等は10月16日に三龍河の大陣に撤退した。
- 賊が油断すると、徳安府は不意打ちに出たため、11月24日、賊は再び徳安城を攻めたが、同日、撃退された。

■ 建炎5年（1131）2月19日、曹成等は三龍河を離れ、長江を越えて行った。

(2)『守城録』が伝える招安の分析

以下、『守城録』の招安を表に整理し、指摘しうる点を1)～7)に示した。

	③	⑥	⑦
招安を提案	朝廷から賊（楊進）へ	賊（趙寿）から徳安へ	徳安（戦況不利）から賊へ
招安に際し与えたもの	犒設・劄目（宗沢発行）・箚子（宗沢発行）・防禦使	聖訓・犒設（銭・糧食）・2州の統治権（官職）	不詳（犒設を要求）
儀式的な行事	無	有：徳安城内にて撫諭の聖訓を聴かせた後、文書を下賜	無
朝廷の関与	有：東京留守宗元帥（宗沢）の使臣王申が徳安に犒設を支給するよう指示	有：陳規から撫諭使康国に招安を打診	有：事後承諾（文書で朝廷に経緯を報告）
招安に至るまでの当事者間の交渉	有：城壁下に来た賊と城壁上から交渉	有：陳規が趙寿に使者を派遣→趙寿、徳安城外に進出→馮康国が城外に出て趙寿と会談	有：徳安が使者を派遣し、賊に禍福利害を説く。のち徳安城内で会談
招安の結果	賊が撤退	趙寿はすぐに裏切り徳安を再度攻撃するも、敗走	徳安が違約して賊を攻撃
招安前の軍事行動	有	無	有

1) 徳安府では、同地に来ていた撫諭使と協議して共同で招安を実施した場合、朝廷から派遣された招安使王申が徳安府を主導した場合、徳安府が先行し、事後報告した場合があった。ただし、事後報告は真に招安を目指すものではなく、招安は、皇帝（朝廷）が行うものであった。
2) 招安したが賊はすぐに寝返った。また、戦況不利に陥った徳安が招安を申し出たが、賊が招安を受けて油断すると、不意打ちした。招安は官にとっては賊徒鎮圧のための戦略でもあり、互いに腹背常ならなかった。
3) 招安の提案は官賊双方から、それぞれの事情によってなされた。
4) 招安に際しては、皇帝からの文書が下され、それを招安される側に口頭

及び文書、またはどちらかで伝達した。伝達式が行われることもあった。
5）招安は、実利を伴う行為であった。招安する側は、戦闘を終了させることができたし、招安される側は犒設（金品）を得ることができた。同時に官位（防禦使）を授かり、支配層の一角に連なることもあった。
6）招安成立までに何らかの商議が行われたが、戦闘中の双方が交渉して妥協点を探る場合と、地方官と朝廷が交渉する場合があった。
7）徳安城に迫った賊が、最初から招安を打診、徳安府が承諾したこともあった。

2. 招安の成立条件

　『守城録』⑦では、戦況が不利な中、戦略の一環として招安を提案した。同様に、軍事行動が不調のため、招安を行うという事例は枚挙に暇ない[13]。
　たとえば、『宋史』巻278「雷徳驤子有終伝」に、
　　（咸平）三年、将巡師大名、遣有終乗馹先詣澶州督納糧草。車駕還、次徳清軍、会益州奏至、神衛戍卒以正旦窃発、害兵馬鈐轄符昭寿、擁都虞候王均為乱、逐知州牛冕。即日、拝有終瀘州観察使、知益州兼川峡両路招安捉賊事。御廚使李恵、洛苑使石普、供備庫副使李守倫並為招安巡検使、給歩騎八千、命往招討。…
とあって、咸平3年（1000）神衛兵士の反乱に際し、雷有終が知州兼招安捉賊使として招安・討伐双方を視野に入れて赴任した。上四軍（上位の禁軍）である神衛の反乱に危機感を抱いたのであろう。さらに『宋史』巻288「高若訥伝」には、
　　王則據貝州、討之、踰月未下。或議招降、若訥言。河朔重兵所積、今釈不討、後且啟乱階。及破城、知州張得一送御史台劾治、有臣賊状。朝廷議貸死、若訥謂。守臣不死、自当誅、況為賊屈。得一遂棄市。
とあって、貝州王則の乱（1047）に際し、高若訥はその弱腰を批判したが、翌月になっても鎮圧できず、招安を実施した。また、嘉祐元年（1056）8月には、
　　詔。湖北路鈐轄司下溪州刺史彭仕羲、侵擾辺境為患不已、其相度招安

之。(『宋会要』「蛮夷5」)

とあって、溪州刺史彭仕羲が辺境に侵入・略奪した際、鎮圧に手こずったため、招安に至った。招安は、通常、軍事行動が不調の場合に行われた。

また、招安は、まず軍事的打撃を与えてから行うべきとの発想も根強く、招安が多用される北宋南宋交代期の紹興2年（1132）にも、

 二年、賊曹成擁衆十余万、由江西歴湖湘、據道、賀二州。命飛権知潭州、兼権荊湖東路安撫都総管、付金字牌、黄旗招成。成聞飛将至、驚曰。岳家軍来矣。即分道而遁。飛至茶陵、奉詔招之、成不従。飛奏。比年多命招安、故盗力強則肆暴、力屈則就招、苟不略加剿除、蠢起之衆、未可遽殄。許之。(『宋史』巻365「岳飛伝」)

とみえ、曹成の反乱軍10数万人が道州・賀州を占領した際、岳飛に招安の命が下ったが、反軍は従わず、岳飛は「この頃多く招安を命じられるが、賊勢は強く、武力行使がなければ招安に応じないし、掃討もできないので、一撃を加えることを許可願いたい」と上奏し、許された。

なお、官から招安を提案する場合、『守城録』⑦のように、招安を目指すのではなく、戦略の一環としても行われ、こうした例も史料中に散見する[14]。

招安とは、まず武力で打撃を与え、相手を畏服させてから救いの手を差し伸べることであると理解されてきた[15]。建前としてはそのとおりである。

しかし現実には軍事行動が不調で敗北を避けるために、招安が行われた。また、北宋南宋交代期は、兵器を持つ禁軍・廂軍が盗賊化し[16]、皇帝の親衛軍が反乱を企て班直が廃止される[17]など、募兵制は崩壊しており、南宋政権は、流民を体制内に引き込み、社会の安定を図るため、弓手を増添する名目で人々を集め、県尉に統括させて女真防衛と流浪人収容を図っていた[18]。このような状況下で招安が多用され、結果、賊の討伐は当初から招安を念頭に置くものとなり、主に軍事行動が不調であった際に行われた招安が、招安という選択肢を含んだ軍事行動へと変化したと思われる。

3. 招安の手順
(1) 招安の提案・打診

招安の第1段階は、当事者のどちらかが提案・打診することである。『守城録』には、賊からが1例、官からが2例であった。
(2) 商議
『守城録』が記す3回の招安では、提案・打診から招安成立に至るまでに、招安を行う側と行われる側、または招安を行う官の内部で、何らかの商議がなされた。
1) 朝廷と地方との商議
『守城録』③では、東京留守宗沢が派遣した招安官王申が、招安実施後、徳安府に対し楊進への犒設支給を命じた。同じく⑥では、徳安府が賊からの提案を受け、同地に来ていた撫諭使馮康国に招安を進言した上、実施した。

⑦のように、本来の招安ではない場合は、現地の判断で行うこともあり得たが、通常は皇帝または朝廷の裁可を経て行うべきものであった。たとえば、『続資治通鑑長編』（以下、『長編』）巻159慶暦6年（1046）9月に（『宋会要』職官41略同文）、

　　乙巳。戸部判官・祠部郎中崔嶧為荊湖南路体量安撫、時蛮猺未平、特命嶧往議討除招安之策。

とあり、荊湖南路体量安撫となった崔嶧が討伐・招安両方について商議しているなどの事例が見られる[19]。
2) 官と招安される側との商議
『守城録』③では、斉安門まで来た賊と、城壁上の徳安側の人員が、招安成立に向け、以下のやりとりを行った。

　　賊；城壁上の人を呼ぶ。→徳安；いかなる話か。→賊；そちらは城内に籠もって戦闘しない。我々は徳安城を撃破していない。招安官が来て、受諾することとしたので、犒設を与えてほしい。→徳安；招安を受け入れたのなら犒設を与える。

また、⑥では、まず徳安府が使者を派遣して趙寿（賊）と商議し、その後さらに朝廷の招安官である馮康国が城外で趙寿と商議した後、招安が実施され、⑦では、徳安府が賊に使者を派遣して説得し、賊を油断させるために招安という形式を用いた。
(3) 招安実施

1）招安で用いる道具

『守城録』③では、招安使王申は招安の目印となる旗（請召旗）を掲げていた。同様の事例は、『宋会要』「職官41宣諭使」にも見られ、

(紹興9年1139) 四月二日詔、…諸路新復境土所有、随行合用軍馬、令殿前司差官兵一千人、将官二員内、馬軍一百人、其経過州献、慮有嘯聚盗賊、令枢密院給降招撫金字牌旗榜一十副、并令学士院、降詔付陝西逐路州軍帥守施行。

とあり、枢密院から招安官に、金字牌・旗・榜10副が支給された。招安では、目印として旗・牌・かけ札などが朝廷から下賜され、用いられた。

2）詔書の読み上げ・交付など

『守城録』③では、宗沢の咨目・箚子が、⑥では高宗の聖訓が用いられている。とくに⑥においては、趙寿（賊）が数隊を引き連れ徳安城に入城し、撫諭の聖訓を聞くという、『水滸伝』さながらの招安の儀式が行われた。

招安に際し、詔書が用いられた例は、早くは、雍熙年間（984~987）に見られ、『宋史』巻495「蛮夷伝3撫水州」には

雍熙中、数寇辺境、掠取民口、畜産。詔書招安、補其酋蒙令地殿直、蒙令札奉職。

とあり、詔書をもって撫水蛮を招安した。また『長編』巻157慶暦5年（1045）12月には、

癸酉、新知潭州劉夔言、唐和尚等比経胡元敗後、益聚衆生疑、恐転為辺患、乞降空頭宣命十道、欲行招安、与補逐處渓峒首領、従之。

とあり、宛名のない宣命（詔書）を支給して渓峒諸蛮を招安しようとした[20]。同様に、招安に際して何らかの詔書が下賜される例は、南宋末期まで見られる[21]。

このように、招安の際には皇帝または朝廷から、詔書類が下賜された。さらに『宋史』巻496「蛮夷伝4西南諸夷」には、

大中祥符元年、瀘州言江安県夷人殺傷内属戸、害巡検任賽、既不自安、遂為乱。詔遣閤門祗候侍其旭乗伝招撫。旭至、蛮人首罪、殺牲為誓。未幾、復叛。旭因追斬数十級、擒其首領三人、又以衣服紬布誘降蛮斗婆行者、将按誅其罪。上以旭召而殺之、違招安之実、即降詔戒止。…

とあり、大中祥符元年 (1008)、江安県の夷人が反乱を起こした際、閤門祗候侍其旭が招安官として派遣され、招安した蛮人を殺害したが、真宗は殺戮を止め、招安の本義に悖る行為であるとして侍其旭を死罪とした。このように、招安は皇帝の専決事項であり、宋代広く行われた恩沢の一環であった。

言うまでもないが、招安とは、反乱者や離反したものを赦免することである。これらは唐律・『宋刑統』が定める十悪の「謀反」・「謀叛」に該当する行為である。それを赦免できるのは皇帝のみであった。

3) 犒設・官爵の授与

『守城録』では、招安に際し、犒設の支給・官位の授与が行われた。こうした事例は、大中祥符年間 (1008~16) に忠州・万州一帯の異民族を招安した際に禄米の支給証を与える[22]など、早くから見られ、宣和5年 (1123) 4月には、「詔。招降洮河武勝庫一帯蕃部千余人各補職名。(『宋会要』「兵9」)」とあって、招安した蛮人に官位を与えた[23]。宣和7年 (1125) 2月にも、

> 三十日、京東路転運副使李孝昌奏、招安群盗張仙等五万余人。詔補官、犒設有差。(『宋会要』「兵12 捕賊2」。『宋史』巻22「徽宗本紀」略同)

とあって、盗賊5万人を招安した際、官位を与え、犒設が支給された。南宋に入ってからは、紹興6年 (1136) 8月9日に、

> 海賊鄭広鄭慶各補保義郎以次第推恩。広・慶本皆良民、縁収捉鄭九在官致懐疑貳因而下海作過、朝廷遂給降告命、至是招安。(『宋会要』「兵13」)

と詔しており、海賊鄭広・鄭慶が招安された際には、まず官爵が与えられるなど、犒設・官位の授与は盛んに行われたようである。

与えられた官位は防禦使 (『守城録』) のほか、『清明集』には招安されて巡検に任ぜられた例が見える[24]。さらに、荘綽の『雞肋編』巻下に、「紹興之後、巨盗多命官招安、率以宣贊舎人寵之。時以此官為恥。…」とあって、紹興 (1131~62) の頃、招安の際には宣贊舎人[25]が与えられており、同時にこの官が賊に与えられるものであったため、官僚はこれを恥としていた。

招安された者は、概ね下級の武官に任じられた。

また、前記大中祥符年間の事例 (註22参照) と同様、司馬光の『涑水記

聞』巻14に、
> 王中正既還延州、分所部兵屯河東諸州。山東兵往往百十為群、擅自潰歸、朝廷命所在招撫、給券遣帰本営。…

とあり、現物ではなく給券する場合もあった。

曾我部静雄は、建炎4年6月に張俊の求めに応じて招安を受け入れた邵青の事例を挙げているが、邵青は招安に際し、民衆から奪った莫大な黄金を張俊に差し出して武官に任ぜられ、配下の衆も兵として雇用された[26]。官から招安される者への恩典の授与が原則であったが、混乱期には逆もあり得た。

(4) 招安後の措置・行動

招安によって賊を軍隊に編入することは、すでに指摘されている[27]。『守城録』③でも楊進を防禦使とし、その配下を楊進麾下に編成しようとした。また⑥では江・黄2州の支配を委ねた。しかし、これらはいずれも失敗し、招安を受けた者が皆、官・兵になるというわけではなかった。

招安も軍隊社会への入り口の1つではあるが、兵員確保の主流は召募であったという[28]。また、『守城録』が示すように、招安が常に成功した訳ではなく、民となる場合も多かったと思われる[29]。ただし、『宋史』巻194「兵志8 揀選之制廩給之制」は、曾我部が挙げる邵青らの招安について、

> 紹興二年（1132）、上謂輔臣曰。邵青・単徳忠・李捧三盗、招安至臨安日久、卿等其極揀汰。呂頤浩、秦檜得旨与張俊同閲視、堪留者近七千人。詔命張俊選精鋭、得兵五千人詣行在。

とあり、招安されて杭州に長く居住し、その配下は7000人ほどが兵士としての適正があったため、高宗は張俊に命じて精鋭を選抜し、5000人の精兵を得た。招安した賊徒を兵士として活用することに成功した例である。

4. 兵士を招安する

先述の咸平3年（1000）神衛兵士の反乱のように、兵士を招安することもあった。『宋史』巻193「兵志7 召募之制」には、

> （元豊）四年、詔沈括。奏以軍前士卒逃亡、潰散在路、本非得已、須当急且招安。卿可速具朝旨出榜、云聞戰士止是不禁饑寒、逃歸其家、可各

137

随所在城砦権送納器甲、請給糧食、聴帰所属。節次具招撫数以聞。

とあって、元豊4年（1081）飢えと寒さに耐えかねた逃亡兵士に対して招安が行われ、原隊復帰が認められた。兵士の逃亡については、軍法に、「一。背軍走者、斬。非出軍臨陣日、依廂禁軍勅条。（『武経総要』前集巻14「罰条」）」とあり、戦闘中であれば斬に処し、平時には廂禁軍勅条によるとされたが、実は逃亡兵士を招安して再度活用することも行われていた[30]。

また、『長編』巻151慶暦4年（1044）8月には、「壬寅。降敕牓招安保州叛軍。」とあり、兵士王則の乱に対して敕牓を降して招安を実施した。ただし、『長編』巻161慶暦7年12月甲寅に、「…御史中丞高若訥言、河朔重兵所積処、今釈貝州不討、後且啓蒙乱階、為敵国笑、不聴。[31]」とあって、御史中丞高若訥は反乱兵士を許すことは恥であるとして反対し、必ずしも良策であるとは考えられていなかった。しかし、招安は行われ、『長編』巻151慶暦4年（1044）8月甲寅には、

朝議以諸道兵集保州城下、未有統領、因詔宣撫使富弼促行、往節制之。再降敕牓招安、仍令田況等且退兵、選人齎救入城、若遂開門、即一切撫存之。如尚拒命、則益進攻、其在営同居骨肉、無老幼皆戮之。先是、知定州王果率兵趨保州、攻城甚急、会有詔招安、賊不肯降、乗陣呼曰。得李歩軍来、我降矣。李歩軍、謂昭亮也。詔遣昭亮。是日、昭亮至、与田況同諭賊、賊終未信。…即復下索、召其所知数人登城、賊信之。争投兵下城、降者二千余人、遂開門納官軍。其造逆者四百二十九人、況具得其姓名、令楊懐敏率兵入城、悉阬殺之。（註略）降卒二千余人、悉分隷諸州。宣撫使富弼恐復生変、与都転運使欧陽修相遇於内黄、夜半屏人謀、欲使諸州同日誅之。修曰。禍莫大於殺已降、況脅従乎。既非朝命、諸州有一不従、為変不細。弼悟、乃止。（註略）

と見え、再度の招安に際し、従えば撫存させ、拒否すれば皆殺しという強硬な態度で臨んだ富弼は、招安成功後、招安された兵士が再び反乱に走ることを恐れ、皆殺しにしようとして欧陽脩に諫められて、思いとどまった。

また、南宋初、杭州で発生した陳通（兵士）の乱では、

杭州叛卒陳通作乱、権浙西提刑趙叔近招降之、請授以官。景衡曰。官吏無罪而受誅、叛卒有罪而蒙賞、賞罰倒置、莫此為甚。卒奏罷之。…（『宋

史』巻 363「許翰伝」2383)

とあって、招降して官を与えたが、官僚は罪なくても誅せられるのに、兵士は罪があっても賞を受ける、と朝廷での反発は強かった。

このように、逃亡兵士のみならず、反乱兵士を取り込むためにも招安が行われた[32]。すなわち、招安とは募兵制に基づく軍隊を維持するための安全弁の一つであり、厳格な軍法と表裏一体をなすものであったとも言えよう。

5. 招安の評価と禁止への経緯

(1) 招安はいつから行われたか

『旧五代史』巻94「晋書20」「列伝第9張廷蘊」に、彼が潁州団練使・沿淮招安使に任ぜられたとあるのが、二十五史における招安の初出である。以後『清史稿』まで用例が見られ、近世的な用語であるのかもしれない[33]。

宋代は「高官になりたきゃ殺人放火そして招安されるにかぎるという諺がはや」り、招安が多かったというが[34]、この諺の出典は『雞肋編』巻中の「建炎後俚語、…又云。欲得官、殺人放火受招安。」であり、南宋初期の状況を述べている。同時期の徳安攻防戦では9回のうち3回招安が行われ、さらに1回は、招安ではないが、賊が説得されて撤退した。北宋募兵制と政権の崩壊が招安を日常化させたのであろう[35]。

それでは、この時期まではどうであったか。宋代、招安の初出例は、管見の限り、前出の雍熙 (984~987) 年間における撫水蕃に対するものである (『宋史』巻495「蛮夷伝3 撫水州」) [36]。国内的な招安の初出は、淳化年間 (990~994) である。『宋史』巻280「楊瓊伝」には、

淳化中、李順叛蜀、瓊往夔・峡賊招安、領兵自峡上、与賊遇、累戦抵渝、合、与尹元、裴荘分路進討、克資普二州、雲安軍、斬首数千級。詔書嘉奨、遣使即軍中真拝単州刺史。

とあって、王小波・李順の乱 (993〜994) に際して楊瓊が夔州・峡州に赴き、捕縛・招安に当たったことが知られる。さらに淳化5年 (994) 5月13日には、

十三日寅時、収取閬州尋入城、奪得騾馬牛驢、封占倉庫、招安百姓一万余人、点検軍資庫銭帛塩麹、共計五十一万貫斤両匹石、頭口兼拠別状

奏。…（『宋会要』「兵14兵捷4」）

とあって、閬州を占領した際に百姓1万人あまりを招安したと言う。簡略な記述が多いが、以後、招安の事例は史料中に散見する[37]。

(2) 招安への疑念

『守城録』の招安では、すぐに背信行為が見られたが、同様の事例も散見する。たとえば、前出の『宋史』巻496「蛮夷伝4 西南諸夷」には、大中祥符元年（1008）、遣閤門祗候侍其旭が招安官として派遣された際、招安した蛮人を殺害し、見せしめとしたため、ほどなく反乱が再発した、とある。また、『宋会要』「蛮夷5 安化州」大中祥符9年（1017）8月には、「枢密使王欽若言、宜州蛮人、昨五月初、出招安、不旬日、即叛擾。…」とあり、宜州の蛮人を招安したものの、10日を経ずして反乱を起こした。

その後『守城録』と同時期の建炎4年（1130）7月にも、「庚戌、楊勍受劉光世招安、尋復叛去、追泉州。」（『宋史』巻26「高宗本紀3」）とあり、盗賊が劉光世の招安を受けたが、再び泉州を襲うなどの事例が見られ、宋代を通じて必ずしもうまく機能していなかった。そのため、政和3年（1113）6月頃には「比年盗賊例許招安、未幾再叛、反堕其計。」（『宋史』巻377「季陵伝」）と言われるようになり、招安は賊を増長させるだけとなっていた。こうした状況はその後も変わらず、建炎3年（1129）には、

孟彦卿…通判潭州。建炎三年、潭城中叛卒焚掠、自東門出、帥臣向子諲命彦卿領兵追之、已而招安其衆。未幾、潰兵杜彦自袁州入瀏陽、遂犯善化、長沙二県。彦卿率民兵拒之、手殺数人、賊勢挫、退還瀏陽。彦卿追与之戦、俄而民兵有自潰者、賊遂乗之、斬彦卿、持其首以告所掠民兵曰。此善戦孟通判首也。因支解以徇。（『宋史』巻453列伝第212「孟彦卿」）

とあるように、潭州の兵乱に対し、招安を行ったが、まもなく残党が反乱して善化・長沙2県を占領し、追撃に当たった通判孟彦卿を返り討ちにした。

このように、官賊ともに招安後、すぐに裏切ることが往々にして見られ、『宋史』巻29「高宗本紀6」には、「（紹興9年2月〈1139〉）癸酉、詔。盗賊已経招安而復嘯聚者、発兵加誅、毋赦。」とあり、招安後、再び反乱を起こす者には容赦するなと詔されて強硬姿勢が示され、招安否定へと向かって

行った。

　また、招安が不成立に終わる場合もしばしばあった[38]。

(3) 招安禁止へ

　曾我部静雄は、高宗の紹興15年頃からは招安の弊害が指摘されるようになり、紹興17~18年以後弾圧に転じたという[39]。

　北宋期には、『宋会要』「職官65」熙寧5年12月26日に、

　　権河東転運使・工部郎中・充秘閣校理孫坦降兵部員外郎、屯田郎中・通判河陽李師錫降職方員外郎、江南東路転運副使・屯田郎中韓鐸降職方員外郎、差遣并如故、坐前任陝西転運日慶州兵叛不能招安也。

とあって、慶州の兵乱を招安することに失敗した孫坦・李師錫・韓鐸が降格され、熙寧9年（1076）4月にも、「甲辰、給空名告身付安南、以招降賞功。」（『宋史』巻15「神宗本紀2」）とあるなど、招安に対する報償もなされた。北宋時代には、招安は賞罰の対象となっており、政策として認知されていた[40]。

　しかし、述べたとおり、北宋南宋交替期には、招安に対する疑念が深まり、とくに紹興年間（1131~1162）以後は、

　　紹興之後、巨盗多命官招安、率以宣賛舎人寵之。時以此官為恥。然清流者寄禄官下皆有兼字、至賊輩則無。又加遙郡者、尽以忠州処之、其徒亦稍有解者。甚非曠蕩欲安反側之意也。（『雞肋編』巻下）

と言われ、賊が優遇されたことが、賊を取り込む側である官の内部での不満を増大させていた[41]。

　そして、曾我部が指摘するとおり、『宋会要』「兵13」紹興17年（1147）6月23日（『建炎以来繋年要録』巻156略同文）に、

　　上謂輔臣曰、弭盗賊、当為遠慮、若但招安補授、恐此輩以嘯聚為得計、是啓其為寇之心、今已招到、且依所乞、可札下諸路、日後不許招安。[42]

とあり、高宗は招安禁止を声明することとなる。さらに、翌紹興18年（1148）3月24日（原文、28年）には（『宋会要』「兵13」）、

　　進呈雅賞平厳州山峒草寇事。上曰、朕嘗謂、後世用官招安盗賊、将以弭之。適所以勧之也、不若以資寇之官、賞捕盗之人、茲為良策。

とあり、高宗は官爵を与えて招安することをやめるよう指示し、賊に与える

141

官爵を捕賊の官に与えよと、禁止の趣旨を捕捉している[43]。
　その後、紹興27年（1157）2月23日に、
　　宰臣沈該等奏事。上曰、江陰罷軍為県、兵民不肯聴従、遂集衆宣哄、若不行遣何以号令天下。頃年諸郡盗賊勿発、便与招安、補授官資、是乃誘之為盗、不可不治、可委監司、体究以聞。（『宋会要』「方域6」）
とあり、江陰の反乱に際し、招安を行い官を与えたが、これは盗賊を生み出すので、放置できないとして、監司に委ねて調査・報告させた。寧宗の嘉定2年（1209）8月2日にも（『宋会要』「兵13」）、
　　内殿進呈江西帥司已捕獲曾口賊首李伯琥等人、就本司処断雷孝友等奏政、縁去年黒風峒賊徒、例皆招安、雖作過之後、復得官爵犒給、因此又復作過、今来江西湖南賊、作焚毀巣穴・剿除浄尽。上曰、招安本非美事、高宗聖語、具載不可不知。
とあって、反乱者に官位を与えると、味をしめてまた反乱を起こすという上奏に対し、寧宗は、「招安は良いことではない」という高宗の遺訓を忘れてはならない、と述べ、招安は否定されて行く。
　このように、紹興17年以後、招安は禁止されるべきものとなり、南宋時代には、少なくとも大義にもとる政策であると認識されていた[44]。こうした変化の背景には軍事制度の変化もあったと思うが、詳細は別稿に譲る。

結語

　招安は内外に対して行われ、利用可能な者は官・兵とするが、それ以外は民とした。また、招安は宋代を通じて行われたが、とくに北宋南宋交代期に多用され、南宋に入ると否定されるようになる。さらに招安には、提案・打診→商議→実施・成立という手順があり、皇帝の恩沢として行われた。なぜなら、謀反・諜叛という大罪の赦免は皇帝ないし皇帝の名の下でのみ可能であったからである。
　そして、軍事行動が不調であったために行われることが多かった招安は、北宋南宋交替期には招安を前提とする軍事行動へと変化した。
　では、なぜ宋代、とくに北宋時代に招安が行われたか。伊原弘は、大略「前近代の中国社会は、上から悪意的に災厄が振りまかれ、人は好まずして

平穏な生活から放り出されてアウトローになり、アウトローこそ中国社会の主流であって、これを体制下に入れるのが招安だった」と言う[45]。

今少し附言するならば、宋代は皇帝とその一族以外は原則自由競争となった流動性の高い社会であり、しかも新たに醸成されつつあった王朝という共同体への帰属意識・一体感（宋代的ナショナリズム）が充分に成長していなかった社会であったため、北宋禁軍が、一部ではあるが、各種保障を整えられ、厳格な軍法によって統制される、ある種近代的な常備軍を実現していた[46]ように、現象面では様々な近代性を垣間見せながらも、一方で王朝という巨大な共同体を維持するための手段として、整備された制度を超越する例外が必要であり、その一つとして招安という恩沢が振る舞われなければならなかったのではないか。

本稿では、地域・時代を比較・検討する材料として、招安に焦点を当てて宋代社会の一側面を示した。大方のご叱正を賜りたい。

注

1) 清水茂訳注『水滸伝8』岩波文庫、2002年、324頁。
2) 伊原弘『『水滸伝』を読む』講談社現代新書1994年、149~150頁。以下、伊原94。
3) なお、招安とほぼ同義で「招撫」「招降」が用いられる。たとえば、『宋史』巻265「宗壽伝」に、「子憲字彦章、…累遷尚書刑部郎中・知光化軍。戍卒逐其帥韓綱、余党作乱、子憲招降之。…」とあり、兵士の反乱を招安した。なお、『宋史』巻451「陳文龍伝」には、「…知福州王剛中遣使徇興化、文龍斬之而縦其副以還、使持書責世強、剛中負国。遂発民兵自守、城中兵不満千、大兵来攻不克、使其姻家持書招降之、文龍焚書斬其使。…」とあり、官ではない者が行う場合にも用いられる。招撫も、『宋史』巻496「蛮夷伝4 西南諸夷」に、「大中祥符元年、瀘州言、江安県夷人殺傷内属戸、害巡検任賽、既不自安、遂為乱。詔遣閤門祇候侍其旭乗伝招撫。…」とあるなど、招安と同義で用いられる。
4) 諸橋轍次『大漢和辞典』大修館1975年。
5) 斯波義信『中国社会経済史用語解』財団法人東洋文庫2012年、455頁。
6) 曾我部静雄『宋代政経史の研究』「第3章宋代の巡検・県尉と招安政策」（吉川弘文館1974年、244頁。以下、曾我部74）が管見の限りもっとも詳細であるが、なお考察すべき点は多い。
7) 『守城録』については、林正才『守城録注訳』解放軍出版社1990年（以下、林）、

143

許保林『中国兵書通覧』解放軍出版社2002年、拙論「『守城録』索引稿」（伊原弘監修）『城西国際大学大学院　紀要6』2003年・『『守城録』訳注稿（1）巻3-1』『北海道高等学校教育研究会紀要41』2004年・『『守城録』訳注稿（2）巻3-2』『研究・実践報告2（立命館慶祥高等学校）』2004年・『『守城録』訳註稿（3）巻4-1』『北海道高等学校教育研究会研究紀要42』2005年を参看。

8) 東京留守は天子の行幸の間、国都開封を守る。
9) 宗沢。建炎元年6月、東京留守に任命され、対金抵抗運動を展開したが、高宗の集団投降妥協策で抗金の志は挫かれ、憤死した。（林124頁註32）
10) 宣諭使とも。朝廷が各地に派遣して、民情を視察し、冤獄を処理し、営田を措置する臨時の官（林134~5頁註7）。
11) 皇帝の招安に関する訓戒。（林135頁註11）
12) 役所の公文書。札・版と同じで、小簡を牒、大簡を冊といい、また薄いものを牒、厚いものを牘という（星斌夫『中国社会経済史語彙（正編）』光文堂書店1981年）。
13) たとえば『宋史』巻405「王居安伝」に、招安に関わり「居安以書曉胆統制許俊曰。賊勝則民皆為賊、官軍勝則賊皆為民、勢之翕張、決於此挙。…吉守前以戦不利、用招降之策、遣吏持受降図来、書賊衝、江湖両路大都統。…」と見えるなど。
14) たとえば、『宋史』巻3832「辛次膺伝」は招安を口実に賊を誘い出し殺したことを伝える。
15) 伊原94、202頁。
16) 籍勇「宋朝対軍民兵器的管理」『雲南社会科学研究』2010年第4期、雲南社会科学院、2010年、132~133頁。
17) 小岩井弘光「南宋廂軍の推移」『宋代兵制史の研究』汲沽書院1998年、271頁。
18) 梅原郁『宋代司法制度研究』「第1部第1章地方の司法行政（1）県」創文社2006年。
19) ほかにも、天聖6年仁宗の言に、三司戸部判官崔嶧が招安官として討除・招安2策をもって現地に派遣されたことが見え（『宋史』巻「蛮夷伝1西南溪峒諸蠻上」）、元祐4年1月27日にも、荊湖北路都鈐轄転運司が招安の件について朝廷に打診している（『宋会要』「蛮夷5」）など、様々指摘できる。
20) 『宋史』巻493「蛮夷伝1西南溪峒諸蛮上」略同文。宣命は詔書と記す。
21) 慶暦4年王則の乱のほか、『宋史』巻451「趙良淳伝」には、「文天祥去平江、潰兵四出剽掠、良淳捕斬数人、梟首市中、兵稍戢。已而范文虎遣使持書招降、良淳焚書斬其使。大兵迫獨松關、有旨趣還隆入衛。…」とあって、書を持参した范文虎の使者が趙良淳を招降した。また『宋史』巻421「李庭芝伝」には、「（徳祐2年）三月、夏貴以淮西降、阿朮駆降兵至城下以示之、旌旗蔽野、幕客有以言覘庭芝者、庭芝曰、吾惟一死而已。阿朮使者持詔来招降、庭芝開壁納使者、斬之、焚詔陣上。…」とあるなど、いくつも見られる。

22) 梅原郁訳註『夢溪筆談2』「巻11官政1」平凡社東洋文庫1981年、21頁。
23) 宣和5年11月には、「詔。招降馬蘭川東抹邦一帯大首領温逋昌・厮鷄等、各補職各補職名。(『宋会要』「兵9」)」と同様の事例が見られる。
24) 高橋芳郎『訳註『名公書判清明集』官吏門・賦役門・文事門』「巻2官吏門訳注」北海道大学出版会2008年、142〜147頁。巡検は地方に置かれ、捕盗や訓練を担う県令の属官(日中民族科学研究所編『中国歴代職官辞典』国書刊行会1980年)。
25) 宣賛舎人。『宋史』巻166「職官志6東・西上閣門」に「東上閣門、西上閣門使各三人、副使各二人、宣賛舎人十人、旧名通事舎人、政和中改。…」とある。
26) 曾我部74、244頁。
27) 佐伯富「宋代における明礬の専売制度」『中国史研究第一』同朋舎1978年、441頁。
28) 中国軍事史編写組『中国軍事史第3巻兵制』解放軍出版社1987年、327頁。軍隊社会の入り口部分については、さらに検討を要す。別稿で論じたい。
29) 註13. 参照。
30) ただし『宋会要』「礼62」に「(元豊4年12月8日)詔、環慶深原路行営兵員未経王中正唱賜并賜特支銭、先逃亡招撫到即不支。」とあり、恩賜は対象外であったと思われる。
31) 『宋史』巻11本紀第11「仁宗3」は「(慶暦7年12月)甲寅、遣内侍以敕榜招安貝賊。」と簡略に記載する。前掲『宋史』巻258「高若訥伝」参照。
32) 靖康元年(1126)福州の兵乱でも招安が実施された(『宋会要』「刑法六」)。
33) 招撫は『後漢書』から、招降は『史記』から用例を見いだしうる。類似の行為は古来見られたが、宋以後は皇帝(朝廷)が主体となる招安が定着して行ったのであろう。
34) 竺沙雅章『宋の新文化』中央公論新社2000年、251頁。曾我部74、238頁。
35) 「北宋末期から南宋になると、叛乱軍の帰順ということはほとんど日常茶飯事として、いとも手軽に行なわれていた」(宮崎市定「水滸伝」『宮崎市定全集12』岩波書店1992年、189頁)という状況はこうして出現した。
36) なお、官職名に見える招安は、『宋会要』「兵8討叛2契丹大遼附夏州交州」に、雍熙3年(986)3月の条に「冀州防禦使・西南面招安使」とあるのが初出である。
37) 国内では景徳1年(『宋会要』「職官41」)・大中祥符2年(『宋会要』「蛮夷5西南蛮」)・皇祐4年(『涑水記聞』巻13)など、対外的には太平興国3年(『宋史』巻253「列伝第12馮継業」)・雍熙2年5月(『宋史』巻491「列伝第250外国7党項」)・景徳1年2月(『宋会要』「職官60」)など、散見する。
38) 熙寧5年(1072)12月26日、慶州の兵乱に際し、招安できなかった孫坦・李師錫・韓鐸が降格されている(『宋会要』「職官65」後掲)し、南宋初期には、戦況不利な中、賊から招安を持ちかけられた易青が、一死をもって国に報いると、

招安を拒否する(『宋史』巻450「牛富伝」)など、諸例ある。
39) 曾我部74、242-243頁。
40) 元豊8年にも「八年四月十四日、以左侍禁・権融州王口寨監押社臨、左班殿直権誠州渠陽縣尉杜震之弟遘、為三班借職。先是臨震、乞以招安及戦功転官、減年回授遘官、而朝廷委本路転運司譖問、乃知遘昭憲皇后親弟譖進之後、故有是命。」(『宋会要』「選挙32」)とあり、招安が戦功とともに昇進の理由となっている。さらに「崇寧初,為講議司検討官,進虞部員外郎,遷陝西転運副使,徙知延安府。以招降羌有功,加集賢殿修撰。…」(『宋史』巻348「列伝第107陶節夫」)とある。
41) そもそも皇族・官員と彼らの一定範囲内の親属は、ランクをつけて刑事上、議・請・減・贖の特権を賦与されていた。(梅原郁『宋代司法制度研究』「第2部第3章宋代の贖銅と罰銅」創文社2006年、667~668頁)。招安はこうした特権と、エリート意識を損なうものであった。また早くは建炎元年(1127)12月甲子、衛膚敏は「…其驕惰、少有責罰、則悖慢無礼、無所不至。或至殺州将惊居民、而無所畏憚。朝廷施即招安、而命之以官、此何理也。…」(『建炎以来繋年要録』巻11)と招安の矛盾を上疏している。
42) 『宋史』巻30本紀第30「高宗7」には「(紹興17年)六月乙卯、禁招安盗賊。」とある。
43) 曾我部74、242-243頁。
44) 『清明集』官吏門「巡検が事実調査の際に財物を求める」でも、宋自牧(宋慈、1183~1246)が、「招安で巡検の職を得た者が、以前の悪い心で人々を苦しめている」と問題点を語る。(高橋芳郎『訳注『名公書判清明集』官吏門・賦役門・文事門』「巻2官吏門訳注」北海道大学出版会、2008年、14~147頁)
45) 伊原弘、『『水滸伝』を読む』、講談社現代新書1215、1994年、203頁
46) 拙著『宋代募兵制の研究』勉誠出版2014年、参看。

歴史教科書の地平を拓く
―20世紀初頭、清末「欽定学堂章程」公布前後の諸家の見解―

鈴 木 正 弘

はじめに

　1902年（光緒28）制定の「欽定学堂章程」は、中国における近代学制の嚆矢をなす。この章程は実行されず、近代学制の開始は、1904年（光緒30）の「奏定学堂章程」の施行を待つこととなる。しかし「欽定学堂章程」の公布によって教科書作成は動き出す。拙論では、中国近代教育施行前夜における、歴史教科書の地平を拓く苦闘の様相を、歴史教科書に論及する有識者の見解を通して検討する[1]。具体的には、日本人外交官中島雄、歴史に造詣深く『教育世界』誌を主催した羅振玉、洋務派官僚にして『勧学篇』の著者で教育家としても知られる張之洞、の三名の意見を検討する。
　「欽定学堂章程」の公布前後には、教育をめぐって活発に論議され、議論は時として歴史教育や歴史教科書に論及する。日清戦争の敗北を契機に、中体西用論の限界が明瞭となり、近代化は喫緊の課題となる。しかし一方で、経学や歴史等の伝統的な教育内容をどのように扱うべきか、悩ましい課題も表面化する。前近代の中国における歴史学は、経史一体、経史文一体の体系の中で、独自の教育体系を形成した[2]。内容面でも単純に翻訳教科書に置き換えられるものでもない。教育に関わる人々は、これまでの伝統的歴史教科書とは異なる、新しい歴史教科書のあり方に論及する。

1. 日本人外交官による教科書に関する考察

　はじめに考察するものは、中島雄の記した稿「清国ノ学校並ニ諸生試検此外其文官出身ノ概略」である。本稿は外務省関連の簿冊に含まれるもので、アジア歴史資料センターによってインターネット上に公開されており、「明

治三十四年分」とある[3]。また「目次」には、「是ハ小村特命全権公使ノ命ニ依リ七月中述作シタルモノナリ」とあり、冒頭には「明治三十四年七月清国北京日本公使館ニ於テ」とある[4]。つまり、本稿は明治34年（1901）7月、呉汝綸の東遊等に先立つ時期に当たり、中国の教育事情についての関心の高まりのなかで、調査・研究した成果とみることができよう[5]。この報告書は学制導入直前の中国における伝統的な学校と人材育成とを、日本人の視点から分析した貴重な報告であり、教科書に関する指摘もみえる[6]。

中島雄（1853-1910）は、明治11年（1878）以来清国に駐留した外交官で、清国の国情に精通していた[7]。中島は中国の教育ならび教科書について、次のように述べる。

　　余ノ観ル所ニ拠レバ、清国ハ流石ニ従来ノ閲歴モアル丈ケニ、学制即チ、学校設立並ニ試検ノ順序・手続・方法等ハ、比較的ニ完全ナレドモ、只其教科書、即チ八股ヲ仕込ムヲ為メニ自国伝来ノ経書ノミヲ課スルコトハ、断然変通セザルベカラズ。経書中ノ一書ナル『論語』ハ、孔子ノ言行録ニテ、孔子ヲ神聖トスル観念ハ、久シク且ツ堅ク人身ニ印証セラレ居ルコト、尚昔日ノ如クナルヲ利用シ、之ヲ修身ノ一科トシ、自国ノ地理・歴史以外ニ、外国ノ地理・歴史・天文・算術・窺理ノ各書何レモ簡易ナル漢文翻訳書、ソレモ新規ニ翻訳ト云フ事ニテハ、諺ニ所謂ル「渇ニ臨ミ井ヲ掘ル」ノ譬通リ、差詰メ間ニ合ハザレド、幸ヒ数十年来、英・米・独人等ノ翻訳ニ係ル『地学浅説』『万国通鑑』『天文略』『数理啓蒙』『格物入門』等ノ書ガ、北京・上海・香港其他各処ニ出版発行アルニ由リ、ソノ善キ分ヲ夫々指定シ、当分先ツ之ヲ用井、教師ノ撰定、コレハ一問題トナルベキモ、…（略）…

中島は、伝統的学制と試験制度とを高く評価する。しかし教科書については批判的であり、八股の偏重を根本的な問題とみる。八股を廃し、経学を『論語』のみに基づく「修身」に限定し、自国の地理・歴史に加えて、その他の外国の学問を導入し、「簡易ナル漢文翻訳書」に基づく教育の構築を主張する。その際に、中島の主張する教科書は、新規の翻訳では間に合わないとして、「数十年来、英・米・独人等ノ翻訳ニ係ル」書籍を用いるべきであるとする。洋務運動に欧米人宣教師等の翻訳書の果たした影響は大きく、日本人

の中島からみても、そうした書籍は相当に根を張っているように見えたということになろう。一方、明治34年（1901）段階には、日本書籍の漢訳も一定程度開始されている。しかし、日本人の中島から見ても、「数十年来」の蓄積を有す欧米人の漢訳教科書の浸透状況に比すれば、特段取り上げるべき程のものとは見えなかったとみてよいであろう。また中島が欧米人の漢訳教科書を推奨する理由は、中島の中国教育の将来展望も反映しているように思われる。中島は、中国の知識人層の学習能力を高く評価している。そして翻訳→外国人学校→留学→直接外国語による外国人教師の授業へと進むと見通し、これは日本の明治維新の動向と同一の経路であるとする。中国人が外国語にて授業を受けられるようになれば、新たな翻訳書は必要なくなるとも考えられるであろう。

　ここで彼の掲げる書について詳細にはわからない[8]。地学・天学・数学・格致という理数系科目の入門書と共に、『万国通鑑』を外国史の入門書として挙げている。『万国通鑑』五巻・地図一冊は、アメリカ謝衛楼（シェフィールド、Devello Zolotos Sheffield、1841-1913）著、趙如光述、広学会より刊行されている。この書は『増版東西学書録』巻一、史志・編年の部の冒頭に掲げられている。本書は東方・西方古世・中世・近世という構想を採るといい、国別体ではなく、世界史型の通史書である。その評は、

　　論ずる所、皆教門・種族は詳を為し、各国の事跡転欠略多し。名づけて通鑑と曰うも順ならず。

とあり、キリスト教の展開と民族の興亡に比重を置くために、国別の理解には不十分であると批判的に記している[9]。キリスト教に比重を置きすぎるという批判はともかくとして、本書の概説書としての性格を理解することができよう。

　中島は、中国において実際に教科書制度を樹立するための案についても論じている[10]。

　　七十二万人餘ノ大学及高等中学生徒アル勘定ナリ此ノ多数ナル大学及高等中学生徒ト彼ノ更ニ多数ナル小学生徒等ノ需要スル教科書ヲ政府ノ専売事業トセバ優ニ学校ノ経費ヲ支出スル新財源ヲ国庫ニ得ラルベシソレモ一切新設事業ニテ非常ノ手数ガ掛カルトカ又ハ弊端百出ノ掛念アリト

セバ行ナヒ難キコトナレド清国各省ノ省会ニハ大抵何レモ書局即チ幾分カ官ノ関繋シテ民ノ設立セル出版所アリ江蘇省江寧府ノ金陵書局ノ如キ湖北省武昌府ノ崇文書局ノ如キハ就中有名ナルモノナリ

これによると、教科書は「専売事業」すなわち国定とすることには多くの弊害も予想され、地方の半官営的性格を有す「書局」において担当させるべきであるとする。そしてきちんと管理するための手順を論じる。その論の可否はともかくとして、当時の中国において、教科書制度樹立には財政面において困難の存したことを理解できよう。

以上の中島の意見によれば、彼の想定する教科書は、基本的に欧米の翻訳教科書であり、将来展望としては、外国語による授業も可能と考えている。一方教科書制度樹立には、財政上の課題を有しており、各省にある半官民営の書局を活用する案を提示している。彼の意見に日本の教科書あるいは日本の教科書の漢訳書に関する論及のみえないことは興味深い。この段階の中島には日本人著述の漢訳教科書の急速な進展を予測することはできなかったということができるであろう。

2. 羅振玉等の歴史教科書に関する意見

『教育世界』誌は、1901年4月に羅振玉を主編として創刊された。本誌の正式な書名は「教育世界叢篇」であり、論説の他に各国、特に日本の教育規則等を訳出・紹介して、教育の近代化に大きな影響を与えた雑誌であり、本誌の刊行された期間は「欽定学堂章程」公布以前から公布後に当たる[11]。本誌には幾編かの教科書論も掲載されており、歴史教科書についても論及している。ここでは、こうした記事によって、「欽定学堂章程」前後の教科書論における歴史教科書を巡る論調を見ていくこととしよう。

羅振玉は『教育世界』1巻（1901年4月）冒頭に「教育私議」を掲げて、教育における以下の10種の課題を指摘する。

一に曰く「学部を設く」と。二に曰く「規定を定む」と。三に曰く「等級を明かにす」と。四に曰く「書籍を編む」と。五に曰く「教員を培養す」と。六に曰く「補助・奨励の典を行う」と。七に曰く「游歴及び留学に員を派す」と。八に曰く「体育及び衛生を講求す」と。九に曰く

「女子教育及び嬰児教育を興す」と。十に曰く「図書館及び博物館を立つ」と。
これらの規定は、その後漸次具体化されていくものであり、近代的教育の道筋に先鞭をつけたものと評してよいであろう。ただし羅振玉の構想では、学部→規定・等級→書籍以下という順序であり、最初にこれまでの礼部とは別に、日本の文部省を参考にして近代的な教育行政機関となる学部を創り、その後に諸改革を遂行すべきであったのに、実際には学部の創設は1906年のこととなり、規定・等級に相当する章程の公布を先行させている。この点は教科書に関する論調にも関わる点である。第四項「書籍を編む」として、教科書に関する課題を掲げて以下のように論じている。

　　四に曰く「書籍を編む」と。　学堂既に立ち、学科既に分るれば、則ち課書必ず須く預め学部中に備うべし。宜く編輯局を設け、訂して格式を定め、天下の士を招き、令して小学・中学等の課書を編訳せしむべし。理化・動植・図算等の学の若きは東西洋の成書を訳して用に充つべし。読本・地理・歴史・楽歌・修身等の若きなれば則ち必ず編撰に従事し、但し須く東西洋の教科書に依るは藍本と為すべきのみ。私資を以て編訳せる者の検査に合格せる有らば、予め板権或は格外を以て、これを奨励す。実業・政治等の書に至らば、亦宜く門を分ちて繙訳し、以て応に用に資すべし。是の如くなれば則ち教科書籍は日々完備に臻る。

この内容を分けて整理すると以下のようになろう。
① 学校教育の施行された後には、教科に分化されるのであり、教科書の必要性を生ずるので、「預め」学部において教科書を「編訳」しておく必要がある。したがって学部には優れた人材を登用して「編輯局」を設ける必要がある。
② 「理化・動植・図算等」の理系の教科書は「東西洋の成書」をそのまま翻訳して用いることとする。
③ 「読本・地理・歴史・楽歌・修身等」の教科書は、学部において編撰する必要がある。その際に、「東西洋の教科書」を翻訳するものは、あくまでも「藍本」すなわち種本に留めなければならない。
④ 私撰の編訳教科書も検査に合格すれば版権を保障して奨励する。

⑤「実業・政治等」の教科書も翻訳教科書を用いてよい。

　この教科書論は、あくまでも学部機構の確立を前提とし、国定教科書を主流に位置づけている。一方で検査による民間の私撰教科書をも認めており、官民の競合によって教科書の質の向上を目指すものとなっている。この後の教科書政策は、学部の立ち後れによって教科書の国定は順調には進まないものの、羅振玉の示すとおり、学部による編訳と審定との二本立てへと向かうのである。

　ここでは理数系の教科書と歴史を含む文系の教科書とに分け、前者には翻訳そのままでの使用を認め、後者にはあくまでも「藍本」に留めるべきであるとする。「読本・地理・歴史・楽歌・修身等」の教科書は、国情の違いから翻訳のままでは使用に適さないことは容易に理解できる。その際に教科書を一から創るというのではなく、やはり外国の教科書を「藍本」とすることを基本としている点は留意すべきである。歴史のような伝統的な教科においては、外国の教科書を「藍本」としない独自の教科書編纂の志向もありえたであろう。しかし羅振玉はあくまでも翻訳を基本とするのである。

　このような教科書政策を考案したこと、ならびに翻訳教科書へのこだわりは、日本の教育の展開を研究した結果によるものであり、羅振玉「日本教育大旨」(『教育世界』23巻、1902年3月上)には、さらに詳しく次のように述べている。

　　七　教科書　日本の教科用書は、初め翻訳に係り、欧米書以て充用す。今改良・進歩し、その政体・慣習及び国民の程度を相(み)、而して編輯してこれを成す。官選・民選とを論ずる無く、悉く須く文部省図書鑑定官の鑑定を受け、然る後にその刊行を許す。官選・民選とを論ずる無く、数年にて必ず修改を加えるは、国民の知識程度の既に増すに因りて、而して課書の程度も亦必ず増進する故なり。

　　　今中国は教科書を編定するに、宜く先ず日本書を訳して藍本と為し、而して後にこれを改修すべし。算学・理化・体操・図画等の如きは東書を直用す可し。本国の歴史・地理の若きは、亦必ず先ず東書を訳してその体例を師とし、而して後これを編輯すべし。博物等の科に至りては亦必ず修改すべし。譬えば動・植・砿の三者は、必ず本国の産す所及び児

童の習い見る所の者に就きてこれを教授すべし。故に他国の成書を全用する能はざるなり。又中国今日、教科書を編むに草卒たるべからず。亦多は宜く預め一年期内に定めて、この事を遴撰明習せる者、陸続と編印して小学の課と成し、その未だ完善能はざる処有らば、後に随いて逐漸更改すべし。教科書の善否は僅に理想に憑き断定する能はずに因り、必ず諸の実用に徴し、乃ち能くその利弊を明にし、所在而してこれを改良せるなり。

前半においては、日本の教科書の展開についての理解を述べて、翻訳からはじめて今は「改良・進歩」しているとし、そうしたことは、政体や国民の展開に応じてなされてきたことであり、「官選・民選」すなわち国定教科書と検定教科書とを併用して、改訂を加えて発展を計ってきたものとする。つまり羅振玉は、自身の理解する日本の教科書政策に従って、あるべき中国の教科書政策を立案し、提言しているのである。

後半では、明確に「宜く先ず日本書を訳して藍本と為し、而して後にこれを改修すべし」と断言している。後段において「草卒」となることを戒めながらも、「預め一年期内」と年期を区切っており、教育改革を早急の課題として位置づけている以上、「日本書を訳して藍本と為」すことはやむをえない選択なのである[12]。ここでは日本の教科書を訳して藍本とする際に、教科の特性に応じて三通りの対応を提示している。まとめると以下のようになる。

① 「算学・理化・体操・図画等」の理数系・実技系の科目には、日本書の「直用」すなわち訳書をそのままで使用することを認める。
② 歴史・地理に関してはやや微妙な言い回しをしており、該当箇所を掲げると「本国の歴史・地理の若きは、亦必ず先に東書を訳してその体例を師とし、而して後これを編輯すべし」という。つまり歴史・地理一般ではなく「本国」の歴史・地理に関しては、日本の教科書を訳してそのまま使用するのではなく、「体例を師」として、独自に編修して使用すべきであるという。
③ 「博物等の科」すなわち動物・植物・鉱物等は、児童の見るところと訳書上に記されている内容とに乖離があるので改訂する必要がある。

三種の基準のようであるが、③は、現実的・技術的な指摘であり、理系・実技系の教科書においては、児童の実状に合う限り、日本の教科書を翻訳してそのまま使用することに問題はない。問題は②の本国歴史・地理に関する指摘である。実はここには、こうした意見の意図を明示する記述はない。当時にあって特段の説明を要さない事項と考えてよいであろう。一般的に考えて、これらの教科は国民のアイデンティティやナショナリズムの課題と深く結びついており、外国の歴史・地理として編まれた日本の教科書には限界があるということであり、さらには清朝政府の動向にも十分な配慮を必要とするということは推察できよう。

こうした日本の書籍を鼓吹する傾向は、夏偕復「学校芻議」（『教育世界』15巻、1901年11月上）に至って「宜く即ち日本の東京に一大訳書局を設け、東籍を翻訳すべし」とまで述べるほどなのである[13]。

羅振玉の主張では、本国に関する歴史・地理教科書の訳書は、基本的に「藍本」に限ろうとするものであり、できれば「体例」のみを摂取して独自に編纂するべきであるしていた。それでは、『教育世界』誌上においては、どのような観点から具体的な教科書を取り上げているであろうか。羅振玉は「設師範急就科議」（『教育世界』12巻、1901年9月下）において、具体的な教科書を選択して、

　　五　課書を選ぶ　科目既に定まれば、宜く課書を選ぶべし。茲に近日已訳の書の合せ用うものに就いて、此に開列するに、『学校管理法』と曰い、『教授学』と曰い、『学校衛生学』と曰い、『内外教育史』と曰い、『教育学』と曰い、『博物教科書』と曰い、『理化示教』と曰い、『東洋史要』と曰い、『西洋史綱』（近訳本は『欧羅巴通史』と改名す）と曰い、『万国地誌』と曰い、『地理学講義』と曰い、『筆算数学』と曰う。宜く此の数書を取りて、訂して一表と為し、以て便ち遵守すべし。

と述べ、「近日已訳の書」の中から師範急就科の目的に合う教科書を選択し、歴史に関しては『東洋史要』・『西洋史綱』（近訳本は『欧羅巴通史』と改名す）の二冊を掲げている。この二冊は教育世界社の刊行書ではないものの、王国維はどちらにも序文を寄せており、本誌と極めて関係の深い人物によって訳出されたものなのである[14]。「近日已訳の書」の中から選べばこのよう

な結果とならざるを得ないのである。

3. 張之洞の歴史教科書に関する意見

　前節における羅振玉等の論は、基本的に日本の教科書の翻訳による使用を鼓吹するものである。教育世界社こそ、こうした和書漢訳の先頭に立った出版社であれば、こうした発言は極めて当然のことであったろう。しかしこうした方針には批判もあったであろう。さすがに『教育世界』誌上には、こうした漢訳教科書の使用に対する直接的な批判は見えないものの、「欽定学堂章程」の公布後に掲載される記事には危惧を表明したものも見える。「前鄂督張鄂撫端奏陳籌弁湖北各学堂摺」（『教育世界』巻48、1903年3月下）であり、

　　教科書は宜く慎むべし　第三　これ学務を為す中、最も重要の事なり。学は道に出、道と時とは変通を為さば、則ち学と時とは軽重を為す。中国は旧籍繁富にして、専門・博考・精研を為すの書は則ち甚だ多く、教科に施すに、刻期を以て畢業す可く、而して又按ずるに今日時勢に切にして、世変に堪応える者なれば則ち甚だ少く、必ずや須く另行して編纂すべく者有り、訳さざるを得ずして外国書を用いる者有り。日本教学は、全て西法に倣い、惟宗教科なれば則ち改めて修身・倫理と為し、自ら課書を編み、その余の輿地図・算理化各科の如きは、多く西籍を本とし、近くは猶、時時採取してこれを参用し、而して人才日出でて窮まらず。これ他国の書を用いて大利を得る者なり。俄羅斯（ロシア）の学堂は、法蘭西（フランス）民主国の教科書を用い、而して学生屡次ぎ（しばしば）、滋事（ますます）とす、これ他国の書を用いて大害を得る者なり。

とある。これは張之洞の湖北の学堂に対して示した見解であり、決して翻訳教科書を否定してはいないものの、翻訳教科書を使用して成功した日本の例と共に、失敗したロシアの例を掲げて、使用に当たって細心の注意を喚起する[15)]。「欽定学堂章程」の公布を見て、学校教育は実際上の課題として視野に入ってきた。そうした中で教科書国定の目途は立っておらず、既存の漢訳教科書を用いて授業を構築せねばならない以上、こうした注意を喚起するのは寧ろ当然のことといえるであろう。

この文は「欽定学堂章程」公布後の教科書の選定について、かなり具体的に述べている。やや長文ではあるが掲げることとしよう。

両湖書院の課書は、向(さき)に専門教習己が学を以て講授せるに係り、その講ぜる所に就きては、日を排(なら)べて編録し既に課本を成し、浅深・繁簡或は未だ能く外国課書の精致の如く宜に合わずと雖も、而して大旨は必ず正に詭(そむ)かず。講授に亦次第有りて、学生領解するに甚だ易く、受けるに益益甚だ速し。日本設学の初めを査べるに、官編の課書は、未だ能く善を盡さず、後に民間有学の士の編纂を聴(ゆる)し、文部省の検定に呈して、善本漸く多し。現在京城大学堂の編む所の課書は、尚未だ頒行せず。江楚編訳局は、成すに数種有りと雖も、然してその稿本を閲すに、尚須く詳に改定を加うべし。民間の間に纂訳有らば、純善実に難し。鄂省の学堂、擬すに仍り暫く(しばら)旧時の課本を取り、斟酌修補してこれを用い、並びに旧有の書を取るは、朱子『小学』、陳宏謀『養正遺規』・『教女遺規』・『訓俗遺規』、司馬光『通鑑』・『目録』・『稽古録』、齊召南『歴代帝王年表』、鮑東里『史鑑節要便読』、潘世恩『読史鏡古編』の如し。時人の編訳にして現に印本を有すは、桑原隲蔵『東洋史要』、『西洋史要』、『欧洲史略』、『列国変通興盛記』、『地理問答』、『地理略説』、『普通学初階』、『普通学前編』、『心算啓蒙』『算学啓蒙』『筆算数学』『物算教科書』『筆算教科書』『代数備旨』『形学備旨』『化学初階』『化学新編』『格物入門』『格致挙隅』『格致啓蒙』、『西学啓蒙十六種』、『西学二十七種須知』、『教授学』『学校管理法』『学校衛生学』『徳国武備体操学』『日本普通体操学』『上海銅板地理全図』『東半球図』『中国全図』鄂省新刊『湖北全省興図』『長江図』等の図書。単発を開きて省内外の小学堂に交し、これを以て暫く講授を為し、並びに教員の参考に備え、誤りて歧途に入るに至らざらしめ、新な課書の編成を俟ち、再び頒発すべし。外国教習の講ずる所の法律・財政・兵学の各書に至りては、臣等核定に由り、再び講授せしむ。再び另に小川著す所の『東洋史要』有り。上項言う所の桑原隲蔵著とは同じからず、学堂に宜しからずして、合併声明す。

ここでは、当時の両湖書院・京城大学堂・江楚編訳局の教科書編纂状況を勘

案して、結局の所、「暫く旧時の課本を取り、斟酌修補してこれを用い」るという暫定的な処置を決定している。当時の教科書状況と教員の状況とを勘案すれば、こうした決定こそ現実的な対応ということになろう。

ここに掲げられている歴史関係の書籍を整理して考察を加えよう。

表：張之洞の掲げる歴史教科書一覧

	著者	書　名		著者	書　名
旧書	司馬光	『通鑑』『目録』『稽古録』	編訳書	桑原隲蔵	『東洋史要』※1
	齊召南	『歴代帝王年表』		小川銀次郎	『西洋史要』※2
	鮑東里	『史鑑節要便読』		艾約瑟	『欧洲史略』
	潘世恩	『読史鏡古編』		李提摩太	『列国変通興盛記』

※1 樊炳清訳　　※2 樊炳清等訳

表によれば、歴史関係の「旧書」には、『通鑑』すなわち『資治通鑑』を冒頭に掲げて、伝統的歴史教科書の代表的な書籍を掲げている。ただここに欽定書として定評のある『御批通鑑輯覧』の見えないのは留意すべきであるかも知れない。一方「編訳書」の注目すべき第一の点は、日本書のみではなく、艾約瑟（エドキンズ、Joseph Edkins、1823–1905）、李提摩太（ティモシー・リチャード、Timothy Richard、1845–1919）の書籍を掲げており、決して日本一辺倒ではない。注目すべき第二の点は、当時少なくとも、二冊の『東洋史要』を書名に冠する書籍のあることを確認しながら、桑原隲蔵の『東洋史要』一書のみを掲げて、小川銀次郎の『東洋史要』を「学堂に宜しからず」と特記して排除している点である。つまり日本書籍の漢訳教科書を無批判に採用するのではなく、一定の批判を加えて、選択的に採用しているのである。なお、桑原『東洋史要』のどのような点を評価し、小川『東洋史要』のどのような点を否定するのか、明示していないのは惜しまれる[16]。しかし、当時の桑原『東洋史要』の高評価の一端を窺わせる記事ということができよう[17]。

ここに掲げられる教科書は、「講授」に用いられるとともに「教員の参考に備え」られるものであり、これらの教科書を用いて、教師は児童・生徒を

「誤りて岐途に入る」ことのないように指導しなければならないのである。こうした教育は正式の教科書の作成されるまでの暫定的な処置であり、旧書を掲げているからといって、旧来の伝統的な教育のままで良いというわけではない。漢訳書等を併せて検討して漸進的な改良を目指すことを企図したものということができよう。

おわりに

　日本人外交官中島雄の意見において、日本人著述に基づく漢訳教科書の急速な進展を予測していないのは留意すべきである。当時の日本人は、明治維新以来の欧化路線の中で過ごしてきた。欧米の翻訳教科書もあながち悪いものには感じられなかったのであろう。中島の指摘は、その後の実際の教育政策の展開に照らしてみると突飛なものと感じられる点を有すものの、財政的課題の存在等、的確な分析に基づき、急激な国定化を避けるように提案しているのは、その後の教科書政策に照らして的を射たものと言えよう。

　当時の教育界に影響を有した中国人有識者の認識は、外国人である中島雄のように、欧米漢訳書や外国語による育成から始めようというような時間的なゆとりを持ち得ず、結果として翻訳教科書、特に和文漢訳教科書の使用を選択する。『教育世界』誌上に見える羅振玉の歴史教科書を巡る論調は、翻訳教科書によりつつも基本的には「藍本」に留めるべきものとする。しかし実情は、翻訳教科書を薦めねばならなかった。歴史教科書の性質上、日本の教科書を「藍本」として一朝一夕に作れるはずもないのである。羅振玉は、学部を創設し、国定教科書と審定教科書とを競合させて、教科書の充実を計ろうと提案しており、この案は1906年の学部の創設によって実現するものの、学部の創設は、学堂章程の公布に遅れることとなり、教科書の作成ならびに管理に空白期間を生ずることとなる。

　一方、「欽定学堂章程」公布後の張之洞の提言は、具体的な必要より発せられたものであり、当時の教育を取り巻く状況の中では、実際的な提案であったと考えられる。暫定処置として、新旧の教科書を用いながら、完備した歴史教科書の成立までの繋ぎとしようとするものである。こうして、「欽定学堂章程」公布後に新旧の歴史教科書の混用される事態を招来する。こう

した状況を背景に出版界はにわかに活況を呈し、そうしたなかで日本の漢訳書への注目が集まり、東洋・西洋を中心とする歴史教科書への関心はひときわ高いものがあったようにみえる。

　中国近代の歴史教科書の地平は、以上のような諸家の見解を受けつつ、様々な人々の試行錯誤をへて拓かれていく。しかし研究はようやく端緒に着いたばかりで、全貌は容易につかめない。近年、該領域の研究は、急速に進展しており、充実した好論も見られる。しかし、やや安易に流れる論文も見うけられる[18]。該領域においては、個別の教科書研究とともに、制度、教育史、日中教育交流史の動向を押さえつつ、全体像を通観する研究を進める必要がある。中国近代の歴史教科書史研究の地平を拓くことは、これからの重要な課題である。

注

1) 該期の歴史教科書の動向については、拙稿「『欽定学堂章程』前後における歴史教材―清末期書目掲載書籍の検討を中心に―」(『立正大学東洋史論集』17、2005) において、諸種の目録に拠りつつ考察している。

2) 伝統歴史教科書については、「中国前近代における童蒙・初学者向け歴史教材の展開―唐代中期より明代に至る動向―」(『立正大学東洋史論集』16、2004) ならびに、「清代における歌括体歴史教科書の動向」(『立正史学』106、2009)「清末における歌括体歴史教材」『立正史学』100、2006) 等拙稿参照。

3) REEL No.1-0077 0268-0286。

4) 「小村特命全権公使」とあるのは、小村壽太郎のこと。小村は、1893年、清国公使館参事官一等書記官・臨時代理公使となり、その後日清戦争の戦後処理に当たり、特命全権公使として、義和団事件等、国際関係の調整に当った。1901年9月21日に外務大臣に就任する。その後は、日英同盟、日露戦争へと進む日本外交の中心人物となる。

5) 呉汝綸訪日の歴史教育史上の意義については、拙稿「日本の歴史教科書に対する関心の高まり―呉汝綸の日本訪問に関する考察―」(『アジア教育史研究』20、2011) 参照。

6) 冒頭には、「北京ノ同文館又ハ…(略)…等ノ各処ニ於テ、文武ノ新知識ヲ教授スル学校又ハ在来ノ民立学校ノ事ハ問題外トシ、本書ニハ在来ノ官立学校並ニ諸生試験、此外其文官出身ノ概略ヲ解釈シ、併セテ学制ト教科書ニ関スル余ノ管見ヲ陳述スベシ」とある。

7) 『大人名事典』(平凡社、1925)。中島雄についての研究は、村田雄二郎等によっ

159

　　　　て進められ、以下の成果を公表している。村田雄二郎『中島雄『随使述作存稿』
　　　　の研究』（科学研究費補助金研究成果報告書、2007）孔祥吉・村田雄二郎「一位
　　　　日本外交書記官記述的康有為与戊戌維新―読中島雄《随使述作存稿》与《往復文
　　　　書目録》―」（東京大学大学院『Odysseus』13、2008）孔祥吉・村田雄二郎『中
　　　　島雄其人與《往復文信目録》：日本公使館與總理衙門通信目録:1874-1899』（国家
　　　　図書館出版社、2009）。
 8）　『地学浅説』は林楽知（ヤング＝ジョン＝アレン、Young J.Allen、1836-1907）書
　　　　と思われる。／『天文略』は『天文略解』二巻、あるいは『天文略論』と思わ
　　　　れる。／『数理啓蒙』は偉烈（ウェイリー、Wylie,Alexander、1815-1887）著
　　　　『数学啓蒙』二巻と思われる。／『格物入門』は丁韙良（マルティン、William
　　　　Alexander Parsons Martin、1827-1916）『格物入門』七種と思われる。
 9）　なお本書には、岡千仭点の『訂正万国通鑑』（奎文堂等、1884）という和刻書も
　　　　あり、日本でも知られていた。
10）　「余ガ清国ノ為メニ謀リテ案出シタル学校経費ヲ支出スル方法」と称している。
11）　『教育世界』誌に関する専論に、王愛「清末中国における師範教育について―
　　　　『教育世界』を中心として―」（奈良女子大学大学院『人間文化研究科年報』17、
　　　　2001）蔭山雅博「教育専門誌『教育世界』の基礎的研究（1）―清末期中国の教
　　　　育近代化過程と文化情報―」（『専修大学人文科学研究所月報』227、2007）等が
　　　　ある。また羅振玉に関する専論に、銭陽「羅振玉における『新学』と『経世』」
　　　　（同志社大学『言語文化』1、1998）錢鴎「羅振玉の教育論一斑―国民教育の普
　　　　及をめぐって―」（『書論』32、2001）朱鵬「羅振玉と学部」（『中国文化研究』
　　　　25、2009）等がある。
12）　羅振玉「学制私議」（『教育世界』24 巻、1902 年 3 月下）「第六条　関教科書之
　　　　事列左」では「各教科書を編訳せるは、悉く日本教科書を以て藍本と為す」とい
　　　　う記述に註を附して「国体相い近き故を以てなり。西洋各国の若きなれば則ち国
　　　　体は中国と頗る異り、仿用する能はず」と述べている。時間的制限という以上、
　　　　当時の日本に対する親近感こそ、日本の教科書を漢訳して使用しようとする発想
　　　　の根底にあったと解すべきであろう。
13）　夏偕復は、蔭山雅博作成になる宏文学院「中国人留学在籍名簿」（「弘（宏）文学
　　　　院における中国人留学生教育について」（2）『呴沫集』5、1987）によれば、光
　　　　緒 28 年（1902）に聴講生として学んでおり、「（主要な）職歴」は「公使館職員」
　　　　と記されている。また支那研究会編発行『最新支那官紳録』（1918、冨山房、『中
　　　　国人名資料事典』第 2 巻、日本図書センター、1999　として復刻刊行）によれ
　　　　ば、「浙江省仁和県人、前清中雲南交渉員を命ぜられ民国成立後駐米全権公使に
　　　　任ぜられる　民国四年二月少卿を授け同年十月本職を免じ帰朝待命せしむ」とあ
　　　　り、外交畑を歩んだ人物のようである。ここで夏偕復は、学校においても積極的
　　　　に日本語を学ぶことを主張し、講義録の刊行にまで論及している。夏偕復の主張
　　　　の基底には「即ち日本を以て論ずれば、毎歳新出の書、二万五千余部、而して我

通商自り以来、垂ること六十年、出ずる所の書、既に五百部を以て計り、曾て日本の旬日の出ずる所に当らず。豈驚く可らずして愧ず可きかな。近きは稍為す者有りと雖も、然してその細きこと已に甚だし」とあり、日本と中国の出版状況の違いに対する認識が存在する。

14) 拙稿「清末における日本人著述西洋史教材の漢訳について─徐有成等訳『欧羅巴通史』序・叙・跋・凡例の考察─」（『立正西洋史』21、2005）拙稿「清末における『東洋史』教材の漢訳─桑原隲蔵著述『東洋史』漢訳教材の考察─」（『史学研究』250、2005）参照。

15) 張之洞の教育関連の研究成果としては、蘇雲峯『張之洞与湖北教育改革』（中央研究院近代史研究所、1976）等の他、日本でも大村興道「清末教育思想の基底について─張之洞のナショナリズム─」（『東京支那学報』15、1969）川尻文彦「『中体西用』論と『学戦』─清末『中体西用』論の一側面と張之洞「勧学篇」─」（『中国研究月報』558、1994）王娜「張之洞における『中体西用』について─『勧学篇』を中心にして─」（『関西教育学会紀要』28、2004）拙稿「張之洞『学堂歌』にみえるナショナルアイデンティティ」（『客家與多元文化』6、2011）等がある。

16) 小川銀次郎書の底本は、時期から見て『東洋史略』（金港堂、1901）とみられる。金港堂は、教科書出版に影響力を有す商務印書館と密接な交流のある出版社であり、中国における歴史像・歴史教科書像をめぐる論議を推測せしめる。概略違いを記しておくと、『中等東洋史』は、「…（略）…已に東洋史と題して、制度を支那のみに限るが如きは、竟に名実相副はざるのみならず、…（略）…」（弁言第五）とあるように、中国史とは異なる「東洋史」を目指す書である。一方、小川書は「本書は東洋諸国の盛衰興亡を叙述するに於て支那を主とし自余を客とし、…（略）…」（凡例）と述べるように「支那史」を核として「東洋史」を構想する書である。また『中等東洋史』は「我国に於ける事変は、別に国史の存するあれば、斯には重複を避けて、他国と大関係ある事変の外は、多く省略に従ふ」（弁言第八）といい、可能な限り日本史を切り離そうとする。対して『東洋史略』は、先の記述に続けて「…（略）…皇国に関係せる事実に注意し、已に学び得たる国史と相待ちて…（略）…」（凡例）と述べて、「国史」（日本史）との関わりを重視する。これまでのところ、小川書については、論じられておらず、本格的な検討が求められよう。なお、桑原の『中等東洋史』を強く押したのは藤田豊八である。筆者は、藤田について、桑原の世界史構想に基づく「東洋史」像を高く評価したものと考えている。藤田の「世界史」観については、拙稿「『泰西通史』にみえる藤田豊八『序』」（アジア教育史研究会『会報』21、2008）参照。

17) 桑原隲蔵の東洋史教科書の漢訳書に関する研究は、前掲拙稿の他、黄東蘭により研究が進められている。黄東蘭「東洋史の時空─桑原隲蔵東洋史教科書についての一考察─」（『愛知県立大学外国語学部紀要』（地域研究・国際学編）』42、2010）同「桑原隲蔵東洋史教科書とその漢訳テクスト─『東亜史課本』との比

較分析を中心に―」(『愛知県立大学外国語学部紀要』(地域研究・国際学編編)』43、2011)同「『東洋史』から『中国史』へ―桑原隲蔵『中等東洋史』と陳慶年『中国歴史教科書』の比較から―」(『アジア教育史学の開拓』アジア教育史学会、2012)である。また桑原隲蔵の東洋史教科書そのものの研究は、旧来宮崎市定の『桑原隲蔵全集 第四巻―中等東洋史 東洋史教授資料他―』(岩波書店、1968)に附す「解説」に依拠していたが、木村明史「中等東洋史教科書の成立をめぐって―桑原隲蔵『初等東洋史』を中心に―」(『アジア教育史学の開拓』アジア教育史学会、2012)によって、本格的な研究の端緒が拓かれた。

18) 漢訳教科書を含む多様な教科書を対象とした研究も見られるようになっている。しかし近年の代表的研究である、田中比呂志「清末における中国歴史教科書編纂」(『東京学芸大学紀要(人文社会科学系Ⅱ)』63、2012)は、中国に所蔵されている多様な歴史教科書を取り扱いながら、非常に多くの問題点を抱えている。木村明史・鈴木正弘「清末中国歴史教科書研究の基礎確立に向けて―田中比呂志『清末における中国歴史教科書編纂』の諸問題―」(『教育社会史史料研究』5、2013)は、可能な限り詳細に批評を加えている。

1930年代半ばの教材映画の学校教育における布置
―教材映画『南洋諸島』の教育的な利用可能性―

佐　藤　知　条

はじめに

　わが国における学校教育と映画との積極的な関わりの端緒は20世紀初頭にある。1910年代後半にはすでにいくつかの学校に映画の利用設備があったことが確認されており[1]、1920年代になると一部の先進的な学校において授業のなかで活用される事例もみられるようになった[2]。さらに1928年には映画の教育利用の促進を目的として全日本活映教育研究会（以下、活映研究会という）[3]と学校巡回映画連盟が設立された。両団体の誕生によって利用者の組織化が進むとともにフィルムや上映機器の貸出などの便宜が図られ、学校における映画利用が本格化していった。また活映研究会の機関誌『映画教育（活映）』には授業など教育場面で活用できる映画の紹介や研究者および行政関係者による論考、教師による映画利用実践の報告などが掲載されて理論面ならびに実践面においても展開がみられるようになった。作品においても教育場面での利用を意図した「教育映画」や、授業用の教材として制作された「教材映画」などの名称を冠した作品が登場するようになる。このような経緯から、映画は日本の近代学校教育において組織的に導入、利用された最初のメディアで、1930年代以降の時期に教材として一定の地位を確保していたといえる。

　本稿では教材用に制作された具体的な映画作品の映像を分析して、昭和戦前・戦中期における学校教育と映画との関連の一端をあきらかにすることを目ざす。取りあげるのは1934年に制作された小学校地理科向けの教材映画『南洋諸島』である。昭和戦前期までの教育映画のフィルムは現存するものが少ないが、本作品は新たに発見されたもので、映像そのものを分析でき

る。

　そして、詳細は本文にゆずるが『南洋諸島』が授業の一環として利用されることによって、映像にあらわれた制作者の意図と映画を視聴した児童の経験との間にはずれが生じていた可能性が見いだされた。学校教育における映画の位置づけを理解するうえで、この点は重要だと考えられる。

　また、この知見は映像の検討および映像同士の比較によってあきらかになった。そのため本稿は、映像を史料とする学校教育研究の必要性を主張するものでもある。

1.『南洋諸島』の映像分析の重要性

　まずは本論の研究上の意義を示したい。明治期から昭和戦前・戦中期にかけての教育映画のありようを理解するにあたっては、文献では不十分な部分が存在するという点があげられる。フィルムの多くが戦争によって散逸あるいは消失したという事情も大きな要因であろうが[4]、教育的な映画やラジオなどのメディアを扱ったこれまでの研究では、映画の構成や制作意図などの分析はもっぱら文献を史料とすることによってなされてきた。教育映画であれば雑誌『映画教育』上に掲載された作品の構成や取扱指導書の記述、教師による実践報告、制作者や関係者の回顧録などがおもに用いられてきた。

　とくに雑誌には映画のストーリーを文章で再現して内容を紹介する記事や、映画作品の詳細な構成が掲載されていることもしばしばだった。当時の教育映画の多くがモノクロかつサイレントであったため、とくに児童にとって映像を見るだけでは状況の理解が困難な場面などもあったと考えられる。そのため映画の流れに沿いながら、そこで何が画面に現れ、何を伝えようとしているのかを解説する文章の記事は、教師がその作品を実際に利用する際に大きな助けになるものであっただろう。

　ひるがえって現在における研究の視点からみれば、個別の教育映画の具体的な構成や利用の実際が残されているため、雑誌にはフィルムの不在を埋めるだけの資料的価値を見いだすことができる。本稿で取り上げる『南洋諸島』の構成も、雑誌『映画教育』1934年8月号にカット単位で詳しく掲載されている。このように教育映画研究においても、他の研究領域における歴

史研究と同様に文献資料の重要性は高い。だが筆者は近年『南洋諸島』の映像を入手し、それを分析したところ、雑誌に掲載された構成と比較して2つの場面が異なっていたことがわかった。この点は同作品の制作意図を考察するうえで重要な点であるため後で詳細に分析するが、文献と映画に生じた不一致の存在は、映画を含めたメディアの歴史研究においては文献のみの検討では抜け落ちてしまう、あるいは確認しきれない部分が存在していたことを強く物語るものといえよう。そのためフィルムに記録された映像それ自体の内容を分析し、文献資料とあわせて考察することは、これまであきらかにしえなかった観点から当時の状況を明らかにする可能性を有するアプローチだといえるだろう。

　さらにいえば『南洋諸島』については映像同士の比較が可能だという稀有な事情も存在している。当時の教育映画にとって既存の映画を再利用して制作するということは珍しいことではなく、『南洋諸島』も例外ではない。だが多くの教育映画が複数の映画を引用元として作られたのに対して、『南洋諸島』は一つの映画の映像だけを再利用して制作されたのだ[5]。しかも引用元の作品も映像が視聴可能なかたちで現存している。そのために映像の比較が可能なのである。どのような映像を選択して制作されたのか、それはいかなる意図のもとでおこなわれたのかといった事柄が、映像をもとに具体的に分析可能になるのだ。このように研究方法としての重要性があるとともに、それを可能にする条件が整っているのである。

3. 『海の生命線』から『南洋諸島』へ

　『南洋諸島』は、1933年に制作された映画『海の生命線』の映像を再利用して制作されている。映像の分析にあたり、まずは両作品の映像を比較してどのような場面が再利用されたのかをあきらかにする。この作業を通して『南洋諸島』の制作意図を確認していきたい。

　『海の生命線』は1933年に制作されたトーキーで、上映時間は約70分である。第一次世界大戦の戦後処理を議した1919年のパリ講和会議を経て国際連盟から日本の委任統治領と認められた、パラオを含めたミクロネシアの様子を撮影したものである。『海の生命線』を場面ごとに分け、それらがど

- コロール島の生活：石貨
  - 石貨のアップ／石貨を使った取引の様子
- コロール島の生活：文化・工芸
  - 椰子の実を使った工芸／パナマを編む様子
- コロール島の生活：教育
  - 島の学校で教育を受ける子どもたち
- 南洋の気候と動植物
  - スコールの様子／アブラヤシ／チーク／マホガニー／ゴムの木／バナナ／パイナップル／マンゴー／キャッサバ／バラミツ／トカゲとワニ
- 南洋諸島の産業
  - サトウキビの収穫／燐鉱の採掘／タイマイの捕獲／漁業の様子／高瀬貝の採集
- 南洋諸島の民族舞踏会
- 南洋諸島の軍事的重要性
- 線画によるアニメーションにナレーションが加わり「海の生命線」としての重要性を解説
- 海軍大臣大角岑生による演説

- ゴムの木から樹液を採る
- 燐鉱の採掘
- 石貨
- カナカの人々の姿
- チャモロの人々の姿
- 南洋庁と街並み

表1 『海の生命線』

1930年代半ばの教材映画の学校教育における布置

『海の生命線』

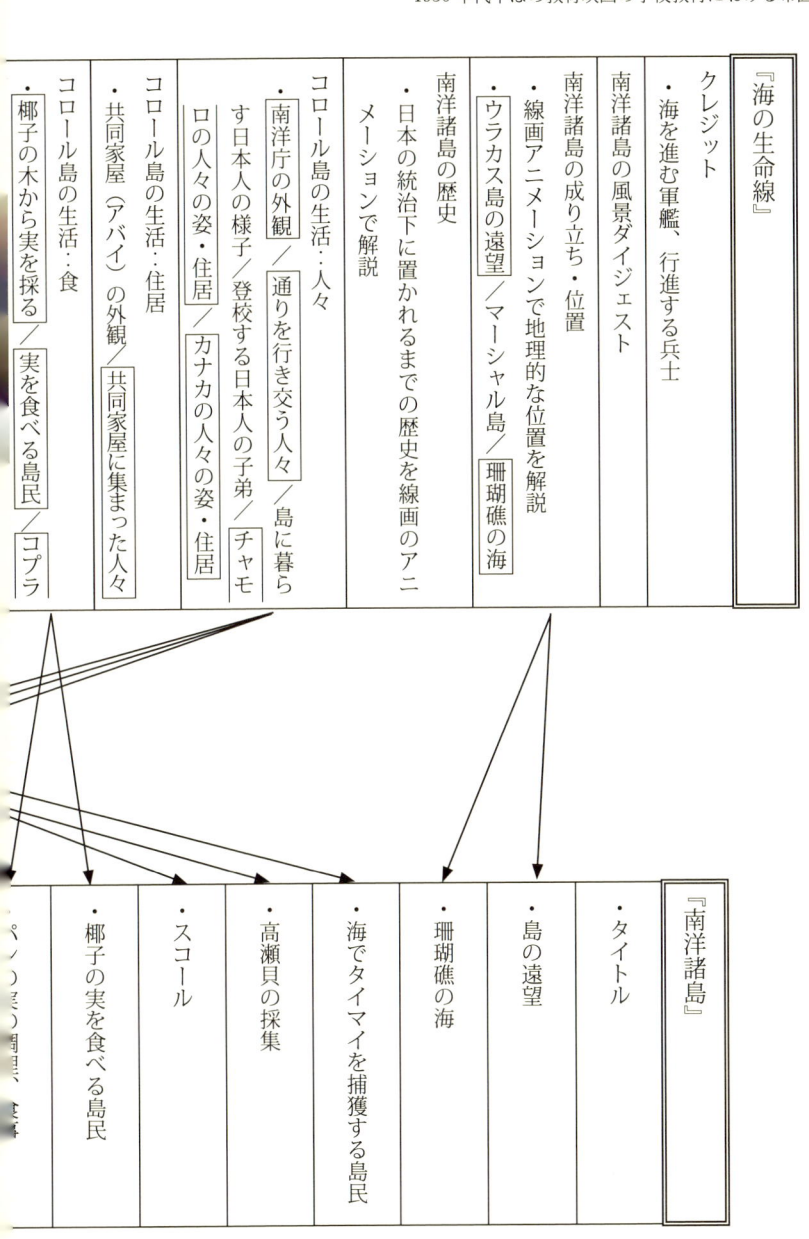

- クレジット
- 海を進む軍艦、行進する兵士
- 南洋諸島の風景ダイジェスト
- 南洋諸島の成り立ち・位置
- 線画アニメーションで地理的な位置を解説
- ウラカス島の遠望／マーシャル島／珊瑚礁の海
- 南洋諸島の歴史
- 日本の統治下に置かれるまでの歴史を線画のアニメーションで解説
- コロール島の生活・人々
- 南洋庁の外観／通りを行き交う人々／島に暮らす日本人の様子／登校する日本人の子弟／チャモロの人々の姿・住居／カナカの人々の姿・住居
- コロール島の生活・住居
- 共同家屋（アバイ）の外観／共同家屋に集まった人々
- コロール島の生活・食
- 椰子の木から実を採る／実を食べる島民／コプラ

『南洋諸島』

- タイトル
- 島の遠望
- 珊瑚礁の海
- 海でタイマイを捕獲する島民
- 高瀬貝の採集
- スコール
- 椰子の実を食べる島民

諸島』の場面と映像の比較

167

のように『南洋諸島』に利用されたかを示したのが表1である。両者の相違として、つぎの2点をあげることができる。

　まずは、利用元の物語の流れを活かしていないという点である。表1の上段に示したのが『海の生命線』の構成である。全体を概観すると、島々の生成・統治の歴史、島民の生活（民族、衣・食・住、文化）、気候、産業、日本における南洋諸島の軍事的重要性という場面の流れがあり、場面ごとの区切りも明確であることがわかる。つまり各場面は独立して南洋諸島のある側面を描写し、それらが積み重なって全体を構成しているのだ。しかし、表1の下段に構成を示した『南洋諸島』はそれを踏襲してはいない。『海の生命線』のなかから『南洋諸島』に再利用されていたのは、表1上段に四角で囲んでいる部分である。唯一「コロール島の食生活」の場面はすべての要素が再利用されているが、それ以外は『海の生命線』の各場面のなかから必要な部分のみが選択されていることがわかる。このようにピックアップされた映像がどのように再構成されたかを示したのが表1の矢印だが、順序が大幅に入れ替わっていることがわかる。

　第二は、再利用されたのは島の風景の実写映像のみだという点である。『海の生命線』では線画によるアニメーションを用いた場面（南洋諸島の地理的布置の説明や国防上の重要性について説くシーン）があるが、それらはいっさい再利用されていない。これもまた大きな特徴といえよう。

　こうした2つの特徴的な方法で映像の再利用がおこなわれた理由について、『南洋諸島』の監修を務め、内容の構成や編集に大きくかかわっていた活映研究会が置かれていた状況をふまえて考察したい。『南洋諸島』は1933年から翌年にかけて制作された全13編の「小学校地理映画大系」の一つである。これは小学校地理科の授業における教材として利用すべく、教科書に準拠して体系的に制作されたわが国初の教材映画集である。この時期に制作された背景には、教材として利用可能な「教材映画」をめぐる状況が強く影響していた。映画の教育的利用を普及推進する学校巡回映画連盟の加盟校は1930年代半ばには約850校まで増加した[6]。そして組織の拡大に伴い、教師からは授業で活用できる新しい教材映画を求める声が高まっていったのだ。1933年9月の『映画教育（活映）』誌において、活映研究会の中心人物

だった水野新幸は、教科教授において利用できる「教科フィルム」の需要が高まるとともに、利用法においても講堂ではなく教室で映写するかたちへと変化する気運が高まってきたと述べている[7]。その一方で、実際に利用可能な映画は少なかったことが大きな問題となっていた。水野とならび同会の中心人物であった稲田達雄によれば「ただ何か教科教材に関係のある映画があるから利用してみるといったふうで、教科学習に映画を利用するについての計画性というものがほとんど見られない」[8]状況だったという。

そのため、授業の一環として教室で映写して利用する教材映画の制作を既存の映画業者に一任するのではなく、会が主導的立場をとって体系的に作るプロジェクトが計画され実行にうつされたのだ。さらに「小学校地理映画大系」の制作においては、授業時間内に利用できるよう作品の長さを制限することも重要とされていた[9]。実際に『南洋諸島』も7分程度の作品となっている。

すなわち、内容においても時間においても、教材として授業内で活用できる映画が求められていたのである。このような状況下であったがゆえに、70分の長さの『海の生命線』の物語や構成は、授業に必要かどうかという視点で取捨選択され、分断されていったといえるのだ。そして断片化された映像を『南洋諸島』として再構成するにあたって参照したのが、教科書の記述だったと考えられる。

4.『南洋諸島』と国定地理教科書との関連

なぜなら当時の学校教育の教科書は国定制で、学校教育における主教材としての地位が明確に示されていたためである。さらに1920年代半ばには小学校においては国定教科書以外の図書を副教材として使用することを禁止する通達も出された[10]。映画は「図書」ではないとはいえ、こうした状況下の学校教育において、国定教科書の内容を完全に離れて独自の教材を制作しえたとは考えにくい。

国定地理教科書の内容と『南洋諸島』との内容の差異をみてみよう。取りあげるのは作品の制作、頒布時に使われていた1931年改訂版の記述である。本文は「区域」と「産業」の2つの部分からなり、つぎのように書かれてい

る。

　区域
　我が南洋委任統治地は、赤道から北の旧ドイツ領の全部、即ちカロリン諸島・マーシャル諸島の全部とマリアナ諸島の大部分とで、世界大戦の結果、我が国が統治するようになった処である。島の数は数百もあるが、面積は約二千平方キロメートル、人口は約七万に過ぎない。<u>この諸島を治める南洋庁はコロール島にある。</u>
　産業
　<u>この諸島は全部熱帯にあるので、四季の別がなく、気温は年中高い。</u>土地が狭く且平地が少ないので、産業があまり発達しない。たださとうきびの栽培が相当に盛んで、製糖業はこの諸島第一の産業である。<u>その他の主な産物はコプラと燐鉱とで、砂糖と共に多く内地に送られる。又主な島々と内地との間には定期に我が汽船が往来している。</u>[11]
　（下線は引用者による）

　引用文中に下線で示したところが、映画と国定地理教科書の内容とが一致している部分である。本文とあわせて2枚の挿絵「土人と石貨」「燐鉱採掘所」も掲載されており、それらも映画の内容と合致している。そのため『南洋諸島』の制作にあたっては、まず教科書の記述に準ずる形で『海の生命線』の映像を選択、再構成したと把握することができる。
　一方で、国定地理教科書の記述のすべてが映画で再現されているわけではない。このとき注目したいのは、引用元である『海の生命線』に存在しない場面だから引用できなかった結果ではないということである。先にあげた表1に示した通り、南洋諸島の場所や島の数、面積といった事柄は『海の生命線』においても線画で描かれているし、さとうきびに関する映像も含まれているにもかかわらず、それらを引用していないのだ。そこには「小学校地理映画大系」の制作目的が大きくかかわっていたと考えられる。制作においては、断片的な自然の景観や名称地誌的な事項の紹介を避け、地理的な要因と人間の生活との関連を捉えて表現することが目ざされていたのだ。1934

年5月発行の『映画教育』第75号に掲載された広告によれば、制作の目標は「各地方の特色、というよりはその地方の中心生命たる事象を捉えて、これに当該地方の地理的事象を有機的に結びつけ」ることであった[12]。このような目的が設定された理由には、1920年代半ばから地理教育における新しい傾向として登場した、自然が人類の生活に与える影響や人間の生活がいかに自然に適応しているか、あるいは制限を受けているか等、自然と人間生活との関連をあきらかにするといった視点の影響も見てとることができる[13]。

『映画教育』掲載時 (1934年8月号)	実際の映画 (1934年7月20日完成)
・タイトル	・タイトル
・島の遠望	・島の遠望
・珊瑚礁の海	・珊瑚礁の海
・海でタイマイと高瀬貝を採る島民	・海でタイマイと高瀬貝を採る島民
・スコール	・スコール
・ヤシの実を食べる島民	・ヤシの実を食べる島民
・パパイヤ	・パンの実を調理して食べる島民
・マンゴー	
・ゴムの木から樹液を採る	・ゴムの木から樹液を採る
・甘蔗の収穫	・燐鉱の採掘
・燐鉱の採掘	・石貨
・石貨	・カナカ族の人々
	・カナカ族の生活
	・チャモロ族の人々
・南洋庁と街並み	・南洋庁と街並み

表2 雑誌掲載時の構成と完成した映画の構成の差異

実際の作品制作においてもこの点が重要視されていたことを『南洋諸島』において、さとうきび産業に関する場面が存在しない理由を考察することで明らかにしたい。この場面は、映画の完成直前まで存在していたと考えられる。完成直前に雑誌『映画教育』に掲載された記事では、「甘蔗の収穫」という場面があると書かれているためである。それが「カナカ族、チャモロの人々の生活」を描く場面に変更されたのだ（表2）。

　映画『南洋諸島』は1934年7月20日に完成したとされる[14]。一方で雑誌の構成は1934年8月号に掲載されたものである。奥付によればこの号の印刷納本は7月27日で、同号には7月中旬の時事的な話題も載っていることから、掲載された構成は7月なかば時点のものである可能性が高い。そのため制作の最終盤まで、作品の構成を巡って試行錯誤が続けられていたことがわかる。

　雑誌に書かれている「甘蔗の収穫」の場面が完成直前で差し替えられたのは、「小学校地理映画大系」の制作意図に合致しないという判断からだと考えられる。映像の利用元である『海の生命線』においてもさとうきびは登場するが、それは収穫する場面だけであった。そのため、教科書にある「さとうきびの栽培が相当に盛んで、製糖業はこの諸島第一の産業である」という内容を映像で表現することはできない。教科書の記述が示しているのは南洋諸島の基幹産業としての製糖業のことであり、さとうきびの栽培ではないのだ。そのため仮に「甘蔗の収穫」場面が採用されたとしたら、それは制作の際に避けるべきとされた「断片的」で「地理的な要因と人間の生活との関連を捉え」ない場面になったであろう可能性が高いと考えられる。直前の構成には存在していたが実際には差し替えられた「パパイヤ、マンゴー」の場面も同様のことがいえる。それはまさに避けるべき「断片的な自然の景観」にほかならないのだ。制作意図を徹底したからこそ、教科書に掲載されていた内容で、しかも映像利用元の『海の生命線』から流用することが可能であっても、あえて映画中に取り入れなかった場面が生じたと考えられる。

　ここまで2つの章にわたって、教材映画『南洋諸島』の映像について検討をおこなってきた。そして制作における2つの異なる命題、すなわち教材として利用可能な映画を制作することと、地理と人間生活の関連を映像によっ

て表現することの両立を目ざそうとする姿勢が、ともに映像にあらわれていることを見いだした。そして、利用元である『海の生命線』の映像自体が鮮明であったことも一因であるが、教育関係者はこのように制作された『南洋諸島』の内容を肯定的に評価した[15]。

5. 国家・学校教育・映画

　ここまでの分析であきらかにしたように『南洋諸島』は、内容が完全に一致していないとはいえ、教科書の内容を意識して制作されている。これは国定教科書制度下の学校教育における教材映画に欠くことのできない要素だったと考えられる。そしてまた、それゆえに映画と学校教育との接近が一段と進行したことを示すものでもある。本章では教科書と教育映画との接近がもたらした作用について検討する。それを通して、教育映画制作者の制作意図を超えたところで映画が利用され、学校教育のなかに組みこまれていった可能性を提示したい。

　当時の学校教育において教科書は国定制で、内容が一元化・均質化されていた。そして国定教科書の利用による一斉教授が学校教育における教育方法の根幹となっていた。そのため教材として利用されるためには、教科書の内容に準じる必要があったためである。そのため教材映画は必然的に、教科書の内容理解を支援するという役割を期待されることになる。このとき1900年代以降の地理科は日本の国勢の理解と愛国心養成に重点が置かれ、国定教科書は改訂のたびに教材の内容と構成に政治的な思想が強くあらわれるようになっていったことや[16]、国家や国防に関連する場所や施設が積極的に扱われるようになったことが指摘されている[17]。さらに1920年代には、世界におけるわが国の地位を理解するために日本の国力を把握することが地理教育の目的だとも主張されるようになった[18]。ならば地理的に南洋諸島について教えることとは、拡大する「日本」の地理上の範囲を認識させるとともに、産業面や国防面の重要性を理解させ共有させていくことにほかならない。そのため『南洋諸島』が、教科書と併用され、授業の一環として利用されることにより、結果としてプロパガンダ的な性質を帯びた可能性が指摘できる。

このことを映画『南洋諸島』を活用した実践の記録から具体的に検討したい。東京市の赤羽小学校は映画の教育的活用に積極的だった学校の一つで、1935年には過去数年の間に利用した映画を、単元全体の指導計画とともに詳述した解説書『体験に基づく映画学習指導書』を上梓している。そのなかに『南洋諸島』の利用について言及している。

　そこでは映画利用の要旨として「南洋諸島の産業、気候、交通等と、わが国に及ぼす経済上の影響を考えさせるとともに国防上の重要性について知らせる」[19]ことと述べられている。南洋諸島の地理的理解と、国防上の重要性の理解という2つの側面が映画利用の目的とされているのだ。だがここまでの映像の分析からあきらかなように、映画が提示するのは南洋諸島の産業と気候、そしてそれらと関連してなされる人々の生活と文化の姿であり、「国防上の重要性」ではない。この点について同書では、風土や気候、そしてそこから生じる生活様式において、児童の日常と大きく異なっていることを直観的に理解することは「学習上興味を呼ぶ」[20]ことだとしている。つまり、映画により地理的な興味関心を抱かせた先に、国防上の重要性を考察させていくのが利用の要点だと読み解くことができる。すなわち学校教育において利用されるかぎり、映画はそれ自体で完結することはなく、画面には描かれていない要素をより効果的に教えるための道具の一つとして映画が利用されていた可能性を示唆するといえるだろう。

　この点は、映像の利用元である『海の生命線』が本来求められていながらも実現できなかった、あるいは実現させようとはしなかった事柄だったと思われる。このことを『海の生命線』の制作の契機から公開されるまでの動きをみながら考察したい。

　撮影を含めて制作を担当した横浜シネマ商会によれば、『海の生命線』は海軍から突然持ちかけられた企画だったという。海軍による南洋諸島の測量に随行して別の映画の撮影をしていた際に、海軍特務艦の艦長で海軍大佐の小西千比呂から、日本とアメリカ、イギリスとの外交関係が緊張しているために有事を前提として南洋諸島の防衛ラインとしての重要性を国民に理解してもらうための映画を制作してほしいと提案されたというのだ[21]。

　映画館での公開前には、雑誌『映画教育』に1頁の全面広告が掲載され

た。あわせて同号の巻頭には、作中の一場面の静止画とともに内容を紹介したつぎの文章が掲載された。

> 暗雲低迷せる太平洋の彼方には星条旗の下にデモンストレーションを敢行するアメリカあり。東洋に魔手を延ばす欧米各国ある中で遠く彼方より打ち寄せる波濤を全身に浴びてその横臥せるが如きわが日本は極東永遠の平和を希って満蒙に生命線を持ち、南洋にまたわが生命線を持つ。しかもこれを保安するものは日本人……われら同胞である。満蒙を知り、わが南洋を知るのは目下の急務である。[22]

『映画教育』誌を発行していた活映研究会の母体は、『海の生命線』の制作をスポンサーとして支援した大阪毎日新聞社・東京日日新聞社である。そのためこれは制作者側からの映画の主意の表明といえる。文中でも「わが南洋」と表記され、写真広告にも「わが南洋群島」という表現が確認できるように、制作の背景に戦時下という時局をふまえ、映像により南洋諸島を含めた「日本」の地理的な形を国民共通のイメージとして認識させて国家観や世間観を統合させ、その軍事的重要性を伝えようとしていたことがうかがえる。

戦前・戦中期のドキュメンタリー映画、教育映画を研究した阿部彰は『海の生命線』を我が国の初期の本格的な記録映画であると同時に「来るべき英米との軋轢に備えて、国防上の意義を説き『国民必見の国策映画』として編集、構成がなされている」と指摘している[23]。実際に、表1で示したように映画『海の生命線』の映像および構成には、南洋諸島で撮影した映像で作られた場面とナレーションによる語りを主として南洋諸島の軍事的・国防的重要性を説くプロパガンダ的場面とが併存していることがわかる。だが両者は映像的にも場面的にも明確に分けられている。プロパガンダ的要素を持った場面は線画のアニメーションによる表現で冒頭と最後に、南洋諸島の場面は実写でそれに挟まれるように構成されている。そのため両者が内容面で融合しているとはいいがたい。

異質な部分を継ぎ接ぎしたともとれる構成をとった背景には、映画のプロ

パガンダ性を巡る制作業者と政府とのずれがあったと考えられる。先行研究においては、映画製作を民間企業が担い、大衆の支持なしには経営が成り立たない興行を基盤としていたために、政府による押しつけやプロパガンダが敬遠されたとされている。結果として、制作された映画には国策に協力したふりをした娯楽作品や、協力したものの水準に達していないものなど多様な幅があったとされる[24]。そのため、同時期に制作された、制作上の名分として国策の遂行に貢献しようとすることを掲げたいわゆる「国策映画」は、そのなかに権力からの要請に対する制作者の恭順やためらい、逸脱といった心の動きの現れを見いだすことができるというのだ。さらに、映画の興行状況にかんする資料の分析からは、戦時期において人々は国策映画を積極的には観にいかなかったという指摘もなされている[25]。それゆえに国家イデオロギーを宣伝する目的で制作されたとされる映画であっても、それが興行として映画館にかけられるかぎりにおいては、プロパガンダとしての効果は薄かった可能性があるのだ。

　それに対して『南洋諸島』は純粋な「教材映画」として、すなわち小学校地理科の授業において利用可能であり、なおかつ教科書の内容の再現ではなく、映像による表現を探究した映画として企画・制作された。そこには顕在的なプロパガンダ性は見いだせない。『海の生命線』のプロパガンダ的な表現が成功していたかは措くとして、映像を見たときに『南洋諸島』はその意思を後継してはいない。雑誌『映画教育』誌上に掲載された「小学校地理映画大系取扱指導書」においても、制作者は南洋諸島が日本にとっての海の生命線であることは理解しつつも、「然し此の海の生命線である理由を、映画に表現することは少しく困難なので、本映画の中心生命は『南洋の持つ地理上の特色』を表現する点に置き、これに関する教材の選択に当たった」と明言している[26]。

　しかし教材映画であることを探究したがゆえに、結果として地理教育における政治イデオロギーを強めていた国家の意図を推進、徹底させる機能を有することになったといえるだろう。だが、これをもって制作に携わった活映研究会が映画による国策の遂行に積極的に加担したとみるのは早計にすぎるだろう。むしろ同時期において彼らが置かれていた立場ゆえに採らざるを

得なかった方略の帰結だと考えられる。そもそも映画は、教育において利用することを一義的な目的として作りだされ、発展してきたメディアではない。それどころか「非教育的」なものとして長く認識され、扱われていた[27]。そのため1920年代後半から30年代前半において映画の教育的利用を推進しようとするときには、映画を学校教育の文脈において理解可能なものとして提示することが重要になっていた[28]。そこには映画の教育的価値を提示する理論の構築だけではなく、教育場面で利用可能な映画作品を作りだすことも含まれていたと考えられる。先に稲田の所論から引用したように、活映研究会の設立当初からの大きな目的の一つは、自ら学校教育で利用可能な映画を制作することだったのである。つまり『南洋諸島』を含む体系的・計画的な教材映画の制作とは、「非教育的」だとされた映画のイメージを覆し、教育的に利用可能なメディアだということを、具体的な作品をもって明確に示すプロジェクトだったといえる。

　そして、映画が学校教育における教材として利用可能であることを示して利用の普及促進を図ろうとする、まさにその端緒において、制作者は教科書に示された教育内容の批判的な検討に基づく挑戦的な作品を制作しようとする急進的な立場を採りえたとは考えにくいのである。そのため、映画と学校教育とを接近させようとしたがために採らざるをえなかった方略の帰結として『南洋諸島』は生みだされ、それゆえに、授業で利用されたときに生起する潜在的なプロパガンダ性を有することになったと把握できるのである。

　映画にかぎらず、日本の近代学校教育では多様なメディアが教材として利用されてきた。一方で、教育方法においては教科書を中心として伝統的で保守的な傾向が強く、メディア利用を停滞させる要因になるともいわれてきた[29]。それゆえにメディアの学校教育への導入を巡っては、メディアの教育的価値を主張するための制作者の方略のあり方が問われることになる。その方略によって作りだされた教材としてのメディアがいかなる教育的結果を生みだしたのかもまた検討していかなければならないことを、本稿の考察は示唆するものである。

6. おわりに

本稿では『海の生命線』と『南洋諸島』の映像の分析を通して、1930年代半ばにおける映画と学校教育との関連の一端を考察した。両作品のつながりを考えるうえで興味深い記事が雑誌『映画教育』に掲載されている。映画『海の生命線』の構成に沿って文章で内容を紹介した記事「海の生命線（誌上物語）」である。映画の内容を紹介したあと、記事はつぎの文章で結ばれている。

> ただに常夏の国、椰子の梢に涼を追う南の国としてしか考えられていなかった南洋群島は経済に交通に国防に、分解すれば興味深い材料を蔵している。しかし澄みきった海、珊瑚の毛氈、島民の唄、椰子のささやきはただこの南の国にのみゆるされた世界のように遠く赤道直下に横たわっている。[30]

前半部の記述は、経済、交通、国防といった諸要素に「分解」する構成で作られた『海の生命線』への言及である。対して後半部分は、それとは異なる描き方の可能性を指摘しているとも読み解ける。そして、その可能性を探究した映画こそが『南洋諸島』だと考えることができる。断片的な自然の景観や名称地誌的な事項の紹介を避け、地理的な要因と人間の生活との関連をとらえて表現することこそが『南洋諸島』を含む「小学校地理映画大系」の制作意図であり、本稿で確認したとおり作中においても徹底されていたのである。

だが「教材映画」であるがゆえに、実際に映画が利用される場面においては必然的に、国防的な内容を強調し、伝達しようとする教科書の内容の理解を促すための機能を帯びることになる。『南洋諸島』は全体の構成においても、個々の場面にも、直接的にはプロパガンダ的な意図が表現されていないにもかかわらず。すなわち地理科の教材映画『南洋諸島』は、地理科の授業で利用されない場合にかぎって、諸要素が混然となり地理的な要因と人間の生活との関連を捉えた「南の国にのみゆるされた世界」の姿を映すことができたのだ。

注

* 引用文中の旧字体・旧仮名遣いは、新字体・現代仮名遣いに改めた。
** 映画『海の生命線』については、株式会社毎日映画社所有の資料を許諾を得て用いた。
*** 本稿の一部は、拙稿「教育映画『南洋諸島』の映像の分析－制作意図との関連－」（『第19回日本教育メディア学会年次大会発表論文集』2012年、9-10頁）および「映像から検討する映画『海の生命線』の特徴－教育映画『南洋諸島』の分析に向けた研究ノート－」（『湘北紀要』第34号、2013年、231-239頁）を基にしている。

1) 文部省普通学務局編『全国に於ける活動写真状況調査』、1921年、46-61頁。
2) 慶應義塾幼稚舎編『稿本慶應義塾幼稚舎史』明文社、439-447頁。
 また成城小学校で映画利用をおこなっていた訓導関猛は、同校の研究誌『教育問題研究』に「映画の教育的利用に就いて」（第74号～76号、1926年）「教科書と映画との連絡」（第86号、1927年）といった論考を寄せ、授業場面での映画活用の実際についても記述している。
3) 会はのちに名称を全日本映画教育研究会に変更するが、本稿では全日本活映教育研究会と統一して表記する。
4) 西本三十二「視聴覚教育の展望」、大内茂男他『視聴覚教育の理論と研究』日本放送教育協会、1979年、9-14頁；宮川大介・村上聖一・磯﨑咲美「放送史資料収集・保存・公開をめぐる課題～歴史研究者やアーカイブ専門家は現状をどう見ているか～」『放送研究と調査』2011年11月号、38頁。
5) 稲田達雄によれば「小学校地理映画大系」全13編の制作にあたり、既製の映画100種から映像を取り入れたという。そして『南洋諸島』以外の12編はすべて複数作品から映像を借用して制作されている（『教育映画運動30年　その記録と回想』日本映画教育協会、1962年、166頁）。
6) 稲田，前掲書，77，157頁。
7) 「研究時代揺籃期の教材フィルム問題」『映画教育（活映）』第67号、1933年、12頁。
8) 稲田、前掲書、157-158頁。
9) 「『小学校地理映画大系』広告」『映画教育』第75号、1934年、広告の頁。
10) 1924年5月14日の文部省通達で禁止とされた（国立教育研究所編『日本近代教育百年史』第1巻、1973年、327頁）。
11) 『尋常小学地理書　巻二』1931年、57-58頁。
12) 『映画教育』第75号、1934年、広告の頁。
13) 齋藤英夫「小学校における地理科」『地理教育』1 (1)、1924年、43頁。
14) 稲田、前掲書、167頁。
15) 雑誌『映画教育』に掲載された学校関係者の感想では、複数の教師から鮮明で構図もよく、全13編のなかでも「優秀」な作品だといわれていた（「『小学校地理

映画大系』購入者の感想（続）」『映画教育』92 号、昭和 10 年、42、45 頁）。
16) 佐藤秀夫「地理篇　総説」、仲新・稲垣忠彦・佐藤秀夫編『近代日本教科書教授法資料集成　第七巻　教師用書 3　歴史・地理篇』東京書籍、1983 年、680-687 頁。
17) 滋賀大学附属図書館『近代日本の教科書の歩み‐明治期から現代まで‐』サンライズ出版、2006 年、50-58 頁。
18) この点については、唐澤富太郎が雑誌『教育時論』に掲載された諸論考を引用しながら指摘している。(唐澤富太郎『唐澤富太郎著作集第 6 巻　教科書の歴史―教科書と日本人の形成―（上）』ぎょうせい、1989 年、502-504 頁)
19) 東京市赤羽小学校（西川幸次郎）『体験に基づく映画学習指導書』全日本映画教育研究会、1935 年、465-470 頁。
20) 同上。
21) 株式会社ヨコシネディーアイエー『映像文化の担い手として　佐伯永輔「ヨコシネ」の歩んだ 70 年』ヨコシネディーアイエー、1995 年、27-29 頁。
22) 『映画教育（活映）』第 68 号、1933 年。
23) 「『史料』としての映画研究序説：教育関係映画を中心として」『大阪大学人間科学部紀要』14、1988 年、266 頁。
24) 岩本憲児「ナショナリズムと国策映画」『日本映画とナショナリズム』森話社、2004 年、6-27 頁。
25) 古川隆久『戦時下の日本映画』吉川弘文館、2003 年、229 頁。
26) 「小学校地理映画大系取扱指導書」『映画教育』第 119 号、1938 年、59 頁。
27) 映画館の上映環境の劣悪さも含めて非教育的とみなされていた。映画館に出入りする児童の観察からは、場内での飲食などによって学校教育の規範から外れた行動が誘発されて成績や素行に悪影響が生じるという指摘や不十分な換気による衛生面での悪影響なども懸念され、批判されていた（権田保之助・秋山暉二「活動写真興行の実際的方面」『帝国教育』第 418 号、1917 年、4-17 頁）。
28) 成城小学校の訓導関猛も、映画が教育的に利用可能であることを論じるさいには、非教育的な側面を切り離すかたちで論を展開させていた。詳しくは拙稿「『活動写真』から『映画』への用語の転換に見る映画と学校教育との接近について―1920 年代半ばの関猛の言説の分析から―」（『教育メディア研究』第 16 巻第 1 号、2009 年、29-39 頁）を参照されたい。
29) たとえば 1935 年に小学校向けのラジオ教育放送が開始される際には、教育学者の阿部重孝は「学校教育は既に久しい歴史をもち、その間自ら一定の型を発展させて来た。この型を破り、この型になれている現在の教育者を相手にして、ラジオによって新しい道を開く為には、相当の困難を予期しなければならない」と、保守的な傾向が強い教師と学校放送との隔たりを指摘している（阿部重孝「教育政策上より観たるラヂオ教育」『放送』第 5 巻第 1 号、1935 年、10 頁）。
30) 『映画教育』第 69 号、1933 年、50 頁。

元寇！キミならどうする？
―歴史教科書における「元寇」叙述をめぐって―

野　口　周　一

はじめに

　抑々、本稿は「グローバル時代の歴史教科書における国際交流―日本における『元寇』叙述をめぐって―」と題して、上海市の華東師範大学歴史学系において開催された「グローバル化時代の歴史教科書：国際比較研究」での発表要旨である（2010年9月25日）。
　その冒頭に、「グローバリゼーションという言葉が喧伝されて久しい。しかし、筆者はこの言葉が真に意味するところを理解しているかと問われたときに、その回答に躊躇さぜるをえないものを感じている。かつて国際化という言葉が謳われたとき、その手段に関する議論は盛んであったが、目的を理解することはなかなか難しかった」という経験を記した[1]。
　このたびの筆者の報告は、蒙古襲来という東アジアを舞台とする歴史事象であり、かつ日本においては「日本史」及び「世界史」の双方の科目で取り上げる問題でもある。ここで筆者が問題と考える点に、識者といわれる人々の理解の実態がある。例えば、渡部昇一氏は『日本史から見た日本人・鎌倉編―「日本型」行動原理の確立―』（祥伝社、1989年）所収の「初の国難・元寇―勝者の悲劇」において、自らの子どものころの体験として「何だか知らないが一番怖いものはモッコなんだよ」という体験を語っている（35頁）。自らの体験を率直に述べることは、それはそれでよいのだが、そのすぐ後に「東アジア唯一の『独立国』日本」という項目があり、「クビライ・カンこと元の世祖が日本を属国にしようと思ったときに、はじめは簡単なことと思っていたらしい。朝鮮半島は、ほとんど何の抵抗もなく元の威風に屈したのであるから、その先の島のことなどは、ちょっと脅せば従うはずだ、と考えた

のも無理はない」と述べている（36–37 頁）。いやはやお粗末な記述である。
　それでは、標記のテーマについて、筆者は下記の研究論文、研究ノートにもとづきつつ論じていくことにしたい。すなわち、

　　　(a)「東アジア世界のなかの蒙古襲来」（『総合歴史教育』第 37 号、総合歴史教育研究会、2001 年）
　　　(b)「明治期以降歴史教科書における蒙古襲来小考」（『共愛学園前橋国際大学論集』第 2 号、2002 年）
　　　(c)「蒙古襲来に関わる挿絵について」（『新島学園女子短期大学紀要』第 22 号、2002 年）
　　　(d)「歴史教科書における蒙古襲来に関わる挿絵一覧―筑波大学所蔵教科書を中心に―」（『新島学園女子大学紀要』第 23 号、2003 年）

の 4 編であるが、基調となるのは (a) 及び (b) 論文である[2]。

1．蒙古襲来とその問題点

(1) 蒙古襲来とは？

　まず「蒙古襲来」について、簡便な説明を付しておきたい。前掲 (a) 論文においては、永原慶二監修『岩波　日本史辞典』（岩波書店、1999 年）の「文永・弘安の役」（1020 頁）を引用した。何故ならば、発行年度がその当時において比較的新しかったこと、すなわち最新の研究成果が摂取されていること、また文章の長さが引用に適切であることによった。
　本報告では、海津一朗氏の「文永の役・弘安の役」（『日本歴史大事典』第 3 巻所収、小学館、2001 年、609 － 610 頁）を利用したい。その冒頭は「元の忽必烈汗（フビライ・ハン）による日本征討のうち、北九州湾岸地域が侵攻された一二七四年（文永一一）、八一年（弘安四）の二度の軍事衝突を言う。当時は『異国（異賊）合戦』『蒙古（人）襲来』などと呼ばれており、『文永・弘安の役』『元寇』は幕末・近代以後、国防意識の高まる中で、元の侵略性を強調するために定着した用語」と始まり、全文 1700 字余りを費やした概説である。
　さて、蒙古襲来の問題点を前稿では、以下の①から⑦にまとめた。本稿ではそれらの問題点の抽出にあたり、海津氏の上記の概説を利用したい。

元寇！キミならどうする？

　①「蒙古の国書」そのものについての言及はないが、「六度の使いで日本に服属を要求したが、鎌倉幕府によって無視されたため侵攻を決意」とする、②「蒙古軍の戦術」については「毒矢、『てつはう』（炸裂弾）などの見慣れぬ武器と統率のとれた集団戦法を駆使する元軍の前に、日本軍は苦戦し大宰府近くまで退却させられた」、③「文永の役の顛末」については「同夜、海上の船に引き揚げた元軍は、夜半の暴風により多くの被害を出して高麗に撤退した」、④「文永の役後の幕府の対応策」については「一二七六年（建治二）春、幕府は海防の強化を目的とした高麗出兵（異国征伐）を計画し、九州武士を動員し、その一環として湾岸に石築地を構築して前線基地とした。この過程で異国警固番役の制度が整備され、一年の三か月ずつを九州各国が分配して、博多周辺を警備するようになった」、⑤「弘安の役の顛末」について、東路軍の主力は六月六日に博多湾に到着し、「ここで、幕府軍と海陸において交戦したが、頑強な抵抗にあい、上陸を断念して壱岐に退いた」、江南軍は「平戸付近で東路軍と合流して二六日伊万里湾の鷹島を占領した。しかし三〇日夜半から閏七月一日（ユリウス暦八月一六日）にかけての台風接近により、海上の元軍は壊滅的打撃を被り、高麗に撤退した」と記す。⑥「第3次日本遠征」については「忽必烈による日本征討の計略は継続し、サハリンのアイヌや琉球（一説には台湾）への元軍侵攻が行われた。幕府も異国征伐の機関として博多に鎮西探題を設置するなど軍事緊張は続いたが、アジア諸国の抵抗とモンゴル人内部の抗争によって、結局日本への征討は実現しなかった」としている。最後の⑦「蒙古襲来の影響」については、「律宗を中心とする寺社勢力は『台風は神々が化身して現れたもの』と宣伝して、日本を神国とする観念が広まった」、「幕府は、この戦争を背景として寺社勢力や本所一円地住人らにも支配権を強めて、そのなかから将軍権力の下に全領主階級を結束させる政治路線（安達泰盛の弘安徳政）が生れた」とまとめる。

　この7項目について、従来からの諸説を踏まえつつまとめていくと、次のようになる。「蒙古の国書」について、その書面は従来から言われているように無礼あるいは傲慢なものなのだろうか。概して、東洋史学者は穏やかなものと理解し、日本史学者は威嚇的と理解している。「蒙古軍の戦術」につ

いては、その火器や集団戦法に日本軍が戸惑ったことは人口に膾炙している。「文永の役の顛末」について、従来から大風雨によって蒙古軍は退却したと考えられている。

その後、「文永の役後の対応策」については、異国征伐を始めとして石築地の構築や異国警固番役の課役が知られている。「弘安の役の顛末」については、このときもまた大風雨が起こって、大部分の蒙古軍は海の藻屑となり、残余のものは日本軍によって掃討されたとする。

「第3次日本遠征」は計画されたものの、実施されなかった。その理由として、「アジアの連帯」あるいは「アジアの連動」という言葉で主張されたりもしている。

(2) 問題点

ここでは、前節にて簡略に記した問題点について、筆者の (a) 論文においてまとめた研究史を若干述べ、最後に最新の概説書、小林一岳著『元寇と南北朝の動乱』<『日本中世の歴史』第4巻>（吉川弘文館、2009年）も参照しつつ所見を述べていきたい。

＜1＞ 蒙古の国書

まず、二時代も三時代も前にベストセラーになり、数十万の読者を獲得したといわれる中央公論社の『日本の歴史』全26巻、その第8巻は黒田俊雄執筆の『蒙古襲来』(1965年) である。その関連部分を紐解いてみたい。

黒田は「さて、モンゴルの国書（世祖の詔）には何が書かれていたか。幸いにその写しが東大寺にのこっていて、それにはつぎのように書き出されている。『上天眷命　大蒙古国皇帝、奉書日本国王。朕惟自古……』いうまでもなく日本を見下した尊大な書き出しである」(59頁) と始め、その後に全文の読み下しをあげている。そして、それとにもとづいて考察を加え、「実質はあくまで一種の服属であり、どんなにゆるく考えても "目下の友好国" たることを要求していたのは間違いない事実である」(61頁) と述べている。

それでは東洋史学者たちの理解はどうであろうか。『旧唐書倭国日本伝　宋史日本伝・元史日本伝』（和田清と共編訳、岩波文庫、1956年）を持つ石原道博は、「一読して気のつくことは、これまでの漢族国家における帝王の招諭文とまったく軌を一にしており、」(21頁) と分析しているが、石原よりも早く

に、愛宕松男が『忽必烈汗』（冨山房、1941 年）において「蒙古人大汗の外国君主に対するものとしては珍しく鄭重な言辞を以て綴られてゐる。『降伏か然らずんば戦か、結果は神のみのよく知る所なり』と云った風な露骨な脅迫や挑戦の意を真向から振りかざしてゐない」（149 頁）と述べている。

さて、ここでは杉山正明氏の『大モンゴルの世界』（角川書店 1992 年）、『モンゴル帝国の興亡』下巻（講談社、1996 年）の二著に依拠していくことにする。氏は「これまではふつう、その書状が無礼きわまる文面のうえ、日本をおどす内容であったから、日本側の対応はやむをえなかったといわれている。しかし、どうもそれは誤解である。その文面は、『元史』日本伝や『経世大典』序録、征伐、日本の条に記録され、東大寺にもその国書の写しがつたえられているが、じつはたいへんにおだやかであり、修好をもとめているにすぎない」、「傲岸不遜とされる冒頭の『上天眷命』の語は、モンゴルが書きだしに使う定型句の漢訳表現であり、しかも日本国王に『書を奉る』というのだから驚くべき低姿勢である」（『大モンゴルの世界』、247 頁）。また、末尾にある締めくくりの語「不宣」について、「『元文類』巻四一には、その五年前につくられた一大政書『経世大典』の各篇の序文が再録されているが、その日本の条において、日本へ送られたすべての国書に共通の末尾の『不宣白』、すなわち『宣白せず』の語は、『これを臣とせざるなり』、つまり臣下と見てはいないことを表す結語の表現」という見解が示されている（『モンゴル帝国の興亡』下、120–121 頁）。

杉山氏の功績は、書き出しの「奉」の字や末尾の「不宣白」について啓蒙書で解説した点にある。しかし、この二点について川添昭二氏は名著『蒙古襲来研究史論』（雄山閣出版、1977 年）において、杉山氏より遥かに先立って指摘していたのである（23–24 頁）[3]。

最後に、筆者は愛宕、石原両先学の研究を尊重しつつも、「奉」も「不宣白」もモンゴルの文言として形式的に使われていると解釈する。小林氏は「不宣」の文言を紹介しつつ、「特に最後の『兵を用いることは……』という一種の脅し文句は、モンゴルの脅威を直接日本側に示すことになる」と要領よく述べている（21 頁）。但し、日本史学者がモンゴルの文書用語に注意が向かなかったことは問題である。すなわち、多くの研究者が指摘するように

国書に日本を恫喝する意はあったと考えておくことにする[4]。

＜2＞　アジアとの連動

アジアのなかで蒙古襲来を位置づけることについて、まず文永の役、弘安の役などの原因をめぐる理解について考えることから始めたい。

(i)　文永の役の原因

愛宕松男は『アジアの征服王朝』（河出書房新社、1969年）において「元朝が国信使黒的を日本に派遣したのは至元三年にはじまっているから、それは元朝の南宋討伐策がすでに決定されて以後のことになる」と述べ、「南宋にたいする用兵に関連して、この元寇を考える余地がそこにある」と示唆した（315頁）。

この南宋攻略に関わる論考として、稲葉岩吉に『日麗関係』（叢書『岩波講座　日本歴史』、1934年）があり、さらに重要なものとして松井等の「黒山島と元寇」（『中央史壇』第2巻第4号、1921年）に着目すべきである。

さて、杉山氏は前掲『大モンゴルの世界』において「あきらかに南宋作戦の一環にちがいない。それは時期が証明する。至元十年（1273）に襄陽・樊城が陥落すると、クビライ政権は一年をかけて南宋への全面進攻を計画する。その同じ年のすえ、ヒンドゥを総司令官とする高麗駐留のモンゴル軍団もまた、高麗周辺に展開する諸隊を動員して波濤をこえて耽羅を攻撃した。敵対する三別抄の撃滅によって朝鮮半島のまわりのひろがる海面全域はモンゴルの手に入った」（249頁）とする。

ここで三別抄について説明する。三別抄とは高麗の江華島守備軍のことであり、1270年のモンゴル軍の高麗再侵駐に対して蜂起したのであった。その後、かれらは耽羅すなわち済州島を占領し、海上交易圏をおさえて、高麗・モンゴル連合軍に相対していたのであった。その三別抄が鎮圧されたのである。

氏は上記に続けて「日本と南宋どちらへの通路にもあたる耽羅は、中央部に高原状の草原がひろがり、絶好の放牧地を提供する。またとない海上の軍事基地であった。そのうえ、きわめて注目すべきことは、このときモンゴル進駐軍は朝鮮半島の西南海上に点々とつらなる黒山諸島にさかんに調査船をだしていることである。もちろん、日本遠征の探査の意味もあった。しか

し、黒山諸島を経由して南下すれば、ただちに南宋の心臓部の長江下流域に到達することができる。あきらかに、至元十一年を期していっせいにおこなわれる南宋全面進攻作戦への布石であった」（249 頁）とまとめる。ここに松井説は 70 年余りの時空を超えて蘇るのである。

ここでも小林氏は「クビライにとって最大の攻撃目標は南宋であり、高麗・日本への対応は、南宋を孤立化させるための側面作戦にすぎなかった」（26 頁）と要領よく述べる。

(ii) 弘安の役の原因

ついで杉山氏は「二回目の遠征軍で誰しもおどろくのは、江南から発した十万という大兵団である。高麗から発した東路軍四万は、第一回目の兵員に水手を加算すれば、じつはそうかわらない数であり、兵員構成もほとんど変化がない。この点に鍵がある」（『大モンゴルの世界』250 頁）と問題点を挙げる。その江南軍については「江南軍十万は、もと南宋の職業軍人であった。ほとんど戦うことなく南宋を接収したクビライ政権にとって、江南において大きな政治課題となったのは、無傷のまま降伏してきた数十万におよぶ厖大な旧南宋軍人のあつかいであった。かれらは登録された正規の軍人ではあったが、老兵や実戦の役にたたない弱兵も多かった。かといって、職業軍人であるからには、南宋政権からの手当てでかれらは生計をたてていた。そうした大量の人間を失職したままの状態で放置しておけば、いずれは大きな社会不安の原因となりかねなかった」（250–251 頁）と説明する。

この旧南宋軍の裁兵問題については、早くは重松俊章が「支那側より観たる元寇の役」（『史淵』第 32 号、1944 年）においてその可能性を指摘し、愛宕松男も『アジアの征服王朝』において述べている。この解釈は、当時における学界の理解であったと考えられる。

また、その江南軍の具体的な用途については、杉山氏は「クビライ政権は、これらの旧南宋兵のうち、実戦に役だつ精強なものを選抜して、中央政府の直属軍団に編入したり、モンゴリア・中央アジア戦線に投入したり、あるいは広東・広西の鎮定部隊に転用したりした。しかし、そのほかのものの処理にこまり、志願者をつのって、それらをおもに海外派兵にふりむけた。江南軍十万は、じつはそうした兵たちであった。しかも、監視役のモン

ゴル・漢人兵をのぞくと、ほとんどは武装していなかったようである。かれらがたずさえていたのは武器ではなく、日本入植のための農器具であったらしい。江南軍は十万という人目をおどろかす数とはうらはらに、移民船団といってもいい内容であった」（251 頁）と述べ、かれらの多くが日本へは農器具を持参していたことから「移民船団」という性格を打ち出している。この考えは、杉山氏の独創ではなく『八幡愚童訓』を淵源とする。小林氏はこの意見を踏襲するのである（38 頁）。

（iii）第 3 次蒙古襲来

クビライは、その後も日本遠征を幾度か企てたものの、ついに実現しなかった。片倉穣氏はチャンパとの関連を指摘[5]したが、杉山氏は「その原因は、至元二十四年（1287）におこったオッチギン王家の当主ナヤンを中心とする東方三王家の大反乱であった。クビライ政権は挙兵以来のうしろだての反逆に最大の危機をむかえ、日本遠征どころではなくなってしまった。高麗方面軍も含め、日本遠征用の兵団をつぎつぎと北方戦線に投入しなければならなかった」（『大モンゴルの世界』252 頁）と述べる。

この東方三王家は、クビライが政権を樹立するに際して、まさに「挙兵以来の」最大の支持勢力であった[6]。そのナヤンの反乱はまもなく終息するが、その後も「諸王カダアンが東北アジア全域で抵抗活動をつづけ、朝鮮半島にも乱入した。カダアンの乱が鎮静化するのは、五年後の至元二十九年のことであった。その二年後には、クビライが長逝する。クビライをついだ孫の成宗テムルも日本遠征を完全に放棄したわけではなかったが、カイドゥが進攻したため、その余裕はなかった」（252 頁）という状況であった。そのカイドゥとは、クビライがモンゴル帝国の宗主権を継承したことに不満をいだき、中央アジアから 40 年余りにわたり異議を唱え続けたのであった[7]。

（iv）アジアの連帯

ここで、杉山氏の『クビライの挑戦―モンゴル海上帝国への道―』（朝日新聞社、1995 年）をも紐解くことにする。氏は「第三回目の日本遠征が、ついに実現しなかった理由として、江南での諸反乱や、ヴェトナムの『抵抗』などをあげるむきもある。しかし、その実証作業には無理がある。状況からもそれをむすびつけるのは、説得力がとぼしい」（189 頁）として、「江

南山岳地帯の反乱・暴動は、南宋時代からたえまなくあった。日本遠征の前後でも、またそのさいちゅうでも変わることなくおこりつづけている。日本遠征があったから、反乱をおこしたのではない。また、日本遠征に従軍したことのある中級指揮官の劉国傑が、わずか二〇〇〇にもみたない『征東兵』をひきつれて内陸部の反乱鎮定にいったからといって、それを中止の理由とするのは無理である」(189頁) と例示し、「ヴェトナムの『反抗』も、日本遠征の中止と、ほとんど関係がない。担当セクションが、まったくちがったのである」(190頁) と説く。

また、杉山氏は「クビライ政権による東南アジアへの『海外派兵』は、炎暑と疫病、そして現地の人々の『反抗』によって、日本遠征の場合とおなじく、『失敗』したといわれている。しかし、これらの遠征が、もともとその地方の軍事征服や恒久支配をねらったものと無条件に決めつけてよいかどうかは、おおいに検討の余地がある」(192–193頁) として、「これを『強大なモンゴル軍の東南アジア侵略』といった表現で語られると、奇妙な感じはいなめない。『攻めた』モンゴル側からみると、原典史料をよく検討した結果の見解というよりも、やはりイメージ論にちかいといわざるをえない」(194頁) とも説く[8]。

そもそも、ベトナム等の民衆の抵抗がモンゴルの日本侵略計画を妨げたという主張が人口に膾炙したのは、旗田巍著『元寇―蒙古帝国の内部事情―』(中央公論社、1965年) によるものだった。その例証として、矢代和也は「旗田氏のこの書物は、ここ数年間の日本人民のたたかいのなかで、日本の歴史研究者がようやくたどりつくことのできた一つの到達点を示しているといえるのではないだろうか」と評し[9]、今でもこの考えは受け継がれている。

なお、「サハリンへの元寇」について、片倉氏は前掲論文で「沿海州からサハリンへの頻繁な侵入は、逆にアイヌ民族の抵抗が頑強であったことを物語り、おそらく、当のアイヌ民族にとっても、北方の通商活動に支えられた民族の活力を発揮した戦いであったに相違ない」(89頁) と述べている。

ところで、この文章の前段は榎森進氏の研究を踏まえたものであり、それは元朝のサハリン侵攻を「元寇」と連動する軍事行動ととらえたものである。中村和之氏は、その榎森氏の所説を再検討し、「元朝が、北方からの日

本侵攻を念頭において、サハリンへの侵攻を行ったとは考えにくい。元朝のサハリン侵攻は、女直・水達達・吉列迷などに対する支配を脅かす骨嵬を討伐するためのものであり、防御的色彩の濃いものであった。従って、元軍が、北海道以南への侵攻を意図していたとは考えられない」[10]としており、その実証的説明は説得力を有しているが、今でも海津氏などは従来の節に依拠して記述している。

かように、蒙古襲来を世界史のなかで、あるいはアジアとの連動で位置づけていくことはなかなか難しいことなのである。ことに蓋然的立論を極力避けて、史料に即して立論することの困難さを改めて痛感せざるをえない。

＜3＞　神風は吹いたか

文永・弘安の両役で吹いたという所謂「神風」は、神国思想の象徴であることから、本来は思想史的に考えるべきことであるが、ここではその実態について述べることにする。

その理由の一端は、脚本家の早坂暁氏に「二度まで」「台風に正面から遭遇」という初歩的な誤りを含んだ記述があり（「國難―蒙古来たる」『毎日新聞』1998年10月11日付）、そのような理解が今もって存在していることによる。つまり、弘安の役は台風がその最終局面に吹いたわけであるが、文永の役については大風雨があったのかどうかという問題である。

定説は朝鮮史料である『東国通鑑』をおもな典拠として、モンゴル軍は大風雨によって敗退した、ということである。ところが、気象学者の荒川秀俊氏は「文永の役の終わりを告げたのは台風ではない」（『日本歴史』第120号、1958年）という論文を発表し、10月20日（現行の新暦では11月26日）はすでに台風シーズンの去ったあとであり、また信頼すべき文書に大風雨が起こった証拠はないとして、文永の役に大風雨があったというのは弘安の役と混同したのではないかと推定し、蒙古軍の退去は予定の撤収作戦であった、と結論付けたのである。

この荒川説を契機に「神風」論争が起き、まず「いや吹いた」という反論に移り、その後「いつ、どこで吹いたか」という点に絞られていった。川添昭二氏は『日蓮―その思想・行動と蒙古襲来―』（清水書院、1971年、後に『日蓮と蒙古襲来』と改題・出版）において、新史料の発掘により蒙古軍が

10月20日から11月に合浦に帰還するまでの間に「神風」にあったことを立証した。そして、それがいつであったかということについては、20日夜、20日夜から蒙古軍が合浦に期間するまでのある時点、20日夜から合浦に期間するまでの間、という三説が成立しうるとして、氏は通説の20日夜をいちおう支持したが（『日蓮と蒙古襲来』161-169頁）、三説のうちどれに帰着するかは現在のところも未解決であると言ってよい。それゆえ、『岩波　日本史辞典』は「元側は自主撤退し、帰途に暴風雨の被害を受けた」という曖昧な記述を採っている。一方、海津氏は「同夜、海上の船に引き上げた元軍は、夜半の暴風により」（既述）と明言しているが、小林氏は「従来では前日の夜に暴風雨があり、いわゆる『神風』が吹いて蒙古の軍船を沈めたとされる事態である。しかし、最近では遠征軍の内部分裂と、思ったより強烈な日本軍の抵抗から撤退を決め、帰還する途中で嵐に遭遇したのではないかと考えられている」とする（33-34頁）。

　この問題については、黒田の研究を川添氏が「神国思想は封建支配の反動イデオロギーの切り札となり、ついには明治の国家神道や帝国主義戦争にも利用された」と要約しているように、近現代的課題としてもとらえる必要があろう。

2. 授業実践の事例

　ここで、前章で得た蒙古襲来の知見を念頭において、戦前期からどのような授業が行われてきたか、見ていくことにしたい。

(1) 戦前期

　当該時期の実践記録のなかに、井上江章「時局下に於ける元寇の教材観」（『歴史教育』第13巻第7号、1938年）があるので、参考までに取り上げておきたい。

　これはわずか2ページの短編であるが、巻頭に「尋常小学国史第二十一　北条時宗」という教材名を掲げ、小学校の教材であることを示している。まず「此の四世紀間次第に『白人の優越感』がアジア民族の脳裡に不知不識の間に養はれ」、「日本を除くアジア民族は白人の奴隷といっても過言ではないと思ふ」として、「この意味に於て七世紀前に於けるアジア民族が白人を圧

倒した此の史実は如何に我等の心を強くするものであらう」と述べる。
　ついで、「七世紀前に於ける日本が天下無敵と自我自尊する、元の大軍を挫いたことは実に痛快であると共に、神国日本のこよなき誇りである、当時に於ける日本こそ真に世界一の存在である」と述べる。そして「古の日本は今の日本であることを思念」し、「松岡全権の国際連盟会議に於ける活躍は、まさしく日本の剛を世界に示し、有色人種である日本人がアジア人種の気魄と日本精神を以って、白人を威圧したのである」とする。
　現代においても巷間に流布する「神風」については、「科学的の自然現象でなくて、国民の使命である『国民志操涵養』の上から我々は神風と言はざるを得ない」として、「これぞ惟神の道を実行する国にのみあり得るので、無為の天佑ではなく、国民上下一致の愛国の誠が神を感銘せしめた結果である」と説明する。
　最後に「付記」として、「神風以来星霜爰に六百五十余年、今や支那事変酣なる秋にかの大英雄成吉思汗の後裔が、内蒙軍を提げて皇軍と共に暴支膺懲の軍を進めてゐるのも不思議な世のめぐり合せである」と述べるのである。
　以上、一々指摘するまでもなく、時流に沿った発言そのものであることがわかる。ここでは、そのような事実があったことを厳粛におさえておくにとどめたい。
(2) 戦後期
　筆者が、前掲 (a) 論文を書いた際に利用した実践事例は、歴史教育者協議会の編集にかかる、『前近代史の新しい学び方—歴史教育と歴史学との対話—』(青木書店、1996 年) 所収のものであった。同書において、鬼頭明成氏は「中世国家と東アジア—『元寇』学習をめぐる課題—」について述べ、それに関周一氏が「コメント」を付している。
　鬼頭氏は『歴史地理教育』誌上の実践報告を整理、ついで生徒の「元寇」認識と授業の展開を問題として、最後に歴史研究と歴史教育の課題を考察する。すなわち、同誌上における「元寇」学習をめぐる議論は 1957 年に登場し、そこでは「元侵攻」という捉え方の見直しが提唱されたこと、アジア的広がりのなかで把握する試みは藤野達善報告 (1966 年) や山形洋報告 (1974

年)に始まり、その契機として1965年に刊行された旗田巍の『元寇』の存在があること、それは周藤新太郎報告（1986年）によって、朝鮮、ベトナムに視野を広げることが進められていったこと、北尾悟報告（1994年）は元軍敗退の要因とされている暴風雨をふくめて「なぜ小国日本が大国元に勝利したのか」という課題を設定し、仮題を立てさせて討論学習を行ったこと、ところが「元寇」観の歪み、つまり「元＝悪者」という思考が克服されていない、等々とまとめ、「元侵攻」という理解が依然として存在することにより、その見直しを提起している。

一方、関氏は元寇を中国や朝鮮の歴史の中でとらえることは、すでに池内宏『元寇の新研究』（東洋文庫、1931年）において行われていること、しかし元や高麗に対する「征伐史観」が垣間見えることを指摘している。アジア的視野については、旗田に続き村井章介氏が「アジアの元寇」を位置づけていること、片倉氏は抵抗のあり方や人々の意識を検討していること、さらに東北アジアへの元寇としてアイヌ民族の対応について榎森進や中村和之両氏の研究があることに言及している。

ついで、鬼頭氏は授業で「蒙古国牒状」、つまり蒙古の国書を読ませることにより、「この牒状を無視した幕府・朝廷の態度はよかったのか、悪かったのか」という設問を試み、当時のアジア情勢のなかでの日本の立場を考えさせようとしている。

この点について、関氏はその設問には「歴史的事実の善悪による価値判断に終ってしまう」危険性が孕むことを指摘し、授業時において「牒状」をいかに取り扱うかよりアジアの国際秩序に目を向けさせることを提案する。

最後に、鬼頭氏は片倉氏の「＜タタールの平和＞という理解では、侵略と支配に対し、不断、不屈に戦った東アジアと東南アジアの諸民族の抵抗運動とその精神が良く見えず、蒙古の膨張が当該諸地域に与えた、計り知れない悲劇と後世に残した後遺症を十分に看取し得ない」という主張を引用しつつ、「だが、『後遺症』はこのことだけではあるまい」と問題提起している。また片倉氏が指摘する「元寇観」の問題点としての「蒙古夷狄観」や「遊牧・狩猟民族に対する偏見の再生産」について、鬼頭氏は「侵略と抵抗という図式の元寇観では克服できないだろう」と批判するが、この点については

193

関氏ともども直截には応えていない。なお、この部分について本稿では論述に意を尽くすことができなかった。他日、稿を改めたい。
(3) 最新の実践報告
　まさに最新の報告としては、次の2編がある。
　①岩本賢治「次はどうなるの？―モンゴル襲来で推論する」(『歴史地理教育』2009年6月号)
　この岩本報告は「中学生と歴史認識」から始まる。氏は「生活において自己中心性を脱却」することから「自国中心の認識から離れていくことができる」という考えのもと、「中学生の歴史学習は、そのことを意識して、視野がアジアから世界に広がるように、複数の視点を持って多角的に事実をとらえ、認識できるように指導していかなければならない」との方針をもつ。そのために、「複数の立場（視点）を設定し、学級でそれぞれの立場から意見を出しあい、批判しあい、補いあいながら、双方の意見が相互浸透して統一的な見解となり、真理の追究が行われ、自分自身の認識となっていく」という方法を採る。
　つぎに「なぞ解きの楽しさを子どもたちに」として、氏は高麗の三別抄が日本に送った手紙に着目し、その手紙には何が書かれていたのか、日本はどんな返事を書いたのだろうか、日本と三別抄は一緒になって戦えたのだろうか、という「なぞ解き」を行うのである。その方法として、「導入：ヨーロッパに広がるモンゴル帝国」、「展開1　世界最強の騎馬軍団が目の前に！」、「展開2　三別抄からの手紙」と発展させていくのである。つまり、導入においては「バトゥ征西軍リーグニッツ城壁にせまる」(『教養人の東洋史』上巻、社会思想社、1968年）を用い、モンゴル帝国の版図を示す白地図に色塗りをさせる、展開1においては『蒙古襲来絵詞』と『八幡愚童訓』を用いて、日本とモンゴルの戦い方の違いを確認させる、展開2においては三別抄からの手紙について、上に述べた「なぞ解き」について班ごとに考えさせ、その目的を「生徒の視点を朝鮮の人々に移動させること、三別抄の立場で手紙を書かせることで歴史を身近に感じさせること、『次はどうなるのか？』と予測し『推論』させ、歴史の事実とつきあわせ『検証』することによって、歴史の学習の楽しさを味わいさせたい」と語る。

最後に「3　まとめ　東アジアの『元寇』」として、Yさんの「モンゴルが負けたのは、人の法則に反していたからだと思います。人を殺して他人の土地を取って、ものを盗んで壊して、そんなことをしていたから、最後には大変な結果になったんだと思いました」という感想を紹介して締めくくっている。

②三橋広夫「中学生と学ぶ『モンゴルの襲来』の授業」(『歴史地理教育』2009年10月号)

　三橋報告は、まず「1　授業の課題」として、従来自らが行った納得のいかない授業、つまり「教師の教えたいことが優先された授業」を克服して、「子どもたちの認識に沿った授業」を目指した実践であると記す。

　ついで「2　まずは子どもたちの疑問から」として、教科書の「1274年には、対馬・壱岐をへて北九州の博多湾に上陸し、集団戦法とすぐれた火器により、日本軍をなやましたすえ、引きあげました（文永の役）」という記述と、資料集には『暴風雨で失敗した』とあることの齟齬に気づいたことを紹介する。

　「3　日本は元と戦うべきか」においては、「元からの服属を求める手紙」を資料に討論させ、「4　日本と元の関係を見つめる」においては、「この戦争中も日本の船がたびたび元を訪れたという。これは子どもたちにとって驚きである。なぜなら、戦争をしている相手を訪れるばかりか、貿易までしようというのであるから、子どもたちの思考の範囲を超える」という観点から、日元関係を再考させる資料を作成して、子どもたちに討論をさせたのである。なお、『中学社会　歴史　未来を見つめて』(教育出版、平成17年3月30日検定済)には「元はその後も侵攻を計画しましたが、中国やベトナムの反乱のため実現しませんでした。いっぽう、元と日本との民間貿易は、さかんにおこなわれました」という記述が盛り込まれている。

　「5　千葉大附属中三年生の発表を聞く」においては、附属中生の『一遍上人絵伝』について「一遍の教えはどんな人々に支持されたか」「一遍はどのように教えを広めていったか」という報告を子どもたちに聞かせた。その質疑応答の最中に三橋氏は「戦争のとき、人々はどういう気持ちだったでしょうか」と水を向け、まず「武士から、農民から、日本人は一丸となって

元と戦おうとした」という発言を引き出し、それに関わる複数の意見を集約し「命とか被害ということを考えると戦争はしたくない、でも元の侵略に対抗するためには戦わなくてはならないと考えた」とまとめた。また「幕府やそれに従っていた御家人たちと農民などを区別して考えている」意見も収集した。

「6　まとめ」では、三橋氏は今回の授業は大輔君の「日本はちゃんとした独立国だ。フビライに従うのは嫌だとはっきり告げて元と戦うべきだ」という発言に始まり、この「『日本はちゃんとした独立国だ』という生活に根ざした意見、すなわち子どもたちにとって歴史というのは自分たちとは遠い世界のことだという、いわば常識をうち破る意見だった」とまず評価する。

また直人君が朝貢について質問したことを取り上げ、その上で大輔君とは「違った視角からフビライの国書を読み直し」た。氏は、「そう考えた直人は二度目の戦争を無意味とし、さらに『承久の乱で戦争をしたので、戦いをするとたくさん被害がでるとわかった日本は、戦いたくなかったと思う』と、承久の乱にまでその認識を広げている」と評価する。

さらに、敦子さんは「戦えばどちらの国民にも被害が及ぶので交渉すればいい」という認識からフビライの国書を読み、「私は元が嫌いだ。そう思うとさっきのフビライの手紙も嘘のように思えてくる」と認識を深めた、とする。氏は「歴史に近づいた敦子は、自分の認識の中に存在する国家意識を披瀝したことになる」と紹介する。

以下の事例は割愛するが、氏は「私が子どもたちに内在する『国家の論理』にこだわって授業をするのは、これを何か他の論理に置き換えさせるためではない。子どもたちがそのことに気づき、それでいいのかを自問させるためである」と総括し、今後の課題として高麗やベトナムについての質問が出なかったことから、「子どもたちが歴史を見つめるとき、ひとり日本ばかりでなく、さらに世界へ目を向けさせる歴史教育が求められることになる」としている。

以上で最新の授業実践事例の紹介を終えたい。今回は遺憾ながら批評の紙幅をもてないが、両氏とも並々ならぬ精力をかけての実践であることにただ

ただ敬意を表しておきたい。何故ならば、キーパーソン型人物学習を提唱する安達弘氏は、与謝野晶子の詩2編を取り上げての学習の結果、「先生は与謝野晶子のように戦争を二つの心で見ていこうと思っています。それは戦争にはさけて通れない戦争もあるという厳しい心と、でも戦争はたくさんの人が死んでしまうのでできるだけさけたい、したくないという優しい心の二つです。戦争はハンターイとかサンセーとかそんな単純なものではありません。みんなもこの二つの心で戦争について考えるようにしてください」というメッセージを子どもたちに届けているのである（『人物学習でつくる歴史授業』明治図書、2001年、129-140頁）。ここに危うさを感じるのは筆者だけだろうか。

3. 教科書記述の分析

　ここでは前章の授業実践事例のもととなる教科書記述について報告していきたい。なお、学校制度と教科書制度の概略については割愛する[11]。

(1) 戦前期

　ここで、具体的に小学校用の歴史教科書の記述を、筆者の(b)論文をもとに見ていくことにしたい。取り上げる教科書は、明治期以降のものの中から、発行された時代を考慮しつつ選択していきたい。

　分析項目は、既述の如く①題目、②蒙古の国書、③文永の役の顛末、④蒙古軍の戦術及び幕府の対応策、⑤弘安の役とその顛末、⑥第3次日本遠征、⑦その他の特記事項、⑧意義、以上の8項目とする。なお、「」の部分は教科書からの抜粋であり、その他は要約である。

a. 『史略』（明治5年<1872>文部省刊）
　①「人皇（第九十一代亀山天皇、第九十二代後宇多天皇）
　②（記述なし）
　③「伐て却く」
　④（記述なし）
　⑤「時に大風起り虜艦を覆へす。元兵生て還る者三人。これを弘安の役といふ」
　⑥⑦⑧（記述なし）

b.『小学校用　日本歴史』(明治 26 年＜ 1983 ＞金港堂刊、明治 27 年＜ 1984 ＞文部省検定済)
　①「第十八章。元寇。北条時宗」
　②「其ノ書面尊大無礼ナリケレバ、鎌倉ノ執権北条相模守平時宗断然其ノ使ヲ却ケタリ」
　③「兵ヲ遣ハシテ吾ガ対馬、壱岐及ビ筑前ヲ乱暴シ、」
　④「敵ノ軍艦ハ吾ガ船ヨリ強大ニシテ、進退自在ヲ極メ石弓等ノ大ナル飛ビ道具ヲ仕掛ケレバ、……」
　⑤「弘安四年即紀元千九百四十一年」／「水陸ノ戦ヒ昼夜スサマジカリキ」／河野道有の奮戦／「総大将范文虎ハ吾ガ兵ノ驍勇ニ辟易シ、已ニ遁レ去ラントシケル処ニ、俄ニ風荒レ、浪怒リ、……」
　⑥「サスガノ忽必烈モ是レヨリ日本ヲ断念シ、吾ガ国武勇ノ名長ク彼レ等ガ記憶ニ残レリ」
　⑦「此ノ大難ヲ引キ受ケテ時宗ハチットモ騒ガズ、夷敵ヲ皆殺シニセンカ、一国皆切リ死ニセンカ、二ツニ一ツト決心セリ」
　⑧「サレバ外国ヨリ吾ガ国ニ攻メ来タル例古来甚少ク、偶之アルモ彼レニ後レヲ取リシコト無シ。万一一歩モ外国ニ譲ルコトアラバ、此ノ国ハ他国ニ亡ボサレ、……」／「故ニ一旦外国ノ攻撃ヲ受クル事アラバ国民ハ挙ゲテ防御ニ力ヲ尽クサザルベカラズ」／「是レ徴兵ノ要用ナル理由ニシテ、即国ノ太平ヲ守ル方便ナリ」

c.『小学日本歴史』(第 1 期国定歴史教科書、明治 36 年＜ 1903 ＞文部省刊)
　①「第十九　元寇」
　②③④（記述なし）
　⑤弘安四年／「元兵大にやぶる」／「をりしも、大風、にはかに、おこりて、……」
　⑥「元は、また、わが国をうかがふことなかりき」
　⑦「亀山上皇は、大いに、これをうれへ、身をもって、国難にかはらんことを祈りたまひ、……」
　⑧（記述なし）

d.『尋常小学国史』(第 3 期国定歴史教科書、大正 9 年＜ 1920 ＞文部省刊)

①「第二十一　北条時宗」
②「蒙古王はすでに高麗を従へ、さらに我が国を小国とあなどり、我をも従へんとて、高麗王に命じ無礼なる書を送らしめたり」
③「文永の役」／「文永十一年」／「……博多付近に上陸せしが、我が将士勇敢にして、よく之を防ぎしかば、敵軍遂に逃去りたり。世に之を文永の役といふ」
④「石塁を博多湾の海岸に築かしめて、」
⑤「弘安の役」／弘安四年／菊池武房、河野道有の奮戦／「ついで支那より来れる大軍これと会して、まさに攻めよせんとせし折しも、大風にはかに起りて、……」／「世に之を弘安の役といふ」
⑥「これより後、元は再び我が国をうかがふことなかりき」
⑦「時宗は時頼の子にして、相模太郎といふ。生れつき豪気にして弓の上手なり。かつて将軍武人を召して弓を射させたる時、人々みな射そんぜんことを恐れて、ためらひたるに、わづかに十一歳なる時宗は、少しも臆する色なく、ひとり馬に乗りて進み出で、一矢にて的に射あて、大いに誉をあげたることあり」／「亀山上皇は大いに之を憂へたまひかしこくも御身を以て国難に代らんことを伊勢の神宮に祈りたまひ、」／「近く明治天皇は、時宗の大功を賞したまひて、特に従一位を贈りたまへり」
⑧「上下一致して元寇をうちはらふ」／「此の二度の役は、まことに我が国始めての大難にして、……」

e. 『小学国史　尋常科用』（第5期国定歴史教科書、昭和15年＜1940＞文部省刊）
①「第二十一　北条時宗」
②「時宗は、その手紙の無礼なのを見て大いに怒り、使いをただちに追ひかへしてしまった」
③「文永の役」／文永十一年／「わが将士は少しもひるまず、必死となってよく戦ひよく防いだので、元の兵はとうとう逃去った。世にこれを文永の役といってゐる」
④「博多湾の海岸に石塁を築いて敵軍にそなへえると共に、進んで敵地

に攻入る計画をも立てた」
⑤「弘安の役」／紀元一千九百四十一年、弘安四年／菊池武房、河野道有、竹崎季長の奮戦／「にはかに神風が吹きおこって、……」／「世にこれを弘安の役といってゐる」
⑥（記述なし）
⑦時宗、十一歳の時の弓の誉れ／亀山上皇の祈り／明治天皇が時宗に従一位を贈った。
⑧「上下一心元寇をうちはらふ」／「天照大神のお助けと、上下一心、長期にわたってこの強敵に当たったので、つひにこれを追ひはらってわが国土を守ることができた」

上掲により、まず明治初年の教科書 a は国書の無礼であることに触れず、文永の役の顛末も簡略に記述している。ところが、b は日清戦争（1894–95 ＜明治 27–28＞）の前年の刊行だけあり、蒙古を「夷敵」と蔑視し、徴兵の必要性を強調する形になっている。但し、文永の役の顛末を大風に帰してはいない。c は国定教科書第 1 期のものであるが、一転して文永の役の記述や蒙古襲来を防ぎ得た意義を説いたりすることなく、淡白な記述になっている。d は大正期のものであり、この期より時宗の少年期の逸話を取り上げ、児童に親しみやすくかつ尊崇の心を持つべく配慮されている。すなわち、国史の教材をもって国民としての訓育を施そうとする姿勢が窺い知れる。なお「上下一致して」の表現は、明治 44 年の第 2 期国定教科書改訂版より登場する。日露戦争（1904–05 ＜明治 37–38＞）後のことである。

e は 1931 年（昭和 6）の満州事変、37 年（昭和 12）の日中戦争勃発後の発行である。「進んで敵地に攻入る計画」は明治 42 年の第 2 期国定教科書より、「神風」の文言は第 4 期版（昭和 9 年刊）を初出とし、ここに皇国少年に蒙古襲来を通じて何を教え込むべきか出揃うことになる。

ここで、アジア・太平洋戦争の転換点となったミッドウェー海戦大敗（1942 年）、ガダルカナル撤退（1943 年）の時期に刊行された国定教科書の要点を、上掲 a ～ e に倣ってあげることにしたい。

f.『初等科国史』（第 6 期国定教科書、昭和 18 年＜ 1943 ＞文部省刊）
①「第五　鎌倉武士」「三　神風」

②「その文章があまりにも無礼なので、朝廷では、返書をお与えになりません。」
③文永十一年（紀元一千九百三十四年）／宗助国の戦死／「この奮戦が神に通じ、博多の海に、波風が立ち始めました。敵は海上の船を心配したのか、それとも、わが軍の夜討ちを恐れたのか、ひとまづ船へ引きあげて行きました。夜にはいって、風はますますはげしく、敵船は、次から次へと、くつがへりました。……」／「これを世に文永の役といひます」
④「敵のすぐれた兵器、変った戦法になやまされて、」／「元の国の面目にかけても、再征をくはだてるつもりで、すでに、いやがる高麗に命じて、船を造らせてゐましたし、」／博多湾いったいに石塁を築く／「軍船を整へ、進んで敵地に攻めこむ計画さへ立てました。これを聞く国民の血は、一せいにわきたちました。肥後の井芹秀重といふ老人や、真阿といふ老尼までが、身の不自由をかへりみず、たよりにする子や孫を、国のためにささげようといふ意気にもえたちました」
⑤「紀元一千九百四十一年、弘安四年」／河野通有、菊池武房、竹崎季長の奮戦／「敵艦は博多の湾をうづめつくしました。大日本は神国であります。風はふたたび吹きすさび、さか巻く波は数千の敵艦をもみにもんで、かたはしから撃ちくだき、くつがへしました。わが将士は、日ごろの勇気百倍にして、残敵をおそひ、たちまちこれをみな殺しにしました。敵艦全滅の報は、ただちに太宰府から京都へ鎌倉へと伝へられ、戦勝の喜びは、波紋のやうに、国々へひろがりました。世に、これを弘安の役といひ、文永の役と合はせて、元寇を呼んでゐます」
⑥「元は、さらに、第三回の出兵をくはだてましたが、すでにわが国威におぢけもついてゐましたし、それに思はぬ内わもめが起って、とうとうあきらめてしまひました」
⑦「日本武士の魂が、果して、かれらの進撃をゆるすでせうか」／「国民いっぱんに節約を命じて、軍費をたくはへさせたり、」／「亀山上皇は、皇大神宮に、御身を以て国難に代ることをお祈りになりまし

た。社といふ社、寺といふ寺には、真心こめた国民が満ちあふれました」
⑧「敵は世界最強をほこる元であり、従ってわが国としては、かつてためしのない大きな国難であります」／「思へば元寇は、国初以来最大の国難であり、前後三十余年にわたる長期の戦でありました。かうした大難を、よく乗り越えることのできたのは、ひとへに神国の然らしめたところであります」／「武士の勇武は、みごとに大敵をくじき、民草もまた分に応じて、国のために働きました。まったく国中が一体となって、この国難に当り、これに打ちかったのですが、それといふのも、すべて御稜威にほかならないのであり、神のまもりも、かうした上下一体の国がらなればこそ、くしくも現れるのであります」（以下省略）

ここでは、その題目を「神風」として、それに関連させて文永の役の結末が大風雨によるという記述が初めて現れるところに注意すべきである。全体として、eの記述を懇切丁寧に増幅し、例えば年老いた者が頼りにする子や孫を国家に捧げるというくだりや、「日本武士の魂が、果して、かれらの進撃を許すでせうか」という記述になって出てくるところに特徴がある。

(2) 戦後期

ここでは、まず戦後最初の歴史教科書である『くにのあゆみ』、話題となった扶桑社版（ここでは自由社版を取り上げる）、そして最新の中学、高校日本史（高校は「日本史」、「世界史」と別立てである）の歴史教科書を各々一冊ずつ計4冊を取り上げ、最後に高校「世界史」2冊を参照したい。

なお、本来は改訂ごとに検証することが本筋であるが、今は紙幅にその余裕がないことをお断りする。

g. 『くにのあゆみ』（第7期国定教科書、昭和21年＜1946＞文部省刊）
　①「第四　武家政治」「一　鎌倉幕府」「蒙古の来襲」
　②「その手紙が無礼なので返事をしませんでした」
　③文永十一年（西暦一二七四年）／「敵が上陸してきたため、大そうなんぎをしました。ところが、大風がおこって、敵の船をくつがへしたので、これを退けることができました」

④（記述なし）
　⑤弘安四年（西暦一二八一年）／「この時もまた大あらしがおこって、敵の船を吹きちらしてしまひました」
　⑥⑦⑧（記述なし）
h.『中学社会　新編　新しい歴史教科書』（自由社、平成21年4月3日文部科学省検定済）
　①「第2章　中世日本の歴史～鎌倉・室町時代～」「第1節　武家政治の始まり」「22　元の襲来とその後の鎌倉幕府」
　②「フビライは、東アジアへの支配を拡大し、独立を保っていた日本も征服しようとくわだてた。フビライは、まず日本にたびたび使いを送って、服属するように求めた。しかし、朝廷と鎌倉幕府は一致して、これをはねつけた」
　③「2回とも、元軍は、のちに『神風』とよばれた暴風雨におそわれ、敗退した」
　④「日本側は、略奪と残虐な暴行の被害を受け、新奇な兵器にも悩まされた。しかし鎌倉武士は、これを国難として受けとめ、よく戦った」／「その日、歴史は　蒙古襲来」欄に『蒙古襲来絵詞』をあげ、解説に半ページ余りを費やし、そこに「その戦法は、太鼓やどらを打ち鳴らし、毒を塗った矢と火器を使って攻める」、「博多湾岸に石塁を築くなど」とある。
　⑤上記②に同じ。／「その日、歴史は」欄に「日本側は夜の闇にまぎれて敵の船に乗りつけ、多くの敵兵を斬りたおし、船に火をつけて引きあげた。そこにふたたび暴風雨がおそいかかり、元軍は大損害をこうむって逃げ帰った」
　⑥（記述なし）
　⑦「日本の勝利の一因」について「その日、歴史は」欄に解説あり。
　⑧「国難」、「神風」の文字を本文に掲げる。／「こうして日本は、独立を保つことができた」
i.『社会科　中学生の歴史　日本の歩みと世界の動き』＜初訂版＞（帝国書院、平成17年3月30日文部科学省検定済）

203

①「第3章　武家政治と東アジア」「1節　武士の世のはじまり」「3　海をこえてせめてきた元軍」

②「フビライが日本に使者を送り、朝貢と服属を要求してきたのは、高麗を征服したのちの1268年のことでした」／「元からの服属を求める手紙」（囲み記事）

③「1274（文永11）年、元軍は九州北部におし寄せ、博多湾に上陸しました。（中略）暴風雨もあって、元軍はすぐに引きあげました（文永の役）」

④「元の集団戦法とすぐれた火器などにおされ、」／「防塁」（写真が掲載され、説明が付される）

⑤「1281（弘安4）年、元の大軍はふたたび九州北部をおそいました。元軍は、幕府軍の抵抗や海岸に築かれた防塁などにはばまれて上陸できないうちに、激しい暴風雨にあい壊滅的な打撃を受けて、引きあげました（弘安の役）」

⑥（記述なし）

⑦「この2度にわたる元軍の襲来を元寇とよんでいます」／「地域史　北と南をおそったもう二つの元寇」（囲み記事）

⑧「元寇は日本人に強い恐怖感をうえつけました。その一方で、暴風雨は日本の神々がおこしたものだと思った日本人の間には、日本を『神国』とし、元軍の一員として戦いをまじえた高麗（朝鮮）のことを低く見る思想が強まっていきました」

j.『詳説　日本史　改訂版』（山川出版社、2006年3月20日文部科学省検定済）

①「第4章　中世社会の成立」「4　蒙古襲来と幕府の衰退」

②「高麗を全面的に服属させ、日本に対してたびたび朝貢を要求してきた」

③「たまたまおこった暴風雨にあってしりぞいた」

④「元軍の集団戦やすぐれた兵器に対し、」／「博多湾岸など九州北部の要地を御家人に警備させる異国警固番役を強化するとともに、博多湾沿いに石造りの防塁（石塁）を構築させた」

⑤「1281（弘安4）年、約14万の大軍をもって九州北部にせまった。しかし博多湾岸への上陸をはばまれているあいだに暴風雨がおこって大損害を受け、ふたたび敗退した」
⑥「元はその後も日本征服を計画していたので、」
⑦「2回にわたる元軍の襲来を蒙古襲来（元寇）という」／高麗、旧南宋の勢力や大越（ベトナム）の人々の抵抗が、3度目の侵攻を断念させる要因ともなった。
⑧「また御家人以外に、全国の荘園・公領の武士をも動員する権利を朝廷から獲得するとともに、蒙古襲来を機会に西国一帯に幕府勢力を強めていった」

　ここで高校世界史教科書を見ておきたい。その意図するところは、日本史の事象を世界史のなかに相対化して位置づける歴史像をはぐくむことである。
　例えば、『世界史B』（東京書籍、平成18年＜2006＞3月30日検定済）においては、第11章「ユーラシア大陸諸帝国の栄光」、第13章「中華帝国とアジア」の両章に関連記述がある。
　まず前者の巻頭の「概要」の項には「金と南宋によって分割されていた中国がモンゴルのもとで統一されると、中国は巨大な市場としてその姿をあらわすことになった。帝国は、日本やジャワを攻めて失敗したが、日本や東南アジア諸国はモンゴルとの交易を積極的に求めたため、海上交易も発展し、海の時代を支えた」とある。第1節「モンゴル帝国」所収「モンゴル帝国時代の東西交流」の項に、「東西世界にまたがるモンゴル帝国」の地図を載せ、「モンゴル軍の遠征路」として日本への侵攻を示し、本文では「イスラーム天文学の知識にもとづいて中国で郭守敬が授時暦をつくった」と記し、欄外の囲み記事で授時暦と日本の貞享暦の関連が述べられている。
　つぎに、後者では「概要」の項には「1279年、フビライはついに南宋を滅ぼし、余勢をかって攻撃の手を日本・ビルマ・ジャワにのばした。こうして東アジアの中核に成立した元朝（大元ウルス）は、事実上、チンギス＝ハンの分封地（諸ハン国）をたばねるモンゴル帝国の宗主国の地位を得て、陸と海の両路をおさえて西方世界に対峙することになった」とある。第1節

205

「元朝の成立」所収「元朝と東アジア」の項では、「朝鮮半島の高麗を服属させたフビライは、つぎに日本列島に目を向けた。1274年、高麗の民を徴発して組織したモンゴル・高麗の連合軍は、北九州に侵攻した（文永の役）。南宋を滅亡させたのちの1281年には、南宋の民を動員し、再度の日本遠征を遂行した（弘安の役）。しかし鎌倉政権下の武士団の抵抗と、おりからの台風の襲来のもとで、元寇とよばれる侵攻は、ともに失敗に終わった」、「フビライは三度目の日本遠征を準備したが、江南の各地で反乱がおこり、属国としていたヴェトナム北部の大越国（陳朝）や南部のチャンパーも反抗を示しはじめた。元は鎮圧の大軍をヴェトナムに送ったが、とくに陳朝の抵抗ははげしく、3次にわたる元の侵攻は撃退された。ヴェトナムでの敗北後、フビライは反抗の姿勢を示したジャワ（シンガサリ王国）を攻撃したが、ここでも元軍は敗退した」、「こうして元を中心とする東アジアの国際秩序の再編は、ついに達成されなかった。しかし、元・日本・高麗間の交易船の往来は、戦役の途中でもとだえることがなかったように、東アジアの交易圏は保たれていた。（後略）」とある。

　一方、江湖で評価が高いとされる『詳説世界史　改訂版』（山川出版社、2006年3月20日文部科学省検定済）においては、第4章「内陸アジア世界の変遷」、第3節「モンゴル民族の発展」所収「元の東アジア支配」の項に、「フビライはモンゴル高原と中国を領有するほか、チベットや高麗を属国とした。さらに彼は南方に進出し、日本・ベトナム・ミャンマー・ジャワにも遠征軍を送った。その遠征は強い抵抗にあって、多くの場合目的を達成できなかったが、元の南方進出は東南アジアに大きな社会変動をもたらした。（後略）」とあるにとどまる。なお、「モンゴル時代のユーラシア」に授時暦が日本に取り入れられ貞享暦に繋がることは言及されている。

　如上より、東京書籍版と山川出版社版の差異は歴然としている。また東京書籍版により、世界史において蒙古襲来をどのように東アジア世界に位置づけるか、また授時暦をキーワードに東西文化の交流の諸相の一端を示す、大いに参考になる記述である。

4.　挿絵・図版の変遷について

ここでは挿絵や図版の意味するところの大きさを理解することを目的としたい[12]。
(1) 戦前期
　まず、挿絵について簡略に述べておきたい。その意図するところは、児童の理解を容易にすることにあるといえる。しかし、それだけの理由によるものであろうか。そこで挿絵がどのように規定されてきたか概観しておきたい。
　1879年（明治12）、天皇の侍補であり侍講でもあった元田永孚の手になる「教学聖旨」が出された。この教学聖旨の基本理念こそ、明治政府の求める人間像に合致するものであったと考えられる。ここに「古今ノ忠臣義士孝子節婦ノ画像・写真ヲ掲ケ幼年生入校ノ始ニ先ス此画像ヲ示シ其行事ノ概略ヲ説諭シ忠孝ノ大義ヲ第一ニ脳髄ニ感覚セシメンコトヲ要ス」とある。ついで、1891年（明治24）に「小学校教則大綱」が出され、そこには「日本歴史ヲ授クルニ成ルヘク図画等ヲ示シ児童ヲシテ当時ノ実情ヲ想像シ易カラシメ」とある。すなわち、「教学聖旨」によりその意図が明確にされ、「大綱」によって制度化されたといえる。
　ここで、前章で取り上げた教科書について、その挿絵を筆者の (c) 論文に拠り見ていくことにしたい。以下、a〜fは前章の教科書に対応させ、挿絵のキャプションを見出しとして掲げることにする。
a.「伐元寇」
　本書は、蒙古からの国書の文面が無礼、あるいは不遜であることにも全く触れず、文永の役の顛末も簡略に記述するに過ぎない。
　ところが、挿絵は竹崎季長が敵の首級ふたつをあげ、それを安達盛宗の面前にすえながら戦況報告しているものであり、『蒙古襲来絵詞』下巻四十紙に取材したものである。明治初年のこととはいえ、生々しい図柄である。
b.「蒙古軍ノ大敗」
　本書は巻頭の目次に挿絵の項目もあり、そこで標記のように題されている。ャプションは付されず、挿絵に対応する記述は「会々西風大ニ起リ、海水簸蕩シテ賊艦破レ砕ケ、」とある。

ここで想起されることは、『高等小学歴史』（版権所有　文部省総務局図書課、明治24年＜1981＞刊）所収の挿絵であり、図柄に通底するものがある。これには「賊艦颶風ニ遇ヒテ覆没スル図」というキャプションがつく。矢田一嘯[13]のパノラマ画以前のものである。

c, d.「元寇」

　　ここの挿絵は、国定教科書の第1期から第5期まで（第2期改訂版もふくむ）同じものが掲載された。『蒙古襲来絵詞』下巻二十六紙の艦船を中央に据え、手前の小船は下巻十九紙をもとにしたものである。後景の艦船は下巻二十八紙である。なお、中心の艦船の船尾では、竹崎季長が敵兵の首を掻き取らんとする場面であり、その相手は武装していないことに注意したい。

e, i)「わが勇士の奮戦」

　　上記c, dの挿絵と同じであるが、キャプションが変わった。この教科書は巻頭に「神勅」を掲げ、1937年（昭和12）の日中戦争勃発以後の時局の要請をうけたものであることがわかる。

e, ii)「元兵来寇の図」（地図）

　　この地図は第3期国定教科書から掲載された。この期の教科書は、例えば北条時宗の少年期の逸話を取り上げ、児童に親しみやすくかつ尊敬の心を持つべく配慮されている。その点から考えると、地図を示すことにより、蒙古襲来を児童にも分かりやすく教授することが意図されていると思われる。

　　つまり、時宗の逸話を取り上げることにより、児童に国民としての訓育を施そうとすることに加え、「東亜」すなわち東アジアにおける地理的位置関係を理解させようとしていることが窺い知れる。

e, iii)「博多湾の石塁」

　　この挿絵は、ここにおいて初めて掲載された。この第5期国定教科書といえば、1940年（昭和15）の刊行であり、蒙古襲来の全体的記述については、ここにいたり皇国少年に何を教えるべきか出揃うことになる。

　　ここに石塁が登場することは、その石塁の築造がどのように行われたかを教授することを目的とする。本書に、「博多湾の海岸に石塁を築い

て敵軍に備えると共に、進んで敵地に攻入る計画をも立てた」とある。まさに時局と合致するわけである。

　この挿絵のモデルは、史蹟現地講演会編『元寇史蹟の新研究』(丸善株式会社、1915年)所収、「発掘を終れる元寇防塁の一部」(大正二年七月二十日)というキャプションのついた写真である。

f, i)「元の勢」(地図)

　世界地図のなかで、当時の情勢がどのようなものであったか。その点については、すでに『校正　日本小史』(大槻文彦著、明治20年＜1887＞文部省検定済)以降、示されているわけである。そこでは、「此時、蒙古ハ、尽ク亜細亜ノ中西部ヲ従ヘ、欧羅巴ノ東部ヲモ併セ、又、支那高麗ヲ降シ、其疆土兵勢ノ強大ナルコト、世界無比ナリニシ」と説明されている。

　それがこの期に至って、歴史地図として歴史学習の教材としてその地歩をしめたわけである。

f, ⅱ)「北条時宗」

　この時宗像は、満願寺原蔵、元寇史料館のものをもとにしている。

f, ⅲ)「元寇」(地図)

　蒙古軍の来寇図、e, ⅱ)を地名の点でやや詳細にしたものである。ただ、朝鮮半島南部と九州北部を示すのみで、弘安の役の江南軍の出発点を示していない。

f, ⅳ)「老尼の意気」

　初出である。これについてはすでに述べたが、年老いた者が頼りにする子や孫さへも国家に捧げるというものである。本書の結びに、この国難を乗り越えるために「民草もまた分に応じて」国のために働いたことが称揚されるが、それはこの部分に呼応するものであろう。

f, ⅴ)「不意打ち」

　この挿絵は、『蒙古襲来絵詞』下巻十五紙「草野次郎経永の兵船」をもとに描いたものと思われる。「不意打ち」なるキャプションは教材としての適否はいかがなものであろうか。真珠湾奇襲攻撃を想起させる。因みに、本書では「御国の命を翼にかけて、やにはに真珠湾をおそひま

した」とある。辞典を紐解くと、「ふいを討つ」は「相手の油断をみて、いきなり何かをする。奇襲をする。また、おどろかす」とある（『日本国語大辞典』第9巻、小学館、1976年、252頁）。

f, vi)「敵艦全滅」

　これに関わる本書の記述は、「大日本は神の国であります。風はふたたび吹きすさび、さか巻く波は数千の敵艦をもみにもんで、かたはしから撃ちくだき、くつがへしました」とある。

（2）戦後期

g.　章末に「禅宗の寺」の写真を掲載するだけで、蒙古襲来と直接的関わりはないと考える。

h.　「13世紀後半の世界」と題する地図、「フビライ・ハン」の肖像画、「元軍の進路」図、「その日、歴史は　蒙古襲来」欄として『蒙古襲来絵詞』より「蒙古の襲来で元軍と戦う御家人」と題した竹崎季長の場面。ここに詳細な解説を付している。「元軍の上陸を防ぐために博多湾の海岸線に築かれた石塁」の写真もある。

　なお、同書の市販本の『新しい歴史教科書　改訂版』（扶桑社、平成17年＜2005＞）には「『敵国降伏』の書」が掲載され、「亀山上皇が元軍への勝利を祈願して筥崎宮に納めたものといわれる」の説明がある。

i.　①「元軍と戦う武士＜『蒙古襲来絵詞』東京都　宮内庁三の丸尚蔵館倉＞」とあり、先生の似顔絵が書かれ、吹き出しに「この絵は、九州の御家人の竹崎季長が元との戦いで、恩賞として地頭の職をもらったことに感謝して、つくったものなんだよ」とある。②ユーラシア大陸の地図が掲載され、「モンゴル帝国の領域」と題して領域と「元に服属した国」、「モンゴル軍の遠征路」も示されている。③「元寇防塁のあと」と題して写真が載り、「元寇に備えて、幕府は、御家人に命じて、博多湾沿岸に、高さ3mの石塁を築きました。写真は復元したもの」と説明する。なお、上記の①〜③の数字そのものも教科書に示されているものである。

　ここで重要なことは、『蒙古襲来絵詞』の最新の研究成果を示す場面として第二三紙、第二四紙が載せられていることである。この場面はよく使用されるものであり、適切な解説を示すと「左が元軍、右が日本の騎馬の武士竹

崎季長です。『てつはう』とよばれる元軍の火薬が爆発し、元軍の兵が集団で矢を放つなかを戦う姿がえがかれています。（文永の役）」となる（『中学社会　歴史的分野』日本文教出版、平成17年3月30日検定済）。

　この第二三・二四紙について、村井章介氏は『北条時宗と蒙古襲来』（日本放送出版協会、2001年）において、先行研究を踏まえて「両紙の継目付近に描かれた三人の蒙古兵は追筆である」と紹介する（157頁）【219頁の図版参照】。

j.　「12～13世紀の東アジア」の地図、「元軍との陸戦の図」（『蒙古襲来絵巻』）、「蒙古襲来関係要図」として朝鮮半島南部から九州北部までを示した地図、「防塁跡」の写真、計4点が掲載。

　以上である。なお、世界史教科書について、前掲の山川出版社版は元朝関係のものとして、「モンゴル帝国の最大領域」図に「フビライ＝ハンの時代の遠征路」、「モンゴル帝室の系図」、「フビライの狩猟図」、「「モンゴル時代の通行証」、計4点あるが、蒙古襲来そのものの図版はない。

　東京書籍版は、「ユーラシア大陸諸帝国の栄光」所収、「モンゴル帝国」の節に「東西世界にまたがるモンゴル帝国」として「モンゴル軍の遠征路」に日本侵攻も図示、「中華帝国とアジア」所収、「元朝の成立」の節に「モンゴルの騎兵」、「元の交鈔」、「モンゴル帝国の牌符」、「元の観星台」、「元寇」（蒙古襲来絵詞）と配されている。

　最後に山川出版社の高校日本史（前掲）と東京書籍の高校世界史（前掲）所載の「元軍との陸戦の図」、「元寇」とも上記の『蒙古襲来絵詞』の有名な場面であるが、退却する蒙古兵の部分はカットされている。

5.　グローバル時代の歴史教科書とは

（1）問題提起

　筆者は先に渡部昇一、早坂暁両氏の見解を示した。さらに井沢元彦氏には『逆説の日本史―中世神風編―』（小学館、1998年／奥付に、初出は『週刊ポスト』1996年11月22日号～98年1月1・9日号に連載したものを再構成、とあり）におけるモンゴル民族についての発言がある。

　すなわち井沢氏は「もともと遊牧民族は、中原に住む漢民族にとって野蛮

人以外の何者でもなかった。一か所に定住せず、常に移動している彼等に、『腰を据えた文化』など築きようもなく、」と説明するくだりがある（212-213頁）。井沢氏の発言は、まさに片倉氏の指摘する「蒙古夷狄観」や「遊牧・狩猟民族に対する偏見の再生産」に合致するものである。

　筆者は、そのおよそ10年前に「高校世界史における内陸アジア遊牧民の生活文化」（『総合歴史教育』第23号、総合歴史教育研究会、1987年）を書いた。そこでは高校世界史教科書6社11種類を取り上げ、「遊牧がどのように理解されているか」及び「遊牧民族の生活と文化がいかに語られているか」の二点から分析したものであった。その結果、その記述が精粗さまざまであることがわかり、いくつかの問題点が指摘できた。まず遊牧についての定義、基本的な生活様式についての理解などに、根本的な問題が存在した。また、安易に遊牧経済を農耕経済と比較する記述も見られる。これらについては、両者の生活原理は全く異なっている、というところから出発する必要があろう。概して、執筆者の理解に疑問符が付いたのであった。換言すれば、執筆者に人を得ていない、あるいは勉強不足であるとも言いうるであろう。

　井沢氏の発言もその類いである。「蒙古夷狄観」も遊牧文化に対する理解の欠如に起因すると考えられる。ここでその「夷狄」という語句についても一言しておきたい。古代中国における中華と四夷、漢民族は自らを「中華」と美称し、四夷の異民族（非漢民族）を「夷狄」、「蛮夷」と卑称して蔑視したといわれているが、そこを再検討する竹村卓二氏の論考が現れたのである。氏は、両者の関わり合いの歴史から「両者のあいだにはもともと絶対的な差別というものはなかったと考えてよい。しいていうならば、『文化の格差』にもとづく優越意識であって、少なくとも『人種的差別』はなかったのである」という視点から、例えば北方の異民族を古く「（北）狄」と呼んだのも、かれらの生活が狩猟、牧畜を主体にしていて、犬や狼と密接な関係があったからであり、それはその民族の生態や習俗の特徴をとらえて族名としていると考察している[14]。至当な発言である。

　そのような体験から、筆者はグローバル時代の歴史教科書はどのように考えられているか、という点から出発したい。そして、自らの専攻分野との関

連から杉山正明、森安孝夫両氏等の論考から学びつつある。この両氏においても標記についての記述は存在する。

　まず杉山氏は、『逆説のユーラシア史―モンゴルからのまなざし―』(日本経済新聞社、2002年)において、第1章「ユーラシア史をとらえ直す」として、「1、一九世紀の負の遺産＝『世界史』という科目」、「2、遊牧文明もうひとつの世界史」と述べていく。その第1節に「地球化時代の真の世界史像を」という項目があり、氏は「大学を中心とする学術研究界においては、戦前・戦後も一貫して、世界史にかかわる諸分野を西洋史と東洋史という日本独特の名乗りで両分する二頭立て状態がひきつづいたが、こと世界史という全体像を物語ろうとすると、研究レヴェルにおける『国際発言力』をほぼ逆転させたようなかたちとなった。東洋史という名のアジア史研究者からの世界史への発言は、どうしても稀となりがちであり、反対に欧米での思潮・動向に敏感な西洋史家たちがおおむねはリーダーシップをとって、西欧中心型の世界史像が『護持』されてきた面が否めない」(36頁)と述べる。

　森安氏は大阪大学21世紀COEプログラム「インターフェイスの人文学」という取り組みをなし、『シルクロードと世界史』(大阪大学、2003年)という報告書を出している。そこに氏の「世界史上における中央ユーラシアの意義」なる一文があり、「アナール学派の総帥だったフランスのブローデルは、ヨーロッパの敵でありながらヨーロッパ形成に重大な影響を与えたイスラム世界についてはピレンヌについでかなり正当な評価をしているが(マホメットなくしてシャルルマーニュなし)、彼がリセの学生のために書いた世界史教科書を見ると、その中央アジア史についての理解は、実に惨憺たるものである」と説き起こし、「第一に、近代以前の世界史を動かす原動力となってきた中央アジアの遊牧騎馬民族、東西交渉の担い手であったシルクロードの商人たち、そして初めて世界を1つにまとめ、本当の意味での世界史を登場させたモンゴルに対して、正しい認識をするに至っていない。簡単に言えば、その程度は、日本の明治以来現在まで使われてきた大多数の中学・高校の教科書と同じである(帝国書院のものはやや例外的)。明治維新の時に西洋より輸入・借用された西洋中心の万国史の流れをいまだにひきずっている高校の世界史教科書だけを『独力で』読んで、世界史が分かった

という生徒はまず1人もいないであろう（教師が優れている場合のみ例外）」（266頁）と述べる。

両氏に通底する考えは、ユーラシア史の理解である。

(2) 提言の内容

筆者はかつて前川貞次郎の「メルカトル世界史像―大いなる錯覚―」（『図書』1968年12月号、岩波書店）に出会い、目から鱗が落ちる感をいだいたものである。前川は「この図法によると北緯40度以北が大部分を占める『ヨーロッパ』の面積が不当に拡大され、ヨーロッパと大きさでは大差のない低緯度の『インド』（パキスタンをふくむ）が、イベリア半島程度の大きさに示されることになる。『ヨーロッパ』は大陸で、インドは『アジア』大陸の一つの半島のような錯覚をあたえることになる」、「その面積においてインドと大差のないヨーロッパをアジアやアフリカとならぶ大陸と考える誤ったこの伝統的な地理的概念＝大いなる錯覚を定義化したのは、さきに述べたメルカトル図法であったともいえる」、「ヨーロッパを不当に拡大し過大視し、アジアやアフリカを不当に過小視した世界像、ヨーロッパ＝『大陸』観が、あたかも事実であるかのように通用している。それはまさに錯覚に立脚したヨーロッパ中心の世界像を地理的に基礎づけたものといえる」（29-33頁）などと、問題提起を行ったのである。

それから40年余りが経過したが、このメルカトル図法のもつ欠点を知り、そこから生み出された歴史的視点を矯め直してきただろうか。答えは否である。筆者たちの心にはいまだにその残滓があると言わざるをえない。

杉山氏は、前掲書において「とにかく、どう考えても、特定の国・地域・文化圏を中心に眺め、過去の人類史を自己本位に切り取ってきた世界史像がよいわけはない。各時代・各地域の『本当にあったこと』を、それが本来もつ輪郭・比重でおし眺めた適正な世界史像こそが、地球化時代に身を置くわたしたちには必要なことだろう」、「そこにおいて問題の核心にあるのは、なにが地域と地域、文明圏と文明圏をつなぎ、世界史を世界史たらしめてきたか、ということだろう。なにが、世界史という全体像において、人と『とき』を動かすダイナミズムであったのか、ということでもある」、「そうしたさい、さきに述べたように、これまで世界史理解のなかで、もっともマイナ

ス・イメージでとらえられてきた遊牧と遊牧民、そしてそれが世界史上にはたしてきた役割と意味を真正面から見つめ直すことは重要なポイントとなるであろう」、「従来の偏った世界史を見直し、あたらしい本当の世界史像をつくってゆくためにも、遊牧民とその歴史をきちんととらえ直すことが欠かせない。それはまた、近現代の世界を構成してきた既成の枠組みを根底から考え直すことにも通じる」と提言する（38–39頁）。

　一方、森安氏は前掲報告書において、先の引用個所に続いて「それは中央ユーラシア（東ヨーロッパ＋中央アジア＋モンゴリア＋チベットの乾燥地帯）の歴史をすっぽり落としているためであって、そのためにいわゆる東アジア文化圏（東北アジア文化圏・東南アジア文化圏を含む）・南アジア文化圏・西アジア文化圏・地中海文化圏・ヨーロッパ文化圏相互の動きが、ひとつながりのものとして有機的に説明されていないからである。ヨーロッパ勢力が鉄砲と船でもって世界に乗り出してくる近代以前の歴史において、中央ユーラシアは、そこにいる遊牧騎馬民族の世界最強の軍事力と、これら諸文化圏全てを結びつける地理的条件との両方の故に、決して無視できないどころか、それ抜きの世界史などありえないのである」とする（266頁）。

　さらに森安氏は『シルクロードと唐帝国』（『興亡の世界史』第5巻、講談社、2007年）の「本書の枠組みと目的」において、「本書の読者としてまず第一に期待しているのは、高校の世界史・日本史・現代社会などの教員である。その理由はもはや自明であろう。すでに社会に出て諸分野で活躍している日本人の基本的な歴史知識は、ほとんどが高校時代の歴史教育ないし大学受験勉強に依存しているのである」（25頁）、「本書の大きなねらいは、これまで幾度となく語られてきたシルクロードと唐帝国に関わる歴史を、西欧中心史観とも中華主義思想とも異なる中央ユーラシアからの視点で、わかりやすく記述することにある。いいかえれば、遊牧騎馬民集団とシルクロードの両者を内包する中央ユーラシア史の側からユーラシア世界史を、すなわち前近代の世界史を見直すのである」（26頁）と敷衍する。

おわりに　―今後の展望―
(1)「元寇」という用語について

ここで、「元寇」という歴史用語について考えておきたい。川添昭二氏は前掲『蒙古襲来研究史論』において、「元寇という用語は、管見の範囲では、近世になってから熟したもののようである。享保五年（一二七〇）幕府に献納された『大日本史』本紀第六十三の弘安の役の項には『元寇』の語がみえる」（15頁）、以後当該問題は時局ことに外圧との関わりのなかで取り上げられる傾向にあった。
　ところが、中村直勝氏は「元寇か蒙古襲来か」（『史迹と美術』第45集第6号、1975年）という論考で、「文永弘安の役は、蒙古襲来であって、決して元寇ではない」と結んでいる。氏は、当時の日本人からすればモンゴルは「北方の異賊であり、蛮族である」から、朝野ともども「この『蒙古襲来』という看板には非常な重要さがある」として、「文永五年の国書には大蒙古国であった。従って、文永十一年は蒙古襲来であった。これはたしかに元寇ではない。弘安二年に『元』の国が創まったのであるから、弘安四年は元寇というならば言えるのであるが、それでも日本では、決して元寇の文字は使っていない」と説くのである。そして、「恐らく元寇という表現は案外に新しく、日清戦争か日露戦争の頃から、ではなかろうか。わが国民の敵愾心を煽り立て、大敵に向っても必ず大勝」すべき先例として、軍国主義時代に、軍国主義者の作為ではなかったか」と述べているのである。
　また杉山正明氏も、「元寇」とは「中国文献に使われる『倭寇』に対するアンチ・テーゼとして明治期に生み出された造語ではないかと考えている」と記した時期があった（『クビライの挑戦』187頁）。さらに、氏は「『元寇』と『倭寇』」と題して、「『寇』とはどろぼう、強盗を意味する。とくに『こそどろ』を濃密に含意する」、「『元王朝のこそどろ』というのは、漢語の立場では、本来成立しにくい語なのである。実際、『元寇』という語は、すくなくともわたしの知る限り、当時から近現代にいたるまで、中国で記された漢文の典籍・文書・記録には見えない」（122–123頁）、「この語の"発明者"が、いったい誰であったかは定かではないが、多分になかば冗談・皮肉のつもりだったかもしれない。しかし、いわゆる神国思想や国体意識ともおそらくは連動して、『元寇』という日本人にとっては、そう悪い響きではない表現・語感が歓迎され、次第に普及していったのだろう」（124頁）と論述

する（「モンゴル時代のアフロ・ユーラシアと日本」、『モンゴルの襲来』＜『日本の時代史』第9巻＞所収、吉川弘文館、2003年）。

　現在の中学校の歴史教科書においては、おしなべて「元寇」の用語が使われている。筆者たちの意識の問題として、ここから見直していくことも必要であろう。

(2)「アジア諸民族の連帯」をどのように考えるか

　既述のことであるが、新たに例示すると『新中学校　歴史　改訂版　日本と世界の歴史』（清水書院、平成17年3月30日文部科学省検定済）には、「元とアジアの人びと」と題して「元は3度目の日本への襲来を計画したが、中国南部や漢民族の反乱や高麗・ベトナム・琉球・サハリンなどの人びとの元に対する抵抗で延期し、フビライの死によって中止した」とある。

　この記述の淵源は旗田巍著『元寇』にある、と筆者は考えている。旗田はこの書物の「はしがき」に、「私は蒙古帝国の意図する日本襲撃に対して、蒙古支配下のアジア諸民族、とくに朝鮮人、また中国人やベトナム人が抵抗し、それが日本侵略計画を停頓・挫折させた主要な力であったことを明らかにし、日本とアジアとのつながりを考えた。元寇は、戦争をたたえたり、アジア諸民族に対する排外主義をあおる材料となるべきものではない。逆に日本とアジアとのふかい関連を考えさせるものである」と記す。

　この『元寇』の刊行をうけて矢代和也は「旗田氏のこの書物は、ここ数年間の日本人民のたたかいのなかで、日本の歴史研究者がようやくたどりつくことのできた一つの到達点を示しているのではないだろうか」と評した（既述）。矢代のこのような見解は、どのような時代相を反映していたか、考えておく必要がある。

　この頃、日本の中国研究ではアメリカのアジア、フォード両財団の資金受け入れ問題が起こっていた。これは日本の現代中国研究を援助するため、台湾の中央研究院と東京の東洋文庫に17万3000ドルの補助金を提供するものであった。しかし、当該研究者側からこのような資金提供をうけて自主研究ができるのか、アメリカの極東政策に利用される恐れはないか、という疑問が提出され論争となったのである[15]。

　この時期、旗田は日本のアジア研究が、敗戦以前はたえずアジア侵略政策

と結びついて成長し、学問の性格を形成してきた、その伝統的性格はA・F資金援助による中国研究肯定の態度と無縁ではないとして、研究そのものの内在的批判の必要性を主張していたのであった[16]。

確かに旗田のこの見解を首肯させるような動向が存在したのであった。日本は1945年8月にポツダム宣言を受諾し無条件降伏を余儀なくされ、アメリカを中心とする連合軍の占領下に置かれ、実質的にはあらゆる面でアメリカ占領軍の厳しい統制をうけた。しかも、中国大陸から国民党軍が敗退し、1950年6月に朝鮮戦争勃発の局面を迎えると、情勢は一段と険しくなった。その結果、日本の中国研究はその影響を直接的に被らざるをえなかった。例えば、新中国に対して敵視政策をとったアメリカの占領下にあった日本政府は、アメリカに追随して新中国には敵視政策をとり、蒋介石の国民党政府を承認していた。従って、日本は新中国との交流はもとより、中国についての研究・調査にも大きな困難が生じたのである[17]。

先のA・F両財団資金受け入れ問題は、このような流れの上に位置するのである。また旗田の「元寇」観も同じ流れのなかにあると考えてよいであろう。

さて、1990年代より東洋史学界には杉山氏を中心としてモンゴル史像見直しの声があがり、昨今はその方向でかなり定着してきたといえる。氏は「第三回目の日本遠征が、ついに実現しなかった理由として、江南での諸反乱や、ヴェトナムの『抵抗』などをあげるむきもある。しかし、その実証作業には無理がある。状況からもそれをむすびつけるのは、説得力が乏しい」（既述）と説いた。

歴史学研究に携わる者としては、杉山氏の見解は首肯できる内容のものである。従って、旗田の「客観的事実としては、蒙古襲来を阻止する運動が各地にあった」（『元寇』「はしがき」）と断言することは問題があろう。ただ、注意すべきこととして高麗の問題は別である。すでに明らかにされているように、蒙古の高麗侵略と日本遠征は密接な関係がある[18]。また、このように述べてきたからとはいえ、旗田の「元寇は、戦争をたたえたり、アジア諸民族に対する排外主義をあおる材料になるべきものではない。逆に日本とアジアとの深い関連を考えさせるものである」という見解を否定するものでは

ないことも明確にしておきたい。
　以上、問題点を羅列したにとどまった感が否めない。贅言の感を免れないが、杉山、森安両氏の功績は中央ユーラシアから中国史を捉え直すことにある。「中心」と「周辺」、そのどちらにも偏することない視点とは相対化ということであり、そこに比較文化学の地平を拓く鍵がある、と筆者は考える。

【図版について】
　日本では小・中学校の教科書が全頁カラー印刷となり、図録もさらに充実していく傾向である。次に掲げる『蒙古襲来絵詞』は、竹崎季長が鳥飼潟で奮戦している場面であり、「鉄砲」が始めて描かれた場面としても知られる。
　図版上図は「元軍との戦い」というキャプションがつき（『高校日本史B新訂版』実教出版、2010年、67頁）、下図は「蒙古襲来絵巻」となっている（『プロムナード日本史』浜島書店、1999年、64頁）。本郷恵子氏は、この下図を掲げ、「蒙古兵と戦う竹崎季長」として、『蒙古襲来絵巻』は、文永・弘安の役の基本史料だが、傷みが激しく、書誌的に問題が多い。季長を攻撃する蒙古兵と『てつはう』は江戸時代に描き加えられたもの」と記す（『全集　日本の歴史　第6巻　京・鎌倉　ふたつの王権』〈小学館、2008年〉248頁）。

219

注

1) 野口周一「国際交流についての一考察」(『新島学園女子短期大学紀要』第 11 号、1994 年) 参照。
2) また、これらの諸論考で触れ得なかったことを、「フーリア及びサックラー美術館訪問記―『蒙古襲来絵詞』参観を中心に―」(『新島学園女子短期大学紀要』第 19 号、2000 年)、「異文化社会間における人間関係論の確立に向けての提言―歴史教育の重要性を中心にして―」(平成 14 年度私立大学教育研究高度化推進特別補助『異文化社会間における人間関係論の確立』所収、新島学園女子短期大学、2003 年) において言及した。
3) 関幸彦氏は『大日本史』で用いられたことを指摘している。『神風の武士道―蒙古合戦の真実―』(吉川弘文館、2001 年) 46 頁。
4) 愛宕松男の「露骨な脅迫や挑戦の意を真向から振りかざしてゐない裏面には、確かに第三国たる吾国を宋側に加担させまいとする政策的な意図が含まれてゐると見なして差支えなからう」という指摘は再度吟味する必要があろう(『忽必烈汗』149 頁)。一方、山口修は「フビライの詔書をみると、当然のことながら、みずから『大蒙古国皇帝』と称し、日本の君主は一段ひくく『日本国王』とよんでゐる。それだけでも日本が、モンゴルの申しいれを拒絶することは、あきらかでした。かねてから日本の天皇は、中国の皇帝にむかって対等の礼をとろうとしてきたし、高麗の国王にむかっては朝貢の礼をもとめてきた。その日本が、尊大なモンゴルの詔書を受けいれるはずはない」と簡明に述べる(『世界の歴史』第 6 巻〈宋朝とモンゴル〉、社会思想社、1974 年、216 頁)。なお、山口の『蒙古襲来―元寇の真実の記録』(桃源社、1964 年) は必読の文献である。
5) 片倉穣「モンゴルの膨張とアジアの抵抗」(『アジアのなかの日本史Ⅳ 地域と民衆』所収、東京大学出版会、1992 年) 92 頁。
6) モンゴル帝国における東方三王家の重要性を、夙に指摘した論考は海老澤哲雄「モンゴル帝国の東方三王家に関する諸問題」(『埼玉大学教育学部紀要』<人文社会科学>第 21 号、1973 年) である。
7) 野口周一「ハイドゥ/海都/Khaidu」(『世界歴史大事典』第 15 巻所収、教育出版センター、1985 年) 200 − 201 頁。
8) 野口周一「歴史イメージの形成について」(「異文化社会間における人間関係論の確立に向けての提言」所収) 参照。
9) 書評「黒田俊雄著『日本の歴史 8 蒙古襲来』―旗田巍『元寇』・山口修『蒙古襲来』にふれながら」(『歴史評論』第 191 号、1966 年) 49 頁。なお、矢代の『中世史研究と歴史教育論―遺稿と追悼―』(校倉書房、1991 年) に本書評は再録されている。また、この書を紐解くことにより、その見解はさておき、真摯な生き方と歴史教育に捧げた情熱を知ることができる。

10) 中村和之「『北からの蒙古襲来』小論―元朝のサハリン侵攻をめぐって―」(『史朋』第 25 号、1992 年) 6–7 頁。
11) 岡田精一、吉井宏「歴史学習と学習指導要領の変遷」(『歴史教育と歴史学』所収、山川出版社、1991 年)、中村紀久二『教科書の社会史』(岩波書店、1992 年)、歴史教育者協議会「歴史教育 50 年のあゆみ」(『歴史教育 50 年のあゆみと課題』所収、未来社、1997 年) 参照。
12) 上原いづみ「明治期歴史教育における『歴史画』の研究」(『筑波大学社会科研究』第 21 号、2002 年)、北原恵「教科書のなかの『歴史／画』」(『歴史評論』第 634 号、2003 年) 参照。
13) 太田弘毅『元寇役の回顧―紀念碑建設史料―』(錦正社、2009 年) 参照。
14) 竹村卓二「少数民族の歴史と文化」(『漢民族と中国社会』所収、山川出版社、1983 年) 333–335 頁。
15) 野口周一「中国研究」(『地域研究入門―多文化理解の基礎』所収、開文社出版、1997 年) 45–46 頁／伊藤一彦「日本の中国研究」(『岩波講座 現代中国』別巻 2 所収、岩波書店、1990 年) 21 頁。
16) 旗田巍「日本における東洋史学の伝統」(『歴史像再構成の課題―歴史学の方法とアジア』所収、御茶ノ水書房、1966 年) 205 頁。
17) 野口周一「中国研究」41–42 頁／江副敏生「現代」(『中国史研究 入門』下巻所収、山川出版社、1983 年) 489–490 頁。
18) 李益柱「蒙古帝国の侵略と高麗の抵抗」(『歴史評論』第 619 号、2001 年) 参照。

付記

まず、本稿の表題「元寇！キミならどうする？」について一言しておきたい。『朝日新聞』2003 年 5 月 3 日付は、1 面のトップ記事に「通知表に『愛国心』、広がる」の見出しのもとに「小学校 6 年生の通知表の社会科の評価項目に『国』や『日本』を愛する心情を盛り込んでいる公立小学校が、全国で少なくとも 11 府県 28 市町の 172 校にのぼることが朝日新聞社の調べで分かった。02 年度から新学習指導要領が始まり、『国を愛する心情』の育成が教科の学年の目標の一つに加わった影響とみられる」と報じている。

また、社会面においては「『愛国』の陰で」という連載が始まり、その第 1 回目には「元寇」が取り上げられている。それは「昨年 6 月。福岡市中心部の公立小学校では、市教委が『将来の模範』と考える、社会科の研究授業があった。6 年生の教室には、他校の校長や教員が詰め掛けた。／「元寇」をテーマにした討論授業が始まった。／ある児童は『高麗のように属国になるくらいなら戦った方がいい。命を懸けて大切なものを守る』と訴えた。一方で『話し合いで解決できる』という意見も出た。／両論が出そろったところで、司会役の担任 (37) が切り出した。『戦争反省と反対のどちらの立場でも、外国の侵略から日本の国を守りたいと思う気持ちは一緒なんだ』／

担任は『国を愛する心情』を『歴史や伝統を調べることで育まれていく、自分の生まれた地域や郷土、国を愛する気持ち』と解釈。『学習態度や授業中の発言、ノートを見れば評価は可能だ。元寇の授業を受けた子どもは全員が愛国心を持っています』と話す」という状況であったことを伝えている。

次に、本稿は郭海良教授の手によって中国語訳され、『文化和教育視野中的国民意識』（上海辞书出版社、2012 年 10 月）に収録される予定であったが、当局の検閲を通過することができず不掲載となった、ことを明記しておきたい。従って、私は郭教授の翻訳のご苦労に感謝するとともに、教授との友情を記念すべく、本務校の『湘北紀要』第 34 号（2013 年 3 月）に「全球化时代历史教科书领域中的国際交流」として掲載させていただいた。

最後に、蒙古襲来研究においては森平雅彦著『モンゴル覇権下の高麗─帝国秩序と王国の対応─』（名古屋大学出版会、2013 年）が刊行されたことを記し、長年停滞していた同研究において新機軸が打ち出されたことに言及しておきたい。また、石井正敏著『NHK さかのぼり日本史　外交篇〔8〕鎌倉「武家外交」の誕生─なぜ、モンゴル帝国に強硬姿勢を貫いたのか』（NHK 出版、2013 年）は一般書であるが、優れた知見が随所に盛り込まれていることを紹介し擱筆する。

第 2 部　現代社会へのまなざし

地域資料を生かした災害文化の形成
―「天明三年浅間焼け」を事例として―

阿 久 津 　 聡

はじめに

　東日本大震災は人間が自然災害の前にいかに非力であるかを改めて認識する出来事であった。過去の津波災害の経験から防災に力を入れていた三陸沿岸地域で多くの犠牲者が出たことは、想定を大きくこえる巨大地震であったことに加えて、過去の災害の教訓が十分生かされていなかったことも一因であったことが後の検証で明らかになってきた[1]。

　寺田寅彦[2]が残したといわれている「天災は忘れた頃にやってくる」という言葉は長い年月を経ることによって災害の教訓が人間の意識から薄れてしまうことへの警句として貴重なものである。例えば江戸時代の災害を記した古文書を見ると「子孫への戒めのために書き記す」という文言がたびたび見受けられる。災害の教訓をどのように生かし後世へ伝えていくかは現代のわれわれにとっても大きな課題である。

　日本はこれまで地震、津波、火山（噴火）災害、風水害など「災害列島」あるいは「災害大国」ともいわれるほど幾多の災害を経験してきた。そのため防災や減災のさまざまな研究や取り組みが行われてきている。しかし、そうした努力にもかかわらず東日本大震災での被害が示すように災害の教訓が人びとの意識に十分根付いてこなかったのではないだろうか。

　ではどのように人びとに災害を意識させていくべきなのだろうか。この点で筆者は過去の災害の教訓を日常生活の中に生かし、日頃から災害を意識する活動を社会全体で進めていくこと、さらにその意識を世代を超えて引き継いでいくことが重要だと考えている。それには災害についての研究、学習、普及啓蒙などの諸活動を結びつけ、俯瞰的かつ総合的に災害を認識すること、つまり災害を文化としていくこと（災害文化の形成）が必要だと思われ

る。

　そしてこの災害文化の形成に向けての取り組みの1つとして筆者が注目しているのは地域に残された災害に関する古文書、石碑、遺跡、民俗などのさまざまな地域資料の掘り起こしとその活用である。多くの資料から先人の災害に対する教訓や知恵を学ぶことができる。

　そこで本稿では江戸時代に甚大な被害をもたらし、その後の社会にも大きな影響を与えた「天明三年浅間焼け」とよばれる浅間山噴火災害を事例として取り上げ、地域資料の活用という観点から今後、災害文化をどのように形成していくべきか考察を行うものである。

1.「天明三年浅間焼け」とその歴史的意義

　浅間山は江戸時代後半の天明3年（1783）年8月5日（旧暦7月8日。以下、古文書の表記などを除き新暦を使用）に大噴火をおこした。この時の噴火は古文書に「焼」とか「焼出」と書かれていることから「天明三年浅間焼け」とよばれている。

　本章では浅間山の噴火と災害の状況について概略をまとめ、その歴史的意義について述べる。

（1）浅間山噴火の歴史とそのイメージ

　浅間山（標高2568m）は群馬と長野の県境に位置し、日本百名山に数えられる秀峰な山である（【写真1】）[3]。冬になると雪化粧をした雄大な姿を前橋市からも見ることができる。

　浅間山の噴火の歴史は5万年以上前から始まる。日本列島に人びとの歴史が刻まれるようになってからの大きな噴火は3世紀後半の古墳時代初め、平安時代の天仁元年（1108）、江戸時代の天明3年（1783）がある。噴火の痕跡は火山灰や軽石などの火山噴出物の堆積として確認される[4]。近代以降も噴火は断続的に続き、今なお時折火口から噴煙を上げている。日本の活火山の中でも桜島や雲

【写真1】前橋市から見た冬の浅間山

仙岳などとともに非常に活発な活動を続けている火山である[5]。

　こうした噴火の歴史を持つ浅間山は古くから和歌や俳句にもしばしば取り上げられた。平安時代初期の歌人である在原業平は「信濃なる浅間のたけに立つ煙をちこち人の見やはとがめぬ」の歌を残した。また江戸時代には松尾芭蕉の「吹飛ばす石は浅間の野分哉」、与謝蕪村の「浅間山けぶりの中の若葉かな」などの句がみられる。こうしたことから噴煙を上げる浅間山が人びとの心を捉えていたことが分かる。

　江戸時代、人びとは浅間山に対して「噴火する山」として認識しただけでなく、噴火自体を珍事としてとらえていたようだ。幕末に作成された「珍事一覧」には大火や地震などに加えて火山噴火として天明の浅間焼けと宝永の富士山噴火が記載されている[6]。

　明治になると東京から軽井沢方面へ鉄道が整備され浅間山周辺の観光化が進んだ。浅間山登山客の増加にともなって観光コンテンツとして浅間山の景勝だけでなく噴火自体も含まれるようになり、そのため噴火の絵葉書が土産物として広まった[7]。

(2)「天明三年浅間焼け」と鎌原村の壊滅

　浅間山は天明3年5月から噴火活動を始め、8月5日に大噴火をおこして活動を終息するまで3ヵ月を要した。史料によって多少の違いはあるが噴火の経緯は次のような休止期や静穏期間を挟んだ5段階に分けられる[8]。

　①5月8日もしくは9日に最初の噴火があった。

　②約1ヵ月半の休止期間を経て6月25日に再び噴火した。この噴火はやや規模が大きく噴煙柱や降灰が目撃された。

　③約3週間の休止期間の後、7月17日に3回目の噴火があった。これ以降、静穏期間は短く、噴火は激しくなった。

　④数日間の静穏期間の後、7月21日から8月1日には断続的な噴火がおこり、近隣では大地が鳴動し、黒い噴煙が以前より強く立ち上がり、火山雷が頻繁に発生した。この日から連日のように噴火が続いた。遠方でも鳴動が記録されたり、東北地方でも降灰が記録された。

　⑤噴火のクライマックスを迎え、激しいプリニー式噴火[9]が始まった。8月2日の夕方から大きな噴火を頻繁に繰り返し、4日にはさらに激しく

なった。そして吾妻火砕流が発生し、夜には鬼押し出し溶岩流が流出した可能性があり、翌5日午前10時頃には大噴火をおこし鎌原土石なだれが発生した。

以上のような活動を経て浅間山の噴火はようやく終息に向かった。しかし、噴火の実相についてはまだまだ不明な点も多い。近年、火山学研究も進展しているが、鬼押し出し溶岩流がいつどのように形成されたかなど今後の重要な研究課題である。なお浅間山噴火災害による土砂移動を地元では「押し出し」あるいは「浅間押し」とよんでいる[10]。

【写真2】鎌原観音堂

次に土石なだれに襲われて壊滅した鎌原村について紹介しよう。浅間山の火口から北12kmに位置する鎌原村（現吾妻郡嬬恋村）は8月5日の噴火で発生した土石なだれ（鎌原土石なだれ）によって運ばれた大量の土砂が村を埋め尽くした。土砂はさらに吾妻川に流れ込み、泥流となって川沿いの村々に甚大な被害を与えた。鎌原村では高台にあった鎌原観音堂（【写真2】）に逃げ延びた93人だけが奇跡的に助かったが、村内の家屋93軒すべてが失われ、犠牲者の数は477人に上った。

この地中に埋もれた鎌原村が現代によみがえったのが、昭和54年（1979）から始まった鎌原村の発掘[11]であった。古老が伝え聞いた話をもとに地面を掘ったところ、被災時の建物の一部と思われる木材などが厚い土砂の下から現れたのがきっかけで学術調査団が組織された。児玉幸多氏（学習院大学）を代表に実際の発掘は松島榮治氏（元群馬県文化財保護審議会会長）が担当した。その結果、15段を残して埋没した観音堂石段が実は50段であったことが分かった。しかも石段の下層部からは2体の人骨が出土し、分析の結果、老女を中年女性が背負った状態だったことが明らかとなった。

この発見は大きな話題をよび、当時「日本のポンペイ」として大々的に報

道された。発掘はこの後も続けれ、延命寺の発掘では倒壊した建物と仏具や生活用具などの多くの遺物が見つかった。こうした発掘の成果からそれまで鎌原村を襲ったのは高温の火砕流と考えられていたものが大きく覆され、比較的常温に近い、土石なだれによって埋没したことが分かってきた。

(3) 泥流被害がもたらしたもの

「天明三年浅間焼け」の被害を拡大させたのは吾妻川から利根川に流れ込んだ泥流（天明泥流）であった。鎌原村を襲った土石なだれは、吾妻川に流れ込んだ後、大量の土砂が吾妻川に自然のダムをつくり、それが数回に分けて決壊し下流に流れ出した。泥流は吾妻川さらに利根川に合流して沿岸の村々を襲い、多くの家や田畑だけでなく、人や馬をも飲み込んだ。そのため犠牲者は1000人を超えた。泥流には死者だけでなく生きたまま流されていく人や馬もいたという。

(4) 降灰と社会の変動

降灰の被害も甚大だった。爆発にともなって大気中に放出された火山灰は偏西風にのって主に南西方面へと降りそそいだ。安中から榛名にかけては1～2尺、前橋では5～6寸、佐野で2～3寸、板橋でも3～4寸ほど降り積もったと記録されている。こうした火山灰は作物に大きな影響を与えた。灰の積もった作物は生育不良となり、また大気中に漂っていた火山灰による低温障害もあり、その年の収穫はさんざんだった。泥流被害の田畑と合わせて上州各地では深刻な被害が出た。このことは噴火前から起こっていた天候不順ともあいまって飢饉となり、天明の大飢饉へとつながったといわれている。

(5) 「天明三年浅間焼け」の歴史的意義

「天明三年浅間焼け」は浅間山の噴火の中でももっとも現代に近く、残された資料が多いことや罹災後の復旧復興の中で人びとが見せた助け合いの精神など時代をこえて現代にも多くの示唆を与えてくれることが歴史的意義として注目すべき点であると思われる。

2. 地域資料に見る「天明三年浅間焼け」

本章では「天明三年浅間焼け」を伝えるさまざまな地域資料の内、①古文

【資料1】噴火と泥流の様子（倉品右近家文書・群馬県立文書館蔵）

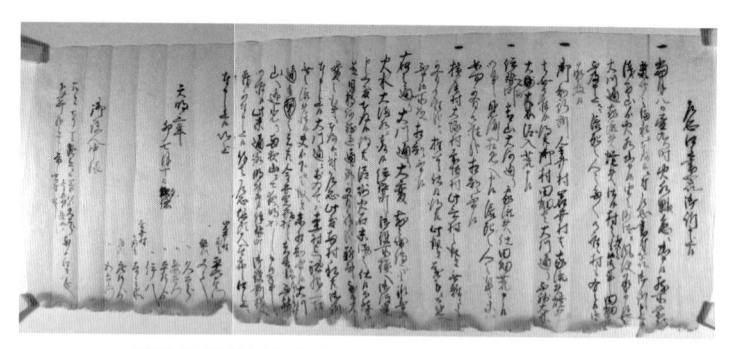

【資料2】泥流被害報告（伊能光雄家文書・群馬県立文書館蔵）

書、②石造物、③遺跡、④民俗、の4つを取り上げ紹介する。
(1) 古文書に記された浅間焼け
　「天明三年浅間焼け」を記録した古文書は数多く残っている。被害を受けた村々では領主への被害報告、年貢の減免願い、復興事業の事務処理などさまざまな文書が作成された。また浅間山の噴火情報は瓦版、絵図、各種読み物を通して日本中の人びとに認識された。さらに災害の教訓を子孫に伝えようとした記録も数多く残されている。
　例えば、【資料1】は土石なだれが吾妻川に流れ込み、泥流となって流下

地域資料を生かした災害文化の形成

していく様を描いている。この絵図は、幕末に書かれものであるが、子孫への戒めのために書き記すとの言葉が書き添えられている。

また【資料2】は吾妻川沿岸の岩井村・金井村（現吾妻郡東吾妻町）の被害報告である。どちらも泥流で川沿いの田畑に大きな被害を受けた地域であった。両村から領主の旗本保科氏へ「七月八日の昼過ぎに急に水が増え、前代未聞の満水になった。家の流出や焼失があり、田畑が大石・砂・泥入で荒れてしまった。」と報告している

(2) 被災地に残る石造物

被災地には災害の記念碑や供養塔など石造物が残っている。三陸沿岸地域でもかつての津波の記念碑が至るところにあった。「天明三年浅間焼け」の被災地では鎌原村をはじめ、泥流被害にあった吾妻川、利根川沿いの村々に石造物が多く建立されている。また浅間山から遠く離れた下流地域でも流れ着いた被災者を供養した人びとが慰霊碑を建立した。その総数は115基を数えている[12]。

こうした石造物の事例としてまず渋川市北牧の興福寺入口にある文政12年（1829）に造られた林大学頭撰文「賑貸感恩碑」

【資料3】賑貸感恩碑

【資料4】災民修法碑

（【資料3】）を紹介しよう。碑文には噴火被害と復興の様子に続いて「而して浅間吾妻の災の如きは則ち千百年に或いは一つ有らん。表せずして之を掲ぐ。後世何ぞ睹て戒むる所を知らん哉。上の徳を宣揚して之を後民に伝うるは金峰の志尤も奨とす可きなり（後略）」と「千百年」に1つの災害を後世

231

の戒めとして伝えようと記されている[13]。

また吾妻郡中之条町の林昌寺にある「災民修法碑」(【資料4】)は「天明三年浅間焼け」から百年にあたる明治15年(1882)に建立され供養碑である。撰文は群馬県初代県令であった楫取素彦[14]である。碑文には災害の悲惨さと被災者への供養が記されており、明治の世になっても、天明3年の出来事を風化させまいとする思いが伝わってくる。

(3) 災害遺跡の調査から

天明3年の浅間山噴火による遺跡は鎌原村をはじめとして泥流被害やA軽石復旧跡の遺跡が群馬県内で合わせて75遺跡も確認されている[15]。こうした発掘調査の結果から噴火被害の実相が明らかになってきている。

では特徴的な遺跡を紹介してみよう[16]。

まず東宮遺跡(吾妻郡長野原町川原畑)である。この遺跡は浅間山から23kmほど離れている。そして吾妻川からは40m以上もの高さに位置しているにもかかわらず、泥流に覆われてしまった。1mをこえる泥流の下からは主屋6軒、酒蔵1軒が見つかり、建物内からは多くの生活用品が確認された。

次に吾妻川が利根川に合流する手前の川島久保内・馬場遺跡(渋川市川島)では吾妻川の守り神である「甲波宿祢神社」が地域の伝承どおり2mも堆積した泥流の下から発見された。吾妻川右岸に位置する川島村は浅間山からは60km以上も離れているが、泥流の勢いが凄まじかったことが分かる。なお川島村は鎌原村、芦生田村、長野原町、小宿村に次いで多い、123名もの犠牲者が出たという。

さらに下流に進んだ上福島中町遺跡(佐波郡玉村町)は利根川左岸に位置し、ここでも1～2mの泥流に埋もれた屋敷が見つかった。泥流は8月5日の午後2時前後には遺跡のあった上福島村に到達したと考えられている。101軒あった家の内、24軒が流失し、25軒が泥入となった。なお死者は1人であった。

このような遺跡は被災したそれぞれの地域の実相をより詳細に確認することができる資料である。

(4) 民俗資料に見る「天明三年浅間焼け」

ここでいう民俗資料は被災者への慰霊や供養、復旧復興への感謝、地域に残る口承・伝承、風習や行事、地名などを含めている。

最大の被災地、嬬恋村鎌原地区では毎月「廻り念仏講」が行われている。多目的センターに地区の婦人が集まり、壁に犠牲者477名の俗名と戒名が書かれた掛け軸が掲げられる。被災から三十三回忌を迎えた文化12年（1815）につくられた供養碑に合わせて始まったという。供養祭や廻り念仏講では明治初年につくられた「浅間山噴火大和讃」が詠われ続けている。

鎌原観音堂では春の彼岸に「身護団子」とよばれる団子を皆でつくり各戸へ配る習慣が続いている。これは罹災後に生き残った人々が互いに家族を再構成した時の祝いの席に近隣の村から届けられた団子がもとになっている。この団子が身を守ることにつながったということが名前の由来である。こうした活動を支えているのが発掘調査をきっかけに組織された「観音堂奉仕会」である。観音堂を訪れる参拝者へのもてなしや、災害の説明を地元の高齢者が交代でつとめている。

(5) 地域資料活用の可能性

以上のように地域に残る資料は多い。しかしそれらを生かしていく努力をしなければ長い年月の中で忘れ去られてしまう。まずはきちんと保存し、活用することが重要である。

3. 地域資料の活用から災害文化形成へ

本章では災害に関する地域資料の活用の状況と今後のあり方について確認していくこととする。

(1) 防災・減災事業での活用

浅間山噴火災害については内閣府の中央防災会議に災害教訓の継承に関する専門調査会が設置され、平成18年（2006）に『1783天明浅間山噴火報告書』がまとめられた。その内容は「浅間山噴火について、火山学・考古学・歴史学・地理学・民俗学などの諸学問分野おける研究成果を総合して、その全体像を示そうとするもの」である。同書の「おわりに」では「各種記録メディアの重要性」として天明3年時の古文書や石碑の記録の果たした役割を評価し、今日の「質量ともに多様な災害記録」の「重要性、必要性は今後と

も変わらない」と指摘している。また供養祭などの記念行事を災害教訓の継承という点で評価しつつ、時代にあった形で伝えていく必要があるとも述べている。

　こうした行政における地域資料を活用した基礎的な研究は多くの被災地域で取り組まれている。地域ごとのハザードマップも作成されている。特に近代以降、記憶の新しい災害、例えば阪神淡路大震災の被災地域などの取り組みはより先進的である。

(2) 社会教育での活用

　博物館や公民館活動の一環として展示や講演会などを行って防災・減災意識を高めるということは非常に一般的な取り組みで、多くの人が参加しやすい反面、興味のある人だけに限られてしまうという面もある。

　「天明三年浅間焼け」については最近の群馬県内での例として次のようなものがあげられる。

- 第23回群馬学連続シンポジウム『天明三年浅間焼け─復興と語り継ぎが育む減災文化─』(平成24年12月15日、群馬県立女子大学)
- ぐんま史料講座「罹災から復興へ〜文書館収蔵資料の紹介」(平成25年1月30日、群馬県立文書館)
- 創立35周年記念展示会「ぐんま発掘35年─自然災害と考古学─」(平成25年7月7日〜17日、群馬県埋蔵文化財調査事業団)
- 埋蔵文化財展「天明の浅間山大噴火─掘り起こされた230年前のくらし─」(平成25年9月6日〜9日、伊勢崎市)
- 企画展「天明三年浅間山大噴火と中之条─230年前の火山災害の爪痕─」(平成25年10月1日〜11月30日、中之条町歴史と民俗の博物館「ミュゼ」)

　以上のようなシンポジウム、展示、講演会などが近年行われてきた。これは平成25年が天明3年から230年目の年にあたることや、同24年の11月に渋川市金井東裏遺跡で6世紀初頭の榛名山二ツ岳の火砕流堆積物の中から「甲を着た古墳人」が発見され、火山災害が注目されたことも影響している。

(3) 学校教育での活用

　学校教育では教科での防災教育と学校安全における防災教育の2つの面が

ある。この点で以下の学会での研究発表は示唆に富むものである。

　日本災害情報学会第15回学会大会（平成25年10月26日〜27日、桐生市）では「防災教育」がテーマの1つになっていた。発表内容は「北海道えりも町における津波防災教育の試み」、「学校と地域の協働による学校防災体制づくりの手法開発　茨城県つくば市における実践事例」など学校、地域、大学などの研究機関が協働して防災教育を進めるという点が強調されていた。

　また日本社会科教育学会第63回全国研究大会（平成25年10月26日〜27日、山形大学）では課題研究の1つに「社会科教育を軸に防災の授業をどうつくるか」というテーマが設定され「津波防災をテーマにした児童によるハザードマップ作製の試み」、「社会科教育における防災教育拡充の必要性」、「東日本大震災前の防災教育と震災後の復興教育―仙台と石巻における実践―」の研究発表があった。これらは主に地理教育研究者による社会科教育（小中学校）での取り組みであったが、今後は歴史分野はもちろん他教科をふくめて学校安全教育としても検討すべきとの意見が出されていた。

　「天明三年浅間焼け」については災害後から230年が経過しているせいもあると思われるが積極的な学校教育への活用はまだまだ不十分といってよいだろう。今後、神戸や雲仙などの先進的な取り組みに学びながら地域資料を活用していく必要があるだろう。

(4) 災害文化の形成へ

　以上のような取り組みはそれぞれの分野で成果を上げているが、相互の連携を深めていく必要がある。そしてそのことが世代を超えた社会共通の意識形成に役立ち、災害文化の形成へとつながっていくのである。

4. おわりに

　1985年に南米コロンビアのネバド・デル・ルイス火山が噴火をおこしたが、その際に発生した泥流で死者・行方不明者が2万人をこえる大惨事となった。ハザードマップが整備されていたにもかかわらず住民の意識が低く、避難が遅れてしまったことが原因の1つだった。こうした事態を防ぐために災害への意識を高める継続的な活動が必要である。

本稿では「天明三年浅間焼け」を事例として災害文化の形成についての検討を行った。以下の点を指摘しておきたい。
　まず、「天明三年浅間焼け」について火山学、歴史学、考古学など各学問分野での研究が進んでいるが、各分野の成果を統合しながら地域の歴史としてとらえ直していく必要があるだろう。その際に「群馬学」のような地域学の１つの柱として県民が継続して学べるような環境を整えていくことが必要だと思われる。
　また古文書をはじめ、石造物、遺跡、民俗など「天明三年浅間焼け」に関する地域資料の掘り起こしや再検討を行っていく必要があると同時にこうした資料の保存についても広く地域の協力を得ながら進めていく必要があるだろう。
　さらに地域資料の活用の実際では、行政、社会教育、学校教育などを統合して進めるような仕組みを作るべきだろう。こうした点は神戸や雲仙などの先進的な取り組みに学ぶべきである。中でも学校教育を中核として検討していくべきであろう。こうした点で地域資料を教材化するなど博物館、図書館、文書館など資料保存機関の役割も大きい。
　以上のような取り組みを通して日本における災害文化の形成が進むことを期待したい。

注

1)　三陸沿岸では東北地方太平洋沖地震（2011 年）以前の貞観地震（869 年）、慶長三陸地震（1611 年）、明治三陸地震（1896 年）、昭和三陸地震（1933 年）でも甚大な津波被害が発生し、津波記念碑などが後世への警鐘として残されたが、高台への集団移住はなかなか進まなかった。こうしたことが人的被害を多くした一因であった。
2)　寺田寅彦（1878 〜 1935）について池内了は「彼の同時代にも、浅間山が火山爆発を繰り返し、東京が関東地震に襲われ、三陸沖地震による津波で多数の死者を出すという天災が頻出した。彼はその一つ一つを点検しながら、「地震雑感」「津浪と人間」「天災と国防」「災難雑考」など数々の文章によって警告を発してきた。」（池内了編『寺田寅彦』（河出書房、平成23））と述べている。
3)　浅間山は前掛山、黒斑山、離山、仏岩、小浅間、釜山などからなる連峰である。【写真１】は前掛山。

4） 荒牧重雄（東京大学名誉教授）は浅間山の噴出物であるテフラを堆積順にA～Gに区分した。この中でも上位からのAが天明3年、Bが天仁元年、Cが古墳時代初頭に位置づけられ遺跡発掘の際に年代比定として用いられている。
5） 平成15年（2003）1月、気象庁と火山噴火予知連絡会が活火山の見直しを行った。それまで活火山は「過去およそ2000年以内に噴火した火山、および現在活発な噴気活動のある火山」とされていたが、見直しにより「2000年以内」が「1万年以内」となり、新たに20個の活火山が追加された。その後、同24年に2個が追加され、同25年現在で110個となっている。なお活火山は長期・短期の活動度からA、B、Cの3ランクに区分された。浅間山は、桜島、伊豆大島、雲仙岳、有珠山、阿蘇山など13個とともに活動度が高いAランクに認定され、常時観測体制がとられている。
6） 玉井建也・馬場章「近世・近代における災害観と浅間山イメージ」（『東京大学大学院情報学環紀要　情報学研究№77』、平成21）
7） 注6同書
8） 群馬県埋蔵文化財調査事業団編『自然災害と考古学』（上毛新聞社、平成25）
9） 「プリニー式噴火」は西暦79年にイタリアのヴェスヴィオス火山でおきたタイプの噴火が典型的で巨大な噴煙柱をともなうのが特徴である。これを観察したプリニスに因んで名付けられた。
10） 関俊明『浅間山大噴火の爪痕　天明三年浅間災害遺跡』（神泉社、平成22）
11） 発掘の経緯について「鎌原村の本格的な発掘調査は、天明3（1783）年の浅間山噴火に関心を持つ人文・自然・社会科学など諸分野の研究者によって組織された「埋没村落（鎌原村）総合調査会」により、1979・1980（昭和54・55）年度文部省の科学研究補助金を受け、地元嬬恋村の協力のもと開始された。」とある。（『1783天明浅間山噴火報告書』46頁（中央防災会議　災害教訓の継承に関する専門調査会、平成18））
12） 大浦瑞代氏が平成17年9月までにまとめた「1783年浅間山噴火災害関連石造物一覧表」による。（『1783天明浅間山噴火報告書』（中央防災会議　災害教訓の継承に関する専門調査会、平成18））
13） 『群馬県史　通史編6』898～890頁。
14） 楫取素彦（1829～1912）は長州出身で幕末の政局にも奔走した。吉田松陰とも親しく、彼の妹二人を娶っている。維新後は足柄県参事、熊谷県権令を経て明治9年（1876）に群馬県令となった。その後、元老院議官、貴族院議員などを歴任し、男爵となり華族に列せられた。
15） 注8同書
16） 注8同書、調査報告書参照。

参考文献

- 萩原進編『浅間山天明噴火史料集成Ⅰ～Ⅴ』(群馬県文化事業振興会、昭和60～平成7)
- 大石慎三郎『天明三年浅間大噴火　日本のポンペイ鎌原村発掘』(角川書店、昭和61)
- 新井房夫編『火山灰考古学』(古今書院、平成5)
- 『埋没村落鎌原村発掘調査概報』(嬬恋村教育委員会、平成6)
- 井上定幸編『郷土　群馬の歴史』(ぎょうせい、平成9)
- 『江戸時代　人づくり風土記10　ふるさとの人と知恵　群馬』(農文協、平成9)
- 串田孫一、今井通子、今福龍太編『浅間山』(博品社、平成9)
- 古澤勝幸「天明三年浅間山噴火による吾妻川・利根川流域の被害状況」(『群馬県立歴史博物館紀要』18、平成9)
- 北原糸子『災害ジャーナリズム　むかし編』(歴史民俗博物館振興会、平成13)
- 三枝恭代・早川由紀夫「嬬恋村鎌原における天明三年(1783年)浅間山噴火犠牲者供養の現状と住民心理」(『歴史地震』第17号、平成13)
- 『ドキュメント災害史　1703-2003』(国立歴史民俗博物館、平成15)
- 渡辺尚志『浅間山大噴火』(吉川弘文館、平成15)
- 『群馬の遺跡7　中世～近代』(群馬県埋蔵文化財調査事業団、平成17)
- 中央防災会議『1783天明浅間山噴火報告書』(内閣府、平成18)
- 『最新の遺跡発掘調査からみた江戸時代、浅間山大噴火。』(かみつけの里博物館、平成19)
- 井上公夫『噴火の土砂洪水災害―天明の浅間焼けと鎌原土石なだれ―』(古今書院、平成21)
- 小山真人『富士山噴火とハザードマップ―宝永噴火の16日間―』(古今書院、平成21)
- 高橋和雄、木村拓郎『火山災害復興と社会―平成の雲仙普賢岳噴火―』(古今書院、平成21)
- 関俊明『浅間山大噴火の爪痕　天明三年浅間災害遺跡』(神泉社、平成22)
- 池内了編『寺田寅彦　いまを照らす科学者のことば』(河出書房新社、平成23)
- 寺田寅彦、山折哲雄編『天災と日本人　寺田寅彦随筆選』(角川学芸出版、平成23)
- 堤隆『浅間　火山と共に生きる』(ほおずき書籍、平成24)
- 石弘之『歴史を変えた火山噴火―自然災害の環境史―』(刀水書房、平成24)
- 安田政彦『災害復興の日本史』(吉川弘文館、平成25)
- 群馬県埋蔵文化財調査事業団編『自然災害と考古学』(上毛新聞社、平成25)
- 村井勇『浅間山―地形・地質と生成史、噴火と災害など―』(長野原町営鬼押出し浅間園浅間火山博物館、平成25)
- 木村玲欧『歴史災害を防災教育に生かす― 1945三河地震―』(古今書院、平成25)
- 『群馬県史』ほか各自治体史誌

カリフォルニア日系新一世女性の死別体験と悲嘆

才 藤 千 津 子

はじめに

　喪失体験や悲嘆(グリーフ)の研究では、悲嘆の主要なテーマは、大切な人やものとの間に育む愛着が途絶した結果、大切な人やものを失って自分の世界が変わってしまった現実を理解することと、その変わってしまった世界の中で新しく生き直すことだといわれている。

　死別、特に長年人生を共にした配偶者の死は、遺された者に深い悲しみと苦しみを引き起こす。大切なものを失くす、職を失う、アイデンティティを失うなど、死別以外の出来事もしばしば深刻な悲嘆を引き起こすことが広く知られているが、長年連れ添った配偶者の死という大きな喪失体験によって失われるものも、単に夫や妻という一人の人間の存在だけではない。副次的に、妻（あるいは夫）としてのアイデンティティ、長年の連れ合い・友人、親としての片割れ、既婚者としての役割、もし亡くなった人が家計の主なる担い手であった場合には経済的安定、夫婦としての社会的認知や社会的サポートなど、死別に続けてさまざまなものが失われる。

　近年の悲嘆の研究では、喪失と悲嘆は喪失体験者ひとりひとりにより極めてユニークな経験であることが確認されており、喪の過程にかかる時間や喪失体験への反応の仕方などを単純化して考えることはできないと言われている[1]。喪失を経験した人の年齢や性別、パーソナリティ、コーピングスタイル、故人とどのような関係であったか、どういう形の喪失を経験したか（突然死、自殺など）、喪失経験者の信念や価値観など、喪の過程に影響を与えるさまざまな媒介要因が悲嘆の経験に大きく影響するのである[2]。

　それでは、人が、長年連れ添った人生の伴侶を自分が生まれ育った場所と

は違う異国の地で失ったときには、どのような媒介要因が悲嘆に影響を与えるのだろうか。

　悲嘆の媒介要因のひとつとして、ウォーデンは、社会的変数の重要性をあげる[3]。悲嘆の営みは単に個人的なものではなく、家族や友人、地域社会という文脈の中で起こるひとつの社会現象であり、喪失に際して、家族や友人からどのような情緒的、社会的サポートを得られたか、あるいは得られなかったかということは、喪の過程の進展において重要な影響を与える要因のひとつとなるという。よって、ある人の悲嘆と喪の過程について適切に理解するためには、受けた社会的サポートがその当人に取って満足できるものであったか否か、喪失体験前後に喪失体験者がどのような社会的役割をもっていたか、どのような宗教的資源をどのように利用したか、ひいてはどのような民族固有の背景を持っているかを含め、その人の社会的・民族的・宗教的な背景を考慮しなければならない。

　本稿で取りあげる女性たちは、太平洋戦争後アメリカ人男性と日本で出会い、国際結婚してアメリカに渡り、この研究の調査の時点でカリフォルニア州サンフランシスコ湾岸地域に居住していた日本人である。彼女たちは、1950年代の後半から70年代前半に結婚して渡米した人々であり、明治期の一世移民と比較してしばしば「戦後の新一世」[4]と呼ばれる。戦後とはいえいまだカリフォルニアでは日系人に対する厳しい視線と差別が残る時期に渡米し、その後、さまざまな困難を経験しながら子どもを育て、仕事をしながらアメリカで生き抜いてきた女性たちである。このように、国際結婚によって人種と国境という二つの境界線を越えようとして[5]生きてきた新一世女性たちが、数十年の年月を経て、自らのアメリカ移住のきっかけでありその後の人生の連れ合いでもあった配偶者を喪うという経験をしたとき、どのようにその悲嘆を経験し、喪失から再び立ち直ろうとしただろうか。そのときに障壁となった社会的要因は何だっただろうか。

　アメリカは移民によって形成される社会であり、人々はさまざまな社会的サブカルチャーに属している。よって、日本からの戦後移民である女性たちの喪失体験と悲嘆を適切に理解するためには、カリフォルニア日系移民の歴史や社会的状況、カリフォルニア日系社会のなかで彼女たちがおかれてきた

状況について考察しなければならないだろう。

　この研究において示唆されたことは、女性たちは、高齢になってからの配偶者との死別体験のはるか以前から、アメリカ社会の中でのさまざまな差別や偏見、ステレオタイプや、日本の家族や友人との関係の疎遠と断絶、それらからくる自尊感情の傷つき、民族的アイデンティティの混乱など、いくつもの喪失体験、トラウマを引き起こす可能性のある体験を抱えながら生きてきたということである[6]。彼女たちは、多様化する多民族社会アメリカの中で、日系人コミュニティの中の少数グループとして生きて来た人々であり、それゆえに、困難や喪失に際して十分な情緒的、社会的サポートを得られにくい状況にあったと考えられる。彼女たちは、以上のような多くの喪失体験の積み重ねの上に、配偶者の死という大きな喪失を経験したことになる。

　では、女性たちのアメリカ日系移民としてのどのような体験が、具体的にどのように彼女達の喪失体験と悲嘆とその理解に影響を与えたのだろうか。この章では、以上について、日系女性たちの歩んで来た歴史と彼女たちが置かれている社会的文脈に焦点を当てながら考察する。第1章では調査の対象と方法、第2章では日系新一世女性たちが歩んで来た歴史、第3章では、いくつもの喪失を経験しながらアメリカ社会の周縁に生きてきた日系新一世女性たちのおかれた状況と喪失体験、グリーフについて考察したい。なお、「悲嘆（Grief）」とは大切な人やものを失う経験を指し、「喪（Mourning）」とは大切な人の死などの喪失体験に適応していく過程のことをいう。

1. 調査の対象と方法

　本稿は、夫と死別したサンフランシスコ湾岸地域に居住する9名の新一世女性たちに対するエスノグラフィックな研究に基づくものである。この研究のもととなった調査は2000年に始まり、その後インフォーマントとの会話や自由度の高いインタビュー、女性たちが参加するさまざまな集まりに同行しての参与観察、資料収集などを通じて資料を得た。集中的なフィールド調査の時期は2000年8月から2001年8月までと2012年4月から2013年3月までである。筆者は、初回の調査の際日系コミュニティのリーダーたちの紹介で最初に数名のインフォーマントに出会い、その後はその人たちの紹

介で次々に協力してくれるインフォーマントに出会った。二度目の調査では最初の調査で知り合ったインフォーマントのひとりに再度お話を伺い、同時に地域で活動する新一世の自助団体の活動に参加してそのリーダーたちとの話合いから貴重な示唆を得た。

この研究のインフォーマントとなった女性たち9名は、最初のインタビューの1年以上前に配偶者を病気で亡くし、その時点でカリフォルニア州サンフランシスコ湾岸地域に居住していた（日本語を母語とする）日本人移民女性である。

彼女たちは1920年から1940年までの間に日本で生まれ、日本で高校（あるいは戦前の高等女学校）までの教育を受け、1950年代後半から1970年代前半までの間にアメリカ人（ヨーロッパ系白人7名・日系二世2名）と日本で出会い、国際結婚して渡米した人々である。結婚生活の期間は15年から40年、調査開始当時の年齢は60代から70代、日本での出身地は、九州地方から関東、東北地方までと広い。調査の時点では7名が単身で住んでおり、残りの2名は成人した子どもとともに住んでいるか子どもが近くに住んでいた。経済的に困窮していると述べた人はおらず、ほとんどが夫の年を受給しながら質素ではあっても経済的に安定した生活をしていた。現在まで自宅の一部を賃貸しして生活しているひとりを除いて全員が、過去に日本でもアメリカでもフルタイムの仕事を持った経験があり、2人は調査の時点でもなお働いていた。宗教的背景は、本人の申告によれば、キリスト教徒2人、キリスト教徒ではないがキリスト教会に出席している人1人、仏教徒4人、無宗教2人である。

著者は1995年から2003年まで、その大部分は学生として、最後はサンフランシスコの総合病院のケアワーカーとして働きながら、この研究の対象となった地域に居住し調査に携わったが、その後仕事のために日本に帰国した。よってこの研究に協力してくれた女性たちの語りの背後にある重い人生体験を共有する者ではない。その私を信頼し貴重な体験を語ってくれた女性たちに心から感謝したい。

2. 日系新一世女性たちが歩んで来た歴史

この調査のインフォーマントである女性たちが渡米した1950年代の終わり頃から1970年代までは、戦前の封建的「家」制度の中では自由に結婚相手を選ぶこともできなかった女性たちが、新憲法により法の下の男女平等を保障され、恋愛結婚の数が見合い結婚の数を凌駕し、核家族・サラリーマン家族という言葉が出現した時期である。その時期に自分の結婚相手を主体的に外国に選んで渡米した日本人女性たちは、日本の一部のメディアによる中傷、太平洋戦争中に強制収用を経験したカリフォルニア日系人との育ち方・価値観のギャップに基づく誤解、アメリカ社会からの日本人女性への偏見・差別など、さまざまな困難に直面した。そのような生活の中でアメリカ人配偶者と死別することは、彼女たちにとって、長年ともに暮らした配偶者を失うことを意味しただけではなく、社会からの疎外や差別に対する防波堤の喪失、英語通訳者としてなどアメリカ社会との媒介者であった身近な人物の喪失など、多くのことがらの喪失と破綻を意味していた。この章では、カリフォルニアの日系人の歴史と太平洋戦争前後の日本の歴史に触れながら、女性たちが生きてきた歴史的文脈を追ってみたい。

(1) カリフォルニア日系人の歴史

アメリカへの日本からの移民の歴史は、19世紀末、ハワイのサトウキビやパイナップル畑の労働者としての移民から始まった。その後移民の数が増加するにつれて太平洋側の各州にも日本人が住むようになったが、とくにカリフォルニア州にその数が集中し、1930年代にはアメリカ本土全体の日本人の約70パーセントがカリフォルニアに住んでいたと言われる[7]。現在でもカリフォルニア州の日系人人口はアメリカ全土で最も多い。2010年の国勢調査によると、全米の日系人人口は約130万人、うちカリフォルニア州が最多で約27万人である。なお、外務省の統計によると、サンフランシスコ湾岸地域における永住者を含む長期滞在日本人の人口は、2010年の時点で約3万人だとされる[8]。

カリフォルニアでの日本人移民の歴史は、日本人への人種差別と排斥との闘いの歴史であるともいえるだろう。移民の初期から、白人たちは日本人や中国人が工業や商業などの労働市場に入り込んでくることに不快感と敵意を示し、さまざまな差別や攻撃を加えた。初期移民の多くはお金を稼ぐため

の「出稼ぎ」としてアメリカに来た人々であり、最初から定住を目的として渡米した人々は少なかったと言われている。しかしアメリカでの生活が長期化し、加えて1908年の「紳士協定」により日本人の移民の制限が始まり日本人男性が写真花嫁という形で妻を呼び寄せるようになると、カリフォルニアの各地に日本人コミュニティが形成されて行った。サンフランシスコにも日本町(ジャパン・タウン)ができ、そこには日本人によって日本料理店や食料品店、ホテル、下宿屋など小規模ビジネスが展開され、それらを中心として日本人コミュニティが発展した。日本人移民の多くが土地を借りて内陸部での過酷な農業開拓に携わり始めるにつれて、カリフォルニアのイチゴやさや豆類、トマトなど野菜や果物の生産高の多くが日本人移民の手によるものとなった[9]。日本人移民は過酷な環境のなか、相互扶助と団結、勤勉さと質素な生活によって着実にアメリカ社会に根付き始めていた。

　しかし、それに対してアメリカ社会は、「よそもの」である日本人移民の増加とその経済的進出に脅威を感じ、カリフォルニア州から日本人を追い出すためにさまざまな圧力をかけた。1913年には、カリフォルニア州議会で可決された「排日土地法」と呼ばれる「カリフォルニア州外国人土地法」によって、日本人ら市民権獲得権のない外国人の土地所有と3年以上の賃借が禁止された。当時の日本人一世たちは市民権もなく自分たちを守る政治力はなかったため、続いて1924年には、「排日移民法」といわれる「外国人移民制限法」が成立し、実質的に日本からの移民が禁止されることになった。

　しかし、大部分の一世たちはあきらめることなくアメリカを終の住処と定め、アメリカ生まれでアメリカ国籍を持つ二世への教育に自分たちの将来の夢をかけた。二世の多くは1910–1940年生まれであり[10]、家庭内では親から「がまん」「恩」「義理」などの日本的価値観を教えられた一方で、外の世界では英語で教育を受け、ふつうのアメリカ人以上に立派なアメリカ市民として認められようと努力した。

　このようなカリフォルニアの一世や二世の血のにじむような努力は、日米間の戦争勃発とともにアメリカ社会から裏切られることになる。戦争が始まると、西海岸に住む11万人の日系人が敵性外国人とみなされて財産を奪われ、内陸部の砂漠の中などにある収容所に強制収容された。このときほとん

どの人々は、ほんの身の回りのものしか持ち出すことができなかった。サンフランシスコ湾岸地域でも1万3千人が強制収容されて日本町は完全に崩壊し、その後、戦前のようなにぎわいを取り戻すことはなかった。この強制収容により、一世は、自分たちが長い間苦労して築き上げてきたものをすべて奪われたともいえるだろう。意気消沈した一世に代わって、日系コミュニティの中ではアメリカ生まれの二世が指導的立場に立つようになった。そして多くの二世の若者は日系人の誇りを示すためにアメリカ合衆国軍隊に志願し、多くの犠牲者を出しながらも輝かしい戦績をあげたことはよく知られている。

戦後、日系人は強制収容所から解放されたが、多くの人々には収容所を出ても行く当てすらなかった。昔住んだ場所に戻ることができた人たちも、彼らの家や土地が荒れ果てている状況の中で再びゼロから生活を立て直すしかなかった。

一方、日本の敗戦後、いち早く日本からアメリカに渡った日本人グループのひとつは、若い女性たちである。1946年に「GI 婚約者法」、1947年に「日本人花嫁法」が成立し、占領軍として日本に駐留したアメリカ軍兵士と婚約、結婚した日本人女性のアメリカ入国が認められたのである。1950年代からは戦後新1世の移住が始まったが、日本の高度経済成長のために、その数は必ずしも多くなかった。むしろ多かったのは、1950年から1953年の朝鮮戦争時、そしてその後も日本に駐留したアメリカ軍兵士と結婚した日本人女性の渡米であった。これらの女性たちはしばしば「戦争花嫁」と呼ばれるが、この研究で取り扱った世代よりやや上の世代にあたる戦争花嫁たちは、日本人の国際結婚の歴史のなかでも大規模な集団となった世代である。彼女たちの体験は、この研究のインフォーマントの体験と多くの共通点を持っているため、この論文でもしばしば参照する[11]。

(2) 女性たちの生い立ちと渡米まで

この調査のインフォーマントである女性たちは日本各地で1920年代から1940年までに生まれた人々である。彼女たちは、日本とアメリカが敵国として戦った太平洋戦争中に、子ども時代、少女時代を過ごし、戦中戦後にわたって、高校（あるいは高等女学校）での教育を受けた戦前生まれの女性た

ちである。全員が戦時中の勤労動員、物資や食料の欠乏、終戦、占領軍による日本占領など戦中戦後の鮮明な記憶を持っており、実際にアメリカ軍の激しい空襲の中、命からがら防空壕に逃げ込んで死を覚悟した人、自宅の庭で目の前に爆弾が落ちて失神したがかろうじて一命をとりとめたという人もあった。

では、この調査に関わった女性たちは、どのようにして将来の夫となるアメリカ人男性と知り合ったのだろうか。出会い方はひとそれぞれであるが、共通していることは、ほぼ全員が独身時代に何らかの仕事をしており、そこで夫を紹介されたか夫と出会ったと語っていることである。戦争によって前夫を亡くし、食べるために外に出て働かなければならなかったと語った人もいる。戦争直後の食糧難と混乱の中で家族の離散や親兄弟の死を経験し、これからは女であっても自立して生きるのだという決意でアメリカ軍基地に仕事を求めたと語った人たちもあった。基地では、事務員や売店の売り子、ウエイトレスとして働いた。基地の近くの日本食店で働いていて、たまたま客として来た夫と恋に落ちたと語った人もいる。また都心で働く新しい女性として青春を謳歌するなかで婚期を失い、そんな中で夫と出会って思い切って渡米したと語った人もいる。このように、女性たちの多くは結婚前でも家族の束縛から比較的自由であり、経済的にも自立していた。

日本の敗戦は、日本社会にそれまでの価値観の大きな転換をもたらした。「ほしがりません、勝つまでは」と言って耐乏生活に耐えた戦争が終わり、天皇は人間であると宣言されて民主主義が唱えられた。「初めて夫（日系二世）に会ったとき、びっくりした。挨拶の仕方も歩き方もスマート、右を向いてはぺらぺらっと英語をしゃべり、すぐにこちらを向いては日本語をしゃべる。」ある女性は、夫との初対面の印象をこう語った。

アメリカとの外交関係も大きな変化を遂げた。敗戦によってアメリカを中心とした連合国の占領下におかれていた日本は、1951年サンフランシスコ講和条約で独立を回復し、同時に日米安全保障条約を締結した。これによってアメリカは事実上、日本の防衛義務を負うこととなり、日本はアメリカ軍の日本駐留と軍事基地の存続を認めることとなった。

その後日本は朝鮮戦争を機に経済発展を果たし、1956年には国際連合へ

の加盟と国際社会への復帰が認められた。その後もアメリカとの結びつきを深めながら、1960年代にはめざましい高度経済成長を遂げて世界の先進国の一員となっていった。1964年には東京オリンピックが開催され1968年には国民総生産（GNP）がアメリカについで世界第2位になった。また家族の変化に関して言えば、1965年に恋愛結婚の数が見合い結婚の数を超え、核家族や専業主婦、サラリーマンなどということばが使われるようになった。

　この章で取り扱う女性たちは、このように日本と世界との関係、日本社会の構造と人々の価値観が大きく変化する時代に、アメリカ国籍をもつ将来の夫と出会い、1950年代の後半から1970年代にかけて、日本がまさに急速な経済の高度成長のただ中にあった時期にアメリカにやってきたのである。

3. いくつもの喪失を経験しつつ周縁に生きる－日系新一世女性たちが生きていた社会的状況

　それでは、渡米した女性たちは、アメリカ社会とくにカリフォルニアの日系社会のなかでどのような社会的立場にあって生きてきたのだろうか。
（1）いくつもの喪失体験を生きる
　女性たちがおかれた社会的文脈を構成する要因として、ここでは1）異人種間の国際結婚をした女性に対する日本社会からの偏見と非難、2）アメリカで生きるアジア系女性移民への人種差別と性差別、とくに異人種間や国際間で結婚した日本人女性に対する偏見や差別、3）カリフォルニア日系社会からの誤解と疎外をあげて考察したい。新一世女性たちのアメリカでの経験とは、南川が指摘するように、「一方では異世界としてのアメリカとの遭遇の経験であると同時に、日本とアメリカ両社会からのステレオタイプやジェンダー規範との葛藤」[12]でもあったといえる。

　女性たちが結婚したのは、「もはや戦後ではない」とは言われながらも、まだ日本社会に戦争の傷跡が深く残っていた時期である。女性たちのなかでもとくにヨーロッパ系白人のアメリカ人と結婚した女性たちの多くは、日本の家族の強い反対を押し切って結婚したと語った。「戦争で戦った相手国の男と結婚なんて、とんでもない、絶対許さないっておとうさんが怒った。」今とは違って日本とアメリカの間を往復するのも容易ではなかった時代であ

247

り、日本の家族は、何かあっても助けに行けない彼女たちの状況を案じた。「日本を出る時、親の死に目にも会えないという覚悟で行けと言われた。それ以来、10年以上一度も日本に戻らなかったし、父母が死んだのもずっとあとから手紙で兄弟から知らされた。知らせてもどうせ戻れないのがわかっていたからでしょう。」とある女性は涙ぐんだ。このような女性たちの多くは、渡米した時点で、自分の親や親戚、故郷の人々と疎遠になった。自分の家族からのサポートがなかった女性たちが新しい異国での生活で置かれた立場は、周囲から孤立しがちで不安定であった[13]。

　異人種の男性と結婚した女性に対する日本社会からの偏見と非難の声は、日本のメディアによる報道からももたらされた。後に述べるように、1960年代頃までのカリフォルニア日系社会ではとくに、戦争花嫁に対するとき、その夫の人種によってラインを引き、夫が異人種の場合、なかでもとりわけ夫がアフリカ系アメリカ人の場合、その女性に対して偏見を持ち、厳しい目を向けることが多かったと言われている[14]。

　なぜ日系社会は、日本から来た女性に対してこのような否定的イメージをもったのであろうか。ひとつの大きな理由としては、日本の新聞などが、戦後の日本で進駐軍兵士と交際していた女性やアメリカ兵と結婚した女性について、「基地の女」「悲劇」など否定的で誤解を与えるイメージを醸成する報道をしたことがあげられている[15]。私がインタビューした女性たちのなかには、自分は日系人コミュニティにとっても、アメリカ白人社会にとっても、日本の家族や親戚にとっても「よそもの」だと感じていたと述べた人がいる。調査の時点で彼女たちはアメリカに数十年も長期滞在し、アメリカ国籍をとっていた人も多かったが、本人たちは自分のことを「日系人」とは呼ばず「日本人」と呼んでいた。

　アメリカ社会からの日系女性への人種差別と性差別、とくに異人種間や国際間で結婚した女性に対する偏見や差別も、女性たちを苦しめた。彼女たちは、インタビューの中で必ずしも自分たちが「差別や偏見」を受けたという直截な表現を使ったわけではない。しかしそれでも全員が、何らかの形でアメリカ社会において日本人女性として生きることの困難さに触れていた。

　とくに1950年代から60年代にかけて渡米した女性たちは、日系人に対

する戦争中からの差別と偏見がまだ色濃く残っていたのを覚えていた。「日本人は家を借りるのもむずかしかったんですよ。」またある女性は、息子が学校で「ハーフ・ジャップ」と罵られ泣いて帰って来たときのことを思い出しながら、「あのころはまだ差別がありましたからね。子どもには、そんなときにはどうやってやり返すかを教えてやりました。」と穏やかな口調で語った。日本社会から飛び出して自由の国アメリカに来たはずの女性たちであったが、ここでも彼らは、アメリカ社会に存在する「日本人女性」へのステレオタイプから、しばしば家事や育児、高齢者や病人の世話を押し付けられ、日本人の伝統的価値観だとされた「がまん」や「従順」を強いられた[16]。ある女性は「母親が日本人だと子どもは差別されるから、結婚のときに相手と話し合って、子どもはもたないということにきめました。」と述べ、「外国で生きるっていうのは、あなたね、並大抵のことじゃないよ。」と締めくくった。

　最後に、女性たちが住んだカリフォルニア州の日系社会の中での誤解と疎外についても触れなければならないだろう。戦前から戦争中にかけて日本人排斥と強制収容という辛酸をなめたカリフォルニア日系人と、それらを経験せず戦後アメリカ人と結婚して渡米した日本人女性たちとでは、たとえ日本文化を共有していてもその育ち方にも価値観にも大きなギャップがあった。恋愛結婚の後に自分で配偶者を選びとって結婚するということ、とくに異人種間の国際結婚をするということは、女性たちがそれを意識しているかいないかにかかわらず、古い日本社会のジェンダー規範への挑戦でもあった[17]。戦前の日本の家父長制度のもとで養われた価値観を持って過酷なアメリカでの開拓生活と人種差別を生き抜いて来た明治生まれの一世、彼らに育てられた二世にとって、戦後の新しい風を身にまとって異国で白人男性と家庭をもつ日本人女性の姿は、いったいどのように映っただろうか。

　カリフォルニア日系社会の戦時中の強制収容と解放後の苦労の体験は、説明しがたい怒りと屈辱の記憶として、長い間、日系コミュニティのなかの癒えない傷であった[18]。しかし、日系コミュニティの奥深くにあるそのような複雑な感情を理解することは、歴史を共有していない新一世女性たちにとって、とくに白人と結婚した女性にとって、容易ではなかったのではな

いかと思われる。日本から来た戦争花嫁や異人種と結婚した女性に対して、1960年代ごろまではとくに、日系社会の厳しいまなざしがあったこと、そしてその原因のひとつは日本の新聞報道にあったことを指摘したが、その背後にはこの二つの集団の歴史的経験の違いもあったと考えられる[19]。

このように、女性たちは自分たちがカリフォルニアの日系コミュニティの一世、二世たちから必ずしも好意的に受け止められていないことを知っていた。移民はしばしば、アメリカ社会からの退避の場所として自らのエスニックコミュニティの中に身を寄せるが、この研究であつかった女性たちの多くにとって、それは必ずしも選択肢のひとつではなかった[20]。

(2) 周縁に生きる、間(あいだ)を生きる

以上見て来たように、日系新一世の女性たちは、カリフォルニアの地で、社会的サポートを十分に受けられないまま、社会からの差別や偏見、ステレオタイプから生じる様々な困難と向き合わなければならなかった。彼女たちが夫を亡くしたとき、自分が生まれ育った環境とは異なる言語的、文化的、宗教的環境のもとで、「独身の日本人移民女性」としての新しい生活を始めなければならなかったといえる。そのときに、社会的サポートへのアクセスの難しさ、それからくる孤立の経験などは、どのように彼女たちの喪失体験と悲嘆に影響を与えたのだろうか。

女性たちのなかには、日常生活で必要な外部との交渉はほとんど夫にまかせていたと答えた人たちが多い。そのような彼女たちが夫を喪ったときに最初に直面したのは、それまで夫がやっていた毎日の細かい雑用、たとえば車の運転、家の修繕や維持、銀行口座の管理、子どもの学校のこと、夫の家族とのつきあいなどをひとりでやらなければならないことのストレスであった。ほぼ全員が、遺産や税金などの財産手続きを英語でしなければならなかったことや、家計計画を改めて一人で考えなければならなかったことが最も苦痛だったと話した。

女性たちは、ひとりをのぞいて全員が日常生活に不自由ない程度の英語を話すことができたが、法律文書を読んでそれにサインをするとなると話は別である。アメリカの法律は日本のものとは違うし、法律英語はわからない。頼れる親戚もいない。「夫は古い世代の男でしたから、妻が仕事をすること

を好みませんでした。」と語った女性は、夫がいなくなったとき、自分がアメリカ社会で生きてゆくすべをもたないという現実と直面して深刻なうつ状態になった。また別の女性は、当時自分が友人に出した手紙のコピーを私にみせてくれた。「今わたしは、毎日ひとつずつ新しいことを学んでいます。」彼女は日系二世で日英バイリンガルであった夫に頼り切っており、夫が亡くなったときには銀行小切手の書き方すら知らなかった。異国の地で英語もできない、車の運転もできない。どうしたらいいか不安で不安で、当時9歳だった息子と毎晩しっかり抱きあって眠ったという。

　サンフランシスコ湾岸地域には、日系のキリスト教会や仏教寺院、日系のソーシャルサービスなどが提供する日本語サービスがあり、たとえば9名のインフォーマントのうち6名が、何らかの形で日系の教会や寺院に関係を持っていると答えた。日系教会や寺院、日系ソーシャルサービスがこの地域の日本人たちに果たしている役割は大きい。しかしそれらを除けば、日本語で相談できる場所はほとんどない。まして車を運転できない人たちにとっては、そのような日本語サービスにアクセスすることすら難しい。このように、女性たちにとって、夫を喪うというのは、アメリカでの保護者を失って生活が破綻するかもしれないこと、異文化の通訳者がいなくなって周りから孤立するかもしれないことをも意味していた。

　しかし、そのような女性たちも、ある一定の混乱の時期を過ぎたあとには、全員が、周囲の人々の助けを得ながら何とか一人で生きる方法をみつけることができたと報告している。夫の死後日本に帰ろうとした人、日本の実家に頼った人はひとりもいない。すでに子どもたちはアメリカで成長しており、日本の家族とも疎遠である。私が生きる場所、死ぬ場所はこの国にしかない。「自立すること」「強くなること」— アメリカで女性がひとりで生きるのに必要なものは何ですかという私の問いに、全員が口を揃えて言ったことばである。「人間がんばればなんでもできるとわかりました。」「あのときからわたしは腹がすわりました。」「ひとは『苦しいときの神頼み』っていうけど、わたしの場合は『自分頼み』。」

　一方で、女性たちをより強く苦しめたのは、孤独感と将来への不安、日本への望郷の念である。人は配偶者を失った人を社会規範から外れた存在とし

て心理的に避ける傾向があると言われているが[21]、インフォーマント9名のうち5名が、夫の死後、もっとも人のあたたかさや助けを必要としていたときに、一人きりで放り出されていると感じていたと答えた。ある女性は言った。「安心して泣き顔をみせられる人はだれもいませんでした。人前で泣けばうっとおしいと思われるのではないかと、平気なふりをしていました。毎日夫の写真に向かって『なんで私を置いてひとりでいっちゃったの。』と泣きました。」

夫との間に子どもがなく日本の両親も早くに亡くなってしまったという女性は、自分の置かれた境遇を「天下の孤独」という言葉で表現した。「ひとりでさびしいなんてことは考えたこともないね。そんなのは甘えだよ。」彼女は、自分はキリスト教徒だが、毎朝自宅にある仏壇に向かって手を合わせるのが日課だと語った。「わたしは神を愛しています。でも仏壇の中には父母も夫もいる。仏壇はわたしの心のふるさと。」

ニーマイヤーは、悲嘆の経験の中核をなすのは、個々人が、喪失体験によって崩壊してしまった自己の「想定世界」「人生についての推定的な構想」を学び直し、再び構成し直すプロセスだと主張する[22]。大切な人の死別後遺された人々の多くは、「この死に遭遇した今、私って何なのか」「私の人生はどんな意味があったのか」という深刻な疑問への解答を求めて苦闘する。人は、自分を囲む他者とのやりとりのなかで、この解答を求めて新たな意味の世界を模索する。その際、他者とどのようなやりとりをするか、他者からどのように受け入れられ理解されるかということが、大切な人を亡くした人たちの人生の学び直しと新たな出発に大きな影響を与えるといわれている[23]。

しかし今までみてきたように、この研究であつかった女性たちの多くは、そのユニークな社会的背景のゆえに、日本に住む家族や友人とも、カリフォルニアでの家族やアメリカ人の友人たちの多くとも、人生経験を共有しない。結果として、彼女たちにとって、自分たちが生き抜いて来た歴史的社会的文脈の複雑さを分かり合い、たびかさなる喪失と悲嘆の体験を分かち合える仲間やコミュニティを見出すのは容易なことではなかった。

インタビューの中で私は何度も、女性たちが自分たちの半生を、「孤独」や「異国で生きる厳しさ」ということばを使って語るのを耳にした。アメリ

カで生まれ育った彼らの子どもたちは「アメリカ人」であり、日本の文化やことばをよく理解しない。一方、彼女たちにとって、英語はあくまでも第二言語であり、自分の複雑で微妙な気持ちの動きを上手に表現できることばではない。「どんなに長い間この国に住んでも私は結局アメリカ人にはなりきれなかったし、かといってもう今の日本のこともわからない。私は中途半端。私はどこに自分の場所をみつけたらいいのかと最近よく思う。」彼女たちは、夫や家族、地域社会との関係のなかで、結局はアメリカ社会にとけ込めない「日本人」であることを何度も自覚させられてきた。「そのような自分がよって立つ場所はいったいどこなのだろうか。」

以上見てきたように、女性たちの多くは、高齢者になってからの配偶者との死別体験のはるか以前から、アメリカ社会からの差別と偏見、日系人社会の中での疎外、日本の家族や友人との関係の疎遠と断絶、日本語サービスへのアクセスの難しさ、それらからくる自尊感情の傷つき、民族的アイデンティティの混乱など、いくつもの厳しい喪失体験、強い悲嘆やトラウマを引き起こす可能性のある体験を抱えながら生きてきた。また社会的に孤立しがちな状況のもとにあって、さまざまな困難に直面したときに周りから十分な情緒的、社会的サポートを得にくかったともいえる。彼女たちは、以上のようないくつもの大きな喪失体験の積み重ねの上に、配偶者の死という大きな喪失を経験したことになる。

日本からの移民として生きた半生のなかで彼女たちが経験してきたさまざまな喪失や悲嘆の経験が、アメリカ社会において広く承認され認められることはなかった。多民族社会アメリカのなかで複数の文化が交錯するいわば「境界上」を生きてきた彼女たちは、今までもこれからも、自分の居場所を自力で発見してゆかなければならない。シルバーマンは、配偶者を喪うということは、女性にとって、妻からウイドウ(widow)になり、次に自立したひとりの女性になるといった形でアイデンティティが移行してゆくことであると述べたが[24]、彼女たちは、社会的にも文化的にも孤立しがちな状況のなかで、黙々と「人生の大きな移行期」を生きてきたといえるかもしれない。

終わりに

　はじめに述べたように、近年の悲嘆の研究では、悲嘆の体験に影響を与える要因として社会的変数を考慮することが重要だと言われている。この研究で示唆されたことは、戦後アメリカ人と国際結婚してアメリカに渡り、カリフォルニアに暮らして来た日本人女性、いわゆる新一世女性が配偶者を喪った時に、カリフォルニア日系コミュニティの中で起こった歴史や、日本人女性へのさまざまな偏見・社会差別・ステレオタイプ、そしてそれらからくる社会的孤立が、女性たちの死別や悲嘆の体験に影響を与えたのではないかということである。

　では、そのような彼女たちが自ら立ち上がり、コミュニティを形成して互いに支援し合うためにできることは何だろうか。最後に、新一世女性たちを支える日系コミュニティの試みのひとつに触れたいと思う。サンフランシスコ湾岸地域には、日本人渡米者、とくに国際結婚をして日本から来た女性たちの相互援助を目的に 1971 年に発足したグループがある[25]。その会が、2011 年に創立 40 周年を迎えたのを機に、自分たちが歩んできた軌跡を後世に残そうと、会の「オーラルヒストリー」を制作した。この会は、1970 年代初頭、日系三世が中心になって始まった日系コミュニティを支える運動のなかから生まれたグループのひとつだが、現在では当初のメンバーは高齢化して世代交代を考える時期になっている。そのようななか、戦後早い時期に国際結婚して渡米した女性たちの貴重な体験を後輩たちに残そうとして計画されたのが、この「オーラルヒストリー」制作である。この本のなかであるメンバーはこう語っている。

> この会は心から安心できる場所なのです。どんなことでも分かってもらえるというか、喧嘩もありますが、皆で集まって、飲んで、食べて、日本語でおしゃべりをすれば、喧嘩をしていたことも忘れてしまう。心からほっとできるのです。（中略）団結です。同胞の団結。一人じゃないことに気付くことが大切なのです。[26]

　人は、自分を支えてくれる仲間やコミュニティの中で人生を形作り新しい

人生を生きる。そのとき人は、悲嘆に打ちのめされるだけではなく、その苦しかった体験から何か大切なことを学び、次世代に伝え、乗り越えてゆくこともできるのである[27]。この章でとりあげた新一世女性たちのグループのこの新しい試みは、そのことへ向けての小さなしかし希望に満ちた一歩を指し示しているように思われる。

注

1) たとえば、J.W. ウオーデン『悲嘆カウンセリング―臨床実践ハンドブック』（山本力監訳）（誠信書房、2011）：9-11.
2) 同上、57-78.
3) 同上、75-78.
4) 戦後アメリカに渡り長期にわたってアメリカで生活している人々は、明治期からの初期移民である「一世」と比較してしばしば「新一世」と呼ばれるため、ここでもその用語を使用する。もっとも、文中で述べたように、女性たち自身は自分のことを「日本人」と呼んでいた。
5) 南川文里「日系人／日本人女性のアメリカ経験―日系移民女性から留学ツーリズムまで―」『神戸市立外国語大学外国語研究』66, 2006: 27-41.
6) たとえば、安富成良「第4章アメリカの戦争花嫁へのまなざし―創出される表象をめぐって」島田法子編著『写真花嫁・戦争花嫁のたどった道―女性移民史の発掘―』（明石書店、2009）：151-183.
7) ロナルド・タカキ『もう一つのアメリカン・ドリーム―アジア系アメリカ人の挑戦』（阿部紀子、石松久幸訳）（岩波書店、1996）166-167.
8) サンフランシスコ総領事館ホームページ「在サンフランシスコ日本国総領事館管轄内の在留邦人数（2009年10月現在）2014年1月10日アクセス。http://www.sf.us.emb-japan.go.jp/archives/PR/2009/pr_09_1214.htm.
9) タカキ『もう一つのアメリカン・ドリーム』173-174.
10) Evelyn Nakano Glenn. *Issei, Nisei, War Bride: Three Generations of Japanese American Women in Domestic Service* (Philadelphia: Temple University Press, 1986), 51.
11) 安富成良、スタウト梅津和子『アメリカに渡った戦争花嫁―日米国際結婚パイオニアの記録』（明石書店、2005）参照。
12) 南川文里、前掲、41.
13) たとえば、Glenn、前掲書、63.
14) 安富成良「アメリカ本土の戦争花嫁と日系コミュニティ―学術研究プロジェクト『海を渡った花嫁たち』での聞き取り調査を中心に―」『海外移住資料館 研究紀要』第5号、23.

15）たとえば、安富成良、スタウト梅津和子、前掲書、199-200。
16）Glenn, 62.
17）Ibid.
18）1988 年、レーガン米大統領は「市民の自由法」（日系アメリカ人補償法）に署名して強制収容された日系アメリカ人に公式に謝罪し、現存者に限って 1 人当たり 2 万ドルの損害賠償を行った。
19）安富らの報告によると、1988 年の「戦争花嫁渡米 40 周年記念大会」でとられたアンケートでは、アメリカ日系社会に対する要望として多くが、「差別をしないで」「異質の者をうけいれましょう」と答えているという。（安富成良・スタウト梅津和子『アメリカに渡った戦争花嫁』195.）
20）このような傾向は 1970 年代以降になると徐々に変化し、戦争花嫁も同じ日系コミュニティの仲間として受け容れられるようになったという。変化の要因として安富は、①戦争花嫁自身の又は戦争花嫁の団体の活動実績、②一世の死亡と二世の老齢化、更に三世以降の異人種・異民族間結婚の増加、③「日系国際結婚親睦会」が設立され戦争花嫁の存在を広くアピールしたことをあげている。安富成良「アメリカ本土の戦争花嫁と日系コミュニティ―学術研究プロジェクト『海を渡った花嫁たち』での聞き取り調査を中心に―」『JACA 横浜海外移住資料館 研究紀要』第 5 号、2011:24-26.
21）Colin M. Parkes & H. G. Prigerson, *Bereavement: Studies of Grief in Adult Life* (4th ed.) (New York: Routledge, 2010) 9-10.
22）ロバート・ニーマイヤー『大切なものを失ったあなたに―喪失をのりこえるガイド』（春秋社、2006）：143-144.
23）Thomas Attig, Relearning the World: Making and Finding Meanings. In R. A. Neimeyer (Ed.), *Meaning Reconstruction and the Experience of Loss* (Washington, DC: American Psychological Association, 2001), 44.
24）Phyllis R. Silverman, *Widow-to-Widow: How the Bereaved Help One Another* (2nd ed.) (New York: Brunner-Routledge, 2004) 21, 33-34.
25）安富・スタウトらが報告しているように、戦争花嫁を中心とした国際結婚をした女性たちの全国組織としてはワシントン州に本拠地を置く「日系国際結婚親睦会」があり、その他にも全米各地に日系新一世たちの自助組織がある。
26）日本人渡米者の会ひまわり会『ひまわり会オーラルヒストリー』2011:60.
27）たとえば、Chizuko Saito, Bereavement and Meaning Reconstruction among Japanese Immigrant Widows: Living with Grief in a Place of Marginality and Liminality in the United States. *Pastoral Psychology*, Feb. 2014 (63:39-55).

現代の若者たちの「距離感」に関する一考察
―「若者ことば」から見た若者の精神的志向性を中心に―

山 内 信 幸

はじめに

　本稿では、若者ことばを素材とし、近年の若者特有の精神的志向性を中心にして、現代日本文化の特質の一面を考察する。まず、米川（1991-2）を基にして、約20年前の当時としては目新しい言葉遣いとして注目を集めた「若者語」の実例と、北原（2008）を参考に、最近の「KY語」と称される女子高生を中心に観察される独特な表現形式の実例を紹介する。つづいて、それぞれの定義に基づいて、いくつかの言語的特徴を解説し、その機能についても考察を加える。さらに、これらの「若者ことば」に顕現される若者特有の精神的志向性を自己と他者との物理的・心理的距離感に基づく自己アイデンティティの形成プロセスに求め、言語学的および社会文化論的な検討を試みる。

1.「若者言葉」の実例

　まず、『言語』に連載された米川（1991-2）[1]による「すきやねん若者語辞典」に紹介された事例を順不同にいくつか挙げ、若干の解説を加えてみることにする。

(1)【デューダ（する）】・【かじてつ（する）】
　　康子「私五月で仕事やめんねん」
　　里華「うそー。やめてどうすんのよ。**デューダ**すんのん？」
　　康子「ううん、**かじてつ**すんね」

ここでは、名詞と動詞の併用の事例を紹介しよう。「デューダ（する）」は、当時の転職紹介誌の1つである『デューダ』という誌名から「転職（する）」

という意味で用いられている。類似の雑誌としては、『とらばーゆ』や『サリダ』などがあり、同様の転用が観察される。また、「かじてつ（する）」は「家事手伝い（する）」の省略語で、「する」を付加して、動詞にも用いることができる。

(2)【終わってる】
　　貴久「さっきのテストどうやった？」
　　千歳「もう**終わってる**…」
　　貴久「あー、むずかしかったもんな」
　　千歳「最悪！来年にまわそう」

これは、一種の比喩的表現と位置づけられるが、置かれている状況が最悪の状態を指し、今の状況とそこから生じる結果までを含むものとして、「どうしようもない、ひどい、救いようのない」などの意を表す。いろいろな場面で使用可能な汎用性の高い表現で、現在でもその使用は認められる事例の1つである。

(3)【イケイケ】
　　明美「あんた今日、すっごい**イケイケ**やなあ！」
　　陽子「学校帰りにディスコ直行やねん」

(4)【アバウト】
　　雅人「一体、何分待たせるねん！」
　　裕子「ごめん、ごめん。タクシーがなかなかつかまらへんかってん」
　　雅人「おまえはいつまでたっても**アバウト**なやっちゃなあ」
　　裕子「うん、気にしんとき」

(3)と（4）の事例は、いずれも形容詞として用いられているものであるが、それぞれに用法上の特徴が見出される。まず、「イケイケ」は、いかにも遊び人風な派手な服装や化粧をしている人を指し、女性の場合であれば、性的にも放縦なイメージをともなうと考えられる。特に、ここでは、同じ表現を繰り返し用いる畳語となっている点を指摘しておく必要があろう。また、「アバウト」は、英語の "about" に由来した形容詞で、人の行動や性格などがいい加減なさまを表したり、無責任さやおおざっぱさを示したりする表現である。「いい加減」という直截的な表現と比べて、「アバウト」を表現する

ことで、語感はやわらかな響きを伴う。
(5) 【イントラ】・【ヤンエグ】
　　万希「去年のスキー、楽しかったなあ。今年もゼッタイ行こう」
　　直子「あんた、スキーよりもあの**イントラ**目当てちゃうん？」
　　万希「えっ、やっぱりわかってた？」
　　直子「そんなん、ミエミエやん。私は**ヤンエグ**見つけよっと」
　　万希「えっ、あんた先生が好きやって言うてたんやんか」
　　直子「子持ちやで．．．」
(6) 【アメカジ】・【キレカジ】
　　春美「見て見て、あのラルフ・ローレンのジャケット、むっちゃかわいい」
　　京子「あれ、あんた**アメカジ**派じゃなかったけ？」
　　春美「ううん、今は**キレカジ**めざしてんねん」

(5)の事例は、いわゆる、英語の表現を日本語で収まりのいい4拍の語に省略された表現である。「イントラ」は、「インストラクター」の略で、スキーやテニスなどのスポーツを教える指導員を指している。また、「ヤンエグ」は、「ヤングエグゼキュティブ」の略で、理想の結婚相手として若い女性には評価の高い青年実業家を意味している。(6)の事例は、両例とも一見英語からの省略語のように感じられるが、それぞれの例は、すこし事情が異なっている。「アメカジ」は、「アメリカンカジュアル」の略語で、ジーパンを中心にしたラフな服装を指すのに対し、「キレカジ」は、「きれいなカジュアル」の略で、普段着よりもこましで、こぎれいな服装を指している。すくなくとも後者の例は、日本語と英語との組み合わせを4拍の語調のなかに省略して表している点が非常に興味深い。
(7) 【フセ子】・【はみ子】
　　由紀「きのうのコンパ、最悪！」
　　恵美「どうしたん？」
　　由紀「だって、私が目つけてた彼と話してんのに、明子が割り込んできたんよ」
　　恵美「明子って、もしかして**フセ子**じゃない！」

由紀「でしょう！もう**はみ子**や」
(8)【ビーンズ○○】
　　　友恵「なあ、聞いたあ？りえちゃんのかれ、毎日欠かさず大津から茨木まで車で会いに来てくれるんやって」
　　　知寿「うんしってるゥ。来れへん時は必ず Tel してくれんねやろ」
　　　友恵「うん、おまけにポケベルまで持ってはるし」
　　　知寿「りえちゃん行動把握しまくりやなあ。でも、彼もようやるわ」
　　　友恵「えーねん。だって、**ビーンズ木村**やもん」
(9)【ケンタ君】
　　　佳子「なあ、さっきから吉田君こっち見てるで、あんたに気あるんちゃう」
　　　香代「エー、いやや私。吉田君て**ケンタ君**やもん」
　　　佳子「あっほんまや、ヤッハハハ」

　これらの例は、いずれも人物描写を行っている事例である。ここでの「フセ子」は、イラクの大統領フセイン氏にちなんで、当時の国際情勢のなかで「悪役」を一手に演じて世界中を敵に回していたキャラクターをもじって、意地の悪い女の子を冗談っぽく軽い調子でいったものである。また、「はみ子」は、「ハミゴ」と発音し、「はみ出る」の「はみ」に「子」をつけ、仲間はずれにすることあるいはされること、または、そうされた人を指す。また、「ビーンズ○○」の○の部分には具体的な名前が入るが、几帳面さを表す「まめ」と「豆」を表す英語の"beans"をかけたことば遊び（駄洒落）で、何でも言いなりになっていうことを聞いてくれる、使い勝手のいい人を指している。さらに、「ケンタ君」は、お腹の出た比較的若い男性に対して、直接的な身体的特徴で言及するのではなく、間接的に表現している事例である。由来は、ケンタッキーフライドチキンの創立者であるカーネルサンダース氏をまねたキャラクター人形のように、ぽってりとお腹の出ている人物を指す表現である。

　以上は、若者語の先駆的な研究を行った米川教授の勤務校である梅花女子大学（大阪）に在学する女子大生の間で約20年前に収集された言語資料である。

次に、最近、特に耳目を集めている、女子高生を中心にして使用されている、いわゆる、「KY語」とよばれている新しい言語現象の潮流の事例も紹介してみよう。
　以下の例は、一見すると、すべて英語の頭文字語（acronyms）のように見えるかもしれないが、実際はそうではない。具体例を確認していく前に、まず、「KY」という用語を確認しておこう。これは、「空気読めない（Kuuki Yomenai）」の略で、「その場の状況を直感的に理解してそれにふさわしい行動をとることができない」の意であり、そのような一連の表現形式を北原(2008)[2)]は「KY語」とよんでいる。
　以下の例を見てみよう。
(10)【JK（じぇい　けー）】
　　　「うちら**JK**の間で流行のアイテム」
　これは、「Joshi Kousei」の略語で、女子高生がKY語を使用する頻度として圧倒的に使用頻度の高い用例で、3年間という期間限定の自らの身分に一定の優越感や愛着をもって、自らを呼称する用語とされている。
(11)【IW（あい　だぶりゅー）】
　　　①「ほんとあの子って天然だから**IW**だよね」
　　　②「教育実習の先生、いろいろ教えてくれるんだけど大体**IW**」
　　　③「この宿題の量とかって、マジ**IW**」
　これは、「Imi Wakannai」の略語で、①は「（相手の言うことが）不可解で理解できない」、②は「（知識や素養が不足しているため）話題の内容が理解できない」、③「（不条理な相手に対して）意図や趣旨が理解できない」の意をそれぞれ表している。①は純粋に理解不可能性を示すのに対し、②は理解できない内容や理解するための努力を要する事柄について、あっさりと否定・拒絶の意を表し、③は実際の状況の理解不足というよりは、不満の意を表明する場面での捨てぜりふ的な表現として用いられている。
(12)【3M（すりー　えむ）】
　　　①「この暑いのに10キロ走れったって、そんなの**3M**」
　　　②「昼飯の後はシエスタ（注：ラテン系の国での昼寝の風習）。いきなり仕事しろったって**3M**だよ」

これは、「Majide Mou Muri」の略語で、①は「（職務や課題が困難で）どう頑張っても達成できないこと」、②は「面倒くさいこと」を表している。強調の表現である「マジ」に加えて、典型的な3つの表現の頭の音をそろえて用いるところに表現としての新奇さが見られ、M音で始まる語を畳みかけて、表現上の効果を増大させている。

(13)【MHZ（えむ　えいち　ぜっと）】
　　「お前、明日のイベントどうやっていく？」「**MHZ**！」

これは、「Masakano Hofuku Zenshin」の略語であるが、意外さを狙ったナンセンスギャグの一種とも言えよう。「匍匐前進」とは、もともと、軍事教練などで、地面に這いつくばり、腕や足全体を使って前に進む方法を指すが、実際にそのような方法を用いる意図などはまったくない状況で、即座に返答する切り返しのギャップを楽しむ表現と見なすことができる。ネット上でも頻繁に登場する用語の1つである。

　ややひねった表現としては、「GMM」や「MK5」があるが、初見では、とうてい想像することは不可能に近い。

(14)【GMM（じー　えむ　えむ）】
　　「今カレと微妙だったんだけど、気づいたら**GMM**と元サヤ（元の鞘に収まる）になってた」

これは、「Guuzen Machideatta Motokare」の略語で、単なる「MK（＝Moto Kare）」とは異なり、運命的な再会の意を含み、出会いの後の「焼けぼっくい」的な進展を暗示させる意味合いを含意しているとされる。日常的な高校生活の一風景、とりわけ、恋愛事情を活写したものと言えよう。

(15)【MK5（えむ　けー　ふぁいぶ）】
　　「お前んとこの課長、かなり粘着質だよね」「1日3回は**MK5**だね、実際」

これは、純粋にことば遊びに属する類のものとも見なされるが、「Maji Kireru 5byoumae」の略語である。（不愉快な出来事や我慢ならない状況に対して）怒りが一気に膨れ上がっていくことを表すとされているが、実際の意味は、「軽く頭にきた」程度の表現である。怒りが頂点に達するギリギリの限界点の緊張感と「5秒前」という時間の正確さを与えることによる、表現

効果のギャップが持ち味とされる。これのモチーフは、1997年に女優の広末涼子が出したファーストシングルである「MajiでKoiする5秒前」を省略した「MK5」にあるが、すでに存在する表現に新しい意味を付加して作られたものであるが故に、ことば遊びとしての存在意義は非常に大きいと言えよう。

次の2例もまた、すでに存在する意味に別の意味を当てたものであるが、それぞれがあまりに日本語として定着している英語の頭文字であるために、その造語法のギャップが一層のおかしみを倍加させている。

(16)【IT（あい　てぃー）】
　　　「めちゃ寒いけど**IT**！」
　この例は、"I" su Tabetai」という意味を表わしているが、冒頭が日本語の「あ」ではなく、英語の "ice" の "i" に対応している点がユニークなところである。女子高生にとって、アイスクリームは癒しの必須アイテムとして不可欠なおやつと見なされていることを考え合わせると、この表現の使用頻度が高いことも首肯できる。

(17)【ATM（えー　てぃー　えむ）】
　　　「最近、高校生の娘が口をきいてくれないんだよ」「つまんないダジャ
　　　レばかり言っていると**ATM**になるよ」
　これは、「Ahona Touchan Mouirahen」という意味で、元は教育関連の出版社のコマーシャルで、タレントの島田紳助演じる英語に無知な父親に対して、母親と娘がATM（=Automated Teller Machine）をもじって揶揄する場面で用いられたものである。KY語のなかで、関西方言が使われている珍しい表現の1つである。

2.「若者ことば」の定義とその言語的特徴ならびに機能

　ここでは、まず、本稿で扱う若者ことばの定義を確認してみよう。米川（1996:12）は、「若者語」を「若者語とは中学生から30歳前後の男女が、仲間内で、会話促進や娯楽などのために使う、規範からの自由と遊びを特徴に持つ特有の語や言い回しである。個々の語について個人の使用、言語意識にかなり差がある。若者言葉。」と定義している。また、「KY語」について

は、北原（2008:2）は、安倍晋太郎内閣（当時）を「KY内閣」とマスコミが揶揄した際に用いられたことから人口に膾炙するようになり、最近の若者たちの間で大流行している表現形式として、一連の略語表現を「KY式日本語」、略して、「KY語」と命名し、「日本語をローマ字表記したときに、①文節（句）、②語、③語を構成する部分、などの最初に来るローマ字で表した略語。」という定義を与えている。

　すでにいくつかの用例は紹介したが、もう一度、「若者語」について、その言語的特徴を整理してみることにしよう。

①名詞＋「する」→動詞【用例（1）】

　名詞に「する」を付加して、動詞を作るもので、多くの実例が観察される。たとえば、「ばくすい」に「する」を付けて、「ばくすいする」という動詞が作られるように、「チューする（＝キスをする）」や「プータロウする（＝定職をもたずにぶらぶらする）」などがある。

②意味を拡張した動詞【用例（2）】

　たとえば、「はまる」では、本来は、ある物理的な器の類の中に入りこむことから、受け皿となる部分が拡張して、ある状態に没頭しているさまを表している。他には、いろいろな段取りを整えて、物事を進行させるときに用いられる「しきる」や不調の状態や多忙などが続いて、にっちもさっちもつかない状態を称して「死んでる」などの用例を挙げることができる。

③形容詞（否定的な意味を含意する場合が多い）【用例（3）（4）】

　元来、「けばけばしい」や「気色悪い」のような形容詞を縮めた形にして、「けばい」や「きしょい」というような用いられ方をする。否定的なニュアンスを含意する場合が多いとされる。

④省略語【用例（5）（6）】

　外食産業として誰もが知っているファーストフード店であるマクドナルドやミスタードーナッツを「マクド」や「ミスド」と縮めて用いられる例であるが、通常は、「ゲーセン（＝ゲームセンター）」のように、日本語の語感として据わりがいいとされる四拍で表現される場合が多いとされている。しかしながら、最近では、三拍あるいは二拍の用例もしばしば観察さ

れる。
⑤人物を描写する表現【用例（7）（8）（9）】
　たとえば、移動の際に自分の足代わりとしてタクシーのように使える男性のことを「アッシー君」と称するような古典的事例から、合コンなどで最後まで売れ残ってしまう男性のことを、ちょうどサンドウィッチの添え物で必ずといっていいほど食べ残される食材にちなんで、「パセリ君」とよぶような、判じ物的表現に至るまで表現形式は多岐に亘る。いずれも、当該人物をさまざまな表現形式で活写している点は興味深い。
⑥程度・強意の副詞
　身の回りの事態を大げさに表現することは若者たちには顕著に観察される事例であるが、たとえば、それぞれの被修飾語に「チョー」を付けて、「チョーダルイ」などという表現が頻用される。
⑦間投詞や擬音語
　当該の状況をリアルに表現するために、間投詞や擬音語を用いてさまざまな工夫が施されることがある。たとえば、涙が眼にいっぱい溜った状態を指して、「うるうる」と表現したり、友達からの何気ない言葉でひどく傷ついたさまを指して、「（胸に）グサッときた」など、臨場感あふれる表現が用いられる。
⑧文末の曖昧化
　円滑な人間関係を志向し、また、自らの立場を限定的に明示することをできるだけ避けるために、語尾を曖昧に表現する場合が多く見られる。たとえば、「～っていうか」や「～みたいな」のように、語尾を上げつつ、文を途中で中断させたままの印象を与える表現や、言い切り方ではなく、「～系」や「～状態」のように、わざと焦点化させない表現が観察される。
　一方、「ＫＹ語」の場合は、すでにいくつかの事例の紹介で自明のように思われるが、その使用法を再確認すると、次の３点にまとめることができる。
①話しことばの反映
　女子高生たちの生の声が反映された表現であるため、話しことばがそのままローマ字化されている事例が多く観察される。

265

②ヘボン式によるローマ字化
　ローマ字化に際しては、日本の教育機関で教えられる訓令式を採らずに、ヘボン式を採用している点に、「欧米化」に慣れ親しんでいる傾向が強いということを指摘することができる。
③英語綴りの採用
　(16)の例で確認したように、一部の略語に英語の綴りが採用されている。日本語綴りと英語綴りの混交という事例は、自由奔放な女子高生の闊達さが生み出した柔軟な造語法と見なすことができる。

3.「若者ことば」の機能
　米川(1996)は、若者語のコミュニケーション機能として、次の7点を挙げている。「KY語」の場合も、ほぼ同様の機能をもつと考えられる。
①娯楽機能
　これは、一種のことば遊びを楽しむ機能として、若者語を使って会話に笑いを生じさせ、それを楽しむ機能である。その場合、造語そのもののプロセスに娯楽を見出す場合と造語の使用に際して娯楽を見出す場合とがありえる。前者の例としては、「脂ギッシュ」(←「脂ぎった」＋「エネルギッシュ」などがあり、後者の例では、(8)で示したように、「ビーンズ○○」に見られる駄洒落の類が挙げられるであろう。
②会話促進機能
　これは、前述の娯楽機能の次にあるものとして、若者語を使って会話を盛り上げたり、テンポよくしたりする機能を指す。たとえば、(9)に示したように、太った男性を指して、「ケンタッキーフライドチキンのカーネルサンダースおじさんのようにお腹が出ている人」ではなく、「ケンタ君」と称するほうが、言葉遣いの妙としての働きと、短くした分会話のテンポが上がることが期待される。これには、(5)や(6)で示したように、省略語の使用が大いに貢献していると考えられる。
③連帯機能
　これは、くだけた若者語として仲間内だけに通用する表現によって、仲間内の親近感を醸成し、「ウチ」の人としての仲間意識を強める機能である。

一方で、「ソト」の人を排除する「疎外機能」と表裏一体をなすものと考えられる。(7)の「フセ子」のような表現は、それを使う者のみがわかる一種の「符牒」のような働きをしていると考えられる。

④イメージ機能

これは、視覚的あるいは聴覚的な表現を用いることで、瞬時にその対象物のイメージを把握することができる機能である。たとえば、マンガによく見られる、びっくりしたときに目を点のように描くことに由来して、文字通り、「目が点になる」という表現がある。また、人から何か気に入らないことやいやなことを頼まれたり、言われたりしたときに、胸がむかついて吐瀉物を吐き出す様子を聴覚的に表して、「ゲロゲロ」と表現したりする。

⑤隠蔽機能

これは、いわゆる隠語とよばれるもので、すでに一般に認知されている語では部外者に聞かれてまずいため、別の表現に置き換えて、その表現意図を隠す機能である。たとえば、電話している相手に今会話が継続できない状態であることを周囲の人たちには悟られないように伝えるために、「みかか無理！」と発する場合が考えられる。これは、キーボードの「みかか」のそれぞれのキーをローマ字入力として入力すると「NTT」となり、「NTT」から「電話」というフレーズの連想につながって、その時点で「電話できない」という意味として相手に伝わるというものである。

⑥緩衝機能

これは、相手の感情を害したり、傷つけたりすることになるのを避けて、相手への印象を和らげる機能である。たとえば、(4)の「アバウト」という表現は、相手のいい加減さを詰問する場面で用いられているが、面と向かって直接的な言葉で表現するのではなく、間接的な表現によってワンクッションを置いて、語感を和らげる「緩衝材」としての機能を果たしている。

⑦浄化機能

これは、その語を口にすることで、腹にたまっていた不快な感情を発散させ、浄化させる機能を指す。「ムカツク」というような語は、それ自体で

たいへん強い語気を含むものであり、言われた側はおおいに傷つくと予想されるが、いったんそれを口にしてしまえば、発言した本人は案外すっきりとし、胸につかえていた怒りは知らないうちに消失する。他者を難詰したり、中傷したりする表現には、この機能が含まれることになる。

以上が、若者ことばの機能であるが、特に、これらの表現には言葉遊びの要素が強く見られるので、①娯楽機能と②会話促進機構が重要な働きをしていると指摘することができる。

4.「距離感」から見た現代の若者気質

今までは、若者ことばと称する一連の表現に見られる特徴を言語的な観点から概観してきたが、ここでは、現代の若者たちに見られるコミュニケーションパターンあるいは行動パターンに関して、若者が持つアイデンティティを他者との「距離感」という切り口で言語学的および社会文化論的な観点から考察を試みる。

本論に入る前に、2つほど興味深いエピソードを紹介しておこう。1つはもう20年近く前の話になるが、当時同志社大学で開講されていた総合科目のなかに、校祖新島襄が学んだ米国アーモスト大学でアメリカの言語と文化を学ぶ夏季研修プログラムが開設されていた。これは「アーモスト・サマープログラム」とよばれるもので、男子学生約20名、女子学生約20名を1ヶ月の間、筆者を含め2名の教員で引率した。参加者の学生には多くの思い出を得てもらおうと、引率者としては、できる限り周到な準備を行った。従来の英語の成績を重視する選考基準を改め、本人の意欲を最大限に評価することで選抜を行い、渡米までの3ヶ月ほどの準備期間を含め、授業の内外を通して、引率者と参加者の分け隔てなく、相互交流に努め、良好な人間関係を築きあげて、離日した。

日本にいるときに学生に接している限り、対人関係や自己管理などにはなんの問題も感じられなかったが、いざ異国の地での生活が始まると、海外経験が初めての者、団体生活に不慣れな者など、日本にいるときとは異なった環境にさらされていることから生じる極度のストレスによって、個人の「我」がストレートな形で顔を出し始めるようになってきた。引率者としては、当

然のことながら、価値観の異なる個人同士のそういった本音の部分の「ぶつかりあい」を経て、他者の認識・理解へといたることを期待していたが、共同生活から生まれる不満だけが募る一方で、それを当事者にぶつけて解決するのでもなく、かといって、本人のなかで完全に消化するのでもなく、中途半端に未解決のままくすぶり続ける事例に数多く遭遇することになり、引率者として、内心忸怩たる思いを抱いていた。個別の相談（正確には、愚痴と言ったほうが適切かもしれないが）を聞いていたときに、その都度、「本人に直接ぶつけてみたら」と助言しても、ほとんどの学生は、異口同音に「相手から悪く思われたくないので、直接に言うのはいや」ということで、なんとかして別の解決策を模索しようとした。だからといって、皆が本当により高次の良好な人間関係が構築できたかというと、必ずしもそういうわけでもなく、学生間には常に非常に微妙な「距離感」というものが存在していた。これは、友人との関係において、とことんまでは踏み込んで、時には激しい議論も厭わないというような近さではないけれども、お互いに人間関係に支障が出ない程度に「近すぎず、遠すぎず」という物理的な距離は維持していたいと願う気持ちの表出であったと推察することができる。

　もう1つは、昨今では当たり前となった「携帯文化」と称するものに含まれる心理的距離に関するものである。mixiやLINEなどのSNS全般を含む携帯機能を使ったメールのやりとりに関しては、かなり頻繁に利用が想定されるが、内容の重要性・緊急性に関しては、それほど差し迫った状況にはない場合が多いかと思われる。ただし、とりとめのないような内容でも、すぐに返信しないと相手を怒らせてしまうのではないかと無用な心配したり、あるいは、逆の立場であれば、返信がない相手の不義理に腹立たしさを覚え、すぐに詰ってしまったりすることも多いと推察される。これらの事例は、内容などは二の次で、やはり何かしらつながっていることへの安心感、逆に言うと、つながっていないことへの不安感を表していると言えよう。

　このような物理的・心理的距離感に関して、言語学、コミュニケーション学の立場からすると、「非言語コミュニケーション」とよばれている領域のなかに見られる「距離」という概念で説明可能なものである。通常、非言語コミュニケーションには、大きくわけて、動作に関わるものと、外見に関わ

るもの、接触に関わるもの、それから時空（時間と空間）に関わるもの、という4つの領域が存在する。そのなかで、時間と空間に関わる領域、いわゆる、空間学あるいは近接学とよばれる分野のなかの1つである「距離」に限定して、検討してみよう。

まず、物理的距離感についての捉え方については、先行研究として、ホール（1970）[3]の研究を挙げることができる。アメリカの文化人類学者のホールは、われわれヒトが動物と同じように縄張りをもっているという考え方に基づいて、それぞれの空間認識、すなわち、空間の捉え方を細分化したモデルを提案した。これは、ヒトというものは与えられた空間をその配分の仕方にあわせて一定の情報を伝達しうる動物であるという前提に立つものである。別の言い方をすれば、さまざまな動物が自分の領域のなかに入っている、入っていないということで自分の縄張りを誇示するということである。ホールは、われわれがはっきりと意識する空間は、相手との関わりのなかで維持される距離であるとして、近いか遠いかという2つのベクトルを設定して、その距離を規定した。もちろん、ここで言う「距離が近い」というのは、親しさであるとか、心のふれあいであるとか、そのような心的距離の近接性を示している。また、その逆のベクトルである、「距離が遠い」というのは、相手との物理的距離と同様に、心理的距離が遠く、しかも相手と関わりたくないと思っている状況が考えられる。

ホールは、相手との親疎関係に応じて、距離に関して、4つの大きなパターンを提示した[4]。具体的には、「密接距離」とは、0センチから46センチくらい、これは肘を伸ばせば当たるくらいの距離を指す。さらに、それより大きな距離として、「個体距離」とよばれるものがあり、46センチから122センチ、続いて、「社会距離」では、122センチから366センチ、さらに、「公衆距離」は366センチ以上と規定した。通常、それぞれの距離にあわせて、実際に話す声の大きさや扱うテーマについても変化する。

さらに、ホールは、アメリカ人のもつ距離をそれぞれさらに2種類ずつに細分して、計8種類に分け、相手との親疎関係にあわせた心理的距離が、実際に相手との物理的距離に反映されることを見事に示した。

これはもちろんアメリカ人の場合を想定したものであるが、たとえば、文

化の違う人間がどのような距離感を保つのかという点では、非常に面白い研究結果がある。一例を挙げると、Morris（1978:131-132）[5]は、ヨーロッパ人とアラブ人が会話をしている場面を興味深く記述している。ヨーロッパ人は、アメリカ人の一定の距離基準と同様か、あるいは、彼ら以上に距離感を保とうとする文化圏に属する人たちであり、一方、アラブ人は、もっと近くに寄ることを可とする文化に属しているとされる。この両者がお互いに会ったときには、ヨーロッパ人からすると、アラブ人は近寄りすぎると感じる距離は、アラブ人にとってはまだ足りないと思われる距離になるので、アラブ人はいくらでも近くに寄って行くことになる。その結果、ヨーロッパ人は離れる、アラブ人は寄って行く、というような繰り返しで、結局は会議やパーティー会場の隅にヨーロッパ人が追いやられて、「壁に張り付いた状態（pinned against the walls）」[6]になってしまうと描写している。

　このように、文化圏が異なれば、その物理的距離感は異なってくる。そのために、お互いの納得できる間あいがとれなくなって、異文化間コミュニケーションがうまく成立しないというようなことがしばしば生じてくる。このような距離感というものは、当然のことながら、日本人同士の場合にも当てはまりうると考えられる。

　もう1つ別の研究として、日米のコミュニケーション・ギャップに関するモデル化について、アメリカの異文化間コミュニケーション学者のBarnlund（1975）[7]の研究を紹介してみよう。

　バーンランドは、日本人とアメリカ人の心的位置づけを「self（自己）」という形で規定した。後の図にあるように、3つの同心円を想定し、ここで一番小さな円は、アメリカ人にとっても日本人にとっても絶対に他人から踏み込まれたくない一番プライベートな部分であって、高度に個人的な部分（Unknown: U）として、どちらも同じ大きさで描かれている。次に、真ん中の円は「private self（私的自己）」とよばれるもので、これはかなり親しい関係の者同士でないと踏み込まれると困ると思われる、自己を開示できない領域である。さらに、一番大きな円は「public self（公的自己）」とよばれるもので、他者から踏み込まれてもそれほど差し障りがないと思われる、自己を開示できる領域と規定する。

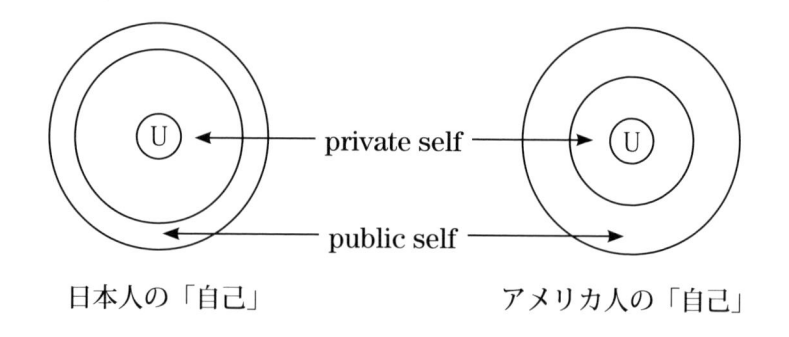

```
        ┌─ private self
    ○   │     ○
   (U) ←┤    (U)
    ○   │     ○
        └─ public self

  日本人の「自己」      アメリカ人の「自己」
```

　同じ文化圏に属する者同士であれば、おそらく同心円の大中小の大体の割合はそれほど変わらないと思われるので、たとえば、2つの円が重なりあうような場合に、お互いに差し障りのない public self とよばれている部分で重なりあうときには、当然のことながら、深刻な問題は生じてこない。それがもう少し踏み込んで、互いが private self の部分で重なりあうと、お互いが親しければ自己開示は可となるけれども、それほど親しくなければ自己開示は不可となって、いわゆる、一定の距離感、間あいがはかられることになる。
　バーンランドは、アメリカ人の自己の同心円のあり方は、大中小の場合、中の領域が比較的小さく、別の言い方をすると、誰かが入ってもそれほど支障をきたさない public self の領域が比較的広いと説明する。
　それに対し、日本人の場合は、この大中小の場合の「中」の private self の領域が比較的広くなっていて、その分 public self の部分が狭くなっていると考えられる。すると、アメリカ人と日本人がお互いに文化接触する状況を考えると、互いの自己の円が重ならない場合はまったく問題は生じないが、円が触れあったときに、public self の大きなアメリカ人にとっては差し障りのないと思っている部分に、日本人の場合にはそこは自分にとって踏み込まれては困るという private self の領域に入り込むことになるので、お互いのオーバーラップしている部分のとらえ方が異なってくることになる。バーンランドは、そのような差が日米の自己開示のあり方の違いに反映しているとして、このようなモデル化を提案したのである。
　現代の若者たちのコミュニケーションパターンあるいは行動パターンを見

                私的自己
    U ←   → U
                公的自己

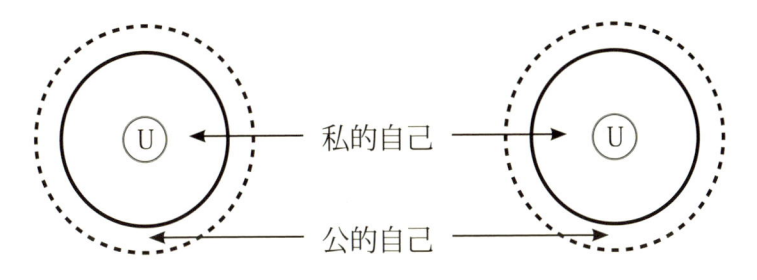

日本人の若者の「自己」

たときに、先ほどのサマープログラムでの事例もさることながら、なかなか他人のところへ踏み込もうとせず、できるだけ他人のことに関わっていこうとしない一方で、携帯文化に見られるような、常時何らかの形で他者とはつながっていたいと感じながら、若者ことばの1つの特徴として挙げた直截的な表現を回避する傾向は、たとえば、上図のようなモデルによって示すことができると考えられる。

　この図で示されるように、現代の若者たちは、まず、私的自己の領域が大きく、他者からのその部分への干渉は極端に嫌うため、その境界線は通常よりも太い線で表すこととする。一方、公的自己の領域はそれにともなって縮小するが、他者との完全な遮断は希求していないので、他者との関係を不十分ながらも維持するという意味で、破線で表すこととする。もちろん、理論上は、公的自己の狭い者同士でぶつかりあわない程度にその領域は重なりあうことになるので、特段の問題は生じないと考えられる。ただし、他者の介入をブロックする私的自己の境界ラインが強固なため、踏み込める、踏み込めない、という微妙なやりとりのなかで、私的自己の外枠となる強固な境界線の存在によって、いろいろな摩擦が生じてきているのではないかと推測できる。

　最後に、上述の現代の若者たちのアイデンティティのモデルに十分な動機付けを与えるために、1つのキーワードを紹介してみることにしよう。家族機能研究所代表の齋藤学氏は、最近のニートの急増を背景にして、その行動様式や心理状態を「ヤマアラシ化現象」という呼称で的確に表現してい

る[8]。これは、動物のヤマアラシは、体から針が出ている動物で、寒いなかでお互い寄り集まって、身体を暖めあおうとすると、近づきすぎて相手の棘が自分に刺さってしまい、かといって棘の刺さらない距離を保とうとすると、今度はお互い寒すぎて凍え死んでしまうという、ドイツの哲学者ショーペン・ハウエルの寓話である「ヤマアラシのジレンマ」に基づいている。

　従来の大人たちは、試行錯誤を経ながら、傷つけあうことも当然ありながら、ただし過度に傷つけあうことは避けるべきであることを十分認識しつつ、お互い暖めあうような距離を見出してきた。他方、最近のニートの若者たちは、少子化に伴うなかで、居心地のいい家族愛に支えられ、一番大事にされる家族の一員ということで、非常に手厚い庇護の下に置かれ、その一方で、外に対しての警戒心が非常に強くなって、相手に直接近づいていくことがなかなかできなくなっていると考えられる。そのために、深い関係に入ってしまうのは、たとえ男女の関係でもなかなかできなくて、深く傷つくことに非常に過敏に反応して、その結果、本来労働というものについては痛みを伴うものでありながら、その労働そのものにも意義を見出すことができないと斎藤氏は分析している。

　このような行動パターンあるいは心のあり方は、ニートの若者たちに限られるわけではなく、現代の若者たち全般に反映されているものと見なすことができる。個人間の深入りを避けた微妙な距離のとり方や、携帯文化がもたらす「つながっている」状態への過度の期待感も、この「ヤマアラシ」化現象に起因しているものと言っても過言ではなかろう。

5.　おわりに

　本稿では、現代日本の若者たちの言語行動として、まず、若者ことばを採り上げ、その言語的特徴と機能を概説した。さらに、彼らの非言語コミュニケーション行動、とりわけ、距離のとり方に限定して、その物理的・心理的距離という観点から考察を試みた。おそらく最近の若者たちの行動パターンから判断すると、彼らの「自己」の大部分が私的自己で占められ、公的自己の占めるところが非常に小さくなっており、しかも、その私的自己の外部の境界線は他者の侵入を断固拒絶するに足るほど強固なものであること、さら

に、他者との接触は、お互いに限定的に公的自己の部分でのみ行われ、その係わり具合は決して濃密なものとはならず、その結果、できるだけ表面的な関係構築とならざるを得ないことを指摘し、それを具現化するモデルを提案した。

本稿の考察が、大きな地平を見渡すことが期待される比較文化学という枠組みの中で、現代の若者たちが示す行動様式の理解の一助となることを願っている。

＊本稿は、2009年6月23日に国立台湾大学での「国立台湾大学2009日本学研究の新視野：全国研究生ワークショップ」において、「若者言葉から見る現代日本文化の特質」と題した招待講演に加筆・修正を施したものである。

注

1) 後に一連の著作としてまとめられることになるが、初出は、米川昭彦.1991.「すきやねん若者語辞典①」『言語』Vol.20. No.5, p.99 から米川昭彦.1992.「すきやねん若者語辞典⑫」『言語』Vol.21. No.4, p.85 の連載記事である。
2) 北原保雄編著.2008.『KY式日本語：ローマ字略語はなぜ流行るのか』東京：大修館書店.
3) 例えば、エドワード・ホール.1970.『かくれた次元』日高敏隆・佐藤信行訳.京都：みすず書房を参照。
4) 同書、pp.165-176.
5) Desmond Morris. 1977. *Manwatching: A Field Guide to Human Behaviour.* Oxford: Elsevier International Projects Ltd., pp.131-132.
6) *Ibid.*, p.132.
7) Dean C. Barnlund. 1975. "Public and Private Self," *Public and Private Self in Japan and the United States.* Tokyo: The Simul Press, pp.25-46.
8) 亀井肇.2005.「亀井肇の新語・世相語・流行語53」『言語』Vol.34, No.8, pp. 113-114.

参考文献

Barnlund, Dean C. 1975. "Public and Private Self," *Public and Private Self in Japan and the United States.* Tokyo: The Simul Press, pp.25-46.
ホール、エドワード.1970.『かくれた次元』日高敏隆・佐藤信行訳.京都：みすず書房.
亀井肇.2005.「亀井肇の新語・世相語・流行語53」『言語』Vol.34, No.8, pp. 113-114.

北原保雄編著．2008.『KY式日本語：ローマ字略語はなぜ流行るのか』東京：大修館書店．

Morris, Desmond. 1977. *Manwatching: A Field Guide to Human Behavior.* Oxford: Elsevier International Projects Ltd.

米川昭彦．1991.「すきやねん若者語辞典①」『言語』Vol.20. No.5, p.99.

米川昭彦．1991.「すきやねん若者語辞典②」『言語』Vol.20. No.6, p.12.

米川昭彦．1991.「すきやねん若者語辞典③」『言語』Vol.20. No.7, p.25.

米川昭彦．1991.「すきやねん若者語辞典④」『言語』Vol.20. No.8, p.19.

米川昭彦．1991.「すきやねん若者語辞典⑤」『言語』Vol.20. No.9, p.73.

米川昭彦．1991.「すきやねん若者語辞典⑥」『言語』Vol.20. No.10, p.17.

米川昭彦．1991.「すきやねん若者語辞典⑦」『言語』Vol.20. No.11, p.16.

米川昭彦．1991.「すきやねん若者語辞典⑧」『言語』Vol.20. No.12, p.106.

米川昭彦．1992.「すきやねん若者語辞典⑨」『言語』Vol.21. No.1, p.88.

米川昭彦．1992.「すきやねん若者語辞典⑩」『言語』Vol.21. No.2, p.80.

米川昭彦．1992.「すきやねん若者語辞典⑪」『言語』Vol.21. No.3, p.75.

米川昭彦．1992.「すきやねん若者語辞典⑫」『言語』Vol.21. No.4, p.85.

米川昭彦．1996.『現代若者ことば考』東京：丸善．

フィンランドの保育政策と多文化保育
―乳幼児期からの多文化保育の意義―

三 井 真 紀

1. 問題と目的

　多様性（Diversity）とは、人々の間に存在する差異のことである。個人間にも差異はあるが、多文化教育論者は通常、集団間の差異に言及する。多文化教育の分野を担うものの多くは、人種的、民族的、ジェンダー、経済的集団、言語、宗教、能力、年齢、性的嗜好性などの属性についても、多様性という観点から記述し、尊重する視点をもつ（Grant & Ladson、1997）。
　日本社会は、多文化共生の成熟型社会へと転換期を迎えている。アメリカやカナダやオーストラリア等の多民族国家では、個々の価値観を重視する生活者中心の社会へ変化している過程で、これまで異文化間コミュニケーションに重点を置いた教育が盛んに実施されてきた経緯がある（Grant & Sleeper、1985；森、2001）。他方、Pirjo（1999）は、フィンランドに代表されるEUの小国を調査した。これらの国の場合、それぞれ独自の文化や価値観を保ちつつ他国との協調関係を促進しなければならない。したがって、多文化教育と大きくつながる「グローバル・コミュニケーション・スキル」と呼ばれる幼少期からの学習に力を入れてきたと述べる。このことは、長い間フィンランド社会において貫かれている教育方針とも類似している。そもそもフィンランドでは、北欧福祉型社会として長い間、性別、年齢、出身、言語、信仰、健康状態を問わずに平等であるという原理が強調されてきた。とりわけ教育は伝統的に重視され、すべての人に平等に、質の高い教育を提供することに力点が置かれてきたのである。
　フィンランドは、乳幼児期からの多文化共生教育を古くから進める数少な

い国である（Kuusisto、2007）。近年、多文化共生のための保育プログラム「MONIKU」が開発・実践され、その成果は保育現場に大きな影響を与えてきた（三井、2008）。特色は、乳幼児期の子どもへの積極的な多文化理解のための働きかけである。Caudillら（1969）の研究でも明らかなように、文化獲得は生後3、4ヵ月からすでに活発に始まっている。つまり、保育所生活の始まりである0歳の乳児に対しても、積極的なプログラムの活用が必要だといえよう。

　本稿は、フィンランドの多文化保育モデル構築を試みる研究の一部である。ここでは、最初にフィンランドの学びの理念、保育所、教育制度について概観する。次に、ヘルシンキ市内の小学校入学時における「移民のための特別クラス（Startti luokka）」の様子を通し、就学前の保育体制のありかたを、移民家族や現場教師のインタビューと合わせて検討する。最後に、乳幼児期からの多文化理解の意義について、日本の現状と合わせて考察する。これらの過程を通して、フィンランド社会における保育の位置付けや保育現場にみられる多文化構造を探るとともに、乳幼児期からの多文化保育モデルの構築に向けた議論を展開する。

　尚、本研究では「多文化保育」を、Grantら（1997）の理論展開をもとに「文化的多様性の尊重と社会的公正の実現の2つの要素を含み、多様な文化集団が相互に尊重しあい、対等に共生する社会を想定し、社会実現に向けた保育を提唱するもの」と定義付ける。

2. 学力世界一から見えるもの

　2000年に実施された国際学力調査（PISA）で、フィンランドは「学力世界一」となり、その後も常にトップクラスの成績を保持している。成功の要因は、複合的な要素によるものと理解できるが、その背景には、時間をかけて「平等の教育」のもと教育改革に取り組んだ歴史があると思われる。

　フィンランドの教育に対する基本的な姿勢を一言で表すならば「教育の機会均等」であろう。Sihvonen（2006）は、フィンランドの教育政策の目標は一貫してすべての市民が教育に参加できることであったと分析する。教育は、基本的権利のひとつであって、公共の福祉に寄与するものとして、政策

立案者、行政関係者、現場教師が一致協力して教育の平等化に努力してきたと説明した。北欧型民主主義国家であるこの国は、独立を果たしたのち、ただちに教育費を無償とする制度を確立した。理由は、人口500万のフィンランドでは、一人ひとりが重要な資源であったからだと分析される。つまり教育は、国を挙げての重要な投資であったのである。

　学力世界一の基礎を築いたといわれる、政治家 Heinonen は、1994年当時29歳の若さで教育大臣に就任した。彼もまた「フィンランド人は昔から、一部の人だけによい教育をすればいいとは考えていません。わたしたちは、国民のレベルが上がって初めて、世界に通用する国になると考えています。フィンランド人のこうした考え方やアイデンティティは、ひとりひとりの教育レベルの向上に深く結びついています。このことが、成功の最も重要な要因だとわたしは思います」と語る（Heinonen、2007）。

　このように、教育機会の平等の概念は、現在の教育制度を支えている。その概念により、フィンランド国籍をもつ子どもだけではなく、移民や難民といったフィンランドに暮らす全ての子どもに教育を受ける権利を保障してきた。結果として、保育環境、多様な家族への支援体制、障がい理解、外国人への学習機会などを、伝統的に支える仕組みが整ったのである。

3. 保育制度と子育て支援の実態
（1）機会均等の原理

　現在、フィンランドで7歳以下の子どもを持つ母親の約80％が、フルタイムで働いている。そのため、ほとんどの子どもが1歳前後から保育所に入所する。保育所に通う子どもは、6歳になるとプリスクールに、保育所と掛け持ちで通うことになる。その後、基礎教育（初等教育および前期中等教育）と呼ばれる9年間の義務教育期間に入る。義務教育がおわると、高等学校（一般的後期中等教育または職業的後期中等教育）、さらに大学または高等技術専門学校（高等教育）という段階に進むことが一般的である。

　フィンランドに住む全ての子どもには、義務教育期間の9年間無償で学ぶ権利と義務が与えられている。また、大学や高等技術専門学校を含む全ての学びは、これまで（外国人であっても）学費も無償で支えられてきた。小

学校からの学費や教科書はもちろん、学習に関係する経費、物品はすべて支給されることも特記すべきことであろう。授業で必要なノート、鉛筆、はさみ、絵の具セット等はもちろん、家庭学習に必要な文房具一式も配布される。ただし、学用品は、もらえるものと、返却するものがある。例えば、小学校の教科書は、一年生の国語と算数は記念にもらえるが、そのほかは基本的に貸与となる。書き込み禁止で丁寧に使う責任があるため、教科書にカバーをする生徒も見られる。しかしながら、学びの場で必要とされる経費のほとんどが無償であることは、この国の教育の機会均等を代表するものであり、家族への経済的支援として有効に機能している。

(2) 保育所 (päiväkoti) とプリスクール (esikoulu)

フィンランド語で保育所を指す päiväkoti は、直訳すると「昼間の家」である。文字通り、多くの保育所は、ダイニングルーム、遊ぶための部屋、昼寝の部屋などがあり、家庭的な雰囲気を大切にしている。また、市街地のアパートの一部屋を使った保育所、民家とかわらない佇まいの保育所が多く、特別な施設ではなく生活の場としての日常性を感じる。

保育所の管轄は2013年に社会福祉健康省（Sosiaali ja terveysministeriö）から教育文化省（Opetus ja kulttuuriministeriö）に移行した。現在、フィンランドでは、保育を必要とする乳幼児がいた場合、自治体が3ヶ月以内に保育所を見つける義務があるため、待機児童は存在しない。そして、就学前の乳幼児すべてが、自治体の保育を受ける権利を保障されている。保育者が担当できる子どもの人数は、3歳以上の場合は先生一人あたり7人まで、3歳以下の場合は先生一人あたり4人までと決まっている。保育料は、家族の所得と保育時間によって決まり、全日保育で、最高額が1カ月264ユーロ（2012年8月現在）、半日保育は約半分となる。この費用には、朝食・昼食・おやつが含まれている。一般的な保育所は、朝7時に開園し、5時半に閉園する。これは、親の就業時間に合わせたものである。勤務体系や保護者の事情への配慮として、24時間保育所、特別な支援が必要な子どもの保育所もある。こういった保育所も含めて、原則として保育施設は一本化しており、全て公立保育所である。中には、私立保育所もある。たとえば、ヘルシンキ市内では、英語（インターナショナルスクールの併設校）、ドイツ語、イタ

リア語、アラビア語を母語とする子どものための施設、シュタイナー教育や音楽などに特化した施設がある。ただし、保育料やサービスに差が生じないよう、公的な監視の下で管理と補助がなされている。

　6歳の秋になると、保育所の子どもたちは、プリスクール（esikoulu）で小学校に入るための準備教育を受け始める。これは、スムーズに学校生活をスタートさせるための6歳児クラスである。基本的には一年間通い、翌年に小学校に入学することになる。義務教育ではないが、国が推奨している学びの場で、現在はフィンランド全土のほぼ100％の子どもが通っている。多くは午前中4時間をプリスクールで過ごし、午後は保育所で過ごすという掛け持ち型で実施されている。プリスクールの多くは、保育所から最寄の小学校に併設されているので、子どもは自分の通う小学校で一日の半分を過ごすことになる。時には、小学校の上級生と食事や遊びの機会もある。

　カリキュラムは、小学校のリズムに近い時間配分で行われ、遊びを主体とした集団活動を中心に展開される。訪問したいくつかのクラスでは、クイズや音楽遊び、紙芝居（絵本）などを通して、集団生活のきまりや数や文字の仕組みについて知り、学習に慣れ親しんでいくものである。訪問した際、準備学習といっても、何かを先取りして覚えるといった傾向は一切みられなかった。「学校で勉強することはこんなことですよ」と子どもに伝え、学ぶこと、進級することへの期待を高めている印象だけが残る楽しい場であった。

(3) 母親に優しい国

　フィンランドは、2013年のNGOの調査で「母親に優しい国」世界1位に選ばれた。子どもを産み、母親になる女性にとって、最も恵まれた条件がそろった国と評価されたのである。フィンランドの子育て環境が、今あらためて注目されている。

　ヘルシンキの街では、たくさんのベビーカーを目にする。理由の一つは、市民の主要な移動手段である公共交通機関（電車、地下鉄、バス、路面電車）の制度とも関係している。この国では、0〜6歳までの子どもを乗せたベビーカー利用者は、大人と子どもも運賃が無料なのである。これは、そもそも、ベビーカーを移動させながら運賃を支払う母親への安全性に考慮して

できた制度で、たとえ旅行者でもすべての人に適応されてきた。車内には専用スペースが設置され、ベビーカーごと乗り込める。乗り降りに手助けが必要な場合には、間違いなく同乗者の誰かが手を貸す習慣が定着している。もちろん嫌な顔をされることもない。重量感のある頑丈なベビーカーは、ヘルシンキの街で、家族の社会参加と安心を支えている。この国の子育て支援の手厚さと歴史は、日常のベビーカー事情からも垣間見られる。

　出産が近づくと KELA（国民健康保険機構）から「マタニティーパッケージ（Äitiyspakkaus）」が各家庭に届けられる。出産を迎えるすべての女性へ贈られる「子育てグッズ」は、産着から防寒着、哺乳瓶、おしりふき、育児本、玩具、タオル、爪切り、クリームなど、子どもが産まれたらすぐに必要な最低限のものが揃っている。母親は、こうしたサービスを通して、国に支えられていることを認識しながら子育ての準備を始めるのである。

　出産に伴う育休・産休に目を向けると、原則として母親がとれる「産前・産後休暇」が 105 日、父親がとれる「父親休暇」が平日 54 日、加えて両親のどちらかが取れる「育児休暇（親休暇）」が 158 日の、合計 263 日である。いずれの期間にも、給料の約 7 割が支払われる。休暇期間は、子どもが 3 歳になるまで延長をすることもできる柔軟性のあるものだ。父親の育児休暇取得も一般的で、フィンランドのリッポネン前首相が在任中に育児休暇を取得し、英国のブレア前首相が真似たことは話題になった。

　フィンランド社会には、職場や地域に、こういった制度を積極的に利用しやすい風土が根付いている。子どもを産み育てるという、人生の大きな節目を迎える人たちへの人々の温かいまなざしが感じられる。

(4) 子育て支援の拠点 Neuvola

　フィンランド全土には、公立の Neuvola がある。日本で例えるなら、近所の「母と子のよろず相談所」であろう。ここには、医師、保健師、医療スタッフによって構成された子育て支援の拠点となる。ここでは、出産前後の母親の検診、乳幼児の定期健診などのサービスがすべて無料で受けられ、健診記録等の秘密は守られるが、子どもが 6 歳まで保管され、必要に応じて医療機関や保育施設などと連携がされていく。

　出産には、Neuvola から居住地区の公立病院を紹介される。ほとんどの場

合が、出産後1日〜5日で退院する。出産費用は、おおよそ一日25ユーロ×入院日数分である。3日間の入院の場合には、75ユーロ必要となる。75ユーロには、分娩、諸検査、投薬、食事、部屋の使用などすべての諸費用が含まれている。最近では、外国語を話せるスタッフの配置、複数言語のパンフレット作成など、移民や難民の出産を想定したサービスも都市部で積極的となっている。

　出産後は、Neuvolaを中心として、医師と保健師による自宅訪問が数回と、1歳までほぼ毎月の0歳児の定期健診が実施されている。1歳児〜6歳児では最低も6回の健診を受ける。歯科健診や予防接種、健康相談なども全て無料で利用できる。これらの回数だけを比較しても、日本とに比べ倍以上になっており、手厚さ感じるものである。健診の目的の一つに、特別な支援等が必要な子どもの早期発見がある。また、近年は虐待防止に対する支援にもつながっていると報告されている。支援が必要だと思われる場合、医師、カウンセラー、看護師、言語療法士、作業療法士、理学療法士等の専門職と連携しながら体制を整えていく。こうした一連のサービスは、他国では幾つもの機関でバラバラに行われているものである。フィンランドでは、担当保健師もほとんど変わらない。担当者との長期的な関係が親へのサポートとなる。

4. 多文化保育の実際

(1) 小学校まで待てない学びの支援

　ヘルシンキ市内から鉄道で10分ほどの地区にあるA学校を訪問した。移民の割合が45％の中規模小学校である。ヘルシンキ市内の小学校のうち、おおよそ30カ所に「移民のための特別クラス（Startti luokka）」がある。クラスでは、1年をかけてフィンランド語や基礎学習をマスターしていく。目標は、次年度に普通クラスに入ることである。報告者が見学したクラスは、小学校入学時（7歳）の移民や難民の子どもが対象であり、翌年に2年生の普通クラスへの進級を目指している。教師は、担任と補助教師の2名、児童は12名で構成されていた。授業は、体験型の教材を中心にしたものであった。当日は、小学校の周りを一周して、交通ルールや標識を探したり、季節

の植物を観察する体験学習ののち、部屋に戻ってノートに記録するという授業が行われた。

　見学をしながら気付くことは、学習レベルや言語レベルのばらつきである。Mは3年前にフィンランドに来たソマリア人で、ソマリアのコミュニティーで育っている。言語能力は高く、人懐こく、クラスでも目立つ存在である。中東から来たOは、マイペースで愛らしい一方、英語が話せ、日本のことを知っていた。両親の仕事や学歴の豊かさが見え隠れする場面が印象的である。Eは、頭脳明晰であるが学ぶ意欲に問題がみられ笑うことがない。気難しい雰囲気を持ち、周りの輪に溶け込むことを拒否している場面が多かった。フィンランドに来て間もないSは、まだ小学校そのものをうけいれがたい様子が見られ、母国語を話すことが多かった。一方で、私に母国語で積極的に話しかける場面が多く、コミュニケーション能力はあるが、フィンランド語学習や学校環境に慣れることに苦しんでいる様子が推測できた。10人程度の子どもであっても、家族構成や基本的な生活習慣、宗教観など多種多様である。ここで何を学び、今後にどのような目標を定め導くのかといったことは、教師の力量次第だと思わざるを得ない状況であった。訪問した2013年9月現在、クラスの共通言語であるフィンランド語を対話で使用することは難しい状況であった。

　授業後に現場教師は「一年後、フィンランド語の獲得ができ、他の子どもと進級できる姿に喜びややりがいを感じる」と話してくれた。一方で「移民といっても色々なパターンの子どもがいる。この子が、いつフィンランドにやってきたのか、家族が誰なのか（いつも迎えに来る女性たちの誰が母親なのか等）、正確に知ることができないという現実がある」と課題も語ってくれた。教師は、家族構成やバックグラウンドを正確に理解できない状況の中で教育をする難しさに直面していた。また、保護者会などの公共の場に、なかなか顔を出さない（出せない）文化的背景への配慮にも悩む姿があった。現場教師の思いは、この国の移民、難民に対する政策課題や、福祉国家の原則と深いところで繋がっている。こういった場の前段階として、保育所が有効に機能し、連携を持てるシステムを願う。このクラスでは、小学校一年生で覚えるべき授業内容を活用しながら、学習ノートの使い方、教材を使用す

る際の注意など、フィンランドの子どもたちであればプリスクールで知っておきたい学校のルールを学ぶことが必要であった。加えて、学校という場への適応、日常生活に必要な言語習得学習、フィンランド社会への適応という課題があるため、7歳の子どもへの心理的なストレスの大きさを感じずにはいられない。

(2) 宗教観とコミュニティーの役割

　ソマリア人難民が8割在籍する保育所を訪ねることがあった。ヘルシンキ郊外の静かなアパートの一室である。清潔な室内は、適温で過ごしやすく、一般的なフィンランドの公立保育所と全くかわらない。複数回の訪問では、毎回フィンランド人保育者2名とソマリア人保育者1名、乳幼児10名前後が食事や昼寝や遊びをしている姿があった。保育所では、21人の子どもが在籍し、17人の保育者やナースがスタッフとして切り盛りしている。日本の「保育ママ」制度とよく似た環境であった。園では、両親ともにソマリア人、両親ともにフィンランド人、両親がフィンランド人と中国人など、多様な背景の子どもが生活していた。

　保育所訪問時の、ソマリア人保育者への面談記録がある。面談では、その様相が明らかになった。保育者Aは、25歳のソマリア人である。10歳のときに家族と一緒にフィンランドに移り住んだ。ヘルシンキには10年住んでいる。移住当時、ソマリア人の学校はなく、フィンランド人と一緒に学び、進学して保育者になった。Aは、フィンランド人とソマリア人の教育観、また子どもへの保育に関する違いで大きなものを「宗教教育」と断言する。Aは「フィンランド人の子どもとソマリア人の子どもと大きな違いは感じないし、分けられて教育をうけることもなかった。日常生活でも、今の保育所で（私が）何かを分けて教えることはない。しかし、ソマリアの代表的な教育観の一つが『宗教教育』だ。イスラム教徒としての基本的な学びや態度を覚えなければならない。保育所の場合、勉強としてではなく日々の生活の中で覚えることが沢山ある。むしろ小さいときに、宗教について体で理解しなければならない。その点でこの保育所は、イスラム教徒の習慣に基づく場面を大切にしており、イスラム教徒家族にとっては嬉しい環境だろう」と話す。

　ソマリア人は、フィンランド全土で増加傾向にある。彼ら独自の文化や風

習を大事にし、非常に強いコミュニティーを形成している。

　一方で、その様相がフィンランドの保育所や小学校で理解される場面があまりにも少なく、それらのコミュニティーの中で本当に必要とされる乳幼児のサポートが何なのかについても知ることが難しい状態が続いている。彼らの価値観や就学前の実態を知ることが、今後の多文化保育環境にとって緊急事項であることは明らかである。

(3) 日本人の母親からみるフィンランドの保育所

　フィンランド在住日本人に面談をする中で、いくつかの共通項がみられた。その中の一つに、食事時のマナーの違いがあげられる。フィンランドの保育所では、おしゃべりをしながら食べることは基本的に禁止である。日本でも「食べるときには食べる」というしつけの傾向は昔から大事にされている。しかし、フィンランドの場合、食べるときには大人も非常に静かで、基本的に話を振らないし声もかけないことが日本よりも顕著である。

　フィンランド滞在数か月の日本人Hは、元気いっぱいの3歳の男児である。しかし、最初はなかなかフィンランドの保育所になじめなかった。ある日の保育所のランチで（当日は、母親が一緒に保育所にいた）、Hは昼食で美味しいスープが出たことに興奮し、（おそらく初めて）「これ！おーいしい！」と保育者に叫んだ。すると、保育者は「しー！」とHに黙るように指示し、怖い顔をした。結局その場ではHがふさぎ込み、その後はひたすら食べる様子がみられた。

　Rは、生まれも育ちもフィンランドの3歳の男児で、母親が日本人だ。母親とは、いつもニコニコと元気いっぱい食事をする。その延長で保育所においても、食べるときに友達や先生に話しかけてしまう。あるとき、食事時だけはRの机が、壁に向けられてしまったという。誰とも話せないようなしつけだという。それでも友達に働きかけようとするため、最終的には、部屋の一番隅に机が放され、一人で食事をするようになったという話をきいた。

　保育所生活や小学校入学にあたり、非常に充実したサービスを実感した日本人も多い。一方で、文化の違いによるカルチャーショックや些細な食い違いによるストレスを聞くことができる。

(4) フィンランドの子育て環境と盲点

フィンランドの多文化保育を論じるには、ここまでの事例では不十分であるが、ここから多文化保育環境の充実と並行した盲点が明らかになる。
　第一に「フィンランドは子育て環境が良い」という大前提が、多くの家族の不安解消を邪魔している。子育てをしながら疑問に思うこと、日々の不安を、素直に保育者や周囲に伝えられない実態に繋がっている可能性が明らかになる。実際、マクロな視点で見ると、自由にのびのびしており、先生方もこちらの要求もしっかり受け止めてくれるという報告がある。在フィン日本人家族への子育てアンケート調査では「フィンランドでの子育てに満足しているか」という項目で、9割が「たいへん満足している」「満足している」と回答している（三井、2014）。一方で、例えば食事習慣の違いと驚きなど、日常のミクロな世界の出来事は、意外に見過ごされがちなものである。日々、子育てに向かい合う親にとって、小さな繰り返しこそ、実は保育者と共有したい情報なのである。
　第二に、北国で生活すること自体のストレスが大きいことへの認識である。ソマリア人保育者との面談の中で、服装指導について盛り上がった。移民・難民の母国での服装（寒さ対策）では、フィンランドの生活は乗り切れないというのである。しかし、防寒服の種類や使い分け、着用の順番、雪への対策や豆知識など誰も教えてくれないという。在住5年目の日本人への面談時に、外出時の着替えが一番のストレスであるという話題があった。4歳と2歳の子どもを持つFは「保育所から帰りたがらない子どもに、何枚もの防寒服を着せようとしても無理。イライラしながら、ふと、他の親はどうしているのかとフィンランド人を見渡した。そしたら、みんな雑談してた。『そうだ。もう待っているしかないんだ』と気付いた。この国の人は、小さいときからこれを繰り返しているから当たり前なんだなーと思った」と語った。保育者は、移民や難民家族に、フィンランドでの生活の過酷さについて、情報提供を積極的にする必要があるだろう。
　いずれの場合も、従来とは異なる文化に遭遇する際に起こる心身の影響について知ること、また個人が成長と共に社会化（socialization）される際の文化・社会の基準となる行動様式を知ることは重要であり（鈴木、1997）、多文化保育について議論する場合にも不可欠な知識である。

5. 多文化保育の課題と必要性

現在、日本の幼稚園や保育園には、外国から移住した子ども、日本語を母語としない子ども、国際結婚カップルの子どもなど文化的背景の多様な園児が数多く入園している。乳幼児にとって、保育園や幼稚園生活に適応することは並大抵のことではない。ここでの課題は、言語の獲得のみを意味しない。新しい環境で生活が始まり、同時に初めての集団生活（保育所入園など）が重なった場合には、ストレスや緊張状態が二重、三重の構造となり、長時間持続することが明らかになっている（山岡、2001；三井、2005 など）。

現段階の日本では、そのような状況に適応できるような明確な政府の指針やプログラムは存在しない。新倉（2001）は、外国人児童への保育者の姿勢について言及する中で、保育者の文化的理解の意識レベルが乳幼児期の子どもの文化的理解に密接にかかわることを示唆した。しかし、保育者への啓蒙活動もほとんど見られず、残念ながら保育の格差が生じている状況といえる。

従来、多文化保育が論じられる際の決定的な問題として、小学校以上の「学習環境」に対する前置きであった点は否めない。そもそも、乳児期の生活における多文化意識と、学童期の多文化意識は根本的な違いがある。特に、カリキュラムという面において、生活中心の乳幼児期の集団と、学習中心の義務教育とは大きく異なる。また、保護者と教師の関係、子どもの発達段階や思考段階も大きく異なることが明らかになっている（三井、2009）。このことからも、急速な多文化化を経験してきたフィンランドの「乳幼児期からの多文化主義保育」の積極的なありかたを論じることは緊急課題である。

本来、発達状態や環境が著しく変化する乳幼児期にあっては、細心の注意をもってプログラムを構築する必要があると考えられる。小学校以上の教育手法を簡略化し活用したものではなく、乳幼児期の保育空間を意識した独自のものを期待する。保育文化を社会的文脈から切り離すべきではなく、保育現場を通して社会全体を見渡し、その後の学校社会への影響を予測していくプロセスを重視する必要性がある。

6. まとめ

　日本における多文化化の現象や保育現場を取り上げる研究は1990年代から本格的に始まった。いずれも個別の事例やトラブル解消に取り組んだ、優れた業績の蓄積である。しかしながら、実践現場での緻密な状況把握が求められる中、とにかく現状の解決を最優先にした研究が主流となっていった。そのため、社会的背景への言及が十分とは言い難いといえよう。現場で生じる問題解決を重視することは必要であるが、そのプロセスをなぞって十分に議論し、構築されている多文化社会の構造を研究することも不可欠である。

　フィンランドの保育現場での多文化保育は、教育の機会均等という理念に深く関係している。そして機会が均等であることと多様性を尊重することが共生できる社会構造が、保育という営みの中から既に繰り返され、大切にされていることが興味深い。一方、Kuusisto（2009）も指摘するように、フィンランド政府や教育現場の活動が本当に機能しているのか、また宗教をどのように扱うかという観点において課題も残る。フィンランドの保育環境を読み解くことを通し、多文化保育の課題を探るとともに、多文化保育におけるフィンランド・モデルの可能性を検討したい。

引用文献

Caudill, W. C. & Weinstein, H. (1969). Maternal Care and Infant Behavior in Japan and America. *Psychiatry*, 32, 12-43.

Grant & Gloria Ladson-Billings. (1997). Dictionary of Multicultural education. Oryx Press.

Grant,C. A. & Sleeter, C. E. (1985). The literature on multicultural education: Review and Analysis. *Educational Review*, 37, 97-118.

Kuusisto, A. (2009). Growing up within a Religious Community: A Case Study of Finnish Adventist Youth. *Journal of Empirical Theology*, 22, 47-69.

Kuusisto, A. (2007). Religious identity based social networks as facilitators of teenagers' social capital: A case study on Adventist families in Finland. In H. Helve & J. Bynner (Eds.) Youth & Social Capital. London: Tufnell Press.

新倉涼子（2001）. 外国人児童の保育への負担度および保育士の異文化理解の姿勢に影響を及ぼす要因の検討　保育学研究,39（2）,40-48.

三井真紀（2014）．フィンランドの子育て支援の現状．咲間まり子（編）多文化保育・教育論　みらい　110-118．
三井真紀（2009）．多文化保育におけるフィンランド乳幼児のアイデンティティの研究　九州ルーテル学院大学 VISIO, 39, 167-172．
三井真紀（2008）．フィンランドの保育環境に関する一考察（2）―多文化保育プログラム MONIKU から―　九州ルーテル学院大学 VISIO, 37, 81-88．
森真理（2001）．保育における多文化教育の理論と実践（6）全米乳幼児教育教会にみる近年の動向　日本保育学会第 54 回大会研究論文集　230-231．
オッリペッカ・ヘイノネン・佐藤学（2007）．オッリペッカ・ヘイノネン「学力世界一」がもたらすもの　日本放送出版協会　11．
Pirjo, V.（1999）. Helsingin kaupungin. Finland.
Ritva Jakku-Sihvonen & Hennele Niemi（2006）. *Research-Based Teacher Education in FINLAND*. Finnish Educational Research Association.（R. ヤック - シーヴォネン・H. ニエミ　関隆晴・二文字理明（監訳）（2008）　フィンランドの先生 学力世界一のひみつ　桜井書店）
鈴木一代（1997）．異文化遭遇の心理学　ブレーン出版　21-43．
山岡テイ（2001）．多文化子育て報告書　多文化子育てネットワーク

付記

　本研究は、2012 年度科学研究費補助金（課題番号 24730715）「フィンランドにおける乳幼児期からの多文化保育モデルの研究」の成果の一部です。ご支援くださいました関係者の皆様に感謝申し上げます。

カンボジアと日本の英語の教科書の比較
―中学1年（7th grade）における英語教育のアプローチの違い―

木 下 哲 生

1．研究の背景と目的

1．日本・カンボジア両国での英語教育に対する関心の高さ

　日本の義務教育において、英語教育はますます重視されている。長年中学1年から始められていた英語教育は、「2011年度から、小学校での外国語（英語）活動が必修となり」[1]、続いて「平成23年度より、小学校において新学習指導要領が全面実施され、第5・第6学年で年間35単位時間の「外国語活動」が必修化され」た[2]。また、これに先立ち2012年9月9日付の日本経済新聞の記事によると、「文部科学省は小学校低学年から英語を必修にする検討を始める。昨年度から小学5・6年生で必修化したところだが、社会のグローバル化に対応してより早い段階から発音などに慣れ、コミュニケーション能力を高める必要があると判断した」[3]として、4学年以下において英語教育を実施できるかどうか、その可否の検討を始めている。さらに、2013年10月24日付の朝日新聞の記事では、文部科学省の方針として、「英語力向上のため、小学校英語の開始時期を現行の5年生から3年生に早める方針を決めた。正式教科ではない現状を改めて、5、6年生は教科とし、授業時数も週3コマに増やす」と報道された[4]。これはより早い時期から英語に慣れさせることで心理的な障壁を取り除き、その後の学習を容易にすると共に、英語によるコミュニケーションスキルを身につけた国際的な人材を育成することを意図しているためと考えられる。

　一方で、1991年に長きにわたる内戦を終結させ、新たな国づくりを開始したカンボジア王国でも、安定化に伴う観光客の増加や海外企業の招致、貿易の拡大を目指し、かつての宗主国の言語フランス語ではなく、英語の教育

に力を入れている。それを受けて、今世紀に入ってから新しい英語教科書が出版されて使用されている。すべての国民にとって安価とは言えないまでも、普通に書店でこれらの教科書が購入できるようになっている。かつては子供たちに十分な数の教科書が行き渡らず、教科書は学校の所有として教室の備品とし、授業のたびに子供たちに貸し出す方策をとっていた時代とは隔世の感がある。

2. 日本とカンボジアの英語教育環境の類似点と相違点
　日本語とカンボジアの国内の英語および英語教育、そして教育全体の環境については、以下のような類似点がある。
① 母語は英語ではなく、また実生活で英語を使うことはまずない。
② 文字はアルファベットを用いない。日本ではひらがな・カタカナ・漢字を、カンボジアではクメール文字を用いる。
③ 公的な学校カリキュラムでは、中学1年から英語教育が始まる。ただし、前述したように日本では平成23年度より小学校5年生から英語教育が始まることとなった。
④ 学校教育において英語教育が始まるまでは、一部塾などに通う子供たちを除き、英語を学ぶ機会はない。
⑤ そのため、教科書は英語を全く学習したことのない学習者向けに作られている。
⑥ 2010年のアジア諸国のTOEFLのスコアの平均点において、日本は27位、カンボジアは30位であり[5]、比較的近く、そしてともに優れているとは言い難い。
　一方で、日本語とカンボジア語とでは、その言語的特性に以下のような相違点が見られる。
① ウラル・アルタイ語系である日本語がSOV型言語であるのに対し、マンダリン・チャイニーズ系であるカンボジア語（クメール語）は、英語と同じくSVO型言語である。
② 日本語に比べ、カンボジア語の方が発音体系が複雑で、発音の数が多い。またカンボジア語には中国語と同じく四声が見られる。

③日本語には完了形と非完了形という時制が見られるのに対し、孤立語であるカンボジア語には中国語と同じく時制がない。

このほかに、カンボジアにおける社会環境および教育環境の問題点として、以下のようなことが挙げられる。これらの点において、カンボジアは日本とは比較にならない。

① 公益財団法人 CIESF（Cambodia International Education Support Foudation）のホームページ[6]によると、カンボジアの就学率は最初の6年の初等教育で93％（ただし卒業できるのは52％）、続く3年の中等教育で34％、続く3年の高等教育で15％、大学教育まで受けられるのは推定5％となっている。なお、日本では中学までの義務教育の就学率はほぼ100％、高校への進学率も97％を超えている[7]。大学進学率も2009年時で55.9％となっている[8]。

② 同じくCIESFのホームページによると、「現在、カンボジアの約半数の小中学校で二部制がとられています。二部制とは、午前・午後に分けて一つの教室で授業をすることです。教室の数が足りないのでこのような対策が取られています」とされ、さらに「この国では、教師の社会的地位が低く、カンボジアで一ヶ月生活するには300ドル必要なのにも関わらず、ほとんどの教師が月50ドル程度の薄給で生活しているといいます」[9]、その上「カンボジアでは主に、外国で作られた教科書がそのままクメール語に翻訳されて使われています。翻訳者が教科書の内容を理解しておらず、意味を間違えて訳してしまったり、そもそも教科書の内容がカンボジアに即していないことも多いようです。またカンボジアには十分な資料集や、実験器具が揃っていません」とされており、ハード・ソフト双方において、教育インフラがいまだ不十分な環境にある。

③ 日本には文部科学省の定める学習指導要領があるが、カンボジアにはそのようなものは整備されていない。

3. 比較対象とする英語の教科書

上記のような劣悪な教育環境の中、カンボジアの Ministry of Education, Youth and Support は、1996年に Textbook Master Plan を策定し、翌年に

かけて都市部および農村部の代表サンプル学校で試行したものを踏まえて、英語の教科書を編纂、刊行した[10]。それが今回比較に用いるカンボジアの英語教科書『English for Cambodia Book One 2008 年版（Publishing and Distribution House, ISBN9-789-995-000-837)』である。前述したように、一般の書店で普通に買うことができ[11]、筆者が所持しているものは、1.65 US ドルの値段票が貼られている。平均年収 830 US ドルとされる[12]カンボジアの国民にとってはかなりの値段と思われるが、それでもこれだけの教科書が手に入れられるようになったのは大きな進歩といえよう。

　これと比較する日本の教科書は、カンボジアの教科書とほぼ同じ時期の平成18（2006）年発行の『Sunshine English Course 1（開隆堂、ISBN4-304-08023-7)』の平成23（2013）年6版である。こちらは生徒たちに無償配布されるため、価格表示は￥0となっている。

4．研究の目的
　本研究では以下のことを目的とする。
1　日本の英語の教科書とカンボジアの英語の教科書（いずれも中学1年＝7th grade）を対比することで、カンボジアの英語教育の特色を明らかにする。またなぜそのような特色が要求されるのかをカンボジア国内の環境から明らかにする。
2　カンボジアの英語の教科書の内容やそこに見られる教授法、扱われている語彙、文法、文型、練習問題などから、日本においても参考にすべき点を明らかにする。

2．カンボジアの英語教科書の内容と特色
1．カンボジアの英語教科書の内容と構成
　カンボジアの英語教科書『English for Cambodia Book One 2008 年版』は20章からなる。各章は3つまたは4つのユニット（unit）に分けられている。各ユニットはコンパクトに見開き2ページにまとめられており、教科書全体で134ページとなっている。ページ番号ははまえがきや目次の部分には振られておらず、第1章が始まってから振られている。そのため左のペー

ジが奇数ページ、右のページが偶数ページになっており、日本人にはなじみのないページ構成となっている。134ページあるということは、全部で67のユニットがあるということになる。

初めの3つの章とそれぞれのユニットの教育内容は以下のとおりである。

第1章「人に会う」

　ユニット1「名前」

　　名前を言う、名前を聞く（疑問詞 what）、be動詞、所有格の代名詞

　　動詞の命令形（教科書の本文や練習問題の指示文）

　ユニット2「紹介」

　　自己紹介（名前、母国名、国籍）、他者の紹介（代名詞 this）

　　質問する（Is ~ ?）、応答する（Yes, he is 〜．、No, he is not 〜）

　ユニット3「人々」

　　他人について説明する、説明を読む（名前、職業、学年、母国名、国籍）、前置詞 in（in Grade 7）

　ユニット4「あいさつ」

　　あいさつ（Good morning. How are you?/Fine thanks, and you? Excuse me. Nice to meet you.）、動詞 write

　　Can you 〜？を使った命令形（次のレッスンの導入、練習問題）

第2章「学校と教室活動」

　ユニット1「活動」

　　動詞 spell, write, point, stand up, come

　　Can you 〜？を使った命令形、命令形（Stand up.）

　ユニット2「〜てくれませんか」

　　Can you 〜？を使った命令形（復習）

　　存在と名詞の複数形（There are 〜．練習問題）

　ユニット3「あなたについて」

　　名前、国籍、母国名、職業（第1章の復習）

　ユニット4「聞いて繰り返して」

　　動詞と命令形の導入、存在（物の名前、There is 〜．There are 〜．）

　　前置詞 in（in the picture）

第3章「家庭と学校の人々と物」
　ユニット1「元気です」
　　あいさつ、疑問詞 who、what、be 動詞と形容詞（fine、late）
　ユニット2「いくつ？」
　　疑問詞 how many、True-False question（練習問題）
　　形容詞 open、shut（The window is shut. The book is open.）
　　前置詞 at（The book is open at page 14.）
　ユニット3「私の部屋」
　　絵を見て部屋にあるものを紹介。所有（It's of my mother.）
　ユニット4「地図」
　　カンボジアの地図を見て Yes-No question や疑問詞疑問文に答える。
　　前置詞 on（on the map）
　上記の各ユニットはおおよそ次のような構造をとっている。
　まず、必ず絵が出され、それに基づくダイアログや短いエッセイが提示されて、まず話したり書いたりするよう指示される。
　次に、重要な文型がブロック構造で表され、「I」と「You」や「my」「your」「his」「her」などを置き換えることで異なる文が作れることが示される。
　次に、別の絵や表が示され、それを指し示しながら、例や教師の指示に従って、質問に答えたり文型を使った新しい文を口頭で述べたり、表を完成させたりする練習を行う。この練習は3つから5つほど用意されている。初期の段階では、アルファベットの書き方や読み方、大文字と小文字、活字体と筆記体との対応、数字などの練習問題も用意されている。
　これで見開きの2ページが終わり、そこでユニットは終了する。

2．カンボジアの英語教科書の特色
　上記のカンボジアの英語教科書には以下のような特色が見られる。
2-1 教授法理論
　カンボジアの英語教科書には様々な外国語教授法が反映されている。
　まず、単語を置き換えて新しい文を作り出すパターンドリルはフリーズ（Fries, C.C.）の提唱したオーディオリンガルの手法を用いたものである[13]。

教科書には文法説明は一切書かれておらず、おそらくは教師が口頭や板書での説明によって補うものと思われるが、形式上はこの場合にはこれを使って文を作れば正しい文ができるという構造の練習になっている。その意味では生徒たちは迷う必要がない。

また、教科書には英語以外の言語が一切使われておらず、体裁としては直接法を用いた教科書となっている。ただし、実際にはカンボジア人の教師によるクメール語の説明があったと、防衛大学校のカンボジア人留学生は述べている。

このほかに、この教科書では特に、1980年代以降に提唱された新しい教授法の採用が多い。これは、カンボジアの教育省が1996年に総力を挙げてこの効果書を作成した際に、当時の最新の理論を多く取り入れることを試みたことの表れであろう。

例えば、動詞の導入では教師が「Stand up.」「Come to the blackboard.」「Write your name.」と指示を出し、生徒たちがそれに従って行動する形で練習が行われるが、これはアッシャー（Asher, James）の提唱したTPR（Total Physical Response）を反映させたものである[14]。

さらに、絵を指し示しながらその人の名前や職業（学年）、国籍などを言わせる練習は、テレル（Terrell, Tracy D.）とクラッシェン（Krashen, Steven D.）の提唱したナチュラル・アプローチ（Natural Approach）に基づいたものである[15]。この教授法による授業の特徴は、学習者にその言語を使ってしゃべらなければならない必然的な状況に置き、自然な場面において発話させることにある。異なる属性を持つ多くの人物の絵を多用するこの教科書は、立場や視点を変えてその人物について話させるという練習をさせることで学習者に自然な状況での発話を促すように作られている。

加えて、この教科書は会話中心のテキストである。各セクションのタイトル「紹介（introduction）」「依頼・命令（Can you?）」からも分かるように、他とのコミュニケーションにおいて、どの場面でどのような言語の機能を用いるかを、この教科書は限定して扱っていることが分かる。ハリデー（Halliday, M.A.K.）の提唱した機能文法（Functional Grammar）[16]やウィルキンス（Wilkins, D.A.）の提唱した機能概念アプローチ（Functional

Notional Approach) [17] ほど厳密ではないにしても、言語の機能を意識したコミュニケーションプロセスを練習させるという方針が明確になっている。

2-2　シラバス

　会話中心に授業が進められ、会話シラバス、または場面シラバス重視の教科書構成になっていると考えられる。

2-3　文法

　上記のような様々な教授法理論が反映されているため、文法シラバスというものは採用されていないように思える。動詞が第2章で早速提示され、しかも「Can you ～ ?」という依頼の形も導入されるというのは、日本の英語の教科書に慣れた我々から見れば、かなりイレギュラーな提示順序と言えるだろう。所有格は日本の教科書では第2章に出てくるが、カンボジアの教科書では1章のセクション1、つまり第1ページからもう提示される。この提示順序は、英語の文法構造を理解するというよりは、いかに英語を使って会話をするか、そして英語に慣れるかということに重点が置かれているためと考えられる。

　文法の詳しい説明は掲載されていないが、基本的な文の構造がブロック構造として示されている。be動詞、人称代名詞、単数形・複数形のように、変形が必要な部分は同じブロック内に縦にその変形された語が一覧になっている。例えば、第1章第2ユニットD（p.4）には、以下のような文型の提示が見られる。

　　　　　　　　his　　name?
　　　What is　your
　　　　　　　　her　　nationality?

2-4　語彙

　語彙はこのBook1においては極めて限定かつコントロールされていると言える。前述したように各セクションは絵による場面の提示で始められるが、ものや行動は絵の中に描かれており、その下のパターン練習でその単語が示されている。すなわち、絵で提示された単語のみを用いて学習が進められるようになっている。また、場面が学校（特に教室内）と家庭に限定されているため、その2つの場所に関係する単語しか出されない。副教材がある

かどうかは不明であるが、教科書本冊には新出語彙リストも単語リストも付属していない。

2-5　4技能の教育

　この教科書は会話中心に作られており、ダイアログやショートスピーチが本文となっている。また、教師の英語による指示に従って行動したり、絵を見て本文の文型を使いながら新しい文を作ったり会話をしたり文型練習をしたりするようになっている。つまり、まず重視されているのは「話すこと」であり、それに必要な「聞くこと」も続いて要求されている。

　「読むこと」についてであるが、読解教材は、第14章第1ユニット、第2ユニット（手紙文）、第15章第2ユニット、第16章第1ユニット、第3ユニット、第4ユニット、第18章第1ユニット、第2ユニット、第19章第2ユニット、第3ユニット、第20章第2ユニット、以上の11ユニットで扱われている。全67ユニットのうち読解はわずかに11ユニット、16.4％に過ぎない。

　第14章第1ユニットは最初の読解教材であるが、東南アジアの地図が示され、「カンボジアは美しい国なので、タイやラオス、中国やベトナムといった周りの国々、そしてイギリス、アメリカ、フランス、オーストラリアなどからも人々が訪れる」という内容の短い読み物が初めて出てくる。それまでの教科書の約4分の3が終わったあたりでようやく読み教材と呼べるものが出てくるということは、いかにこの7th gradeの教科書で「話すこと」が重視されているかが分かる。またこの第14章の読み物も、英語を使ってカンボジアから見て東南アジア各国がどの位置にあるかを地図を使って学ぶということに重点が置かれており、いわゆる読解のための練習や活動は重視していない構成となっている。

　「書くこと」については、アルファベットが教えられて後、「Write 〜」という指示は教科書に一切出てこない。そのため、短文も長文も含め、書くという作業は教科書では扱われていない。このことは「Talk 〜」「Act 〜」「Ask and answer 〜」が全体的に多く見られ、そして第14章以降に「Read 〜」という指示が出てくるのに対して大きな扱いの差であると思われる。

　以上のことから、カンボジアの英語の授業では、まず話すことが重視さ

れ、そのために必要な情報を聞いたり読んだりすることが要求されている。書くことはほとんど扱われていない。

2-6　教科書で扱われている題材と場面

　この教科書で扱われる題材はすべてカンボジア国内に関することばかりである。初めのうちは学校、それも教室内、そして家庭、近所、周辺の地域と拡大していく。第13章ではカンボジアの伝統である川祭りが取り上げられる。そして第14章で初めて周辺国が取り上げられるが、国名だけで内容はあくまでカンボジアについてである。第19章第3ユニットで、プレゼントの本の内容として、強盗をしようとするアメリカ人とオーストラリア人警察官の話が取り上げられるが、これが唯一外国についての話である。

　またその話題はそのユニット限りのものであり、登場人物は変わらず同じ人物が何度も登場するものの、話や会話の内容は継続しない。

　絵はリアルにカンボジア人の日常を表現しており、子供たちが川で泳ぐ場面やベッドの上に蚊帳が吊られている様子など大変興味深い。

2-7　この教科書で意図されている授業構成

　見開き2ページ（1ユニット）を1時限で終わらせ、3～4時限（おそらく1週間）で1章を終わらせるという授業構成になっている。1つのユニットで提示される文型が限られていることから、複数の小さいモジュールで1つのレッスンを構成するモジュラースケジュールが採用されていると思われる。これは、後述するように生徒の欠席率や中途退学率が高いカンボジアにおいて、効率よく授業を進めることを意図しているためと考えられる。

2-8　まとめ

　以上のことから、カンボジアの英語の教科書（7th grade用）の特徴は以下のとおりであると考えられる。

① 1980年代から90年代前半にかけて開発・発表された当時最新の教授法（TPR、ナチュラル・アプローチ、機能概念アプローチ）が反映されているが、全体を統一する教授法はない。

② 会話シラバスと思われるが、文型や文法の提示順序にも言語使用場面の選択にも規則性が見られない。また場面はカンボジア国内の生活の描写が大半で、他の国や文化についての紹介や言及はほとんど見られない。

③ 会話中心のカリキュラムとなっており、その場面での会話に必要な文型や文法が授業活動も聞いて答えることや図や絵を見て英語で答えることに集中している。また指示もすべて英語で書かれ、母語は一切使用されていない。書く作業については全くと言っていいほど行われていない。読む作業もこの教科書では終りの方にならないと出てこない。

④ 単語リストなどの付属教材が一切ない。このことから、この教科書は英語で会話ができることを目指したものであり、特に「カンボジアを訪れた外国人旅行客やビジネスマンにカンボジアについて英語で説明することができるようになる」ことを目的として作られていると思われる。

⑤ 効率的に授業を進めるため、教科書は扱う文型や語彙を限定しなるべく早い時期から英語で会話ができるような構造をとっている。授業においてもモジュラースケジュールの採用により、授業に参加した分だけ会話能力の向上が図れるようになっている。

3. 日本の英語教科書の内容と特色

1. 日本の英語教科書の内容と構成

　日本の『Sunshine English Course 1（平成23年6版）』は10のプログラムとそれに先立つローマ字の練習と4つの事前教材、および巻末の付録教材からなる。特に、巻末の付属教材は大変充実しており、これについては後述する。2つのプログラムが終了するごとに、練習問題のページが設けられており、復習がそこで行われる。

　各プログラムは3つの部分（1–1、1–2、のように番号が振られているだけであるが、ユニットまたはセクションに該当するものと思われるので、これを以後ユニットと呼ぶことにする）に分けられている。プログラム1だけ4つユニットがあるので、全体で31のユニットがあることになる。各ユニット冒頭には日本語でその目標が記載されている。また、プログラム4、8、10の終了時には練習課題と自らの学習を自己評価するページが設けられている。

　この教科書の冒頭の事前教材、および初めの4つのプログラムとそれぞれのユニットの教育内容は以下のとおりである。

世界のあいさつの言葉、言語に関するデータやクイズ
登場人物紹介（名前と国籍）
目次（各プログラムのタイトル、文型・文法、到達目標）
事前教材1　外来語を英語らしく発音する。英語の単語を聞いてまねて発音する。英語を聞いてその通り動作する。
事前教材2　アルファベットの書き方と読み方。アルファベットの歌。英語を聞いてその単語の絵を指す練習、英語を聞いて動作する練習。
事前教材3　アルファベット26文字それぞれを冒頭に持つ単語の綴りと発音（絵カード付）。
事前教材4　日常のあいさつ、初対面のあいさつ。
　　　　　　名前と学校名をローマ字で書いて読む。
　　　　　　教室言葉（教師からの指示を英語で聞く。聞いて行動する。）
プログラム1「パーティで英語を話す」
　1-0 想像しながら聞いてみよう」
　　　　CDでパーティの場面の会話を聞く。声を出してまねる（文字なし）。
　1-1 「自分の名前を言い、あいさつができるようにしよう」
　　　　I am 〜 . Nice to meet you.　前置詞 at
　　　　言って書けるようになる。英語の表記のルール。
　　　　英語のリズムに慣れる。
　1-2 「相手がどんな人かたずねたり、答えたりできるようにしよう」
　　　　Are you 〜 ?　Yes, I am. ／ No, I'm not.
　　　　文末のイントネーションの上げ下げ。
　1-3 「友だちを紹介できるようにしよう」
　　　　This is (名前).　〜 fan (eg. soccer fan)
プログラム2「アンディー、武史の家へ行く」
　2-1 「身の回りの物についてたずねたり、答えたりできるようにしよう」
　　　　Is this 〜 ?　Yes, it is. ／ No, it isn't.　所有格 my ／ your 〜 , please.
　　　　形容詞 nice, favorite.　〜 too.

2-1 「家族について話せるようにしよう」
　　He is 〜. She is 〜. Is he 〜? Yes, he is. ／ No, he isn't.
2-3 「わからないことをたずねたり、答えたりできるようにしよう」
　　What is 〜? It's 〜.、this ／ that
Let's Practice
　　対話を聞いてないように会う絵を選ぶ練習。
　　文の応答として適切なものを下から選ぶ練習。
文のしくみ（1）
　　am, are, is を含む文、普通の文、否定文、疑問文のリスト
　　Let's Communicate ①
　　2 つの Listening Task、1 つの Speaking Task
　　こんなときどう言うの？（話しかける時、お礼、曜日・時間のたずね方）、曜日の練習、発音・イントネーション練習
プログラム 3 「シンガポールからのお客さん」
3-1 「自分のことを紹介できるようにしよう」
　　自己紹介のショートスピーチ。動詞 speak、play
3-2 「相手のすることについてたずねたり、答えたりできるようにしましょう」
　　Do you 〜? Yes, I do. ／ No, I don't.　I don't 〜.
　　動詞 like、前置詞 with。
3-3 「相手に何をするのかたずねたり、答えたりできるようにしましょう」
　　What do you 〜? What kind of 〜 do you 〜?
　　形容詞 difficult、interesting
プログラム 4 「キャンプの準備」
4-1 「2 つ [2 人] 以上の物 [人] について言えるようにしよう」
　　Let's 〜. 単数形と複数形。前置詞 for（目的）。
　　One 〜, the other 〜. 動詞 need
4-2 「数をたずねられるようにしよう」
　　How many 〜 do you have? Pardon? OK. in all

    That's enough.　How about you?
 4-3 「人の名前などをたずねたり、答えたりできるようにしよう」
    Do you have any 〜 ?　Who's she?　Do you know 〜 ?
    形容詞 kind、Let's Practice
 3人の自己紹介や対話を聞いて答えるタスク。
 文のしくみ（2）
    動詞文の普通の文と否定文、疑問文。単数形と複数形。
 Let's communicate ②
    2つの Listening Task、1つの Speaking Task.
    こんなときどう言うの？　何がほしいか　What would you like?
           値段をたずねる　How much is it?
    季節と月の名前を覚える。
 Check Your Progress ①
    対話を読んで意味が分かるか音読できるかをチェックする。次の場合に使う英語の表現を選ぶ。英文を聞いて日本語の問いに日本語で答える。音読する。自己紹介の例文を3つ書く。ここまでの学習を振り返って自己評価する。

2.　日本の英語教科書の特色
 上記の日本の英語教科書には以下のような特色が見られる。
2-1　教授法理論
 各ユニットの冒頭に、日本語で到達目標が「〜できるようにしよう」という形で記載されており、学習者はそのユニットで学ぶ文型の機能と意味、そしてそれが使用される場面を理解することができる。日本語を媒介言語として学習内容を理解するというのは、認知規範学習[18]の基本的なパターンである。また、教科書の各ページにフットノートの形で新出語彙が日本語訳とともに掲載されており、訳読も行えるようになっているため、伝統的な文法訳読法も十分に意識されている。それと同時にコミュニケーション能力の向上を目指し、会話における口語表現が多く取り上げ、到達目標で挙げた言語機能を習得させることを目指していることから、機能文法および機能概念ア

プローチも取り入れられ、コミュニカティブな授業を目指そうという意図が見て取れる。

2-2 シラバス

　本文の大半がダイアログであり、会話中心の教科書であることから、会話シラバスおよびそれが使われる場面を意識した場面シラバスが中心となっている。しかし、それに加えプログラム2でbe動詞、プログラム3で動詞、プログラム4で複数形、プログラム6で動詞の3人称、プログラム7で動詞の過去形、プログラム9で可能形（can）、プログラム10で現在進行形（be動詞＋〜ing）が出てくることから、文法シラバスも採用されている。また、語彙についても必要なものが十分に吟味されて使用頻度の高い順に提示が行われており、語彙シラバスも踏まえていると思われる。これは高校受験を意識したためでもあるだろう。

2-3 文法

　前項で述べた通り、文法シラバスの採用により、プログラムが進むにつれてより高度な文法が扱われるようになっている。ただ、例外的に冒頭のプログラム1で「Nice to meet you.」というあいさつが提示され、これには不定詞の名詞的用法が含まれている。かつての教科書ではそれを避けるために、初対面の挨拶では「How do you do?」が用いられていた。

2-4 語彙

　語彙は、前述したように語彙シラバスに基づき大変充実しており、ダイアログにない語彙も練習問題などで積極的な提示が図られている。前述したように、各ページのフットノートで新出語彙を提示するだけでなく、巻末資料7として、単語と熟語をアルファベット順に配列し、日本語訳や解説をつけたリスト（pp.116〜123）が付けられている。

2-5 4技能の教育

　一番最初の活動は英語の発音を聞くこととそれをまねることであるが、すぐそれに引き続きアルファベットが教えられ、書く活動が始まる。各プログラムもまず聞いて後について言うことで会話を学ぶようになっているが、

2-6 教科書で扱われている題材と場面

　教科書の最初の部分（プログラム1〜4）は、日本人の中学生と日本に来

ている外国人（インターナショナルスクールの学生やシンガポールからの大学生）との交流を主な場面とし、パーティや学校において自己紹介や相手のことを知る会話を中心に進められる。最後には一緒にキャンプに行く計画を立てている。続く部分（プログラム 5 ～ 7）では、日本人の中学生がシアトルを訪問する筋立てとなっている。

　プログラム 8 以降はまた場面が日本の学校に戻り、太陽光発電を扱った会話になっている。プログラム 9 ではクラスにおいて、自ら調べたことを英語で発表するという設定で、登場人物の女子中学生がボノボについて調査したことを発表している。

　プログラム 10 は場面ががらりと変わり、アメリカ人の家族の日常生活が描かれている。

　この教科書で重要なテーマは「留学やホームステイを通した国際交流」であろう。お互いの国を訪問し合う場面を設定することで、交流する楽しさを演出し、学習者が留学やホームステイに対して漠然と抱く、未知なる環境に対する恐怖心を払拭することを意図し、それを暗黙のうちに奨励しているものと思われる。文科省が進める海外への留学生の増加計画とも呼応する内容となっている。

　また、授業活動として重要視されているのが「会話」と「発表」である。この 2 つが、将来国際ビジネスに携わる際に重要であることをさりげなく示唆しているのである。

　そして、10 のプログラムの後に、付属教材として 4 つの読解教材、文法のまとめ、クイック Q & A（この教科書に出てくる質問文と応答文の会話集）、対訳付の語彙リスト、絵入りの主な名詞や動作のリストが付けられている。

2–7　この教科書で意図されている授業構成

　この教科書には、以下のように様々な意図（授業の目的と言ってもよいかもしれない）が盛り込まれている。

　　① 文法を順序立てて教えようとする意図
　　② 日本語の訳をきちんとつけさせようとする意図
　　③ 語彙を使用頻度に応じて使用できるようにしようという意図

④ 英語を聞いて理解できるようにしようという意図
　⑤ 英語で会話できるようにしようという意図
　⑥ 英語で発表できるようにしようという意図
　これらの意図は必ずしも一定の順序に基づいて表されているのではない。語彙や文法のように基本的なものや頻度の高いものから順にという規則性が見られるものと、聞き取りや会話、発表のように教科書の各プログラムにおける場面や内容に基づいて適宜活動内容に盛り込まれるものがある。いわば盛りだくさんで、どのようなシラバスもカリキュラムも対応可能という感がある。こうなった理由は次のように考えられる。
　まず、この教科書は英語を初めて学び始める学習者用であるということである。日本における英語の学習で最も重要視されるものは文法（および文型）と語彙であろう。これをきちんと提示することを第1の目的としているのである。そして、その文法能力と語彙の能力を使用して、英文に正しい日本語訳をつけることを次の第2の目的としている。これら2つの目的は高校入試を意識しているのであろう。高校入試は時代のニーズに合わせていろいろと変化して来てはいるものの、語彙、文法、英訳、和訳を問う出題は、入試問題で大きなウエイトを占めている。
　そして近年の、国際的に通用する人材育成の要求から、英語によるコミュニケーション能力の向上がもう1つの目的として表れているのがこの教科書の特徴であろう。1970年代の英語の教科書が、文法の習得と訳読を中心としていたのと異なり、この教科書は基本的な文型を会話で提示し、それを自分の立場に置き換えて自分で話してみるという「聞いて話す」スキルの向上に非常に大きなウエイトを置いている。また、プログラム9におけるプレゼンテーションでは、教科書がひな形となっており、それに沿って自分で調べたことを英語で発表することを試みることができるようになっている。
　まとめると、この教科書は非常に多くの目的に適合するように作られたオールラウンダー的なものであると言えるだろう。文法と訳読の授業にも、語彙を覚えるのにも、会話の授業にも、プレゼンテーションにも使える。それも、各プログラムにおける本文の題材が豊富であり、分量も多く、また長い文章や会話であることも、それに対応したものであろう。

そのようになったのも、全国的に採用されることを目指す開隆堂の戦略の表れであるとみることもできる。全国の中学は決して均一ではない。進学校もあれば、中高一貫校もある。また生徒の質や能力も、学校や地域によって差がある。教師も新採からベテランまでレベルがいろいろあるだろう。この教科書は、いかなる条件にもマッチした授業が行えるように、十分配慮して設計されていると考えられる。

　そのため、詳細は省くが、この教科書には周辺教材が充実している。文科省からは学習指導要領とその科目別の解説書が出されているほか、明治図書からは平田和人編著『中学校新学習指導要領の展開　外国語科英語編（2008）』が出されている。開隆堂からも教師用のCD付準拠教材や生徒用の学習教材（いわゆる「教科書ガイド」）、『指導案・実践例』、映像教材などが出版されている。このほかに、読解や聴解の副教材や、中学生向けの英和辞典を使わせるところもあるだろう。これらの周辺教材も、すべて前述したように各学校が要求するいかなる条件にも対応可能とするための必需品ということが言えるだろう。

2-8　まとめ

　以上のことから、日本の中学1年用の英語教科書『Sunshine English Course 1（平成23年6版）』の特徴は以下のとおりであると考えられる。

① 文部科学省の学習指導要領に合わせて編集されている。
② 様々な教授法・シラバスに適合するように作られており、どのようなやり方をしても使える内容となっている。つまり、教師がどのシラバスを選択してもそれに合わせて使用できるようになっている。
③ 会話中心であるが、読解教材としても使えるようになっている。プレゼンテーションの場面もあり、充実したカリキュラムを作成できる。
④ 出来る生徒であればあるほど、また力量のある教師であればあるほど、この教科書は使いこなせる余地があるように作られている。逆に、生徒の能力が低くとも、教師の力が弱くとも、そこそこ使えるように内容が充実して作られてもいる。
⑤ 母語による指示や説明もあり、カラフルで写真も多く、生徒たちの興味を引くように作られている。

⑥ 語彙リストや会話集、付属の読解教材など教科書自体に周辺教材が充実されているほか、教師用、生徒用ともにさまざまな副読本や自習用教材が出版されているため、教師も準備に再試さまざまな資料を参照できるし、生徒にとっては家庭での自習教材が豊富に用意されていることになる。

　しかしそのために、1つの単元(プログラム)に多くの内容が盛り込まれている。前述したように、力量のある教師がレベルの高い生徒に教えるのであれば、この教科書を十分使いこなせると思われるが、そうでない場合はどうしてもこれだけの内容を十分には扱いきれないという問題が起こるのではないだろうか。

　例えば、プログラム7 (pp.58-65) では、シアトルを訪れた日本人中学生の亜紀が、ホームステイ先のアンディの叔父ニックを訪ねてロデオを見るという場面に基づいた会話(ダイアログ)になっているが、会話については見開き2ページ全体を読まないとストーリーが理解できないという問題がある。また、ロデオ自体は大変エキサイティングで面白いスポーツでありショーであるが、中学1年生の会話に必要な話題とは思えない。長すぎる上に話題があまりにも日常とかけ離れていて理解しづらい恐れがある。

4. 結論

　カンボジアの英語の教科書には、以下のような特徴が見られることがわかった。全体を統一するシラバスがなく、学校や生活に必要な場面に基づいた会話中心のカリキュラムをとるように作られている。付属教材はない。モジュラースケジュールが採用され、その日の授業で学んだことがその日のうちに使えて会話ができることを目標としている。このような教科書が作られた背景には、以下のようなカンボジアの教育の問題点があると思われる。

　まず、内戦終結からわずか約20年が経過したに過ぎないため、英語教育はもちろん教育そのものについての研究が不足している。そのため、政府として、日本の学習指導要領のような統一した指導方針を打ち出せないでいる。したがって、教科書に統一性がなく、必要と思われるものを重要と思われる順番に並べたものしか作れなかったと考えられる。

　さらに、内戦で多くの教師が命を落とし、さらに現在でも給料が十分でな

いために、教師として優秀な人材が育っていない。この英語の教科書は、そのような中、少しでも英語の知識があってしゃべれる教師であれば授業ができるよう配慮されたものであるとも言える。

　また、正楽（2005）[19]が指摘しているように、カンボジアでは初等教育における留年率及び中途退学率が非常に高い。初等教育の6年を終了するのに平均14年かかるという。（正楽、p.205）。このため、英語の授業においては、出席した部分だけでも使えるような方法を取らざるを得ないのではないか。つまり、日本のように長い単元を1週間から2週間使って終わるという授業形態では、生徒が欠席や中退をした場合その単元の学習は無駄になる。そのため、モジュラースケジュールのような小切れにした短い授業内容になっているものと思われる。

　今後は英語教育における教授法のような応用的な研究ばかりでなく、もっと基礎的な研究（基本語彙や基本文型、必要な場面など）を踏まえた教科書を目指した改訂を進めるとともに、教育行政能力を政府レベルで高め、就学率を向上させることが必要であろう。

　一方、日本の中学1年の英語の教科書には、多くの内容が盛りだくさんであり、いろいろなレベルの学習者や学校、そして教師に対応したものとなっている。

　日本の英語教科書は、高校受験をにらみ、必要な語彙や文法、和訳の能力を身につけるとともに、英語コミュニケーション能力を高めるために十分に配慮されて作られたものであり、そのための周辺教材も充実している。しかし、このように目的が多いためにあまりに多くのものを入れ込みすぎ、それが結果的にこなしきれない恐れがあるほどの内容量となっているという問題点があるように思われる。カンボジアの教科書のように、目的を絞って1モジュールの学習内容を制限することも必要だと思われる。そのためには、文法と構文、会話、読解などの授業活動別に教科書を分割して複数の冊子体とし、教師が必要な部分を選択できるようにするなどの方法を考えてみることが必要だと思われる。

注

1) アルクホームページ http://www.alc.co.jp/kid/naritai/about/
2) 文部科学省ホームページ http://www.mext.go.jp/a_menu/shotou/gaikokugo/
3) 日本経済新聞ホームページ http://www.nikkei.com/article/DGXNNSE21NK03_Y2A900C1000000/
4) 朝日新聞、2013（平成25）年10月24日付朝刊13版1面
5) weblioホームページ http://english-columns.weblio.jp/?p=195
6) http://www.ciesf.org/cambodia/education.html
7) 文部科学省ホームページ http://www.mext.go.jp/a_menu/shtou/kaikaku/main8_a2.htm
8) マーケティング・リサーチ・アシストホームページ http://www.mr-as.com/data09.html
9) 防衛大学校のカンボジア留学生の話では、教師の給料が安すぎるため生活できず、職務である学校での授業を休んで、私塾でのアルバイトの授業の方に精を出す教師もいるという。
10) 研究に使用した『English for Cambodia Book 1』のPrefaceにその旨が記載してある。
11) 防衛大学校を卒業して帰国したカンボジア留学生に依頼して購入、送付してもらったものである。
12) ブログ「アンコールワットの朝日」掲載の現地英字新聞カンボジアデイリー2011年10月21日付記事による。http://angkor.blog13.fc2.com/blog-entry-1533.html
13) フリーズの提唱したオーディオリンガルについては、参考文献リストのFriesの文献を参照。
14) アッシャーの提唱したTPRについては、参考文献リストのAsherの文献を参照。
15) クラッシェンの提唱したナチュラルアプローチについては、参考文献リストのKrashenの文献を参照。
16) ハリデーの提唱した機能文法については、参考文献リストのHallidayの文献を参照。
17) ウィルキンズの提唱した機能概念アプローチについては、参考文献リストのWilkinsの文献を参照。
18) 認知規範学習については、参考文献リストのCarrollの文献を参照。
19) 正楽藍（2008）「カンボジアにおける教育発展―基礎教育の充実と学校教育をめぐる諸課題―」、Journal of International Cooperation Studies, Vol.16 No.1、Kobe University. pp.199-213。

参考文献

兼重昇・直山木綿子（編著）（2008）『小学校新学習指導要領の展開 外国語活動編』明治図書。

正楽藍（2008）「カンボジアにおける教育発展―基礎教育の充実と学校教育をめぐる諸課題―」、Journal of International Cooperation Studies, Vol.16 No.1、Kobe University. pp.199-213。

白井恭弘（2012）『英語教師のための第二言語習得論入門』大修館書店。

田崎清忠（1995）『現代英語教授法総覧』大修館書店。

平田和人（編著）（2008）『中学校新学習指導要領の展開 外国語科英語』明治図書。

村野井仁（2006）『第二言語習得研究から見た効果的な英語学習法・指導法』大修館書店。

望月明彦（編著）（2010）『新学習指導要領にもとづく英語科教育法 改訂版』大修館書店。

文部科学省（2008）『小学校学習指導要領』東京書籍。

文部科学省（2008）『小学校学習指導要領解説 外国語活動編』東洋館出版社。

文部科学省（2008）『中学校学習指導要領』東山書房。

文部科学省（2008）『中学校学習指導要領解説 外国語科英語科編』教育出版。

ジャック・C・リチャーズ＆シオドア・S・ロジャーズ（著）、高見沢孟（監訳）（2007）『アプローチ＆メソッド 世界の言語教授・指導法』東京書籍。

Asher, J.J. (1966) "The Learning Strategy of the Total Physical Response: A Review," Modern Language Journal, Vol.50, No.2, pp.79-84.

――― (1969a) "The Total Physical Response: Approach to Second Language Learning," Modern Language Journal, Vol.53, No.1, pp.3-17.

Carroll, J.B. (1964) "Words, Meanings and Concepts," Harvard Educational Review, Vol.34, No.2, pp.178-202.

――― (1965) "The Contributions of Psychological Theory and Educational Research to the Teaching of Foreign Languages," Modern Language Journal, Vol.49, No.5, pp.273-81.

――― (1969) "Wanted: A Research Basis for Educational Policy in Foreign Language Teaching," Harvard Educational Review, Vol.30, No.2, pp.128-40.

――― (1978) "Some Suggestions from a Psycholinguist," TESOL Quarterly, Vol.7, NO.4, pp.355-367.

Fries, C. C. & Fries, A. C. (1961) "Foundations for English Teaching," Kenkyusha, Tokyo.

Halliday, M. A. C. (2004) "An Introduction to Functional Grammar 3rd ed.," Routledge.

Krashen, S. D. (1981) "Second Language Acquisition and Second Language Learning," Pergamon Institute of English, Oxford.

—— (1982) "Principles and Practice in Second Language Acquisition," Pergamon Institute of English, Oxford.
—— & Terrell, T. D. (1983) "The Natural Approach –Language Acquisition in the Classroom," Pergamon/Alemany, Oxford.
Wilkins, D. A. (1974) "Second Language Learning and Teaching," Arnold, London.
—— (1976) "Notional Syllabuses," Oxford University Press, Oxford.

日本語教育の現場から見た比較文化

荒 井 美 幸

はじめに

　文化を比較する。その向こうには何があるのか。その問いに近づくため、この小論では、日本語教育の現場の視点から比較文化[1]について考察したい。

　日本語教育とは通常、日本語を母語としない人（日本語が母語であっても日本国外で生まれ育った人を対象とする場合もある）に対し、日本国内外で日本語を指導することとされている。筆者が日本語教育に携わり始めた頃には、職業を尋ねられ、「日本語教師です。」と答えると、必ずと言っていいほど、「へえ、国語の先生ですか。中学？高校？」のように返されたものであるが、近年、日本語学習者の増加にともない、日本語教育という言葉も一般化してきている。

　日本比較文化学会中部支部第4回大会[2]の基調講演で、日本比較文化学会名誉会長で国際比較文化研究所所長でもある太田敬雄先生は、「どんなことを考えるにしろ、どんな活動をするにしろ、そこには無意識に比較という行為が入ってくる」とおっしゃった。辞書で「比較」という言葉を調べると、「二つ以上のものをくらべること。また、くらべ合せて、その異同について考えること。」[3]とある。先生のお言葉からすると、また、多くの人々の想像通り、日本語教育の現場は、「文化の比較」の連続である。毎日、毎時間、様々な文化を持つ人々がその違いに直面し、無意識にくらべ合せて、その異同について考えている。

　日本語教育の現場には様々な形態があり、様々な人々が関わっている。本小論では、まず、日本国内外の日本語教育の現状について概観した後、日本語教育の現場を大きく海外と日本国内とに分け、さらに教師や学習者といっ

た立場から、また、機関ごとに「文化の比較」について見ていく。筆者自身の体験、もしくは、筆者が直接見聞きした具体的な事例にもとづき、比較文化の「その向こうには何があるのか」を探っていく。

1. 日本国内外の日本語教育の概観

本章では、現在の日本語教育の国内外の日本語教育の現状を、様々な機関のウェブサイト上に公開されている情報から概観する。

1.1. 日本国内の日本語教育の現状

日本国内には、大学や日本語学校などで日本語を学ぶ学生の他に、ビジネス・パーソン、中国帰国者、インドシナ難民、技術研修生、日系人定住者、外国人配偶者、外国籍児童・生徒など、様々な資格で在留する日本語学習者が存在する。

文化庁文化部国語課の「平成24年度国内の日本語教育の概要」[4]によれば、平成24年11月1日現在、国内における日本語教育機関・施設等数は1,995、日本語教師数は34,392人、日本語学習者数は139,613人となっている（表1）。

	区分	機関・施設等数	教師数	学習者数
大学機関等	大学	424	5,011	42,632
	短期大学	52	212	1,140
	高等専門学校	49	97	332
	小計	525	5,320	44,104
一般の施設・団体	地方公共団体	97	2,286	7,607
	教育委員会	197	2,286	7,798
	国際交流協会	331	11,043	17,476
	法務省告示機関	365	5,659	38,085
	その他	480	7,798	24,543
	小計	1,470	29,072	95,509
	合計	1,995	34,392	139,613

表1　外国人に対する日本語教育の現状（H24年11月1日現在）

（文化庁文化部国語課の「平成24年度国内の日本語教育の概要」をもとに筆者作成）

平成 23 年度調査の日本語教育機関・施設等数 1,832 と比べて 8.9％増加し、過去最高となっている。日本語教師数 31,064 人、日本語学習者数 128,161 人と比較すると、それぞれ 10.7％、8.9％といずれも増加している。日本語教師数には、常勤講師、非常勤講師、ボランティアが含まれている。なお、この調査は、文化庁国語課で知り得た国内の機関及び施設・団体に調査票を送付し、そのうち回答のあったものについて数値を集計するという方法で実施されたものであることから、上記機関数、人数を上回ることは容易に想像できる。
　次に、各省庁の日本語教育に関する注目すべきいくつかの動きを掲げる。2012 年 4 月 25 日の日本経済新聞によると、文部科学省は、日本語がうまく使えない児童・生徒への指導のあり方をまとめる方針を決め、学校教育法の施行規則を改正し、自治体によりばらつきのあった日本語授業を正式な授業として行うことができるようにするという。そして、1 年後の平成 25 年 6 月 14 日付で閣議決定された第 2 期の教育振興基本計画の第 2 部「今後 5 年間に実施すべき教育上の方策の基本施策」[5] に実際に盛り込まれている。また、文化庁では、日本語を母語としない住民の日本語学習のニーズが高まっていることを踏まえ、平成 19 年 7 月に文化審議会国語分科会に日本語教育小委員会を設置し、日本語教育施策に関する検討を行ってきた。平成 21 年 1 月に取りまとめられた「生活者としての外国人」に対する日本語教育の内容等に基づき、標準的なカリキュラム案や教材例集などが盛り込まれた 5 点の冊子が作成された[6]。平成 25 年 2 月 18 日には、日本語教育の推進に向けた基本的な考え方と主な論点についてまとめた報告書が作成された。

1.2. 海外の日本語教育の現状

　国際交流基金[7] の 2012 年日本語教育機関調査[8] によれば、海外の日本語学習者数は 3,985,669 人、日本語教育機関数は 16,046 機関で、2009 年調査と比べると、それぞれ 9.2％ 増、7.5％ 増となっている。また、日本語教師数は 63,805 人で、28.1％ 増であり、機関数、教師数、学習者数のいずれもが増加したことが分かる。なお、この調査で対象となっているのは、「語学教育として日本語を教えている学校やその他の機関」であることから、書籍

やインターネットなどを通じて日本語を独習している学習者は総数には含まれない。この点から考えると、日本国内の現状同様、日本語を学習している人の数は、上記の総数を大きく上回っていると判断できるだろう。

　これまで長い間、国際交流基金は海外の日本語教育を「支援」するという立場を取ってきたことは、各国に派遣された日本語専門家の報告書から見て取れる（松本：2005、福島・イヴァノヴァ：2006、立間：2006、登里他：2007など）。しかし、国際交流基金理事長による「海外における日本語教育推進のための基本政策はいかにあるべきか」[9]という考察の題目から見ても、「支援」という考え方から「推進」という考え方へと立場が変化したことが分かる。1.1.でも見たように、国内の動きでも「推進」という言葉が使用されたが、ドイツのゲーテ・インスティチュート、フランスのアリアンス・フランセーズ、中国の孔子学院のように、今後、日本政府や公的機関が世界各国で日本語教育機関の運営に積極的に関わっていくことになるのか注目したい。

2.　日本国内の日本語教育の現場で

2.1.　大学

　様々な国籍の学生から編成されるクラスでは、「文化の比較」の連続である。本節では、日本国内の大学の日本語の授業で実際に起こった学生同士の、また、学生と教師との事例を見る。

|事例1|　大学の日本語・日本文化教育センターが提供する授業での一コマである。「象徴」という漢字の導入の際、あなたの国の幸せの象徴は何かという話題になった。多くの学生は日本で考えられているものと同様、四つ葉のクローバーや鳩を挙げたが、ヨーロッパ出身の男子学生Aが「うさぎの足」と答えた。その後のやり取りである（B・Dはアジア出身女子学生、Tは教師）。

　　B：うさぎの足？
　　A：はい、うさぎの足。
　　T：それは、アクササリーか何か？

A：いいえ、本物。
　　　（中米出身の男子学生C以外、皆怪訝そうな表情）
　　B：本物？腐りませんか？臭いは？
　　A：腐らないよ。もう乾いてる。
　　D：ちょっと怖い…。
　　C：どうして怖い？
　　T：うさぎの足にはどんな意味があるんですか。
　　A：意味はよく分からない…。
その後、お互い強く否定したり批判したりはしなかったものの、双方の怪訝そうな表情は消えず、教室の空気はAとC対その他大勢（ほぼアジア出身者）に二分されたまま、授業は終了した。

事例2　日本の特産品について調べ発表するという課題を与えた際、学生Aは九州特産の鯨の歯の工芸品について発表した。発表後の質疑応答の場面でのやり取りである。
　　B：鯨の歯をアクセサリーにするのはひどくないですか。
　　A：でも、昔獲った鯨の歯を使っていますから…。
　　B：かわいそう。残酷。
　　A：でも…。
　　T：私は子供の頃、鯨を食べたことがあるよ。日本では昔鯨が食べられていましたから。アマゾンでワニやピラニアを食べたこともあるよ。皆さんは牛や豚を食べませんか。猿や犬や虫を食べる習慣がある所だってあるよね。
　　B：はい…（あまり納得できない様子）。

事例3　3限のクラス開始前、教室に駆け込んできた中国人学生Aが半ば怒り気味に教師に話しかけてきた。
　　A：先生、どうして日本人は昼寝をしませんか。
　　T：えっ？中国では昼寝するの？日本では学校でも会社でも昼寝の習慣はないなあ。

A：昼ご飯を食べてゆっくり休んで昼寝して、夜までまた頑張れる。日本では昼寝しないから、午後の授業は眠くてほんとに疲れる！
T：うーん、それは一理あるかもね。どこで寝るの？アパートまで寝に帰るの？
A：中国の大学は普通大学の中に寮があって、すぐ帰って寝られる。
T：ふーん、それはいいね。もし日本だったらどうするの。
A：うーん、アパートに帰るのは無理だなあ…。（ここで始業のベル）

以上3つの事例は、日々起こっていることのほんの一部分でしかない。また、誰の言動が正しくて、誰の言動が間違っているというものでもない。学生たちは、二つ以上のものをくらべ、その異同について考えるというプロセスは行っているものの、次のプロセス、その向こうにあるものまでつかめてはいないようである。教師も、その向こうにあるものをつかんでもらおうと発言を挟んでいるが、うまく導けているだろうか。言葉が多すぎたり、また、反対に言葉が少なすぎたりというようなことはないだろうか。

2.2. 日本語指導が必要な外国籍児童の多数在籍する小学校

本節では、荒井（2005）により外国集住都市の公立小学校で行われた調査に基づき、いくつかの事例を見ていく。外国籍児童は、在籍クラスで授業を受けつつ、日本語のレベルに合わせて取り出し授業[10]を受けている。日本語学級でも在籍クラス内でも「文化の比較」は行われる可能性がある。ここでは少し日本語教育の現場という範囲を広げ、学校生活での外国籍児童と日本人児童・教師との接触によっておこる「文化の比較」についても見ていきたい。

事例4　対象地域の4つの小学校の日本語学級担当教師5名への聞き取り調査の結果から見ていく。「5分でも10分でも、その子と話ができる時間を設けるようにしているんですよね。向こうから言うのを充分に聞いてあげるっていう時間が必要と思っています。その子の心の変化とか、ちょっと、昨日何してた？とかっていうようなお話をしているうちに、全然関係ない事

なんだけど、ぽっと何か、もっと重要なことを吐き出すっていう感じで出てくる時があるので、学習よりも、結構そっちの方が、もしかすると大事かなあっていう気がする時があるんですよ。」「書き順とかがいっぱい、詳しく載っているものを使って、やってみたんですよね。そのステップごとにやっていくと、習得できる。身に付くので、教室では、きっと他の子と一緒にはついていけないんだけど、このスピードでやっていけば、割合と外国籍の子でも身に付くみたいだから、いいかなって思っています。」「教材の選択や、どういうものがいちばん彼らに合っているのかっていうのが、まだ自分もよく分かっていなくて、始めたばっかりなもんですから、試行錯誤、いろいろ考え、失敗したりもしています。」「指導方法とか、教材とかについて何か、手助けになるよなものがあれば、基準、ここまでは身に付けさせて欲しいみたいな基準のようなものがあると、教える私たちの側にすれば、やりやすいのかなって。日本人の児童には、指導要領がありますよね。そんなようなものが外国籍用にもあれば、指導の手も入りやすいかなあって思うんですけど。」

[事例5] 対象地域の4つの小学校の外国籍児童計209名を対象に行われたアンケート調査の結果によると、日本語学級は外国籍児童にとって日本語を勉強する場所であると同時に、同じ国からの仲間がいる安らぎの空間であり、マイナスの評価をしている児童はほとんどいないことが分かる。また、日本語の学習に関しても「もっとたくさん日本語の授業を受けたい。」「教える先生がもっといればいい。」と高い意欲がうかがえる。「日本に対して興味を持つような環境を作ることが、子どもがもっと楽しく日本語を勉強できるようになることにつながる」としている保護者の回答も興味深い。外国人と日本人が同じ学校にいることのよい点をたずねた記述式回答では、「言葉を教えあえて、とても楽しい。」「日本のことをいっぱいおぼえられる。」「世界のみんながなかよくなれる。」「文化が混ざり合うのがいいと思う。」「国を関係なしで友達になってくれる。助け合ってくれる。」などの解答が目立った。「小学生は、国が違う、言葉が違うというのはあまり意識していない。よく遊んでいます。」という保護者の回答もある。

事例6　対象地域の4つの小学校の5、6年生日本人児童803名を対象に行われたアンケート調査では、「外国人の児童が日本語を勉強することについてどう思うか」という質問に対して、「日本で暮らすのに日本語が必要だから、勉強した方が良い」と答えた児童は46.2％に上った。日本人児童が挙げている「外国人と日本人が同じ学校にいることのよい点」は、「他の国の人と触れあえるいいチャンス」「世界が仲良くなれるきっかけになるかもしれない」などの交流面、「外国人が日本人に外国語を教える、日本人が外国人に日本語を教える」「その人の国の言葉でも話してみたくなる」などの言語面、「日本と外国の違いが分かる」「自分の国のことについて教え合える」などの文化面などに分類できた。また、「特に外国人ということを意識していない」「人と自分との違いを気が付くこと」という発言も見られた。「この町のように、将来どの町にもいろいろな外国人が住むようになったら、どんな日本になると思うか」という質問には、「楽しい日本／豊かな日本／有名な国」などの他に、「国どうしが仲良くなる」「戦争がなくなるための第一歩」のように平和な国になるという回答、「日本人のほとんどが外国語を話せるようになる」「にぎやかで、いろいろな言葉が飛び交うようになる」などの言語面、「外国との交流が深まる」「外国人と日本人が公平に協力し合う国になる」「色々な文化が取り入れられ、暮らしやすくなる」などの文化・交流面での回答が目立った。「日本が日本でなくなってしまう」「いざこざが絶えない」「外国人差別をしそう」などマイナスイメージの回答も挙げられた。

事例7　事例7以下は、外国人集住都市の小学校で1年生学級を担当した補助指導教員が新聞に投稿した記事[11]からの引用である。

　　まず苦労したのは、単語の説明だ。例えば、「本は livro だよ」とポルトガル語で説明してあげれば理解はできる。しかし、「忘れないように書いておいてあげるね」と、教科書の隅にメモしてあげたところ、問題が起きた。ポルトガル語が読めないのだ。家庭ではポルトガル語で会話し

ているので、話す、聞く、という作業はできるが、読み書きをまだ習っていないため、livroが読めないのだ。私は、本とlivroの隣に、本の絵を描いた。

　事例4は、児童1人1人とのコミュニケーションを大切にしているものの、毎日が試行錯誤である日本語学級担当教師の苦労、複雑な思いや悩みなどを如実に表わすものであった。外国籍児童にとってちょうど良い学習スピードを経験から得たりしてはいるが、やはり、国家レベルでの施策を強く求めていることがうかがえる。
　事例5と6では、日本人児童も外国籍児童も、外国人と日本人が同じ学校にいることを大人の想像以上にプラスに考えていることが分かる。しかしながら、双方から「言葉の壁でコミュニケーションが取れない」ことや「外国籍児童への差別がある」ことなど、マイナスの回答も挙げられている。これを悲観するよりは、多文化教育に取り組むチャンスと捉えるべきではないだろうか。
　事例7から浮かび上がってくるのは、外国籍児童の母語の問題である。しかし、「公立の学校で？ポルトガル語を教えるんですか？うーん、ちょっと難しいみたいですね。お金の面の余裕もないだろうし、教室もないんですよね。」「母語教育を推進していくんだったら、やっぱり、国単位でやって欲しいですね。シンポジウムとかに行くと、母語教育の大切さを訴える先生は多いんですけど、じゃあ、それを、誰が担うのか、っていうところまでは言及してくれないんですよね。」という現場の教師の声も上がっている。国を挙げての取り組みが望まれている。

2.3. 経済連携協定（EPA）による看護師・介護福祉士候補生受け入れ

　2008年に経済連携協定（EPA）による外国人看護師・介護福祉士候補者の受け入れが始まった。看護助手として働きながら専門知識と日本語を学ぶインドネシア人とフィリピン人の女性が、京都で初めて看護師の国家試験に合格したという新聞記事[12]を目にした。ガッツポーズをとる笑顔の女性二人の写真とともに彼女らの努力と苦労の様子や配属先の病院の手厚いサポー

トの様子が紹介されていた。十分にサポートしたいと、病院側が看護の専門知識を教える先生と日本語教師を雇ってくれたということだ。しかし、彼女たちのようにはいかない事例も少なくない。

事例8 　勉強を始めて2年目の看護師候補者の日本語教育を担当し始めた日本語教師は言った。「勉強を始めて2年目になるのに、好きな食べ物も言えないんですよ。1年目に教えた先生からの引継ぎで始めたんだけど、日本語教育を知らない先生に教わっていて、前の先生が一から文法を積み上げないで適当に教えやすい所だけ教えたから…。学生がかわいそう。彼女はもう諦めていて、数年日本に住んで国に帰る気満々です。」
　日本国内では、構造シラバス[13]に沿って直接法[14]で教えるのが主流である。ここで教師は「積み上げ式で教えない現場」というこれまでと異なる教室文化の違いに直面している。このように、日本国内でも、すべての日本語教育の場が同じ教授法を使用しているわけではない。また、看護師候補者が雇われる病院によってこのように大きな格差が生じていることも知っておくべきだろう。

3. 海外の日本語教育の現場で

　海外で日本語教育に従事する場合、教師自身も文化の壁にぶつかり、必然的に「文化を比較」し、考えるというプロセスを辿ることになる。

事例9 　遅刻の理由をA国では「朝から大雨だったから」、B国では「昨日の夜見ていたテレビ番組がおもしろくて、つい夜更かしして朝起きられなかったから」、C国では「お祈りがあったから」と言われた。そのたびにショックを受け、日本とのあまりの違いに腹が立った。さらにそのような言い訳を周囲の人が誰も非難せず普通だという顔をしていて、余計に腹が立った。

事例10 　ある学生が欠席だった。クラスメイトが「○○さんは病気です。」と言ったので、入院でもしたのかと非常に心配したが、次の日その学生はけ

ろっとした顔で授業に出て来た。「昨日はどうしたの？」と尋ねると、本人も「病気でした。」と答えた。この国の人はうそつきだと思った。

事例11　授業後、日本の学校と同じように教室の掃除をしていたら手伝ってくれた生徒がいた。次の日、その子の親が「うちの子に掃除人をさせるなんて何ということをしてくれたんだ！」と怒鳴り込んできた。

事例12　前日の授業後の清掃の関係上、朝一の授業では机の上に椅子が上げられている。学生は教室に入ると前の方に座りたくないため、座席は後ろから埋まっていく。自分の座る椅子以外は下ろさないので、必然的に前方の机に乗る椅子の足で非常に黒板が見えにくい状態になる。体を斜めにしたり、背伸びをしたりして黒板を見ているので、椅子を下ろすように勧めても、面倒くさがって誰も下ろさない。仕方なく教師が椅子を下ろすが、手伝う学生はめったにいない。何て怠け者ばかりの国なんだと思った。

事例13　同じ地域で日本語を教えているＡとＢが、別の教師Ｃについて話している。
　　Ａ：Ｃちゃんは日本の日本語学校で教えていたのと同じように「起立、
　　　　礼、お願いします、着席」ってやってるんだって。
　　Ｂ：おおー、それはすごいなあ。

事例14　教室にはサングラスを掛けている学生もいれば、キャップをかぶっている学生もいる。ガムをかんでいる学生もいれば机から大きくはみ出して座っている学生もいる。学生には、「日本では、そのような身なりや方法で教室にいることは良くないことだとされている。違いを知っていることは大切なことだ」と教えた。「この国では大丈夫なのか」と問うと、「大丈夫」と答える学生と、「いや、だめだ」と答える学生とがいた。一連のやり取りの後、日本式に態度を変えた学生と変えない学生とがいた。変えない学生も認めた。別の日、日本人の座談会でその話をすると、「日本語を習ってるんだから、日本式でやらせなきゃダメだよ」と責められた。メンバーには

他の日本語教師や駐在員、現地でビジネスを営む定住者など様々な立場の人がいたが、自分以外の全員が同じ意見だった。

事例15 日系社会で日本語教育に携わった。古き良き日本がそのままそこにあった。地域の会館があり、ある時は子供たちの遊び場となり、ある時は大人たちの会合や日本人会のパーティー会場になる。ホールの壁には昭和天皇のお写真、さらにその横には教育勅語が貼ってあった。昭和初期の各科目の教科書も本棚にひっそりと眠っていた。日本で見る機会が減った地域の運動会や灯籠流し、七夕祭りが毎年行われていた。また、日本ではほとんど使われなくなった「帳面」「便所」などという言葉から、現在では差別用語とされており使用されない言葉などが、ほとんど日本語の話せない4世5世にまで単語として定着して使われていた。しかし、日本食はすっかり現地仕様にアレンジされており、アボカドの乗った軍艦寿司はおろか、フルーツの乗った軍艦寿司まであった。1世の方々には「よくこんな遠くまで日本語教えに来てくれたねえ」と涙を流された。見るもの聞くことすべてが新しく、また懐かしい、不思議な衝撃を毎日のように感じた。

　事例9～12では、教師はまだ文化の壁にぶつかっている段階であり、自分の価値観で「この国の人はうそつきだ」「何て怠け者の国なんだ」と判断している。「文化を比較」し、考えるというプロセスまでは至っていない。
　事例13では、Bの「おおー、それはすごいなあ。」という発言を、「海外でも日本式にやっているなんてすごいなあ」と捉えるか、「海外でそれはやりすぎじゃない？」と捉えるかによって変わってくると思われるが、一歩進んで「文化を比較」し、考えるというプロセスに入っていると言っていいだろう。事例14では、「文化を比較する。その向こうには何があるのか。」という問いの答えに近づきつつあるのではないか。事例15は、日系社会という特殊な環境での逆の文化の壁をプラスに捉えていることがうかがえる。
　事例9～12でも、ずっとこのままということは考えられず、滞在が長くなればステージは変化していくだろう。いずれの例も、毎日日本語学習者と対面し、多文化理解を進める大きな鍵を握る日本語教師にとって、必ずや血

となり肉となっていくことは間違いない。

4. 考察

　第3章2節で資料として使用した外国人集住都市の公立小学校での調査が行われたのが9年前である。これと、第2章の日本国内外の日本語教育の概観で触れた近年の関係省庁の動きを比べてみよう。9年前に日本語教育の現場で切望されていた施策が、今まさに実現されようとしている。関係省庁が日本語教育に関して積極的な動きを進めているのである。

　第3章では、海外で日本語教育に従事する教師が経験する比較文化のプロセスを見てきた。ここで、外国語を学ぶという行為や学習者の多文化理解に直接関わる日本語教師が肝に銘じるべき考え方を引用しておきたい。

> 外国語を学ぶということは、自分とは異なる新しい考え方、文化、価値観に触れ、それに取り組むことだ。（中略）外国語を学ぶことによって次のようなことを学ぶ機会が与えられるかもしれない。自分には"常識"だと思えることでも、ほかの人には"常識"でないことがあるということ。自分には簡単なことでも、ほかの人には難しいこともあるということ。自分には我慢できないようなことでも、ほかの人には気にならないことがあるということ。自分には何の意味もないものでも、ほかの人には大切なものがあるということ。（中略）人はほかの人と一緒に生きているということ。（佐久間：2002）

　ここから考えられることは、「文化を比較する。その向こうには何があるのか。」という問いの答えは、日本語教育の中だけにあるのではないということである。第2章2節で触れた、日本語教育「推進」に方向転換するというような動きは喜ばしい動きであるようにも見えるが、慎重に見守っていかなければならないだろう。

5. おわりに

　比較文化の向こうにあるものは、多文化理解、平和であり、争いや征服で

あってはならない。国の壁を自然に越えようとする児童たちを大人の価値観で潰してはならない。自分の価値観を越えていくことはとても難しい。しかし、日本語教師は、自ら向こうにあるものを見るため、また、学習者にそれを見せるため、日々邁進していかなければならいない。

注

1) 太田（1997）では、「多文化理解を学問的に扱う学問が「地域研究」であり「比較文化」である」と定義している。
2) 2013年10月5日に浜松学院大学に於いて開催された。
3) いくつかの辞書を調べたところ、「その異同について考える」という文が入っていたのが『明鏡国語辞典』のみであった。くらべるだけでなく、考えるというプロセスも含まれていることが筆者の考えと近かったため、これを採用した。
4) 文化庁ホームページ（http://www.bunka.go.jp/kokugo_nihongo/jittaichousa/h24/gaiyou.html）「平成24年度国内の日本語教育の概要」より。
5) 基本施策6-4に「帰国・外国人児童生徒等に対するきめ細かな指導・支援体制を整備するため、個々の実態を踏まえた日本語指導の在り方の検討、教員や支援員の確保及びその資質の向上等に取り組む。このほか、高等学校における受入れ状況を把握し、編入学機会の拡大を図る。さらに、不登校・不就学の定住外国人の子どもに対して日本語等の指導や学習習慣の確保を図るための場を外国人集住都市等に設け、主に公立学校への円滑な転入ができるようにする。」とある。
6) 文化庁のウェブサイトからダウンロードできる。（http://www.bunka.go.jp/kokugo_nihongo/kyouiku/nihongo_curriculum/index.html）
7) 文化芸術交流、海外における日本語教育および日本研究・知的交流の3つを主要活動分野とする独立行政法人。
8) 国際交流基金ホームページ（http://www.jpf.go.jp/j/japanese/survey/result/survey12.html）「2012年海外日本語教育機関調査」より。
9) 国際交流基金ホームページから全文が閲覧できる。（http://www.jpf.go.jp/j/japanese/survey/basic_policy.html）
10) 外国籍児童は週に何時間か在籍クラスから日本語学級へ「取り出されて」日本語の指導を受けるため、このように呼ばれている。
11) 日本語教育新聞（平成15年11月1日）より。
12) 朝日新聞（2012年5月6日京都面）より。
13) 教えるべき項目を文型で示し、易しいものから難しいものへと体系的に教えていく方法。
14) 媒介語を使わず、目標言語だけを使って外国語を教える教授法。

参考文献

荒井美幸（2005）「外国人集住都市の小学校における日本語指導と多文化教育―多文化共生社会に向けて―」高知大学人文社会科学研究科修士論文
太田敬雄（1997）『地域研究入門―多文化理解の基礎―』、開文社出版
奥村訓代他（2003）『現代のエスプリ 432 マルチカルチュラリズム 日本語支援コーディネーターの展開』、至文堂
木村宗男他（1989）『日本語教授法』
佐久間勝彦（2002）「第二外国語としての日本語教育について」『バンコック日本語センター紀要』第5号、国際交流基金
島津拓（2010）『言語政策として「日本語の普及」はどうあったか―国際文化交流の周縁―』、ひつじ書房
立間智子（2006）「ウクライナにおける日本語教育の現状と問題点」『国際交流基金日本語教育紀要』第2号、国際交流基金、pp.127-133.
田尻英三他（2007）『外国人の定住と日本語教育［増補版］』、ひつじ書房
田尻英三（2009）『日本語教育政策ウォッチ 2008 定住化する外国人施策をめぐって』、ひつじ書房
田尻英三他（2010）『言語政策を問う！』、ひつじ書房
徳井厚子（2002）『多文化共生のコミュニケーション 日本語教育の現場から』、アルク
徳井厚子（2006）『対人関係構築のためのコミュニケーション入門 日本語教師のために』、ひつじ書房
登里民子・小原亜紀子・平岩桂子齋藤真美・栗原明美（2007）「インドネシアの中等教育における日本語教育ネットワーク形成―現地化・自立化を目指す支援策として―」『国際交流基金日本語教育紀要』第3号、国際交流基金、pp.29-44.
福島青史・イヴァノヴァマリーナ（2006）「孤立環境における日本語教育の社会文脈化の試み―ウズベキスタン・日本人材開発センターを例として―」『国際交流基金日本語教育紀要』第2号、国際交流基金、pp.49-64.
松本剛次（2005）「インドネシア・スマトラ地区における日本語教育ネットワーク支援活動中間報告」『国際交流基金日本語教育紀要』第1号、国際交流基金、pp.103-113.
三浦多佳史・吉川一甲真由美エジナ・遠藤クリスチーナ麻樹（2006）「ブラジルにおけるメールマガジンを利用した日本語教師ネットワーク構築の試み―現実に機能しうる日本語教師間ネットワークとはどんなものか―」『国際交流基金日本語教育紀要』第2号、国際交流基金、pp.105-119.

ESP と CLIL についての一考察

髙橋　強

はじめに

　近年、大学での英語教育は大きな変化を遂げている。その一つに ESP (English for Specific Purposes 特定の目的のための英語) と CLIL (Content and Language Integrated Learning 内容言語統合型学習理論) がある。この二大潮流は今後の大学英語教育を大きく変化させ、多大な学習効果を生み出すメソッドとなっている。そこで本論文では、この二つのメソッドをどのように ESP の授業で効果的に取り入れて、CLIL という学習内容を重視した英語教育メソッドを使用し、英語のインタラクションを引出し、ESP という専門性の高い学習項目を学生が学んだ際に、いかに効果的に専門的な内容と英語学習をリンクさせ英語力を伸ばし、その応用と発展につなげ、英語のリプロダクション活動にもつなげることができるのかということに焦点を絞り、ESP と CLIL との相互補完の関係を考察し、ESP における良い授業とはどういうものなのかについて考察を深めるものとする。

1. ESP とは

　ESP とは、English for Specific Purposes の略で、あえて日本語に直訳すると「特定の目的のための英語」という意味で、様々な分野の英語を、その英語を学ぶ学習者の目的に合わせて、独自に組み合わせて効果的に、その分野に適切に対応できるようにあらゆる場面において十分に専門分野の英語を習得することを目的とした学習法である。また、それぞれの専門分野で日常的によく使われる英語表現に慣れ親しむことで、その分野で使える英語表現の習得、論文英語の習得並びに作成、更にはプレゼンテーションのス

キルアップを短期間で目指すことが可能となる学習法である。また、深山 (2000) は、この ESP を次のように定義している。ESP (English for Specific Purposes) とは、「学問的背景や職業などの固有のニーズを持つことにより区別され同質性が認められ、その専門領域において職業上の目的を達成するために形成される集団である『ディスコース・コミュニティ』の内外において、明確かつ具体的な目的をもって英語を使用するための言語研究、およびその言語教育」であるとしている。本論文での学習者の ESP を学ぶ目的は、ディスコース・コミュニティ外の一般人に学習者が学んだ専門知識を自分の言葉で表現し、同時にいかに専門性を身に着けられるかということであり、ディスコース・コミュニティ内で英語が「コミュニケーション活動の一環として機能」するだけでなく、授業内での口頭発表などを通して「新たな知識を構築する」場合にこの ESP 学習が大変効果的であるということを強調したい。

　さらに、寺内 (2010) は、ESP をより詳細に区分している。それによると学習者が専門分野を学ぶ際に必要となる英語能力の習得を目指すことを主な目標に据えて言語を学習のする (EAP: English for Academic Purposes) と、ある特定の職業において必要とされる言語習得を目指す (EOP: English for Occupational Purposes) 領域の 2 種類に区分して、その統合した形で ESP をとらえるものが一般的であるとしている。また、この区分をさらに特定の学術上の専門または職業によって分けていくことができるとも述べており。それは、EOP は EPP (English for Professional Purposes) と EVP (English for Vocational Purposes) に分類されると述べており、両者の相違点としては、EPP は例えば、医学の分野の研究者が外国の雑誌などの文献を読まなければならない、あるいは学会発表をしなければならない場合であり、EVP は、外交官ですぐに外国に赴任しその外国語を現実に使用しなければならない場合に準備されるプログラムであると Dudley-Evans and St. John, (1998) の理論を引用して述べている。

　本論文では、ESP のカテゴリーの中でも、特に、English for Academic Purposes つまり「学術目的の英語」というカテゴリーに焦点をあて深く考察するものとする。このカテゴリーは English for General Academic

Purposes「一般学術目的の英語」と English for Specific Academic Purposes 「特定学術目的の英語」に分けられ、大学での ESP の取り組みに大いに活用されている分野である。筆者が扱う環境問題や人権問題にはこの、いわゆる「一般学術目的の英語」という分野を扱い、実際の授業を緒受けている学生のニーズに応えるように工夫がなされている分野でもある。学生が実際に英語という言語を読み、書き、聞き、話すという一連のインタラクションに相応しい活動が ESP 教育であり、ディスコース、コミュニティーのニーズを反映させることが出来るような英語教育を実践していくことが大変重要であり益々その需要が高まっていると言える。つまり、様々な分野において、学ぶ人の目的を明確にし、実際のあらゆるシーンを想定した学習法である。特定分野で日常的によく使われる英語に触れることで、現場で使える英語の習得、論文の作成やプレゼンテーションのスキルアップを短期間で目指すことが可能となる。ESP は以下のように下位区分されているので図1を参照して頂きたい。

図1

ESP (English for Specific Purposes)

(1) English for Occupational Purposes

    (i) English for Professional Purposes
       English for Medical Purposes
       English for Business Purposes
    (ii) English for Vocational Purposes
       Pre-vocational English
       Vocational English

(2) English for Academic Purposes

       English for General Academic Purposes
       English for Specific Academic Purposes

2. ESP の歴史的背景

　歴史的は背景を辿ると、1960年代には、当時英語教育の主流をなしていた大学のいわゆる英文学科で教えていたシェイクスピアなどの文学作品が主流をなしており、それ以外の分野では外書購読などで少しは英語に触れてはいたものの訳読中心で、アウトプットといわれる実用的な英語に触れる機会がほとんどなかったというのが現状である。その反発から、もっと世界が多様化しグローバル化してきた今日においては、そのような画一的な教育から脱却し、もっと様々な分野の英語をより質の高い英語学びアウトプットへと橋渡ししなげなければいけないということから、その学科のニーズに応えることが出来るような英語教育に、次第に移行していったという経緯がある。また当時は、ESPといえば、理工系の英語が、いわゆるESPの代名詞のように扱われ、English for Science and Technology「理工系英語」が主流であった。

　Dudley-Evans and St. John（1998）によれば、ESPの歴史は、1990年ごろまでの第1期は、以下の通りである。
(1) レジスター（言語使用域）分析の時代（1960年代）
(2) レトリック、ディスコース分析時代（1970年代）
(3) スキル研究の分析の時代（1970年代後半から1980年代前半）
(4) ニーズ分析時代（1970年代後半から1980年代初頭）

　レジスター（言語使用域）とは、英語を母国語としている言語話者の使用する言葉を、英語の様々なスタイルから分析し、発話の意図や目的などを研究することを主眼としている研究法である。つまり、英語の多様性（Varieties of English）を研究することを目的とし、代表的な研究には、バーナード・ショーの戯曲ピグマリオンやマイ・フェア・レディなどでみられる訛りや地域表現の観点から言語学の領域、社会言語学の領域、また修辞の領域をも扱っており語法中心であり、英語教育という観点からはかけ離れていたようである。

　次にレトリック、ディスコース（修辞、談話）分析であるが、これは、談話を分析することで、その言語話者の意図を理解し、ノンバーバルコミュケーションの領域まで比較研究し、語用論と密接につながっている分野であ

り、発話された文と文との関係を理論的に説明し考察を加えたものである。この分野も、語用論的な理論研究から脱却できずに次の時代を迎えてしまったのである。

　スキル研究の時代とは、Widdowson（1978）の有名な著書である Teaching Language as Communication の中で、特にコミュニケーションの重要性を説いている。彼は、文法や形式よりもコミュニケーションが重要であり、コミュニケーションこそが言語の神髄であるという理論を打ち立てた第一人者である。

　最後にニーズ分析であるが、学習者のニーズを分析し、学習者にとって言語を学ぶ上で何が一番重要であるかを分析し、それを英語教育に活かすことによってより効果的な学習が可能となり ESP 教育に大きな変革をもたらしたのである。そして，達成すべき目標が設定され，教材の作成・選定が行なわれ，指導・評価が行なわれることになる。しかし、学習者のニーズにばかり気をとられて、社会のニーズに応えきれなかったという面も指摘されている。そこで学習者のニーズを十分理解し、学習者自身が必要なニーズを理解してもらい、我々教員は「自立した学習者の育成」を求めていかなければならないのではないかと思う。つまり学習者自身が、必要な能力を身に付けるために自ら自分の専門知識に関して知見を深めてもらうことを促し、自立した学習を助けるファシリテターとしての役割も重要であると思われる。専門分野の英語は，社会が多様化し常に変化を遂げ続けているので、その変化の加速化に伴って、社会の求めるニーズに対応していかなければならないのである。そのために学習者自身が、変化する社会に対応できるように、必要な知識を自ら探し求め、研究し、分析し、自ら発信していく必要があるのである。つまり社会に向けて発信する ESP 教育こそが今後求められる ESP であると思っている。

　第二期の ESP 教育では、Swales（1990）の「ジャンル分析」に触れてみることとする。彼は、様々な分野に属するコミュニティーをディスコース、コミュニティーと呼んでおり、その特定分野をジャンルという表記を用いて呼んでいる。例えば、外国語教育を研究している研究者を外国語教育のディスコース、コミュニティーと呼び、その中でも、英語教育を研究している研

究者をジャンルと呼んでいる。この様に、ディスコース、コミュニティーで行われているすべての研究活動をジャンルと呼んでおり、ジャンルによって識別する方法を「ジャンル分析」と呼んでいる。このジャンル分析は北米とオーストラリアで発展を遂げており、Swales はディスコースの二面性(自己と非自己)に注目している。彼は、「ディスコースから生まれるジャンルはそのディスコースを発信する者と受信する者とその人々の活動している環境によって変化する。」ということを強調しており、これは interdiscursivity(複線間相互作用)と呼ばれている最新の用語を用いて表現しており、その重要性を説いている。

　さらに、野口(2006)は、ジャンルを3つの要素に分類している。それによると、ESP に関して、このジャンル分析を特徴とした ESP 教育では、

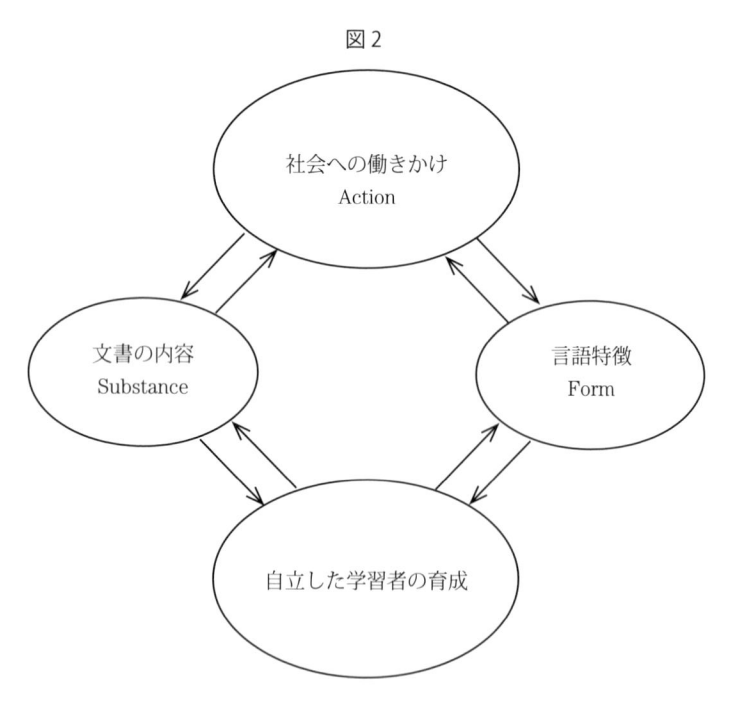

図2

筆者の提案する4つの要素

英語という言語の特徴（Form）を教えることを主たる目標としているが、ジャンルの英文内容（Substance）と社会への働きかけ（Action）という3つの要素が密接な関係にあり、英語を学び、そのジャンルの英語に精通するようになり、また、その英語を使い社会に発信するような学習システムの構築が可能となるのである。筆者は、この3つのジャンルの要素に、「自立した学習者の育成」を加えた4つの要素を提案したい。この4つの要素は、すべて相互補完の関係にあり、4つの要素全てが循環することでESP教育が効果を発揮し、また学習者自身が自立して学習することが出来れば、ESPの教育効果は計り知れないほど大きなものとなることは間違いない。この自立した学習者を育成することこそがESP教育の大きな目的でもあるのであり、個々人が目的を持ちこれに取り組めば大きな成果が生まれることは言うまでもない。これを図式化すると以下のようになる。図2を参照して頂きたい。

3. Orr（2002）によるESPの定義

Orr（2002）は、ESPを「専門英語教育」と定義しながら、ESPに関して次の3つの定義を提唱しており、より多面的にとらえその効果を述べている。以下にその3つの定義を述べることとする。
(1) 特定目的を達成するために、特定のタスクを実践することが要求される英語という言語の一つである。
(2) 学習者が、ある特定目的を達成するために、特定のタスクを効果的に実践できるように手助けする言語教育の一つである。
(3) ESPの専門家（プロフェッショナル）の連携を形成して仕事を広げてきたものである。

Orrは、ESP教育をもっと広範囲にとらえ、今までのような化学英語教育のみにとらわれることなく、一般の分野の基礎知識を身に付けさせることを目的としたESP教育という概念を説いている。この点においては、English for General Academic Purposes「一般学術目的の英語」と非常に大きな点で類似しているのではないかと思う。また、論文執筆のみの学術英語から脱却し、より広範囲の英語に触れ、英語という言語を使用し、4 skillsを平均し

て伸ばすことにも焦点を絞っているという彼の提言は大変意義のあることであると思う。学生にとっても、彼らの専門性を伸ばすことのみならず、同時に関連分野の英語習得もできるということで一石二鳥の作用があると言えるのではないか。この考え方は、外国人教員と日本人教員がお互いチームを作り、特定分野の内容理解を容易にすることを可能としている。つまり、外国人教員は、英語で専門分野のディスカッションとプレゼンテーションを実践し、日本人教員は日本語と英語のバイリンガルで専門の内容を日本語と英語で教えることによりアウトプットとインプットをうまく織り交ぜた英語教育が可能となる。これまで述べてきたように、ESP の中でも English for General Academic Purposes「一般学術目的の英語」の役割は、今後益々多様化している大学英語教育においてその重要性は計り知れないものとなるであろう。

4. ESP と大学英語教育

　大学英語教育学会監修の英語教育学体系の第 4 巻に「21 世紀の ESP　新しい ESP 理論の構築と実践」という文献の第 5 章に「21 世紀の ESP と大学英語教育」という章で、ESP と大学英語教育の望ましいあり方と方向性ついて述べている。それによると、まず初めに ESP 教育を大学で実践する理由と、その目的について「教育基本法」第 7 条の条文を載せている。以下、条文を参照されたい。

　「大学は、学術の中心として、高い教養と専門的能力を培うとともに、深く真理を追究して新たな知見を創造し、これらの成果を広く社会に提供することにより、社会の発展に寄与するものとする。」この教育基本法第 7 条は、ESP 教育とっては欠くことのできない重要な条文であり、高い教養と専門的能力を培うことは ESP の目指すべき重要なポイントであることは言うまでもない。

　次に、日本の大学英語教育への 5 つの提言について述べてみたい。「21 世紀の ESP　新しい ESP 理論の構築と実践」という著書の中で、大学英語教育について 5 つの点を考慮し英語教育を実践しなければいけないと明記している。5 つの提言は以下の通りである。

提言1　自立した学習者を育成するという意識を持つ。
提言2　ESPをコアカリキュラムに入れる。
提言3　ESPの基本的な特徴を理解する。
提言4　専門教員と連携する環境を準備する。
提言5　ツールとしてコンピュータを活用する。

　提言1については、筆者がジャンル分析で述べたように、学習者自身が必要なジャンルの英語を積極的に自立して学習することにより高い教養と専門的能力を培うことが出来ることと、将来をしっかりと見据えて長期的な視野に立ち専門分野、いわゆるジャンルの英語習得を目指すことが出来るのである。その結果として、学習者の関連分野での仕事をする上において大いに役立つこととなるであろう。

　提言2では、ESPを大学のコアカリキュラムに入れるべきであるという提言がなされている。今までのように、理系学生のための特別な授業というのではなく、あらゆる分野、つまりジャンルで、ごく普通にカリキュラムに取り入れて専門科目の英語取得を目指すべきであるという提言であり、コアカリキュラムの中で専門用語も英語取得の中で学び、徐々に習得していくことが望まし（ママ）のではないかということを提言として言われているが、筆者もこの意見には大賛成である。さらに野口（2006）は、「自分の好きなこと、やりたいことのために英語が必要となれば、一所懸命、楽しみながらできる」と述べており、ESPをカリキュラムの中心に据えて効果的に学習させることの重要性を説いている。

　提言3では、Dudley –Evans & St. John（1998）の3つの基本的特徴によると、以下のことをさらに提言している。
(1) 学習者のニーズ分析に基づいていること。
(2) ジャンル（学問的背景や職業などの同質性）が認められること。
(3) ESPが提供できる教授法と言語活動を利用できること。
　さらに、学習者の視点からみた4つの基本的特徴を挙げている。
(1) 特定された分野に関連するか、そのために用意されること。

(2) General English（一般英語）とは違った教授法を教えること。
(3) 学習者は成人であること。
(4) 一般的に言って英語初級者ではなく、中級あるいは上級者をターゲットにすべきであること。

　本論文では、環境問題や人権問題を扱ううえで、国際学を専攻している学生に対するESP教育であるという学習者のニーズに十分基づいており、国際学並びに国際情勢を学ぶというジャンルにしっかりと合致している。また、ESPに於いて、学生に提供できる教材もオーセンティック[1]であり、関連分野の英語をしっかりと習得できるように工夫されたテキストを使用し、4技能[2]を平均して伸ばすことが出来るようにカリキュラムが組み立てられている。

　学習者の視点からみると、学生が授業で学ばなければいけないことを、特化して教える内容もしっかりと学科のニーズに合ったように構成されており、高度な内容を扱うため一般英語の教授法とは違い、人権問題、環境問題で扱う比較的難しい英文の要約をしてもらったり、自分の意見を書いてもらったり、またプレゼンテーション活動をすることにより、他の学生に自分の意見を発表することで、相手を説得して、理解してもらうことを目標としている。学習者の英語のレベルは、それぞれ英語力に合わせ、初級、中級、上級に分かれている。ここで問題となるのは、初級や中級の学生にとっては難しいのではないかという問題である。しかし、「21世紀のESP　新しいESP理論の構築と実践」という著書の中では、初級や中級レベルの学生に対してでも、内容をかみ砕いで詳しく教えることで、このレベルの学生に対してもESPは有効であるという報告がなされている。この様なことから、あらゆるレベルの学生に対して、ESPは有効であるという報告がなされている。

　提言4では、専門教員と英語教員との連携が重要であるとしているが、筆者が教えているESPは専門教員と日本人英語教員して外国人の英語教員という3本柱でESP教育を自薦していることである。それぞれ学科の専門教員は、人権問題、環境問題、異文化理解を専門とする専門家であり、学部の授業では、これらの専門分野を、学生が日々学び、考え、レポート等に纏

め、様々な意見を持っているのである。そして、我々、日本人英語教員は、学生の専門としている内容をバイリンガルで教え、人権問題、環境問題、異文化理解等の英文をしっかりと精読し、著者の意図を十分汲み取り、英語で理解し、インプトトアウトプットを繰り返し、知識の定着を図ることを大きな目標としている。また外国人教員は、すべて英語でディスカション、ディベート、更にはプレゼンテーションとプロジェクト活動をすることによりアウトプットの量を増やすことで効果的なインタラクション活動につなげ、学生の様々な意見を引き出すことに努めている。この様に、3本の柱でESP教育を行っているので大変高い効果を期待することが出来るし、実際に、効果があらわれている。

　提言5では、ICT[3]をフルに活用し、インターネットで学生自身が深く人権問題や、環境問題について調べて、互いの意見を電子メールやメーリングリスト等を使い配信し、お互いにコメントを交換するといったように、ICTをフルに活用し、いつでもどこでも関連分野に関して情報交換や意見交換をお互いにしあうことは大変意義のあることであると捉えている。また教員同士で、学生に関する情報交換やお互いの授業の進捗状況に関してメーリングリスト等を通して交換し、授業の効率を高めていくことが出来ると思う。ここでも各教員同士の連携が求められるので提言4でも述べたとおり、教員同士の密接な連携が大変重要となる。

4.1. ESPの重要な点

　筆者の教えているT大学の国際学科でESP科目を実践している。ESPの力点は以下の通りである。
（1）ESPの目標
　国際学科という広く国際問題に特化した分野を学ぶ学生達であり、それを教える大変優秀な教授陣を擁し、あらゆる国際問題に関して学問研究を実践している学部であり、学生に関しても非常に前向きな態度をもち、学問に真摯に取り組んでいる素晴らし学生がいることは言うまでもない。特にESPで扱う内容としては、人権問題、環境問題を多く扱うことを目的としている。つまり、目的から必要な事項を絞って学ぶESPの学習方法は、あらゆ

る英語学習のヒントになる。また自分の好きなこと、興味をもったことを学ぶために英語が必要となれば、内容理解を中心に、その内容に出てくる英語やその構文または、独特の言い回しなどの英語表現を楽しみながら学習できるのである。

(2) ESP の目的

　言語というものは本来、学習者がしっかりとした目的を持ち学習され、その目的に応じて使用されるものである。このESP の考え方は様々なインタラクションを可能にしてくれますので、言語活動を考える際に大変効果的な方法であるといえる。また、学習者の特定の目的に合った英語を教えようとするのが ESP であり、各ジャンルの英語活動に当てはまるものである。ESP の目標となるモデルを形成するのは各専門領域のディスコース・コミュニティである。ディスコース・コミュニティとは、特定の専門的な学問や職業に携わる人々の集団がジャンルを形成し、そのコミュニティーのメンバーは社会の要求に応えるべく日々研鑽を重ね、地域社会に根ざし貢献しなければならないという目的を持ち、常に自己の努力と、改善に努めなければならないという共通の目的を持ち社会の要求に応えていかなければならないのである。

(3) ESP の授業で使用する教材

　「ある程度英語の知識のある人は、まず目的、つまりどんなジャンルで英語を使うかをはっきりさせ、そこから逆算して、そのジャンルに特徴的な英語を身につければ、比較的短期間で実践に結びつけることができるのです」と野口（2010）が述べているように、もし発信型の英語教育を重視し、論文やレポートの執筆等までも視野に入れるのであれば、そのジャンルに沿った英語を用い4技能全てを均等に伸ばす必要がる。また、レポートや論文の書き方も指導しなければならないのである。その上に立ち、教材選びやインタラクション活動を考えなければならないのである。つまり国際問題の基本となるものをしっかりと見極め何が学生を引き付け、どの様な方法で専門分野の基本を身に付けさせ、かつ効果的に学習出来るかということを考えて教材選択をしなければならないと思うのである。

(4) ESP と専門分野

国際問題を学んでいる人たちのコミュニティーがあれば、そこで使われる専門用語や言い回しや言葉は、関連分野の人々にとっては容易に理解でき、そのコミュニティーに所属する人達は、Discourse Community（共通の目的を持った集団）に属し、そこで使われる英語の特徴を調べて学ぶことも、ESP の重要な要素となりうるのである。人権問題、環境問題を学び、お互いに意見を交換し合い、グループワークをすることで内容と言語が統合され効果的に学習が可能となる。つまり専門分野が高ければ高いほどコミュニティーの中の同じジャンルの人たちの中での英語の特徴を学びやすいということである。この概念は、CLIL（内容統合型言語学習）と呼ばれるものである。これに関しては、後ほど述べることとする。

4.2. ESP の授業形態

効率良く勉強する方法として、例えば、自然科学の世界に進むのであれば、「自然科学の研究者が日常的に使っている英語」に触れることが重要だ。そうすることで、特定のジャンルの実践、例えば、論文を書いたりプレゼンテーションを行ったりといったことが、短期間にできるようになる。野口(2010)によると、ESP では、目的から必要な事項を絞ってレッスンを進めていくので、学習時間の効率化・短縮化を可能にし、結果的に学習者の時間的負担（経済的負担）を軽減することで知られています。このように、ESP のアプローチは英語習得に役立つだけでなく、物事への取り組み方、研究の進め方を考えるうえでも、非常に参考になると、各分野で注目を集めていると述べている。一般に言って、学生の中には専門分野は好きだが専門分野の英語をより専門的に学ぶことに対して苦手意識を持っていることが多く、英語の授業も「いやいや取っている」状態ということもしばしばある。そういう学生はたいてい、英語の勉強とはやみくもに単語を覚えたり文法を勉強したりすることだと思っているので、この ESP の考え方に触れると、目からウロコが落ちた思いがするようです。英語習得に役立つだけでなく、物事への取り組み方、研究の進め方を考えるうえで、非常に参考になり、同時に「自立した学習者の育成」が求められる。ESP 教師は、自らが専門分野のエキスパートとなって専門知識を学習者に提供することを目指すのではなく、

「自立した学習者を育成すること」を最大の目標としなければならない。専門分野の英語は，社会の多様化とその変化の加速化に伴って，その姿がどんどん変化していっている。したがって，学習者自らが必要な知識を選択し，分析でき，変化に対応できるような能力を身につける必要がある。

4.3. ESPと一般英語との違い

　ESPは，英語教育に専門的なジャンルの英語を取り入れインタラクションを多く取り入れた活動であり、学習者の特定の目的に合った英語を教えようとするのがESPであるのに対し、EGP（English for General Purposes）とはいわゆる学校英語の事であり、文法や読解、そしてリスニングやスピーキングといった個々のスキルを伸ばす活動である。この両者の間の違いをDudley-Evans, T. & St. John, M. J（1998）は、以下の通り両者の関係を説明している。

Position 1　English for Beginners
Position 2　Intermediate to advanced EGP courses with a focus on particular skills
Position 3　EGAP/EGBP courses based on common-core language and skills not related to specific disciplines or professions
Position 4　Courses for broad disciplinary or professional are as for example, Legal English, Negotiation / Meeting Skills for Business People
Position 5　An 'academic support' course related to a particular academic course.

　上記した、Position 1 〜 Position 5でかなり丁寧にかつ詳細に、ESPと一般英語教育の違いをはっきりと説明している。

4.4. ESP教育のOCHAとPAIL

　先に述べたようにジャンル・テクストはaction, substance, formの三つの要素から構成されているsubstanceはかなり各ジャンルによって様々であり、それぞれの分野によって異なります。つまり専門が違うと全く違うアプ

ローチをしなければならないということである。また、専門分野で使用されている用語は複雑多岐にわたり、かなり難解なものもあることは事実である。その書き方、言い回し、並びに表現方法もかなり異なっているのである。例えば、国際問題を扱うというジャンルでは、記述法方法として、時事的な問題を扱うという社会情勢に即した記述方法を取っている。そこで、特定の分野での社会への働きかけ、いわゆる action を起こし、内容中心の substance を学習し、言語的特徴、つまり form を学ぶということになる。国際問題でも、人種問題や、環境問題について action を起こし、広く世の中社会で起こっている同様の問題にも注意を喚起し、その分野での英文を読み、内容 substance を理解し、その中で出てきた語彙や表現方法 form を学ぶといった一連の流れが出来る。これが ESP 教育であり、実際の社会に根ざし、社会のニーズにふさわしい内容を扱うということであり、Form を重視した教育である。上記した ESP の教育方法に関して、野口（2003）は OCHA と PAIL という用語を使って説明している。

OCHA と PAIL とは以下の通りである。
OCHA
Observe　　　　（観察する）
Class　　　　　（観察されたものを分類する）
Hypothesize　　（分類されたものから使い方に関する仮説を引き出す）
Apply　　　　　（仮説を利用して創造する）

PAIL
Purpose　　　　（このテクストの目的）
Audience　　　（想定する聞き手、読み手）
Information　　（伝えたい情報）
Language features（ジャンルに合う言語特徴）

　上記したように、OCHA では、観察することに重点を置いており、扱う内容つまり各ジャンルの英文を精読し、そのジャンルを細分化して、学習し、

内容理化すために必要な語彙や文法項目をジャンル別に分け、分類されたものから使い方を学び、それを応用し、実際のインタラクションにつなげることが出来るという、いわば読解と内容理解に重点を置いたインプット中心の理論である。一方、PAIL では、各ジャンルでの英文の目的は何かということを、はっきりさせた上で、想定する聞き手または読み手に目的をはっきりと理解させるために、自分の言葉で纏め、伝えたい情報を瞬時に読み取り、発信することで言語的特徴もさることながら、しっかりとそのジャンルの語彙や構文を使いプレゼンテーションやディスカッションにつなげることが出来る能力を指しているというアウトプット中心の理論である。この様に、インプットとアウトプットという両輪を平均して伸ばすことが ESP 教育で求められていることである。

5. CLIL の定義

　CLIL とは、Content and Language Integrated Learning（以下 CLIL と呼ぶ）の頭文字をとった略語であり、新しい英語教授法のことである。これは、内容と言語を統合して教科科目などの内容と言葉を統合した学習のことである。教科内容を題材にさまざまな言語活動を行うことで、英語の4技能の向上を目的とし、教科を語学教育の方法により学ぶことで効率的かつ深いレベルで修得し、また英語を学習手段として使うことで実践力を伸ばす教育法のことで、学習スキルを高めることができ、学習者の発信能力を高め、英語教育の質的向上をもたらすものと期待され、学習者自身の学ぶ意欲を引き出すことが出来る教授法のことである。（笹島 2010）これを簡単に表すと以下の通りとなる。

|内容| ＋ |ことば| ＝ |ことばによる内容の理解 α|

　さらに CLIL は、CEFRL（the Common European Framework of Reference for Languages ヨーロッパ言語参照枠）[4] の良い点を利用し、多言語社会（multilingual society）や複言語主義（plurilingualism）による EU 内での相互理解と互いの文化を尊重し合い、学習支援し、文化間コミュニケーショ

ン能力（Intercultural Communicative Competence）（ICC）を伸ばすことを目的とした言語教育のフレームワークを提示しているのである。つまり、CLIL 指導の根幹をなすものは、英語という外国語を使用し、各ジャンルの内容中心の教授法からそのジャンルに合った言葉を教え、言葉による内容理解の手助けとして、様々な知識を応用し学習者の理解をより一層促進させるものである。

また CLIL を利用して ELP（European Language Portfolio ヨーロッパ言語ポートフォリオ）[5] というポートフォリオ学習を推進しており、CLIL で学んだ学習項目を、学習者が自己管理して学習者自身の学習履歴などをポートフォリオに残して、今後の学習に役立てることも出来るのである。その意味において、今後益々グローバル化していく社会の中に対応した教授法と言えるのではないか。

5.1. CLIL の 3 つの目標

笹島（2010）は、CLIL の 3 つの目標を、内容、ことば、そして学習スキルの観点からとらえている。それによると、内容に関する目標がことばの学習の目標で支えられていると述べている。また学習スキルを身につけさせることで、内容とことばの学習目標の達成支えることが出来、この 3 つの目標を CLIL で学ぶことによって、外国語習得を容易にし、各ジャンルの内容もより深く理解できると述べており、CLIL 推進の目的は、下記の項目を達成できる状況を創出することであると述べている。

1. 学年段階に応じた適切な科目の学力到達度の設定
2. 学年段階に応じた適切なことばの 4 技能の習熟度設定
3. 学年段階に応じた適切な母語の能力の育成
4. 母語の能力と関連した文化間コミュニケーション能力の育成
5. 国際社会の変化に対応できる認知的社会的技能や習慣の育成

上記したように CLIL は多面的なアプローチが可能となるわけである。同じような教授法に、内容重視指導法（Content-based Instruction）やイマージョ

ン教育などがありますが、CLILは教育効果を引き出すための具体的な教育技法が体系化されており、この点が前者との違いとしてあげられ、ことばの学習と内容理解とのバランスを取ることが非常に大切なのである。

5.2. CLILの4つのC

池田（2011）は、内容について考察を深め、気づき、認識し、想像するCLIL教授法の重要性を4つのCで表している。それは以下のとおりである。
（1）Content:　　　内容を重視した活動である。
（2）Cognition:　　内容を学ぶ際に思考することが重要である。
（3）Communication: 言語、ここでは英語によるコミュニケーション活動を重視する。

さらに、池田は、Communicationに関して3種の言語学習を定義している。
　　　単元の言語：　　　　　　Language　of　learning
　　　学習のための言語：　　　Language　for　learning
　　　偶発的・繰り返しの言語：Language　through　learning
（4）Community（Culture）　協学、つまりグループで共同学習し、内容理解を深める。

CLILでは、内容重視の授業形態をとり、内容と思考そして言語が一体となり、それがコミュニティーを通じて、発信されるのである。それにより、新しい専門分野の知識が、認知され、分析されて、実際のクラスでのコミュニケーション活動に活用されるのである。

また、笹島（2010）は、思考の過程を認知、という言葉を使い説明している。笹島は4つのCを以下のように説明している。

4つのC（笹島は、これを4つの公理と呼んでいる。）
（1）Content　内容
　　　・内容が教室内外のコミュニティーと密接に関連する。
　　　・様々な内容が統合され、文化的な内容はすべての科目に統合される。
（2）Cognition　認知
　　　・内容、言葉、学習スキルの成果は生徒との協力で明確になる。
　　　・生徒は、授業で学んだ知識や技能を総合し、評価し、利用する。

(3) Communication　コミュニケーション
　　・生徒は授業での活動でコミュニケーションに積極的に参加する
　　・コミュニケーションはすべての科目で発達する。
(4) Community（Culture）　文化、コミュニティー
　　・生徒は、学習コミュニティーの一員として充実感を感じる。
　　・生徒は、学習コミュニティーの中で活動する自信と技能を持って、自分の関心を他の生徒とバランスよく共有する。

5.3.　CLIL の 10 大原理
　池田（2011）によると、CLIL の 10 大原理を次のように述べている。池田氏は、内容学習と語学学習の比重は 1：1 の関係であり、どちらか一方に偏ることなく均等に授業で扱うことを強調している。また、オーセンティックな教材を使い様々なメディア等の教材を駆使することにより、文字のみならず視覚に訴えることにより知識の定着を図り、思考力を鍛え、理解し、それを応用し、また分析することが重要であり、時には自己評価をし、物事を創造的に考える力を養うことに主眼を置いている。更にペアワークやグループワークを通して協同学習をして内容と言語力を伸ばし教員は学習の手助けをし、異文化理解や国際問題の要素を取り入れ、リーディング活動に偏ることなく 4 技能をバランス良く伸ばすことを目的とし、同時に学習スキルの向上を目指している。以下の 1 から 10 の項目を極めて明快に指摘している。

1　内容学習と語学学習の比重は 1：1 である。
2　オーセンティック素材（新聞、雑誌、ウエブサイトなど）の使用を奨励する。
3　文字だけでなく、音声、数字、視覚（図版や映像）による情報を与える。
4　様々なレベルの思考力（暗記、理解、応用、分析、評価、創造）を活用する。
5　タスクを多く与える。
6　協同学習（ペアワークやグループ活動）を重視する。
7　内容と言語の両面での足場（学習の手助け）を用意する。

8 異文化理解や国際問題の要素を入れる。
9 4技能をバランスよく統合して使う。
10 学習スキルの指導を行う。

5.5.4. CLIL のタイプ分類

	Soft CLIL	Hard CLIL
目的	英語教育	科目教育
	Partial CLIL	Total CLIL
比重	授業の一部	授業の全部
	Bilingual CLIL	Monolingual CLIL
使用言語	日本語、英語	英語
	Light CLIL	Heavy CLIL
頻度	単発的、小回数	定期的、多数回

　本稿では、中級レベルの CLIL に関しての論文なので、Soft CLIL が一番望ましい方法であると考える。つまり、国際問題に関しての英文を扱い、4技能を平均して伸ばすことを大きな目標としているので、その目的は、やはり英語教育の中で国際問題に関する事柄を扱いながら、同時に内容を重視し、理解しながら、ジャンルの英語表現や語彙の習得を目指すものとする。また使用言語としては、英語と日本語をうまく併用し、難解な国際問題を扱う際には、日本語でしっかりと内容に関するインプット活動を行うことが一番重要である。その上で、文字のみならず、映像等を使い理解力をより一層高めることを目的とし、協同学習を通して、様々なスキルの習得を目指していかなければならないのである。

5.5. CLIL 教材の作成
　教材作成の流れは以下の通りである。
　Input 内容提示（理解タスク）→ Processing 内容処理（思考タスク）→ Output 内容産出（産出タスク）

ESPとCLILについての考察

Communication	Cognition	Community
単元の言語	暗記 - 分析	ソロ学習
学習の言語	理解 - 評価	ペア学習
偶発的言語	応用 - 創造	グループ学習

　教員側が、国際問題に関しての、タスクを用意し、それを、学生が内容を処理して、思考につなげ、その内容を表現するといったものである。特に、ペア学習は、お互いに理解しているかどうかを見極めることが出来るという意味では、大変重要な活動であり、次のグループ活動の前段階となる活動である。つまりペアワークで理解しているかどうかに関して、お互いの意見を述べて、それをグループワークでより一層様々な意見を交換し、新たな情報を得ることで、理解が深まるのである。この様に、最初は、各ジャンルの語彙や表現を習得することに留まるが、徐々に、内容理解と学習者の理解が正しいかどうかを評価し、それを応用し、インアラクションにつなげ、応用し、様々な意見を聞くことで創造的に学習者の意見を発展させることが出来るのである。この活動を、タスクに分けたものが以下のものである。

タスクの種類

列挙	アイディア、事実、知識
仕分け	分類、順序、ランク付け
比較	類似点、相違点
問題解決	分析、評価、意思決定
共有	経験、逸話、意見
プロジェクト	調べ学習、調査、報告書、発表

Willis, D. & Willis, J. (2007)

5.6. CLIL授業によるタスクの産出とESP

タスクの産出表

	LOTS 低次思考スキル	HOTS 高次思考スキル
学習法	暗記　理解　応用	分析　評価　創造
インタラクション	ソロ、ペア、グループ、クラス、プレゼンテーション	

* LOTS = Lower Order Thinking Skills, HOTS = Higher Order Thinking Skills

　まず教材に関しては、下記の扱う内容に関して、十分にインプットを与えられるように、テキストの中で練習問題や、巻末に資料を載せることにより、バイリンガルで学習できるように工夫されているし、内容もすべてオーセンティックな教材を使い、学生が内容を理解するうえで多大な助けとなっている。また、文字だけに頼らず、ビデオ教材や DVD 教材を使用し、視覚から実際の国際問題という内容について入ることで、学生の理解力が一層増すのである。この様に、豊かな言語材料と内容を統合することにより、言語学習と学習内容とを統合させ内容の充実を図っている。

　初級、中級レベルでは、LOTS の提示思考スキルが一番望ましいタスクを算出できるのである。学生によっては、英語が不得手な学生もいるので、主に、基礎英語力を高める指導が絶対不可欠である。環境問題や人権問題を扱う際に、基本となるキーワードを中心とし、しっかりと基本語を教える。授業で扱うキーワードの一部に関しては次のキーワードのところで述べることとし、上級レベルの望ましいタスクの産出についても触れることとする。

5.7. ESP と CLIL 学習によるキーワード及び役に立つ表現の習得：授業での取り組み

　初級中級レベルではキーワードを中心とし、インタラクション活動をすることを中心とするが、上級レベルでは、学生自身がインターネット等で情報を調べ、環境問題や人権問題について、独自の分析をし、自分の意見をまとめ、評価し、創造的に発信していくことが大変望ましいものではないかと思う。また、内容と言語の両面において、学習を助ける足場（scaffolding）をしっかりと組み　LOTS 低次思考スキルと　HOTS 高次思考スキルをうまく組み合わせることにより、ペアワークやグループワークにより、学生同士の

インタラクションを通して、お互いに助け合いながら学習することが非常に大切である。そして、最後に学習して学んだことを各グループのスポークスパーソンにより発表してもらう。さらに、授業以外でも自立した学習者を育てるという意味で、学生各自が更なるステップとして関連分野について調べ学習するということが望ましい。キーワード及び役に立つ表現の一部抜粋は巻末の付録１に付しておいたので参考にして頂きたい。

　さらに、言語材料と内容を統合し、フォーカス・オン・フォームを重視して、学生を英語の役に立つ表現や語句の習得に目を向けさせることが重要である。ESP 教育と CLIL 教育の統合により、内容と結び付けて英語を習得することが可能となるのである。内容を理解し、考え発信する力が養われアウトプットにつなげることが出来るのである。

　また教員は、学生のファシリテーター（Facilitator）としての役割を果たし、学生のインタラクション活動の補助をすることにより、適宜、学生から意見を吸い上げ、間違った表現等をした際に発話の訂正や補足を行うことが出来るのである。ディスカッションやプレゼンテーションを行う際に、英語と日本語をバランスよく授業中に使い、学生の質問に答えるという手法をとった。すべて英語で行う上級レベルとは違い、学生の情緒フィルター[6]を取り除き、ある程度リラックスした雰囲気を出すように心がけることで、普段は質問しないような学生も、気軽に質問するようになり、学生と教員の非常に良い関係を築くことが出来たのである。そうすることで、ESP の本来の目的である専門分野の英語表現を習得することが可能となり、発信型の英語表現の習得とその内容の深い理解が出来るようになるのである。以下に授業例を示すこととする。

ESP と CLIL を使った授業の一例

　本日の授業のタイトル：Micro-credit
　０〜５分　出席を取る。本日のアカデミックな授業内容の説明。英語と日本語
　　　　　Today's story is about Muhammad Yunus and Grameen Bank. Small change makes big difference. And cheap loans improves lives of

Bangladesh women. Dr. Yunus says initiative is a model for tackling poverty.

英語と日本語により本日学ぶ内容を簡単に説明することで、学生に学習内容の概略に触れ、知見を深めてもらうことを目的としている。その後で、学生に内容理解のために教員が言ったことを要約してもらう。

5〜20分　読解、文法、語彙レッスン

Muhammad Yunus

I became involved in poverty issue not as a policymaker. / I found it difficult to / face to face / I named it Grameen Bank. / According to / on the condition that / in the face of / collateral-free / self-reliant / devote onself to 〜ing entrepreneur / poverty-stricken/ credit-worthy / below the poverty line malnutrition

YunusのBrameen Bankについての英文を読み、内容理解を中心に文法、語彙を学びながら理解を深めていく言語活動を行う。

20〜40分　英語によるQ＆A

内容についての質問とバングラデシュの基本情報について質問する。

Where is Bangladesh located?

What is the population of Bangladesh?

Who is Dr. Yunus?

What is Grameen Bank all about?

Why did he lend tiny amount of money to the needest people?

今まで読み進めてきた内容に関してのQ&Aを行うことで、専門分野つまりジャンルの英語を駆使して質問に答えることで、実際に使用されている語彙を習得させることに重点を置いたインタラクションをすることが出来る。

40〜70分　各グループに分かれディスカッションをすることで、協同学習をする。出来るだけ英語を使用するように指導し、学生の質問に答える。各グループの代表者が英語で話し合った内容について発表させ、協学

し合う。

    What do you think about Micro-crdit?
    Do you agree with his course of action?
    What makes you think so?
    What does it mean to be an entrepreneur?

グループに分かれて Grameen Bank につてのディスカッションをしてもらい、意見交換をする。この際、英語表現でわからないことがあれば、適宜正しい Form を教えていくものとし、教員は Facilitator の役割に徹する。また一頻り意見交換が終われば、各グループのスポークスパーソンにより、前に出て討議した内容に関して英語で意見を述べてもらうこととする。この際も、教員は、Facilitator になり間違った表現や言い回し等を適宜修正して円滑に進めるようにする。

70〜90分　本日学んだ学習内容について理解を深めるために習った語句を使い、纏めを英語で書いてもらう。振り返りと自律した学習者を育てるため次回の授業までの課題の説明

    According to Dr.Yunus, his two tenets are credit is based on a fundamental human right and poverty will be seen only in a museum. I found it important to lend small amount of money to help the needest people. He devoted himself to his life for the poor.

本日学んだ、内容に関して英文で纏めてもらう、その際に、専門用語を出来るだけ多く使用し書いてもらうことにより、内容と語彙、更には独特の英語表現を再度確認しながら書くことにより、内容言語をしっかりと定着させることが出来る。

そして、学生が書いたものを教員がポートフォリオとして記録し、残しておき、本日の授業の振り返りに役立て、次回の授業の発展につなげることが出来る。

    Homework
    Please summarize his ideas on how effective he lent a few dollars to the poor　until next time.

次回の宿題として、自立した学習者を育てることが大きな目標でもあるため、ICT を活用して、関連事項の英文を読み、語句や内容をまとめることを宿題とする。そうすることで、自ら調査し、内容を深めより発展的な学習が可能となるのである。

6. 結語

　ESP と CLIL の関連性においては最近非常に注目されてきているメソッドである。各ジャンルを基本とした ESP 教育に CLIL という内容重視の英語教育を統合することで、英語習得はもちろんのことアカデミックな内容も同時に習得することでより一層の知識の定着を促すことが出るのである。授業の中では、ESP 教材を使用し、CLIL で内容理解とインタラクションにつなげる活動が可能となり、4 技能バランスのとれたコミュニケーション能力を育成することが出来、かつ自立した学習者を育成しサポートすることで学習者自身が自ら、調査して各ジャンルについて自分の考えを持ち、授業で発表することで発信型の学習が可能となるのである。この様に、大学に授業で、ESP と CLIL をうまく活用しながら実践し、応用することで受信と発信そしてアカデミックなジャンルの専門的な英語の習得を目指すことが出来るのである。その意味において、日々より一層国際化が進む中で、ESP と CLIL は次代を担う若者の育成に大きく貢献できることは言うまでもない。

注

1) オーセンティックとは英語圏で使用されている教材であり、生きた教材の事である。勿論あらゆるメディアもこの範疇に入り、一般的にオーセンティックマテリアルと呼ばれている。
2) 4 技能とは言語学習に共通する Reading, Writing, Speaking, Listening のことである
3) ICT とは、Information and Communication Technology のことであり、インターネット等を活用し、様々な分野に関しての情報を閲覧するツールのことである。
4) ヨーロッパ言語参照枠とは、1996 年に初めて発行され、1998 年に改訂されている。また 2001 年には英語とフランス語訳が出版されている。
5) ヨーロッパ言語ポートフォリオとは、実際に第二言語を学ぶ学習者の学習と学習

者の言語能力に応じた言語学習に関して記録を残しておくものである。
6) 情緒フィルターとは、学習者が言語を学ぶ時に、安心して言語学習できるように学習者の不安というフィルターを取り除いてやり安心して言語学習に取り組むことが出来るようにすることである。

参考文献
池田真（2011）「CLILと英文法指導：内容学習と言語学習の統合」『英語教育10月号』
寺内　一、山内　ひさ子、野口　ジュディー、笹島　茂（2010「21世紀のESP　新しいESP理論の構築と実践」『英語教育学体系　第4巻』大修館書店
深山　晶子（編）・野口　ジュディー（総監修）・寺内　一・笹島　茂・神崎　陽子（監）（2000）『ESP理論の実践』三修社
渡部良典、池田真、和泉伸一（2011）『CLIL（内容言語統合型学習）：上智大学外国語教育の新たな挑戦』、上智大学出版
Dudley-Evans, T. & St. John, M. J（1998）*Developments in English for specific purposes A multi-disciplinary approach.* Cambridge: CUP
Willis, D. & Willis, J. 2007. *Doing Task-based Teaching.* Oxford: Oxford UP.
Willis, J. 1996. A *Framework for Task-based Learning.* Harlow: Longman

付録1

Useful expressions

Micro-credit
The bottom line is / derive from / In making / It is a case of / remains mired in poverty / Fertility rates have halved / It is the system not your conscience that needs reforming. / candle-lit villages / tackle malnutrition in the country

Muhammad Yunus
I became involved in poverty issue not as a policymaker. / I found it difficult to / face to face / I named it Grameen Bank. / According to / on the condition that / in the face of / collateral-free / self-reliant / devote onself to 〜

Key to the world: Kiribati
The nation is Kiribati, 33islands in the middle of the Pacific, halfway between Australia and Hawaii. / The livable land could fit inside New York City limits. / He is the man in charge of a vanishing nation. / Our very existence as a nation is at stake. / rely on / take no chances / She takes comfort in the biblical story of Noah. / We are very conscious of the fact that 〜

Back in action   Al Gore
We have quadrupled the human population. / As a result / in the United States and elsewhere in the world as well / if I may / each passing year / speak directly to / quite significant / spend my time ∼ ing

UNHCR
We are heartened by the creation of a resettlement program. / while / It defines who constitutes refugees. / The second-largest donor launched a pilot third country resettlement program. / In terms of resettlement / a growing gap between resettlement needs and available places / take part in / have no particular view on /

Martin Luther King Jr.
Five score years ago / the manacles of segregation / default on / insofa as her citizens of color are concerned / have rude awakening / blow off steam / a great beacon light of hope / It came as ∼ / in the midst of a vast ocean of material prosperity / It is obvious that ∼ / Instead of / This is no time to ∼ /

Rosa Parks Interview
Legally enforced racial segregation / emancipation / instill / legal redress / file an appeal / pay fine / changes for the better / take ∼ opportunity to / she made up her mind ∼ / You are under arrest. /

Heroes who fought against apartheid
The ban on interracial marriage / quote unquote / dedicate oneself to / if needs be / rise to power / unwarranted police brutality / fight quietly from his own corner / nonviolent measures / be tortured / in practice / economic sanction

Keywords

Micro-credit	entrepreneur / poverty-stricken/ credit-worthy / below the poverty line malnutrition
Muhammad Yunus	famine / guarantor / collateral- free self-reliant / donor / outstanding
Key to the world: Kiribati	imminent / speck / doom / stunned scramble
Back in action Al Gore	climate crisis / quadruple / impact on alarm / confront / negotiation / paralysis incredible / fever

356

UNHCR	Refugee resettlement program / commemorates / ratification / constitute / persecution / donor / junta / asylum
Martin Luther King Jr.	symbolic / shadow / the Emancipation Proclamation / a great beacon light of hope / captivity / cripple / manacle segregation / default
Rosa Parks Interview	legally- impaired / prominent / file an appeal / unanimously / react favorably accomplish
Heroes who fought against apartheid	racial segregation / ban / interracial marriage / imprisonment / economic sanction / then-president / uprising atrocities

(東海大学湘南校舎准教授)

わが子へのケアから他者へのケアへ
―重症心身障害者の母親における他者との関係性に基づいた世代性の類型化―

成 田 小 百 合

1. 問題と目的

　障害者を持つ母親の中には、子育て経験を生かして、自らの子どもへのケアにとどまることなく、親の会等の自助グループを形成し、他の障害を持つ子どもの家族支援する方が多くいる。また、福祉行政や関係機関に働きかけて、障害者支援に関する新しい試みが為されるように行動する方々も珍しくない。障害者の母親は、健常児の子育てに際して抱える悩みや不安だけではなく、わが子の障害を受容しつつ、わが子の発達に応じた療育や日常生活のあり方、親亡き後の子どもの将来の問題を抱えている（小林,2008）。このように多大な問題を抱えながらも、子どもの発達に即しながら数々の問題に寄り添い、母親も人間的成長をしていくことが考えられる。前盛（2009）は障害児のケアを通した母親の人格発達について、生きることの意味の深化や、危機対応力や新たな行動の獲得等ポジティブな側面を見出している。

　障害者を持つ母親の生き方の中で、障害者のわが子をケアすることが他者をケアすることとどのように関連していくのであろうか。本研究は、重症心身障害者を持つ母親の世代性について、他者との関係性を踏まえて、その特徴を明らかにするものである。エリクソン（Erikson, 1982）は、精神分析的個体発達分化の図式の第Ⅶ段階の成人期の心理社会的発達課題を世代性（generativity）とした。これは「子孫を生み出すこと、生産性、創造性を包含するものであり、自分自身の更なる同一性の開発に関わる一種の自己－生殖も含めて、新しい存在や新しい製作物や新しい観念を生みだすことを表わす（Erikson, 1982）」ものであり、「次の世代の確立と指導に関する興味・関心」と定義されている。そして、この世代性が達成された時に獲得される人

格的活力をエリクソンはケア（care）とした。このケアについてもエリクソンは「これまで大切に（care for）してきた人や物や観念の面倒をみる（take care of）ことへの、より広範な関与」と述べている。他方、ケアを通じた人格発達についてスコーエ（Skoe, 1998）は、自己への関心から始まり、他者への関心を経て、自己と他者への両方に関心をもつレベルに達するとしている。

　岡本（1997）は、成人期のアイデンティティ発達には、「個としてのアイデンティティ」と「関係性にもとづくアイデンティティ」の2つの軸があり、両者が等しい重みづけで発達するとしている。特に、女性の生涯発達に関して、「関係性の維持」という視点からの検討の重要性を指摘（岡本, 2002）した。つまり、他者の自己実現を援助することが自分自身のアイデンティティ発達につながるという関係性によるアイデンティティの発達が女性の発達において重要であるという指摘である。

　これまでの重症心身障害者の親に関する研究は、障害の受容という母親の心理的問題に関する研究が主流であった（前盛, 2009）。例えば、重症心身障害者の親の障害受容は我が子の受容だけでなく、親自身の人生の受容も要因である（佐鹿, 2006）という。しかし、障害児を育てることが母親の人間的成長（牛尾, 1998）に関連するという見解も多く、重症心身障害児・者の母親は、障害児をもつことを自己に主体的なものとして位置づけている（前盛, 2009）という見解もある。また、山根（2012）は、障害のある子どもを肯定的に母親自身の人生に意味づけられるかどうかについて、障害を含めた子どもに対して社会的意義や価値を見いだせるかが関連していると指摘した。

　このような社会的意義や価値は、母親はわが子のケアだけではなく、世代や社会を意識した他者との関係性を持つことによって、見出され深められるものではないだろうか。それゆえに、障害者の母親にとっての自らの人生の発達課題である世代性つまり、障害者の母親の「次の世代の確立と指導に関する興味・関心」を明らかにしていくことは肝要であると考えた。

　本研究の目的は、重症心身障害者の母親が、我が子の子育てから次世代に向けられていく母親の世代性の発達について、類型化を試みるものである。

特に、世代性の中でも他者との関係性に着目した。

2. 方法

〔調査時期と調査協力者〕

　本研究の調査協力者は、20代の重症心身障害者の子どもを持つ母親（平均年齢52歳）5名である。20XX年5月〜6月にかけて、調査を実施した。調査者が紹介された協力者5名は全員、福祉関連施設に勤務経験がある。研究の背景と趣旨、さらに倫理的配慮を説明し、十分に理解し同意を得られ後、研究協力承諾書に署名を依頼した。調査協力者の一部は、子どもが高等養護学校に在籍時に同じ母親の会の活動をしていたことで偏りはあるが、調査者と面識はなく本調査に協力的であった。

〔面接方法と質問事項〕

　母親の自宅もしくは母親の勤務先の第三者の出入りのない個室において半構造化面接を行った。「障害者のお子さまを子育てされていく過程でのお母様自身の生き方や考え方について、子どもの成長過程を振り返りお話してください」と教示した。協力者からの自由な語りの後、調査内容について質問を行った。調査内容は、子どもに障害があることを知った経緯と発達の経過、その経過を通して何に取り組んできたのか、子育ての中でどの人との関わりが重要であったか、現在の子どもの状況と現在の生き方や取りくみ、についてである。面接の最後に、「今後、あなたはどのように生きていきたいと考えているか」について質問した。質問内容はあらかじめ面接ガイドを作成して準備した。調査協力者の自由な語りの流れを重視して、半構造化面接を実施した。面接時間は58分〜2時間（平均1時間38分）であった。面接内容はICレコーダーに録音し逐語記録を作成したが、録音について調査協力者の了解を得ている。

分析方法

　本研究は、障害者の母親の世代性における関係性について着目している。そのため、母親の語りから、子どもの障害が判明してから現在にいたるまで

の経過と母親の生き方について他者とどのように関わってきたのかの部分を、分析の対象にした。他者との関係性からみた障害者の母親における世代性の発達の類型化を行うために、山根（2012）が行った質的コード化（Coffe & Atkinson, 1996）の手法を使用した。これは、あらかじめ設定された枠組みではなく、データそのものから分析カテゴリを生成するものである。障害者である子育てを通して他者との関係性がどのように位置づけられ、母親の世代性という課題にどのように寄与しているかについての語りの内容及び特徴に沿ってデータを区分し、そこに適宜ラベルを与えコード化した。そして、それらのラベルについて繰り返しデータ間の比較を行い、各々の語りの類似性と差異から、個々のラベルを整理した。そして統合するラベルを生成していった。

　この過程を通して、障害者の母親における他者との関係性からみた世代性について　①わが子の療育を求めようとする「他者への希求」、②障がいの子どもを持つ母親達と関わる、共に支えあう「仲間としての他者」③わが子の療育だけではなく、他の家族や地域をケアする「他者へのケア」　④自らの家族への思いや葛藤を含めた「家族関係」、の4つの分類カテゴリを見出せた。この分析カテゴリを用いて、それぞれの調査協力者ごとに語りを分析し、障害者を持つ母親の他者との関係性から見た世代性について類型化を試みた。本研究での他者とは、家族以外の者を表わすものとする。

3. 結果と考察
1. 他者との関係性から見た世代性の類型化

　障害を持つ子どもの母親の世代性の類型化を行った結果、2つの世代性に関する類型が得られた。各類型の特徴から「積極・肯定型」「模索・受容型」と名付けられた。Table 1に、世代性の類型別に各調査協力者の概要を示す。Table 2とTable 3は、母親の世代性の類型と、各類型に分類された母親の語りを示したものである。語りの内容は、内容が損なわれず個人が特定できないように表現を変えている。

Table 1　世代性の類型と調査協力者概要

類型	調査協力者	母年令	子年令	障害要因	子の居住
積極・肯定型	C	40代後半	22歳	出産時	在宅
	E	50代前半	25歳	出産時	在宅
模索・受容型	A	40代後半	25歳	高熱	在宅
	B	50代前半	20歳	低体重	施設
	D	50代前半	26歳	出産時	在宅

「積極・肯定型」と分類された母親は、子どもの障害に対して自ら療育希求、専門家サポート、情報希求のいずれにも積極的姿勢が見られた。子どもの学童期以降も問題と感じたことは、積極的に学校へ働きかけ、教育や療育環境に関する学校への葛藤も有していた。さらに、子どもが障害を持つことについて、障害に直面した当時の心理的危機や混乱期を振り返りながら、現在の自らの立ち位置を比較していた。また、「仲間としての他者」では、療育の中で出会った人を恵まれた出会いとして肯定的に位置づけ、支えられた特別な存在という認識があった。さらに「他者へのケア」では、逡巡しながらもわが子の支援場所について、わが子だけではなく他の子どもを意識しながら自分たちで納得するものを作ろうとする、言わば積極的に社会に向き合うものであった。他者を励ましたり、共感したりし、自分の子どもから、自分たちの子どもたちという広い視野と将来の見通しを持っていた。また、「家族関係」では、他の兄弟への配慮や、家族に支えられた感謝の気持ちが強く、障害のある子どもの子育てを、肯定的な意味合いに捉えていた。他方、積極的に行ってきた活動の多忙さから、配偶者との関係が育めていない感覚も有していた。この類型の母親は、子どもの障害そのものや障害をめぐり出会った人々を肯定的な意味合いで受け止め社会に向かって開かれており、総じて他者との関係性に対して積極的であり、ポジティブな関わりを求める傾向であった。外部に働きかけることから、環境の中での葛藤や逡巡もあるが、子どもの問題を自らの問題として引き受け、わが子だけの問題としてではなく、広い意味での同世代・次世代への視点を有する型といえる。

Table 2 他者との関係性からみた母親の世代性の類型・分類基準・語りの内容例（積極・肯定型）

類型	分類基準	カテゴリー	語りの内容の例
積極・肯定型 (C, E)	他者への希求	療育希求 CE	私の方がリハビリ必要な子ですかって聞いた C
		専門機関のサポート E	葉書を出したら、すぐに保健師がきてくれた E
		情報希求 E	新聞をつくるため、また自分が情報を得るため学んでいく E
		学校への働きかけ CE	給食が常食で出てたんですよ‥そこから私のバトルが始まった E
		学校への葛藤 E	学童期は‥人もお金もかけられる時期なのに…残念ながらかけられているお金に見合ったものを受け入れられていない E
		混乱期の振り返り CE	その時は、悲しんでいる私を見て10人中10人は何でも力になるからとか‥そんなこと言ったってあなたには私の苦しみや痛みはわからないでしょ‥と心の中で叫んでいた E
	仲間としての他者	恵まれた出会い CE	療育のシステムの中でのお母さんたちとか、‥今振り返るといろんな人に出会えたんですけど、出会った人すべてが私には恵まれていたと思うんです E
		支えられた CE	決して大げさな言葉ではなくて‥すごく支えられたと思いますね E
		アドバイス E	お母さんの声が大事と‥金太郎飴のように言われ続けた E
		積極的に活動 CE	施設でも保護者の会があってそこに行く回数は多かったりして‥保護者会長もして C
		特別な存在 E	特殊であって、いつもこうベタベタしているわけでなく‥なんかそれぞれ自立しているというか‥だけど何かの時にはやるみたいな E
	他者へのケア	逡巡 E	自分たちで立ち上げるなんて、とんでもない、できないって…できるならだれかがやってくれたらとか E
		納得するもの E	やっぱり自分たちで自分たちの納得するものをつくらなきゃダメだって思ったんですね E
		励まし CE	‥命つなげられてきたし、元気でいいんじゃないって、自分をほめた方がいいよってよく言います C
		共感 CE	子どもを育ててもらってそこに委ねていることとで、預けているサイドの人の気持ちがわかるんです C
		広い視野 CE	自分の子どもをなんとかしたいところから、自分たちの子どもたちという視点に変わって E
		将来の見通し CE	私がまだこれからやらなきゃならないことがあるような気がして‥E
	家族関係	他の兄弟への配慮 CE	あなた達はこの環境を選んで生まれてきているってことをきちんと受け入れ‥て E
		支えられた CE	私を支えてくれているのは実は娘なんです
		障害の子どもの意味づけ	私自身が成長するためには彼が必要だったてことだと思います E
		配偶者との育み CE	活動していると夫との関係がうまく育めない‥何か特別あるわけではないけど E

Table3 他者との関係性からみた母親の世代性の類型・分類基準・語りの内容例
（模索・受容型）

類型	分類基準	カテゴリ	語りの内容の例
模索・受容型（A.B.D）	他者への希求	療育希求 ABD	この子に最高のものを尽くしてあげたいと思ってB
		わからなさへの不安 AD	この状況でどうなっていくんだろう‥わからなくてA
		情報希求 ABD	困ったことがあればと声をかけてくれた先生がいて‥その先生に頼りたいっていうか藁をもすがる思いで‥A
		状況を受容 A	何が何だかわからないけど、ひたすら状況を受け入れていく日々なだけでしたA
		学校への働きかけ AB	モンスターペアレントと言われる状況ではあったかもしれないんですけどA
		学校への葛藤 A	できないからやれないんじゃなくて、できなくてもやってみましょうっていわれたら、どんなにA
	仲間としての他者	励まされる AD	自分も落ち込んでいたし‥知り合いに勧められて、活動を通して前向きになれてD
		助け合う ABD	友だちが大きかったですね‥まだおんぶもできなかったし‥おんぶできるようになってお互い行けるようにD
		アドバイス ABD	療育するのにアップアップになる時期があって‥お母さんたちなど周りから‥共倒れになるから預けた方がいいのではB
		活動への両価値 A	お母さんたちの活動は面白いし、外に出ていく機会も多くなり、家庭がおさなりじゃないんですけどA
	他者へのケア	できることをする ABD	子どもを預かっていただいているから‥空いた時間に地域の皆さんに自分の力を活かしたいB
		社会参加 A	自分も社会参加したいっていう気持ちがずっとあって‥Sおれがつなげていけたのかな A
		共感 AD	働いている老人施設でも‥うちでは面倒みられないっていうところで、‥なんか‥違うかもしれないですけど、家族の思いっていうのは‥大変さっていうのは、何か自分なりに何か‥D
	家族関係	障害の子どもの意味づけ	子どもを育てて大変なこともあるけど‥そこからもらった財産も大きくてB
		家族への感謝 ABD	本当に家族に支えられていたんですね。それがあったからいられたA
		障害の子どもへの思い B	施設にお世話にならざるをえなかった贖罪というのがどうしてもあって…B

「積極・肯定型」の事例Eさんは、障害を持つ子どもが誕生した直後、大きな心理的危機に直面した。療育機関や近所の母親たちからの自然な援助を通して子どもの障害に向き合いはじめていた。しかし、転居先では、納得できる療育環境がなく、専門家や専門機関に学校に情報を求め働きかけるようになる。さらに、母親の会の中心的なメンバーになり施設設立の活動に大きな役割を果たした。「これまで出会った人すべてに恵まれた」「わたしが成長するためには彼（障害者の子ども）が必要だったと思います」と振り返る。「わたしの子どもからわたしたちの子どもたちへ」という意識がある。

「模索・受容型」に分類された母親も、療育希求や情報希求は最初から高く、学校への葛藤や働きかけも「積極・肯定型」の母親と同様にあった。しかし、子どもの障害や療育に関する「わからなさ」から来る不安が高く、状況をそのまま受け入れる傾向であった。「仲間としての他者」から励まされたり、アドバイスを受けたりして、母親たちの活動にも参加している。しかし、家庭と活動の両立に対して葛藤を持つ。「他者へのケア」では、他者に共感的で、他者に対して、今できることの社会参加をしたいと考えている。「家族関係」では、家族への感謝も大きく、障害のある子どもの存在を肯定的な意味合いで位置づけ捉えている。「模索・受容型」に分類された母親は、障害や療育に関する知識を模索しつつ、他者からの援助を受け入れ、それぞれの家族の支えに感謝し、家族との関係性を考慮しながら、自らができる範囲の社会参加を試みる傾向といえる。

「模索・受容型」の事例Aさんは、高熱による脳炎から障害となったわが子への関わりについて、最初は「全く無知でわからない」不安が高く、専門機関や福祉施設等で情報を求めつつ夢中で子育てをしてきた方である。母親の会の活動が多忙な時、「障害児の子どもを抱えての活動、家族があっての活動」捉え直す場面もあった。家族に支えられたことを感謝し、わが子を療育してきた子育て経験を生かした対人援助を行っている。

4. 総合考察

本研究では、重症心身障害者をもつ母親の、他者との関係性からみた世代性について、その特徴を明らかにするために類型化を試みた。その結果、

「積極・肯定型」「模索・受容型」の2つの類型が見いだせた。女性の生涯発達における世代性の課題は他者との関係性の維持を重視するとされてきた（岡本，2002）が、本研究ではその他者との関係性による発達という知見をいれることによって、障害を持つ子どもを育ててきた母親の世代性の内実が見えてきたといえる。ここでは「仲間しての他者」と「他者へのケア」という観点から考察する。

　障害を持つ子どもの子育ては、絶えず医療や療育、福祉といった社会にある様々情報を求めて、より子どもが成長・発達し過ごしやすい環境を見出したり働きかけたりすることでもある。「積極・肯定型」も「模索・受容型」も、子どもの障害を通して出会った他者を、子育てをしていく上での仲間として肯定的に認識している。いずれの型の語りにも、「仲間としての他者」に、専門機関の専門職や近隣に住む健常児の母も含まれているが、障害のある子どもを持った母親たちを指している語りが大部分であった。このように、本研究の母親が、子育てを通じて出会った他者を仲間として肯定的に捉えていることは、子どもの障害の意味づけに関する母親研究（山根，2012）で指摘された子育てにおける有益性発見（Gillies & Neimeyer, 2006）と通じるものである。特に、「積極・肯定型」の母親は、「仲間としての他者」からわが子の子育てやケアに関して支えらえたことを強く認識し、お互いに自立しながらも特別な存在として位置付けている。「模索・受容型」の母親も、「仲間としての他者」から励まされ、支えられたことへの有難さの気持ちは「積極・肯定型」の母親と同様であるが、「積極・肯定型」の母親の「仲間としての他者」の関係性は，より多様で重みがあると考えられる。

　「他者へのケア」の各類型の特徴をみると、いずれも共感性が高く自らの子どもへの関わりだけではなく、他の障害を持つ家族や福祉支援等「他者へのケア」に関与している。「模索・受容型」の母親は、障害者のわが子の子育てや他者に託す経験や知識を「他者へのケア」に役立てている。家族との関係性も考慮しつつ、今できる「他者へのケア」に専念している。「模索・受容型」の母親は、現在の現実的な他者との関係性を重視しているタイプともいえる。他方、「積極・肯定型」の母親は、現在進行している「他者へのケア」にも積極的に関与し困難な状況への対処にも関わるが、これから先は

どうするかという将来展望が意識されている。そして、わが子の子育てという視点から、社会の子どもたちの子育てという視野へ広がりを示している。「積極・肯定型」の母親の「他者へのケア」は、未来や社会に向かってより広がりを見せるケアであり、家族や身近な仲間を超え、見えない他者に向かって発信していく可能性のあるケアということもできる。

　以上のことから、「積極・肯定型」の母親も「模索・受容型」の母親も、共に障害のある子どもの子育てに際して、他者を意識し他者との関係性を重要視して世代性の課題に取り組んでいることがわかる。しかし、他者との関係において積極的に関わってきた「積極・肯定型」の母親は、その分子育ての中で多くの他者との葛藤も強く体験しており、それらも含めて他者との関係を肯定的な意味に位置付けているため、「模索・受容型」よりもさらに奥行きや広がりのある他者へのケアになっていると言える。また、この傾向は、「仲間としての他者」で示された他者と、「他者をケアすること」で示された他者との違いにも表れている。「模索・受容型」の母親にとって、「仲間としての他者」の他者とは、同じ障害を持つ子どもの母親達であり、「他者へのケア」における他者とは、支援や活動で出会う日常的で具体的な人々をさしている傾向である。しかし、「積極・肯定型」の母親にとっての他者は、模索・受容型」の母親が示した日常的な他者だけではない。特に「積極・肯定型」の母親が語った「他者へのケア」の他者は、地域や社会など未来に出会うかもしれない他者へのケアを包含していると考えられる。

　さらに、これは世代性を「積極・肯定型」と「模索・受容型」を別のものとしてではなく、関係づけて捉えることも可能である。Figure1に「他者へのケア」と母親の世代性の「積極・肯定型」「模索・受容型」の２類型の関係をイメージ図に示す。障害を持つ子育てをしてきた母親の世代性の発達過程において、「模索・受容型」への発達がある一方で、さらに「積極・肯定型」への広がりの可能性を示唆するもの見なすこともできよう。

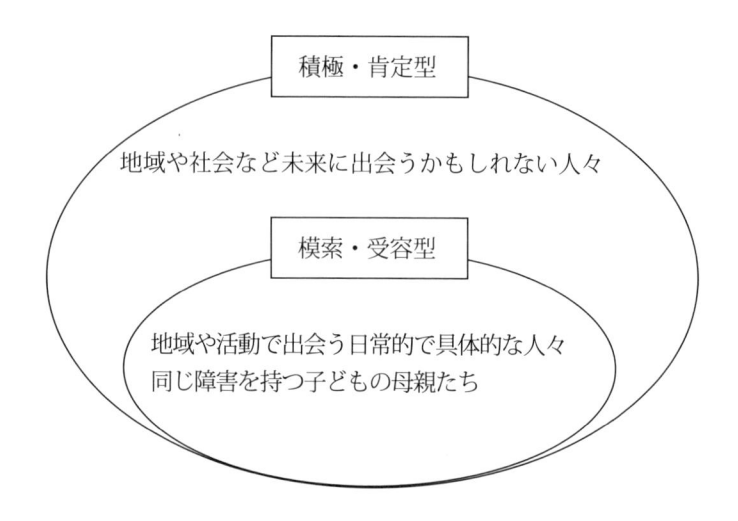

Figure 1　障害者の母親の世代性の2類型と「他者へのケア」の関係

　岡本（1997）は、女性の成人期のアイデンティティは、関係性に基づくアイデンティティの発達から個としてのアイデンティティが発達していくとしている。関係性に基づくアイデンティティの達成があって、生活や人生の様々な局面での対応力や危機対応力、自我の柔軟性が獲得されていくのである。重症心身障害者の母親のアイデンティティについて、危機と積極的関与を体験している（前盛, 2009）という知見がある。子どもが障害者であるという人生の危機に直面し、積極的に子どもの障害という危機にどのように対処するかに関与した母親にとって、子どもの障害を通して出会った他者との関係性をどのように深め発展させていくかは、世代性の課題であると同時に、わが子が障害者であることを母親自身の人生に統合して位置付け自己受容する作業でもある。本研究において、重症心身障害者の母親が他者をケアすることについて、他者との関係性からみた世代性の特徴として二つの類型が見出されたことは、障害者の母親の生涯発達や心理的問題に取り組む上でも有用な示唆といえる。
　今後の課題を以下に述べる。
　調査協力者のうち1名は、施設入所している重症心身障害者の母親であっ

た。他者に子どもを委ねることへの罪責感の存在が認められた。この罪責感は障害者であるわが子を施設入所させた親に特有と思われる（深海・長谷川・楢村・花房，2000）。母親の罪責感と他者との関係性や他者へのケア、世代性の課題はどのように関連していくのか精査することは、重症心身障害者の母親への心理臨床的援助を考えていく上で大切である。

また、重症心身障害者の母子関係について、母子分離の意識が芽生えにくく、母子の一体化や相互依存的な関係が多く見られる（牛尾，1998：前盛，2007）という。この知見からみれば、本研究における他者とは、一体化している母子を取り巻く他者ともいえ、本研究における世代性の類型化は母子をとりまく他者との関係性に関わる世代性を類型化したともいえる。今後、子どもの障害の受容という枠組みだけではなく、他者としての子どもとの関係性の発達という視点で研究していくことは、重度障害を持つ母親の母子分離の問題について何らかの知見につながるものと考える。

最後に、本研究で見出された世代性の類型について、さらなる精緻化を図るためには、調査協力者を多様に増やし詳細な検討をしていく必要があることを付け加えたい。

引用文献

Coffey, A., & Atkinson, P（1996）Making sense of qualitative data:Complementary research strategies. Thousand Oaks:Sage Publications.

Gillies, J., & Neimeyer, R. M.（2006）Loss, grief, and the search for significance: Toward a model of meaning reconstruction in bereavement. Journal of Constructivist Psychology, 19, 1-65

E. H. Erikson（1982）The Life Cycle Completed：A review Norton（村瀬孝雄・近藤邦夫訳（1989）ライフサイクル，その完結　みすず書房）

小林優子（2008）障害がある子どもをもつ親が紡ぐ自己物語　中井孝章・清水由佳編書　病と障害の語り─臨床現場からの語りの生成論　日本地域社会研究所

前盛ひとみ（2009）重症心身障害者の母親におけるアイデンティティ危機体験の様態の類型化及び発達過程の分析　広島大学大学院教育学研究科紀要：第三部教育人間科学関連領域，No. 58, 215-224

岡本祐子（1997）中年期からのアイデンティティ発達の心理学　ナカニシヤ出版

岡本祐子（2002）女性の生涯発達とアイデンティティ─個としての発達・かかわり中

での成熟―　北大路書房
佐鹿孝子（2006）親が障害のあるわが子を受容する過程での支援に関する研究　博士論文　東京：大正大学
深海真理子・長谷川隆雄・楢村恵美子・花房千栄香（2000）長期入所している重症心身障害児（者）に面会する親の思いの分析　小児看護，31, 106–108
Skoe, E. E.（1998）The ethic of care : Issues in moral development. In E.E.Skoe&A. L.von der Lippe（Eds.）, Personality Development in Adolescence: A Closs National and Life Span Personality.London : Routledge. pp.147–171
牛尾禮子（1998）重症心身障害児をもつ母親の人間的成長過程についての研究　小児保健研究，57, 63–70
山根隆宏（2012）高機能広汎性発達障害児・者をもつ母親における子どもの障害の意味づけ：人生への意味づけと障害の捉え方との関連　発達心理学研究，23. 145–157

謝辞

　本研究調査実施にあたり、多大なる協力をいただきましたお母様方に心から感謝を申し上げます。

Handsome の女性に用いられる用法
―アンケート調査とコーパスを用いて―

前 田 　 浩

はじめに

　新島襄研究の第一人者である本井（2010：4-5、51）は、NHK が『歴史秘話ヒストリア』（2009 年 4 月 22 日）で新島八重を取り上げた際、番組作りを裏方で手伝い、最終的には「明治悪妻伝説　初代 "ハンサム・ウーマン" 新島八重の生涯」というタイトルに落ち着いたと回想している[1]。2013 年 NHK 放映の大河ドラマ『八重の桜』で新島八重がクローズアップされ、この「ハンサム・ウーマン」という表現が再度脚光を浴びた結果、英語では handsome という語が女性にも用いられるという事実が比較的知られるようになったと思われる。『ジーニアス』における handsome の記述を（1）に引用する。

　　(1) a. Ⓢ〈男性が〉ハンサムな、美男子の（♦女性の美貌にいては beautiful, lovely, pretty が普通》
　　　 b. 〈女性が〉（態度・体格などの点で）威厳のある、きりっとした（♦主に中年以上の女性についていう》

（1a）は男性に用いられた意味で、（1b）は女性に用いられた意味である。男性に用いられた handsome は単に容姿が優れていることを表しているが、女性に用いられた handsome は単に容姿の問題だけでないことがわかる。しかしながら、（1b）の語義だけを見ても、例えば、日本の有名人で典型的な handsome women のイメージがなかなか湧かないように思われる。本稿では、この handsome の女性に用いられる用法（以下、「handsome の女性用

法」と呼ぶ）について、①使用者の割合、②使用者層、③ handsome women の条件、④ handsome women の具体例（有名人）という観点からより詳しく考察する。

1. 英英辞典の記述

ここでは、まず、handsome の女性用法が英英辞典ではどのように記述されているかを探ることにする。

まず、アメリカ系の英英辞典の記述を (2) – (7) に引用する。

(2) a. a woman who is handsome looks healthy and strong in an attractive way
   b. Use **handsome** for describing men, although we sometimes use it for describing attractive older women.
       (*Longman Dictionary of American English*)

(3) Sometimes *handsome* may be used of women as well, in which case it does not, strangely enough, suggest an epicene mannishness, but a radiant force of almost animal good health and vividness: insisting that Garbo was not merely *beautiful*, but breathtakingly *handsome*. *Handsome* in this sense would be used only of mature women, never of girls.   (Hayakawa, 1987: 39)

(4) 記載なし (*Random House Webster's Dictionary of American English*)
(5) 記載なし   (*Cambridge Dictionary of American English*)
(6) 記載なし (*The Newbury House Dictionary of American English*)
(7) 記載なし (*The Oxford American Dictionary of Current English*)

次に、イギリス系の英英辞典の記述を (8) – (13) に引用する。

(8) A **handsome** woman has an attractive appearance with features that are large and regular rather than small and delicate and that are considered to show strength of character.

(*Collins Cobuild English Dictionary*[2])

(9) a. a woman who is handsome is attractive in a strong healthy way

b. A **handsome** woman is **good-looking** in a strong healthy way.

(*Longman Dictionary of Contemporary English*[3])

(10) A woman who is handsome is beautiful but not in a delicate way:

(*Cambridge International Dictionary of English*)

(11) a. (of women) having a fine figure and a strong dignified appearance:

b. **Handsome** may be applied to women and suggest dignity and maturity.

(*Oxford Advanced Learner's Dictionary*[4])

(12) (esp of women) attractive but looking grand rather than delicate or pretty: *What a handsome girl she is and what a fine character she has.* (*Longman Lexicon of Contemporary English*)

(13) A woman who is **handsome** has an attractive, smart appearance with large, regular features rather than small, delicate ones.

(*BBC English Dictionary*)

内容に関しては、2節の「考察」で言及するので、ここでは引用に留めておくことにする。

2. 考察

以下、英英辞典の定義、アメリカ人インフォーマント（情報提供者）40人に対して行ったアンケート調査の結果[2]、コーパスのデータを参考にしてhandsome の女性用法について考察する。

2.1. 使用者の割合

(2) – (13) の英英辞典の記述を見て、まず言えることは、特に、(4) – (7) に見られるように、一部のアメリカ系の辞書の記述に handsome の女性用法に関する記述がないことである。このことから、handsome のこの用法の使用頻度はそれほど高くないことが予測される。では、このことに関するアン

ケート結果を見てみることにする。まず、インフォーマント40人に自分自身が女性にhandsomeを使用するかを尋ねた。次に、使用しない場合には、handsomeを女性に用いる用法を知っているかを尋ねた。その結果を男女別に示したのが、(14) である。

(14)

		男性	女性	全体
YES（使用する）		2人 (13%)	4人 (16%)	6人 (15%)
NO（使用しない）	YES（知っている）	5人 (33%)	16人 (64%)	21人 (53%)
	NO（知らない）	8人 (53%)	5人 (20%)	13人 (33%)

使用者の割合は40人中6人（15%）と極めて低い。使用しないが、この用法を知っている人21人（53%）を加えても27人（68%）にしかならない。すなわち、handsomeの女性用法の認知度は全体の約2/3に過ぎないことが判明した。裏を返せば、この用法を全く知らない英語母語話者が全体の約1/3（13人（33%））いるという驚きの調査結果が得られた。したがって、handsomeの女性用法の使用頻度はそれほど高くないという結論に達する。

この点に関して、BNC（British National Corpus）のsimple searchを用いてhandsome man [men] とhandsome woman [women] を検索すると (15) の結果が得られた。

(15) a. handsome man [men]：88例（単数形81例、複数形7例）
　　 b. handsome woman [women]：18例（単数形16例、複数形2例）

(15) の結果から、handsome man [men] が88例検索されたのに対して、handsome woman [women] は18例しか検索されなかった。この事実もhandsomeの女性用法の使用頻度はそれほど高くないという結論を支持するものと考えられる。

2.2. 使用者層

2.1節のアンケート調査の結果から、handsomeの女性用法を実際に用いる英語母語話者は全体の15%であることが判明した。では、一体誰

がhandsomeのこの用法を用いるのかという使用者層の問題が生じる。本節ではこの問題について考察したい。まず、インフォーマントに、このhandsomeの用法を用いるのが誰かという直接的な質問を行った。その結果を分類し、まとめたものが、(16) – (18)である。

(16) 知的階層
 a. educated people（12）[3]
 b. those who read a lot
 c. someone who would have a large vocabulary–using many different words

(17) 年配者
 a. elderly people（3）
 b. older generations
 c. older (it seems to be a mature term)
 d. between middle aged and elderly (usually 60's)

(18) その他
 a. people involved in the arts, movies, mag. +newspaper
 b. writers
 c. teachers
 d. business people
 e. conservative
 f. middle-upper class
 g. formal "British English"
 h. people from Southern States of America
 i. people who use english [sic] as a second language
 j. beginner ESL students
 k. young teens
 l. people from the 1800's or pioneer days

アンケート結果からは、(16)、(17)に示したように、「知的階層」、「年配

者」が用いるという結果が得られた。(18a) - (18d) も一種の知的階層と考えられるので、この結果を支持するものと考えられる。

では、以下、「知的階層」に関して、インフォーマントの学歴と使用率の関係、「年配者」に関して年齢と使用率の関係を調査することにする。

2.2.1. 知的階層

今回のアンケート用紙に、協力いただいた40人のインフォーマントの最終学歴を、高校卒業、大学在学中、大学卒業、大学院卒業（修了）の4つに分け記入してもらう欄を設けた。Handsome の使用状況を学歴別に分類したものが (19) である。

(19)

		高校卒業	大学在学	大学卒業	大学院卒
YES		0人 (0%)	0人 (0%)	3人 (25%)	3人 (30%)
NO	YES	2人 (25%)	7人 (70%)	7人 (58%)	5人 (50%)
	NO	6人 (75%)	3人 (30%)	2人 (17%)	2人 (20%)

Handsome の女性用法を用いる ((19) の最初の項の YES) と答えた6人全員が大学卒業以上の学歴を持っていることがわかる。逆に言うと、大学在学中以下の学歴でこの用法を用いる人は誰もいないことが判明した。さらに、この用法を用いはしない ((19) の最初の項の NO) が知っている ((19) の二番目の項の YES) 21人まで加えると、高校卒業の学歴を持つ人で25%、大学在学中の人で70%、大学卒業の学歴を持つ人で83%、大学院卒業の学歴を持つ人で80% と高学歴になるにつれてこの用法を知っている傾向が浮き彫りになった。アンケート結果から得られた、(16) の「知的階層」がこの用法を用いるということがここでも証明された形になった。

2.2.2. 年配者

今回のアンケート用紙に、協力いただいた40人のインフォーマントの年齢を年代別に記入してもらう欄を設けた。Handsome の使用状況を年代別に分類したものが (20) である。

(20)

		10代	20代	30代	40代	50代	60代	70代
YES		0（0%）	1（7%）	1（25%）	1（9%）	3（43%）	0（0%）	0（0%）
NO	YES	1（100%）	11（73%）	1（25%）	5（45%）	1（14%）	1（100%）	1（100%）
	NO	0（0%）	3（20%）	2（50%）	5（45%）	3（43%）	0（0%）	0（0%）

インフォーマントの合計が40人と少なめであるため、分布にばらつきが見られ、10代、60代、70代がそれぞれ1人しかいない結果になった。この部分を除く、20代から50代で見てみると、handsomeを女性に使う人の割合は20代で7%、50代で43%と年齢が上がるにつれて知らない割合が少なくなると予想されるが、40代が9%とこの傾向に反する。この用法を用いる人と知っている人を合わせると、20代が80%と奇妙なことに一番多くなるが、これ以外は、30代、40代、50代で、それぞれ、50%、54%、57%と数値の上昇が見られる。インフォーマントの全体数が少ないため、明確な形での裏づけにはならないが、この用法の使用者は年配者に多いというのはある程度当たっているという結論に達する。

2.2.3 結論

2.2.1節でhandsomeの女性用法は知的階層が用いることが明らかになった。また、2.2.2節でこの用法は年配者が用いる傾向があることが明らかになった。これらのことから2.2節の結果をまとめると、handsomeの女性用法は年齢を重ね、教養を積み、知的階層になった人が使用する用法であると結論できる。

2.3. Handsome Womenの条件

Handsomeの女性用法を知っているインフォーマントにhandsome womenの条件を自由に記述してもらった。複数の回答を得た条件を多い順に考察する。

2.3.1 条件1：個性的である

アンケート調査の結果から、handsome womenの条件として「個性的である」を挙げたインフォーマントが5人いた。具体的な英語の記述は（21）のようになる。

(21) a. strong personality
　　b. have strong features
　　c. striking features
　　d. have distinguishing characteristics (features)
　　f. features (facial, body) that are a little different than the average woman

「個性的」に相当する部分に、(21a)、(21b) では strong が、(21c) では striking（際立った）が、(21d) では distinguishing（際立って特徴的な）が、(21e) では、that are a little different than the average woman（平均的な女性とは少し異なる…）がそれぞれ用いられている。さらに、「性格」に相当する部分に、(21a) では personality（性格）が、(21b) – (21d) では features（特徴）が、(21d) ではさらに characteristics（特徴）がそれぞれ用いられているが、全体として、「個性的な性格を有している」、「個性的である」という一般化ができるように思われる。

さらに、(8) の $COBUILD^2$ の定義にも、show strength of character（性格の強さを表している）とあり、「個性的である」という条件が handsome women の条件の1つになると考えられる。

2.3.2　条件2：知的である

アンケート調査の結果から、handsome women の条件として「知的である」を挙げたインフォーマントが5人いた。具体的な英語の記述は (22) のようになる。

(22) a. intelligent (2)
　　b. cultured
　　c. educated
　　d. sophisticated

(22a) では intelligent（知的な）が、(22b) では cultured（教養のある）が、(22c) では educated（教育を受けた）が、(22d) では sophisticated（教養

のある、洗練された）がそれぞれ用いられているが、全体として、「知的である」という一般化ができるように思われる。

2.3.3　条件3：魅力的である

　アンケート調査の結果から、handsome womenの条件として「魅力的である」を挙げたインフォーマントが4人いた。具体的な英語の記述は（23）のようになる。

　　　(23) a. attractive but not necessarily beautiful
　　　　　 b. attractive, but not in the typical feminine way
　　　　　 c. of attractive appearance
　　　　　 d. charm

　表現上は、(23a) – (23c)のようにattractive（魅力的な）という形容詞を用いた場合と(23d)のようにcharm（魅力）という名詞を用いた場合とがあるが、全体として、「魅力的である」という一般化ができるように思われる。ただし、この「魅力的である」という条件は「容姿が魅力的なのか」、「性格が魅力的なのか」等かなり広義に用いられる表現である。(23a) – (23c)は容姿に言及しているので、容姿について触れることにする。(23a) – (23c)の他に、容姿に関する条件として6つの意見があった。(24)に挙げることにする。

　　　(24) a. beautiful
　　　　　 b. reasonably good-looking
　　　　　 c. may or may not have been beautiful when young but has certainly aged gracefully
　　　　　 d. not quite beautiful
　　　　　 e. not beautiful in the traditional sense
　　　　　 f. pretty but she doesn't have to be exceptionally beautiful

(23c)、(24a)のように「容姿が優れている」、すなわち「美しい」こと

を条件に挙げたインフォーマントが 2 人いるが、(23a) の not necessarily beautiful（必ずしも美しくなくてもよい）、(24b) の reasonably good-looking（ほどほどに美しい）、(24c) の may or may not have been beautiful when young（若い頃は美しかったかもしれないし美しくなかったかもしれない）、(24d) の not quite beautiful（それほど美しくない）、(24f) の pretty but she doesn't have to be exceptionally beautiful（かわいいが、とびきり美しい必要はない）という記述からわかるように、「容姿が美しいこと」は絶対的な条件ではないことがわかる。それよりも、(24c) に has certainly aged gracefully とあるように、「品よく年齢を重ねること」が重要であると考えられる。また、(23b) や (24e) は、美人である場合の美しさも女性的な（＝伝統的な）美しさとは異なることを示唆している。

そこで、英英辞典の定義を検証してみよう。(8)、(10)、(12)、(13) の定義を検証すると、handsome women の美しさは small（小柄な）、delicate（繊細な）、pretty（かわいい）ではなく、large（大柄な）、regular（整った）、grand（堂々とした）という形容詞で表現されるべき身体的特徴（features）をもっていることがわかる。要約すると、handsome women の美しさは「小柄で華奢な、いわゆる女性的な美しさ」ではなく「大柄で堂々とした端正な美しさ」で、後の 2.3.10 節で見るように、どちらかというと男性的であることを表していることがわかる。

2.3.4. 条件 4：品がある

アンケート調査の結果から、handsome women の条件として「品がある」を挙げたインフォーマントが 4 人いた。具体的な英語の記述は (25) のようになる。

(25) a. graceful
b. have elegant mannerisms
c. of class and pride （下線部のみ）
d. Refinement should be evident

(25a) では graceful（上品な）が、(25b) では elegant（上品な）が、(25c)

では class（上品さ）が、(25d) では refinement（上品さ）がそれぞれ用いられているが、全体として、「品格」を表す言葉が用いられ、「品がある」という一般化ができるように思われる。

2.3.5. 条件5：年配である

アンケート調査の結果から、handsome women の条件として「年配である」を挙げたインフォーマントが3人いた。具体的な英語の記述は（26）のようになる。

(26) older（3）

3人とも同じ older という表現を用いている。

関連する英英辞典の箇所も検証しておく。(2b) では older（年配の）が、(3) では mature（円熟した）という形容詞が、(11b) では maturity（円熟）という名詞がそれぞれ用いられている。Mature は middle-aged の婉曲語として用いられる場合があり[4]、表現は異なるがどれも「年配である」という一般化ができるように思われる。

したがって、(3) で述べられているように、handsome が若い女性（girls）に用いられることはないとされる。この点に関して、BNC の simple search を用いて handsome woman [women] と handsome girl [girls] を検索すると（27）の結果が得られた[5]。

(27) a. handsome woman [women]：18例（単数形16例、複数形2例）
　　　　（= (15b)）
　　　b. handsome girl [girls]：6例（単数形6例、複数形0例）

(27) の結果から、handsome woman [women] が18例検索されたのに対して、handsome girl [girls] は6例しか検索されなかった。このことから、handsome は girl [girls] と全く共起しないという訳ではないが、予測通り共起しにくいことが明らかになった。

2.3.6. 条件6：威厳がある

アンケート調査の結果から、handsome women の条件として「威厳がある」を挙げたインフォーマントが3人いた。具体的な英語の記述は（28）のようになる。

    (28) a. dignified（2）
        b. have a dignified manner

表現は全体は異なるが、(28a)、(28b)ではともに dignified（威厳がある）という語が用いられ、「威厳がある」という一般化ができるように思われる。
　このことは、(11) の $OALD^4$ の記述からも裏付けられる。(11a)では (28) と同様に dignified が、(11b)ではその名詞形である dignity がそれぞれ用いられている。

2.3.7. 条件7：プライドがある
　アンケート調査の結果から、handsome women の条件として「プライドがある」を挙げたインフォーマントが3人いた。具体的な英語の記述は（29）のようになる。

    (29) a. of class and pride（下線部のみ）
        b. proud of herself
        c. with or showing a strong and confident character（下線部のみ）

(29a)では「プライド」に相当する pride という名詞が、(29b)ではその形容詞形である proud が、(29c)では confident（自信に満ちた）という形容詞がそれぞれ用いられているが、「プライドがある」と一般化できるように思われる。

2.3.8. 条件8：性格が良い
　アンケート調査の結果から、handsome women の条件として「性格が良い」を挙げたインフォーマントが3人いた。具体的な英語の記述では（30）のようになる。

(30) a. good personality
　　 b. good character
　　 c. kind

（30a）では personality が、（30b）では character がそれぞれ用いられているが、両者は「性格」を意味する同意語である。また、（30c）の kind（親切な、優しい）も近い意味を表しており、「性格が良い」と一般化できるように思われる。

2.3.9.　条件 9：身だしなみが良い

　アンケート調査の結果から、handsome women の条件として「身だしなみが良い」を挙げたインフォーマントが 3 人いた。具体的な英語の記述は（31）のようになる。

(31) a. well-groomed
　　 b. well coiffed
　　 c. neat

（31a）では「〈身なりが〉きちんとした」という意味の well-groomed が用いられ、（31b）では「〈髪の毛が〉きれいにセットされて」という意味の well coiffed が用いられ、（31c）では「身だしなみが良い」という意味の neat がそれぞれ用いられている。（31a）と（31b）では服や髪に言及しているという細部に違いが見られるが、（31）は全体として「身だしなみが良い」と一般化できるように思われる。

2.3.10.　条件 10：男性的である

　アンケート調査の結果から、handsome women の条件として「男性的である」を挙げたインフォーマントが 2 人いた。具体的な英語の記述は（32）のようになる。

(32) a. have masculine qualities

383

b. more masculine characteristics in body, speech, conduct

(32a) では qualities が、(32b) では characteristics がそれぞれ用いられているが、両者は同意語で「性質」、「性格」という意味を表すため[6]、ともに「男性的な性格を有している」、「男性的である」と一般化できるように思われる。

　この「男性的である」という条件が服装に表れた結果、この延長線上にある条件として、「男性的な服装をする」という条件が挙げられる。この点を指摘したインフォーマントは3人いた。具体的な英語の記述は (33) のようになる。

(33) a. tailored
　　b. wear elegant dress but tailored look
　　c. have masculine qualities in her dress or demeanor because she is assertive, serious, and/or successful

(33a)、(33b) ではともに tailored という語が用いられている。この語は『ジーニアス』の「〈婦人服が〉紳士もの仕立ての」という意味であり、(33c) の have masculine qualities in her dress（服が男性的な特徴を有している）とほぼ同義と考えられる。

2.3.11.　条件11：態度が良い

　アンケート調査の結果から、handsome women の条件として「態度が良い」を挙げたインフォーマントが2人いた。具体的な英語の記述は (34) のようになる。

(34) a. with good bearing
　　b. carry herself well

(34a) では good bearing（良い態度）が、(34b) では carry oneself well（良く振舞う）という表現がそれぞれ用いられているが、「態度が良い」と一般

化できるように思われる。
2.3.12. 条件12：落ち着きがある

　アンケート調査の結果から、handsome women の条件として「落ち着きがある」を挙げたインフォーマントが2人いた。具体的な英語の記述は（35）のようになる。

　　　（35）a. have poise
　　　　　 b. poised

（35a）では「落ち着き」という意味の名詞 poise が、（35b）では「落ち着いた」という意味の形容詞 poised がそれぞれ用いられているが、両者は同意で「落ち着きがある」と一般化できるように思われる。
２．３．13. 条件13：性格が強い

　アンケート調査の結果から、handsome women の条件として「性格が強い」を挙げたインフォーマントが2人いた．具体的な英語の記述では（36）のようになる。

　　　（36）a. with or showing a strong and confident character
　　　　　 b. strong

（36a）は明らかに「性格の強さ」を意味しているが、（36b）は単に strong とあるので、性格に言及しているのかは明確でない。しかしながら、女性に関する記述なので肉体的な強さに言及しているとは考えにくい。したがって、両者とも「性格の強さ」に言及しており、「性格が強い」という意味で用いられていると考えられる。性格の強さは個性に通じるということができ、その意味で、この条件は、条件1の「個性的である」と意味が重なる側面があることを付け加えておく。
2.3.14. その他の条件

　最後に、複数の指摘がなかったので、妥当性の面で問題があるとの判断から考察しなかった条件を（37）に列挙しておく。

(37) a. healthy（健康的である）
　　 b. with money（裕福である）
　　 c. low voice（声が低い）
　　 d. dark hair（髪が黒い）
　　 e. independent（人に頼らない）
　　 f. respectable（尊敬に値する）
　　 g. tall（長身である）
　　 h. angular in shape（やせた体型の）
　　 i. have a sense of style（ファッションセンスがある）
　　 j. carry herself with a sense

この中で、特に (37a) の healthy は、(2a)、(9a)、(9b) の英英辞典の記述に言及があり、条件として挙げることが可能であると思われる。

3. Handsome Women の具体例

　前節で、handsome women の条件について考察した。それらを頭では理解しても具体的なイメージが今一つ湧いてこないように思われる。そこで、具体的に誰が典型的な handsome women なのか、世界（主に英語圏）と日本に分け、有名人で典型的な handsome women を列挙してもらうアンケート調査を行った[7]。その結果を、世界と日本に分けて提示する。

3. 1.　世界の Handsome Women

　まず、日本人を除く世界の有名人で handsome women に該当する人物をインフォーマントに挙げてもらうアンケート調査を行った[8]。複数のインフォーマントから名前が挙がった人物を列挙したものが (38) である[9]。

(38) a. Sigourney Weaver (8)［シガニー・ウィーバー］（アメリカ人女優）
　　 b. Hillary Clinton (5)［ヒラリー・クリントン］（政治家、元アメリカ大統領夫人、弁護士）

386

c. Glenn Close（4）［グレン・クローズ］（アメリカ人女優）
　　d. Lauren Bacall（4）［ローレン・バコール］（アメリカ人女優）
　　e. Oprah Winfrey（4）［オプラ・ウィンフリー］（アメリカ人女優、司会者、番組プロデューサー、実業家）
　　f. Barbara Bush（3）［バーバラ・ブッシュ］（元アメリカ大統領夫人）
　　g. Joan Lunden（3）［ジョアン・ランデン］（アメリカ人ジャーナリスト）
　　h. Margaret Thatcher（3）［マーガレット・サッチャー］（元イギリス首相、2013年4月8日死去）
　　i. Cate Blanchett（2）［ケイト・ブランシェット］（オーストラリア人女優）
　　j. Helen Mirren（2）［ヘレン・ミレン］（イギリス人女優）
　　k. Meryl Streep（2）［メリル・ストリープ］（アメリカ人女優）
　　l. Nancy Reagan（2）［ナンシー・レーガン］（元アメリカ大統領夫人）
　　m. Sundra Bullock（2）［サンドラ・ブロック］（アメリカ人女優、映画プロデューサー）

　(38)の人物は、大半が女優だが、政治家や大統領夫人（first lady）も少なからず含まれ、典型的には「鉄の女（the Iron Lady）」と呼ばれた故Margaret Thatcher元イギリス首相のように「強い女性」が目立つことがわかる。

3.2. 日本のHandsome Women
　次に、日本人の有名人でhandsome womenに該当する人物をインフォーマントに挙げてもらうアンケート調査を行うと、(39)のような結果が得られた。

　　(39) a. Makiko Esumi（2）［江角マキコ］（女優、タレント、司会者）
　　　　 b. Ai Tominaga［冨永愛］（ファッションモデル）

c. Kanako Yanagihara［柳原可奈子］（お笑いタレント）
d. Koyuki［小雪］（女優、ファッションモデル）
e. Masami Hisamoto［久本雅美］（お笑いタレント、司会者、女優）
f. Takako Matsu［松たか子］（女優、歌手）
g. Naomi Watanabe［渡辺直美］（お笑いタレント）
h. Norika Fujiwara［藤原紀香］（女優、ファッションモデル、タレント）
i. Shinobu Otake［大竹しのぶ］（女優、タレント）

日本の有名人のことを知っているインフォーマントは少ないため、(39) では全部で9人しか該当者が挙がらなかった。複数のインフォーマントに支持された人物は江角マキコしかいなかった。

アンケート調査に際し、ある英国人インフォーマントは (40) のような興味深いコメントを寄せた。

(40) I don't think Japanese society is ready for handsome women yet. Feminism hasn't taken hold of Japan yet, so pretty girls and beautiful glamorous women are favoured.

(40) では、「日本社会は handsome women を生むにはまだ成熟しておらず、男女同権もまだ確立されておらず、かわいい女の子や美しい魅力的な女性がもてはやされている」と指摘されている。さらに、日本人女性は一般的には小柄であるという点も考慮すると、日本人には、本当の意味での handsome women に該当する女性が極めて少ないと言うことができる。江角マキコは、実際の姿は別として、役の上では、強い、男性的なイメージがある。その結果、英語的な意味での handsome woman に近い存在になると考えられる。

このように見て来ると、例えば、明治安田生命保険が毎年新社会人に行う「理想の上司」調査の女性部門で上位にランクされる有名人（2014年度は、1位から5位まで順に、天海祐希、江角マキコ、篠原涼子、真矢みき、仲間由紀恵）が handsome women のイメージに近いことがわかる。

4. まとめ

本稿での考察を通じ、handsome の女性用法に関して明らかになったことをまとめると、(41) – (44) のようになる。

(41) Handsome の女性用法を知っている英語母語話者は全体の 2/3 程度（本稿のアンケート調査では 68%）に過ぎず、実際にこの用法を用いるのはいっそう少なく（本稿のアンケート調査では 15%）、この用法は一般的な用法であるとは言えない。

(42) Handsome の女性用法は、年齢を重ね、教養を積み知的階層になった人が知り、使用するようになる。

(43) Handsome は、男性に用いられた場合は、単に、容姿の良さついて言及しているのに対し、女性に用いられた場合、容姿のような外面だけでなく、性格等の内面についても言及している。

(44) Handsome women の条件として (a) から (m) までの少なくとも 13 の条件が挙げられる。

　　a. 個性的である (5)
　　b. 知的である (5)
　　c. 魅力的である (4)
　　d. 品がある (4)
　　e. 年配である (3)
　　f. 威厳がある (3)
　　g. プライドがある (3)
　　h. 性格が良い (3)
　　i. 身だしなみが良い (3)
　　j. 男性的である (2)
　　k. 態度が良い (2)
　　l. 落ち着きがある (2)
　　m. 性格が強い (2)

注

1) ただし、新島襄が八重夫人を handsome woman と言及した記録はなく、新島襄全集編集委員会（編）（1985：169）によると、Susan H. Hardy さんに宛てた 1875 年 11 月 23 日付けの書簡の中に ⅰ）の記述があるに過ぎない。

 ⅰ）But what I know of her is that she is a person who does handsome.

2) アンケート調査は著者の勤務校（新島学園短期大学）と姉妹校提携のあるアメリカ・エバンズビル大学（the University of Evansville）の大学関係者と学生の受け入れ先ホストファミリーの中から協力の得られた計 40 人に対して行われた。
3) 本稿全体に及ぶインフォーマントによる自由記述の引用部分は、該当する部分のみを引用した結果、名詞の形式、形容詞の形式、（主語を省略して）動詞から始まる形式等さまざまな形式を取っていることをお断りしておく。また、後の括弧内の数字は、複数の指摘があった場合の数を表すものとする。
4) Mature のこの用法に関して COBUILD[7] では ⅱ）のように述べられている。

 ⅱ）If you say that someone is **mature** or of **mature** years, you are saying politely that they are middle-aged or old. [POLITENESS]

5) 参考までに、BNC で handsome と lady [ladies]、gal [gals]、gentleman [gentlemen]、guy [guys] の共起関係を調べてみた。その結果を ⅲ）に提示する。

 ⅲ）a. handsome lady [ladies]：2 例（単数形 1 例、複数形 1 例）
  b. handsome gal [gals]：1 例（単数形 1 例、複数形 0 例）
  c. handsome gentleman [gentlemen]：3 例（単数形 3 例、複数形 0 例）
  d. handsome guy [guys]：1 例（単数形 1 例、複数形 0 例）

 ⅲ）のどの語に関してもごくわずかしか実例が検索されず、handsome man [men] や handsome woman [women] 以外のコロケーション（collocation）はほとんど用いられないことが判明した。

6) COBUILD[7] で characteristic を引くと ⅳ）のような記述がある。

 ⅳ）The **characteristics** of a person or thing are the qualities or features that belong to them and make them recognizable.

Characteristics を qualities で言い換えていることから、両者は同意語であると判断できる。

7) 2)で言及したアンケート調査には日本人の handsome women に関する項目を含まなかったため、その部分を加える目的で新たなアンケート調査を行った。新島学園短期大学の Richard Maher 専任講師に頼み、14人の英語母語話者から回答を得たが、3人は handsome の女性用法を知らなかったため、11人の回答を取り上げた。国籍別にはアメリカ人9人、イギリス人1人、オーストラリア人1人である。世界の handsome women の調査ではこの結果を加えて集計し、日本の handsome women の調査ではこの結果のみの集計になっている。
8) 世界の有名人を対象にアンケート調査を行ったが、インフォーマントを英語母語話者に限定したため、結果的に英語圏の有名人のみが列挙される結果になった。
9) 参考までに、今回のアンケート調査で単独の指摘しかなかった人物の名前を v)に列挙しておく。

v) Angelina Jolie, Annie Lennox, Barbara Bush, Bea Arthur, Bette Davis, Beyoncé, Charlize Theron, Cher, Dame Margaret Smith, Donatella Versace, Emma Thompson, Geena Davis, Gweneth Paltro, Halle Berry, Jamie Lee Curtis, Lauren Hutton, Madonna, Rihana, Serena and Venus Williams, Tilda Swinton

参考文献

新島襄全集編集委員会(編)(1985)『新島襄全集6 英文書簡編』京都:同朋舎出版.
本井康博(2010)『ハンサムに生きる 新島襄を語る(七)』京都:思文閣出版.
Hayakawa, S. (1987) *Choose the Right Word*. New York: Harper & Row.

中学校外国語科の必修の根拠を考える
―『学習指導要領解説書』の通時的分析を通して―

水 島 孝 司

はじめに

　私たちは学校教育が外国語学習のどの部分を担当するのかについて十分に吟味、検討しなければならない。それは外国語教育の理念や位置づけなどに関係する問題だからである。世間一般にはあまり知られていないのだが、わが国の中学校教育課程において外国語が初めて必修となったのは、1998年告示、2002年度実施の学習指導要領においてである。1947年度の「六三制」発足以来、中学校の外国語は50年以上にわたって選択教科の扱いであった。また、「2002年現在、世界の主要46か国・地域で、初等・中等教育段階の外国語を必修にしていなかったのは、日本を除けば、わずかにニュージーランドただ1国であった」（大谷 2012:314-315）。

　日本で中学校の外国語が必修になった理由は、「国際化の進展に対応し、外国語を使って日常的な会話や簡単な情報の交換ができるような基礎的・実践的なコミュニケーション能力を身に付けることがどの生徒にも必要になってきている」(文部省 1999:2-3) からであった。当時、文部省の教科調査官を務めていた平田和人は、国際化という社会状況があったから外国語を必修にしたが、それがなければ選択のままでよいのではないかという理解だったと思うと述べている（平田・金谷 1999:16-17）。この発言から、外国語学習の人間形成への寄与を積極的に認めて必修としたのではないことが分かる。

　中学校教育課程で必修教科としての外国語が教えられるようになってから、今年で12年になる。必修化された後、学習指導要領は2008年にもう一度改訂されたが、その指導要領の記述を解説する『学習指導要領解説 外国語編』（文部科学省2008）には外国語を必修教科として取り扱う理由は示

されなかった。このことから、文部科学省が現在外国語を必修とする理由は1998年改訂時と同じだと考えてよいだろう。しかし、「外国語の習得は異文化理解とか母語も含めて言葉への関心とか、ひとくちに教養目的といわれるさまざまな要因が組み込まれているからこそ義務教育に取り入れられているのであ」(高橋2000:37)る。

中学校は街なかの会話学校ではない。したがって、「話せる」「使える」といった実用性だけを目的として外国語を教えているのではない。ましてや、そうした実用性だけで教科の必修を決めるのはおかしなことである。外国語科は中学校教育課程の中に明確に位置づけられ、中学校教育の根幹との関連が強いことをもって必修となるべきである。しかしながら、前述したように、1998年に戦後初の必修が決まったのは国際化という社会状況があったからである。必修の理由がこれだけであるのは明らかにバランスを欠いている。そこで本稿では、『中学校学習指導要領解説書』(以下、『解説書』)[1]に見られる外国語科の位置づけの理由を通時的に分析し、何を根拠にして中学校の外国語を必修とすべきかを考えてみたい。

なお、本稿では、外国語科の「位置づけ」は、教育課程上、選択教科と必修教科のどちらに位置づけるのかという意味に限定して用いる。また、『解説書』にある「目標設定の基本的な考え方」、「外国語科目標の解説」などの記述を、位置づけに関する記述と合わせて分析・考察する必要があるのだが、紙幅の都合もあり、それについては稿を改めることにする。

1. 外国語科の位置づけの理由

本節では、1958年版から現行の2008年版までの『解説書』に記載された外国語科の位置づけの理由を概観する。

位置づけの理由についての説明があったのは、過去6回発行された『解説書』のうち半分の3回である。表1で分かる通り、58年版と69年版では「選択教科としての外国語科」という項目を立てて説明していた。77年版と89年版では、2回続けて位置づけの理由が示されなかった。つまり、この間の約20年は位置づけに関する文部省の説明は全くなかったのである。

表1　外国語科の位置づけの理由

解説書	位置づけの理由
1958年版	第1章第1節（2）選択教科としての外国語科 　外国語は、外国との交通通信、貿易、外交を進めるためにも、またわが国における文化、産業、科学を向上させるためにも、きわめて必要なものである。それで、中等普通教育として、外国語を施すにこしたことはないが、生徒のうちには外国語を必要としない者もあり、また日常生活においては外国語を知らなくともすむことなので、これをすべての生徒に必修させる必要がないので選択教科とした。
1969年版	第1章第2節（2）選択教科としての外国語科 　一般に外国語というものは、外国との交通通信、貿易、外交などを進めるためにも、またわが国の文化、科学、産業などを向上させるためにも、きわめて必要なものである。 　しかしながら、義務制であり中等普通教育を施すことを目的とする中学校において、外国語を必修教科とする根拠が明確でないこと、かりに外国語を必修教科とする場合に、どのような種類の外国語を必修教科と定めるかがきわめてむずかしいこと、現在外国語を選択していない一部の生徒にまで外国語を必修として課す教育的な意義が明らかでないことなどの理由によって、中学校の教育課程において、外国語は、農業、工業、商業、水産および家庭とともに、選択教科の一つと定められているのである（学校教育法施行規則第53条第2項）。
1977年版	記述なし
1989年版	記述なし
1998年版	第1章（2）中学校外国語科改訂の趣旨 　今回の外国語科の改訂に当たっては、教育課程審議会の答申を踏まえ、次の3つの基本方針に基づいて改善を図った。 ・国際化の進展に対応し、外国語を使って日常的な会話や簡単な情報の交換ができるような基礎的・実践的なコミュニケーション能力を身に付けることがどの生徒にも必要になってきているとの認識に立って、中学校の外国語科を必修とすることとする。その際、英語が国際的に広くコミュニケーションの手段として使われている実態などを踏まえ、英語を履修させることを原則とする。 (他の2つの基本方針は位置づけの理由ではないので省略)
2008年版	記述なし

2. 「位置づけの理由」と「必修の根拠」の考察

本節では、第2節で概観した『解説書』に見られる外国語科の位置づけに関する説明を考察し、必修の根拠を検討する。まず、外国語科の位置づけの理由の記載状況を取り上げる。次に、外国語科の位置づけの理由の中身を考察する。そして、位置づけの記載状況と中身の考察で明らかになったことを踏まえて、外国語科必修の根拠について検討する。

2.1 「位置づけの理由」の記載状況

まず、外国語科の教育課程上の位置づけの理由が、過去6回の『解説書』のうち半分の3回にしか記載されていない。位置づけに関する文部科学省の公式見解は、『解説書』に毎回記されるべきである。なぜなら、位置づけは外国語教育の理念に関係する極めて重要なものだからである。また、69年告示の学習指導要領作成のための教育課程審議会の時から、外国語を必修にすべきではないかという意見が出ていた（宍戸 1969:9）のであるから、位置づけについてその後どのような審議がなされたのかを77年版と89年版に記しておくべきだった。

次に、98年版の記載についてであるが、位置づけの理由が30年ぶりに復活したのは良かったが、「外国語を必修とする理由」などの項目を立てて、もっと丁寧に説明すべきであった。戦後初の必修を決めた改訂時の説明は僅か4行[2]であった。高等学校の学習指導要領で外国語科が初めて必修になった1960年版の解説書で、「外国語を必修とすること」という項目を立てて、2ページ43行にわたって説明していたのとは大きな違いである。1行あたりの文字数が違うとはいえ、単純に行数で計算すると98年版『中学校解説書』の説明は60年版『高等学校解説書』の約10分の1である。2016年度に改訂が予定されている学習指導要領では外国語科は必修教科のままであるのは間違いないが、そうであったとしても位置づけに関する説明は『解説書』にきちんと載せるべきである。

2.2 「位置づけの理由」の中身

ここでは、3冊の『解説書』に記された位置づけの理由の中身について考

395

察する。58年版、69年版には選択教科と位置づけた理由が、98年版には必修教科と位置づけた理由が、それぞれ記されている。

表2 1958年版、1969年版、1998年版の比較

1958年版	1969年版	1998年版
…中等普通教育として、外国語を施すにこしたことはないが、①生徒のうちには外国語を必要としない者もあり、また②日常生活においては外国語を知らなくともすむことなので、これをすべての生徒に必修させる必要がないので選択教科とした。	…①義務制であり中等普通教育を施すことを目的とする中学校において、外国語を必修教科とする根拠が明確でないこと、かりに外国語を必修教科とする場合に、どのような種類の外国語を必修教科と定めるかがきわめてむずかしいこと、②現在外国語を選択していない一部の生徒にまで外国語を必修として課す教育的な意義が明らかでないことなどの理由によって、(中略)選択教科の一つと定められているのである。	国際化の進展に対応し、外国語を使って日常的な会話や簡単な情報の交換ができるような基礎的・実践的なコミュニケーション能力を身に付けることがどの生徒にも必要になってきているとの認識に立って、中学校の外国語科を必修とすることとする。

注：①、②の数字、及び下線はすべて筆者。

まず、1冊ずつ見ていく。58年版の①は中学校の外国語を「高校入試のための実利的学習」という視点から考えたものだろう。58年の高校進学率は53.7％（総務省統計局 2005）で、2人に1人は高校入試で外国語は必要なかった。②は目先の「実利」である。日常生活で外国語を知らないと困るかどうかということであれば、当時と比べ国際化が進んでいる今日においてであっても、ほとんどの中学生は困らないと言えるだろう。

次に、69年版であるが、①は中学校教育全体の中で外国語教育が担っている役割が何であるかについて合意が得られないので、選択教科とするのが妥当だということである。しかしながら、69年版『解説書』では外国語学習が人間形成のどの面に寄与するのかを「目標設定の基本的な考え方」、「総括目標の解説」などで述べていたことをここでは指摘しておきたい。②は農

村、山村、漁村では英語をやっていない学校もいくらかはあった（佐藤他 1973:102) ので、そうした地域の生徒にも外国語は必要かどうかという問題である。日常生活や高校入試での外国語の必要性とは関係ないところでの外国語教育の意義が問われているのである。因みに、69年の高校進学率は79.4%（総務省統計局 2005）であった。

　98年版における必修の理由は、国家全体の見地からのみ考えられた実利的なものである。つまり、それは「国際化への対応」という国益と結びついたものである。義務教育である中学校の外国語科で戦後初の必修を決めた時の位置づけの説明に、外国語教育の理念がはっきりと見えないのは残念である。外国語教育の理念とは外国語教育の究極の目的と言えるものであるが、それは「人格形成」と「恒久平和」である。

　最後に、3冊の『解説書』を通した分析、考察を行う。まず、58年版と98年版には実利的な理由しか見られなかった。また、69年版では教育全体の見地から外国語教育の位置づけを検討していたにも関わらず、その後一度も教育的な意義を示すことなく、98年版で必修化を決めた。

　日本は世界の主要46か国・地域の中で、中学校の外国語教育の必修を決めたほぼ最後の国である。つまり、それは日本が外国語を必修とする根拠を教育全体の見地から検討する時間を十分に持っていたことを意味する。それにも関わらず、戦後初の必修を決めた98年版で示された理由は、国益と絡んだ実利的なものだけであった。

　「学習指導要領は、＜上意下達＞で導入されるので、常に、理念的に、英語教育を先導してゆくという役目がある」（和田 1994:108）のだが、過去の『解説書』における「位置づけの理由に関する説明」を見る限りでは、そうした役目を本当に果たしてきているのか疑問に思われる。1958年以降、教育全体の目的を十分押さえることなく外国語科の位置づけが決められてきた。そして、この問題は半世紀以上経った今も続いている。中学校のみならず学校教育における外国語科の位置づけは、人間形成という教育全体の目的を押さえて決定されなければならない。

2.3　外国語必修の根拠

　ここでは、位置づけの記載状況と中身の考察で明らかになったことを踏まえて、中学校外国語科の必修の根拠について検討する。まず、考察を通して分かったのは、位置づけの理由の記載状況が不十分だということである。また、位置づけの理由の中身が人間形成という教育全体の目的を押さえていないということである。そして、1998 年版で「僅か 4 行の実利的な理由だけ」で戦後初の中学校外国語科の必修を決め、その次の 2008 年版（現行版）では位置づけの理由すら掲載しなくなったのは問題である。そこで以下には、中学校教育の目標のうち、外国語教育が担当するのはどの部分であるのかにつき先行研究を基に考察する。

　最初に、学校教育法に定められた中学校教育の目標を掲げる。2007 年から改正学校教育法が施行されているが、69 年版『解説書』の記述や 70 年代の先行研究を扱うため、改正前の同法から引用する。

> 第 36 条（教育の目標）
> 　中学校における教育については、前条の目的を実現するために、次の各号に掲げる目標の達成に努めなければならない。
> 1　小学校における教育の目標をなお充分に達成して、国家及び社会の形成者として必要な資質を養うこと。
> 2　社会に必要な職業についての基礎的な知識と技能、勤労を重んずる態度及び個性に応じて将来の進路を選択する能力を養うこと。
> 3　学校内外における社会的活動を促進し、その感情を正しく導き、公正な判断力を養うこと。　　（解説教育六法編修委員会編 2006:141）

　このうち、第 1 項の「小学校における教育の目標」は同法第 18 条に規定されていた。そこには 8 つの目標があり、そのうち 2 つは「国語を正しく理解し、使用する能力を養うこと」（第 18 条第 4 項）と「国際協調の精神を養うこと」（第 18 条第 2 項）であった。69 年版『解説書』の「総括目標の解説」が言及していたのはこの 2 つの目標への外国語教育の貢献である。しかし、どちらも小学校教育の目標であるから、これを「なお充分に達成」

（第36条第1項）するだけでは、中学校の教科である外国語を必修とする根拠としては弱いと判断されたのかもしれない。

次に、第36条第3項にある「公正な判断力」の養成と外国語教育の関係を考察した先行研究を見てみる。

> 英語（ママ；正しくは「学校」）教育法第36条の目標に、英語教育がになっているものがある。それは（中略）「感情を正しく導き、公正な判断力を養うこと」である。（中略）そして何よりも偉大な、英語教育の功績は、平和な国家の形成者として、「公正な判断力」を養う源を提供することにある。外国語を習得すると、習得したことばの体系にしたがって、ものの見かた、考えかた、感じかたを無意識のうちに習得する。自国語によって確立された1つの思考形式だけでは、物事を正しく公平にみることはできないので、無意識のうちに習得された別の思考形式が、物事を単眼でなく、複眼でみさせるのである。三村（1974:83-84）

これは英語教育の根本は思考形式の拡大であると言う小川芳男の考えに通じる。

> 　言語と思考はたいへん密接な関係があるので、英語教育の根本は違った思考形式に接するということであろう。それによって個人そのもの及び個人の思考を expand し deepen することになる。我田引水的に聞こえるかもしれないが外国語を学習した人としない人とでは人間の巾が違うという批評をよく聞く。私の好きな表現を用いれば単眼を複眼にすることである。そのためには母国語以外に外国語の1つをやるということ自体がたいせつなのであって、それに習熟するか否かは第2、第3の副次的な問題である。これが世界中の殆どの国々が中等教育以上において外国語を課している理由である」（小川1978:11；下線は筆者）。

単眼を複眼にするという意味は「物を正確に見る」ということでもあり、「外国の文化や言語に接することは自国の文化や言語を反省する」（小川

1978:10) ことにつながる。小川が指摘する思考形式の拡大（単眼を複眼にする）は、生徒個人の人格形成に資するものである。これが日本の中学校で外国語科を必修にする1つの根拠ではないだろうか。また、位置づけを考える際には、ほとんどの国が中等教育以上で外国語を課しているのは「思考形式の拡大」のためであり、ことばの習熟度は副次的な問題であるという指摘にも着目する必要がある。

3. おわりに

　本稿では、『中学校学習指導要領解説書』に見られる外国語科の位置づけの理由を通時的に分析し、何を根拠にして中学校の外国語を必修とすべきかを考察した。分析の結果、文部（科学）省が編集してきた1958年版から2008年版までの計6冊の『解説書』については、大きく次の3点が明らかになった。1つは、外国語科の位置づけの理由を記載していたのは6冊のうち半分の3冊で、そのうち2冊には実利的な理由しかなかったということである。もう1つは、「必修として課す教育的な意義が明らかでない」などの理由で選択と決めた1969年版の後、2回連続で理由を示さず、その後1998年版で「僅か4行の実利的な理由だけ」で戦後初の中学校外国語科の必修を決めたということである。3つめは、人間形成という教育全体の目的を押さえずに外国語科の位置づけを決めるという問題が、1958年から半世紀以上経った今も続いているということである。いずれも外国語教育の理念の乏しさを表すものである。

　外国語必修の根拠に関しては、中学校教育全体の目標と外国語教育の関連を扱った先行研究を基に考察を加えた。そして、「公正な判断力」の育成に資する思考形式の拡大が、外国語科必修の1つの根拠となるのではないかと述べた。中学校における外国語教育は、人間教育の立場から必修の根拠を考えなければならない。

　今後の課題は、「はじめに」で述べたように、外国語科の位置づけと密接に結びつく、『解説書』にある「目標設定の基本的な考え方」や「外国語科目標の解説」などを分析・考察することである。その際、98年版と08年版から「目標設定の基本的な考え方」が消えた理由も究明したい。また、現行

の学校教育法に定められている中学校教育の目標と外国語教育の関連を探ることも必要である。現行法では、義務教育としての普通教育の目標が新設されたので、それのどの部分を中学校外国語科が中心になって担当するのかを考察したい。

注

1) 学習指導要領の解説書は「児童生徒に教えなければならない学習内容や教育目標を定めた学習指導要領の中身をより詳しく説明するための補足資料として、文部科学省が作成している。指導要領とは異なり、法的拘束力はないが、教員の授業での指導や教科書作成の指針となっており、教育現場への影響力は強い」（宮崎日日新聞 2014）。また、本稿で分析する中学校学習指導要領の解説書は指導要領が「試案」から「告示」に変わった 1958 年から現在までに出されている計 6 冊である。これは 1958 年、1969 年、1977 年、1989 年、1998 年、2008 年告示の学習指導要領の解説書である。
2) 『中学校学習指導要領解説 外国語編』（1999）で数えた時の行数。英語の履修を原則とするという付記まで含めると 6 行になる。

参考文献

浅野博（1995）『教育・英語・LL ―考え方と実践―』リーベル出版
石橋幸太郎 (1967)「言語教育学の構想」『言語教育の本質と目的』文化評論出版
大谷泰照（1980）「英語教育の独立」『英語教育』第 29 巻第 1 号 大修館書店
―――（2007）『日本人にとって英語とは何か―異文化理解のあり方を問う』大修館書店
―――（2012）『時評 日本の異言語教育―歴史の教訓に学ぶ―』英宝社
大津由紀雄（1996）「言語教育」亀井孝・河野六郎・千野栄一編著『言語学大辞典』第 6 巻術語編 三省堂
小川芳男（1963）『英語教育法』国土社
―――（1978）『英語に生きる』英潮社出版
沖原勝昭（1998）「教育課程審議会『中間まとめ』を読んで：英語教育界への大きな課題」『英語教育』第 46 巻第 13 号 大修館書店
小串雅則（2011）『英語検定教科書―制度、教材、そして活用―』三省堂
解説教育六法編修委員会（編）(2006)『解説教育六法 2006』三省堂
垣田直巳（1975）「教育における外国語教育の役割」教員養成大学・学部教官研究集会英語科部会編著『英語科教育の研究』大修館書店
小池生夫（1992）「わが国の外国語教育政策の展望」『慶應義塾大学言語文化研究所紀

要』第 24 号
─── (2003)「文部科学省『＜英語が使える日本人＞育成のための行動計画』に至る政策の系譜とこれからの課題」『英語展望』第 110 号 ELEC 出版部
佐々木輝雄 (1989)『新旧学習指導要領の対比と考察 中学校外国語 (英語) 科』明治図書出版
佐藤秀志・坪井忠二・原沢正喜・塩沢利雄・星野利定 (1973)「討論会：選択か必修か」『1972 年度日本英語教育改善懇談会報告書』日本英語教育改善懇談会
宍戸良平 (1969)「外国語科改訂の意義」吉富一 (編)『中学校学習指導要領の展開 外国語 (英語) 科編』明治図書出版
鈴木勲 (編著) (2009)『逐条 学校教育法』学陽書房
鈴木孝夫 (1976)「言語人類学・言語社会学と英語教育」中島文雄監修『新英語教育論』大修館書店
総務省統計局 (2005)「就学率および進学率 (昭和 23 年〜平成 17 年)」2014 年 1 月 13 日検索　www.stat.go.jp/data/chouki/zuhyou/25-12.xls
高橋正夫 (2000)「〈実践的コミュニケーション能力〉考」『英語教育』第 48 巻第 14 号 大修館書店
外山滋比古 (1972)『外国語を考える』ELEC 出版部
鳥飼久美子 (2010)「英語教育時評：現場からの発信を」『英語教育』第 58 巻第 13 号 大修館書店
新里眞男 (1999)「新学習指導要領のねらい― 21 世紀の英語教育への指針」『英語教育』第 48 巻第 4 号 大修館書店
日本英語教育改善懇談会 (1998)「日本の外国語教育の改善に関する提言」『英語教育』第 46 巻第 13 号 大修館書店
日本外国語教育改善協議会 (1999a)「日本の外国語教育の改善に関する提言 (前)」『英語教育』第 47 巻第 11 号 大修館書店
─── (1999b)「日本の外国語教育の改善に関する提言 (後)」『英語教育』第 47 巻第 12 号 大修館書店
平田和人・金谷憲 (1999)『対談・中学校新教育課程 外国語 (英語) 科の授業をどう創るか』明治図書出版
水島孝司 (2008)「大学英語教育の目的を考えるための枠組み―法令を中心に―」『桜美林シナジー』第 6 号 桜美林大学大学院国際学研究科
─── (2009)「学習指導要領における＜国際理解＞の概念を考える―外国語科目標での出入りとの関わりを中心に―」『言語文化教育研究』第 1 号 東京言語文化教育研究会
三村晏子 (1974)「中学校英語教育の目標再考察」『ノートルダム清心女子大学紀要』第 9 号
宮崎日日新聞 (2014)「ズーム：学習指導要領の解説」2014 年 1 月 12 日
森住衛 (1978)「言語教育における外国語教育」　井上尚美・中島国太郎・若林俊輔編

著『現代教育評価講座　2　国語・英語』　第一法規出版
―――（1994）「言語教育としての英語教育」『現代英語教育』創刊30周年記念号　研究社出版
―――（1998）「『学習指導要領』の変遷と将来を見る」『英語教育』第46巻第13号　大修館書店
―――（2000）「新学習指導要領」『英語教育』第49巻第8号　大修館書店
―――（2002）「外国語教育は何をめざしてきたか」『UP』第362号　東京大学出版会
―――（2008）「中・高英語教育の来し方・行く末―戦後60年の教育課程と学習指導要領の総括の試み―」『桜美林シナジー』第6号　桜美林大学大学院国際学研究科
―――（2010）「大学英語教育学の考え方」森住衛・神保尚武・岡田伸夫・寺内一（編集）『大学英語教育学－その方向性と諸分野』大修館書店
―――（2011）「学習指導要領はなぜ10年ごとに変わるのか―＜不易＞を考えるきっかけとして」『英語教育』第60巻第6号　大修館書店
―――（2014）「英語教育時評：2つの新聞記事」『英語教育』第62巻第12号　大修館書店
文部省（1959）『中学校外国語指導書 英語編』開隆堂出版
―――（1961）『高等学校学習指導要領解説 外国語編』開隆堂出版
―――（1970）『中学校指導書 外国語編』開隆堂出版
―――（1978）『中学校指導書 外国語編』開隆堂出版
―――（1989）『中学校指導書 外国語編』開隆堂出版
―――（1999）『中学校学習指導要領（平成10年12月）解説 外国語編』東京書籍
文部科学省（2008）『学習指導要領解説 外国語編』開隆堂出版
山住正己（1960）「文化価値と教科の本質」『現代教育学2』岩波書店
和田稔（1994）「教育行政と英語教育―学習指導要領を中心として―」『現代英語教育』創刊30周年記念号　研究社出版
―――（1997）『日本における英語教育の研究―学習指導要領の理論と実践』桐原書店
―――（1999）「新学習指導要領を私はこう読む」『英語教育』第48巻第4号　大修館書店

造形の印象評価に関する一考察
―触覚的鑑賞行動から立体造形の印象評価を予測する―

森 崎 巧 一

はじめに

　私たちは、感性を働かせながら絵画や彫刻などを鑑賞している。感性とは、「人の気持ちやモノの味や色やイメージといった曖昧なものを直感的・洞察的にとらえる認知・情緒的能力特性」[1)]、あるいは「ものやことに対し、無自覚的、直感的、情報統合的に下す印象評価判断能力。創造や表現などの心的活動にも関わる」[2)] など、様々に定義されている。そこで感性研究では、対象から受ける印象のような不可視な感性情報を、心理学や情報学の手法を援用しながら、定量的に可視化する試みが行われている。

　本研究は、1999年4月から2004年3月までの間、筑波大学大学院博士課程芸術学研究科芸術学専攻において行った感性研究の成果の一部である。本研究が、比較文化研究分野において何らかの参考になれば幸いである。

1. 研究背景と目的

　私たちが鑑賞という言葉を耳にしたとき、大抵の人は「見る」鑑賞や「聞く」鑑賞をイメージすることが多い。しかし、実際には視覚や聴覚だけではなく、より多くの感覚を利用して鑑賞している。例えば、陶芸品を目にして手で感触を味わうといったものである。あるいは、古城や古寺における深淵な空気を光や音、匂いなどで感じ取る場合もそうである。

　特に触覚は、対象に最も近づくことができる感覚といえる。最近では、彫刻や立体造形などの作品に対して、「触る」鑑賞（触覚的鑑賞）を体験できる展覧会が開かれるようになり、視覚のみにとらわれない新たな鑑賞スタイルが広まりつつある。

アメリカのペンシルバニア州のフィラデルフィア美術館やフランスのパリの国立ポンピドゥー芸術文化センターでは、作品に手で触れることができる美術展が企画され、全盲の鑑賞者にも美術作品鑑賞の場が作られた[3]。我が国においても触覚的鑑賞は全国的に普及しはじめており、例えば、兵庫県立美術館では、1989年から継続して「美術の中のかたち－手で見る造形」という展覧会が企画されている。また、2002年12月に開館した埼玉県の川越市立美術館では、我が国初の触覚的鑑賞の常設展示室が設けられた。このように、視覚のみにとらわれない鑑賞環境の普及が、現在の美術館の新しい動向としてみられる。

現在、鑑賞に関する研究は、芸術やデザインの分野に限らず、教育学や心理学、工学など様々な領域において研究が行われ、最近ではアイカメラや脳波計などを活用し、鑑賞行動における人間の認知や感性を科学的に解明する研究もある[4]。しかしながら、鑑賞に関係する感性研究のアプローチは、主に視覚に関するものが多く、触覚に関する研究はまだ多くはない。

そこで本研究では、立体造形に対する触覚的鑑賞行動の計測方法及び触覚的鑑賞行動から印象評価を予測する方法について検討する。

2. 触覚的鑑賞行動の計測装置の開発
2-1. センサー埋設立体造形

触覚的鑑賞行動の計測装置は、アイカメラを用いた眼球運動計測のように鑑賞ポイントの位置情報を捉え、その数値データを定量的に収集できることが求められる。そこで、立体造形の表面上に一定の間隔でセンサーを埋設し、鑑賞データをPCに送信する「センサー埋設立体造形」を考案した[5]。

まず、凹凸のある幾何学的な形状を持った立体造形を、彫刻家の指導を受けながら石膏で制作した。立体造形のサイズは、ハンドスカルプチャー（全盲生徒にわかりやすい両手に包める大きさの抽象的彫刻）[6]を参考に、両手で収まる程度にした（縦幅約20cm、横幅約15cm、高さ約14cm）。

次に、立体造形の表面には、（指や手のひらが収まる範囲を基準に）約6cmの均等間隔でセンサー埋設箇所を決め、センサーの端子を埋設した（図1）。

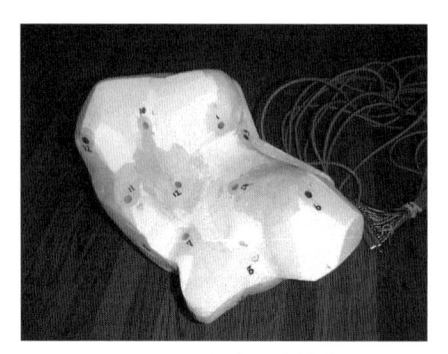

図1　センサー埋設立体造形

立体造形に埋設した端子は、立体造形の内部でシールドケーブルに接合されている。シールドケーブルは、立体造形の下部より露出され、次に示すセンサーボックスに接続される。

2-2. センサーボックス

32個のタッチセンサーを統合・制御し、センサー埋設立体造形とPCを接続するためのインタフェースとなる装置（センサーボックス）を開発した[5]。センサーボックス内部は、静電誘導検出方式のタッチセンサーを32個設置しており（図2）、立体造形表面に埋設された各センサー端子が連結する仕組みである。人が立体造形のセンサー埋設箇所に「触れている（1）／触れていない（0）」という単純な信号をPCへリアルタイムに送信できる。

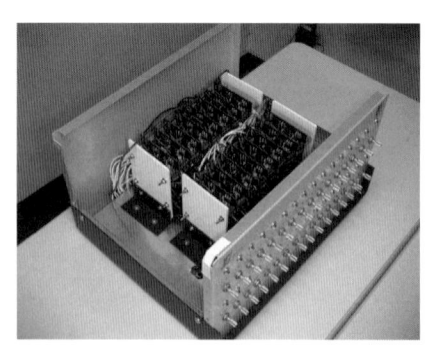

図2　センサーボックスの内部

2-3. 記録用プログラム

センサーボックスから送信される鑑賞データを受信するプログラムをC言語により開発した[5]。このプログラムにより、立体造形の1番から32番までのタッチセンサーに触れた鑑賞データを、PCに約20ミリ秒単位で詳細に記録できる。

3. 実験
3-1. 予備実験

予備実験は、芸術・デザイン系の大学院生5人を対象に、3で示した装置を用いた触覚的鑑賞実験を行った。実験の結果、立体造形のセンサー埋設箇所の触察（触覚による観察）行動が数値データとして定量的に計測できることを確認した。

被験者には想像力を働かせながら触覚的鑑賞を体験させる「目隠し鑑賞」を試してもらったところ、ほとんどの人が「イメージを想起でき、形を捉えることが可能」「非常に面白い体験」と回答した。したがって、本実験においてもこれを採用することにした。

本装置によって印象評価を予測させるためには、立体造形に対する印象情報が必要であり、印象調査を別途行う必要がある。そこで、芸術・デザイン系の大学院生4人を対象に、立体造形の評価に相応しい言葉（印象評価語）についてアンケートを行った。その結果、「形の面白さ」が最も評価しやすい言葉として選ばれ、これを本実験に採用することにした。

3-2. 本実験

本実験は、被験者の前に置かれるセンサー埋設立体造形に対して目隠しをした状態で3分間の触覚的鑑賞を行わせた（図3）。鑑賞後、立体造形に対する印象評価として「形の面白さ」を問い、1点（つまらない）から10点（面白い）の10段階で評価得点を回答させた（表1）。実験は約1ヶ月間行い、芸術・デザイン系の大学生や大学院生など35人の鑑賞データと「形の面白さ」の評価得点を収集した。

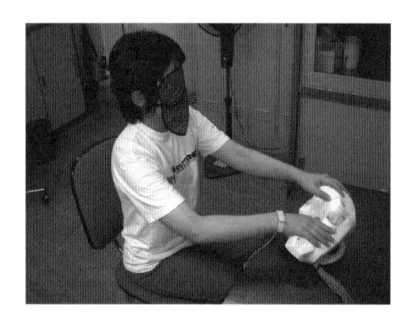

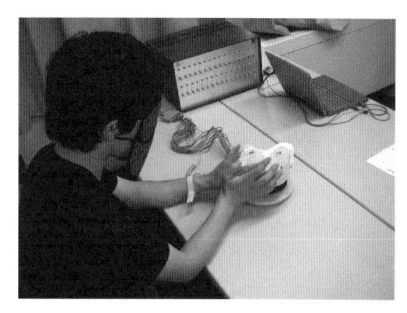

図3　触覚的鑑賞実験の様子

表1　「形の面白さ」の評価得点

評価	9点	7点	6.5点	6点	5点	4点	3点	2点
人数	1	8	1	6	10	7	1	1

4. 分析

　まず、全てのセンサー埋設箇所の触察回数（手が触れた回数）を計算した。次に、「形の面白さ」の評価得点を従属変数、センサー埋設箇所の触察回数を独立変数とする重回帰分析（ステップワイズ法）を行った。その結果、3つの独立変数による重回帰式が得られた。各独立変数にかかる重み（係数）は表2の通りである。

表2　係数

	非標準化係数 B	非標準化係数 標準誤差	標準化係数 ベータ	t	有意確率
（定数）	3.839	0.423		9.079	0.000
13番	0.019	0.009	0.312	2.078	0.046
29番	0.071	0.027	0.372	2.680	0.012
25番	0.245	0.103	0.362	2.380	0.024

重回帰式は次のようになる。

（形の面白さ）=3.839（定数）
　　　　　　　+0.019 ×（13番の触察回数）
　　　　　　　+0.071 ×（29番の触察回数）
　　　　　　　+0.245 ×（25番の触察回数）

重相関係数（R）は 0.648、決定係数（R^2）は 0.419 であった（表 3）。このモデルの説明力は、ある程度はあるものの、必ずしも高いわけではない。

表3　モデル集計

R	R^2	調整済み R^2	推定値の標準誤差
0.648	0.419	0.363	1.140

しかし、分散分析の結果（表4）では、F値の有意確率は1%以下となり、意味のある回帰式であるといえる。

表4　分散分析

	平方和	自由度	平均平方	F値	有意確率
回帰	29.103	3	9.701	7.466	0.001
残差	40.282	31	1.299		
全体	69.386	34			

以上の分析の結果、「形の面白さ」の評価は、3つのセンサー埋設箇所（13番・25番・29番）の触察回数から予測可能であることが分かった。3つのセンサー埋設箇所は、図4の○で囲った部分である。

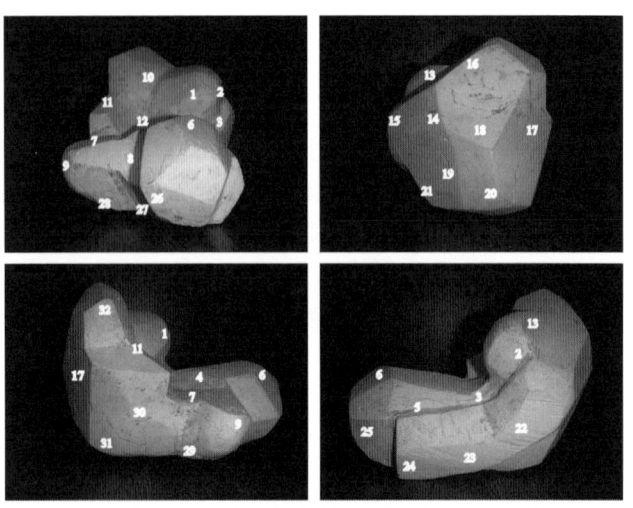

図4 「形の面白さ」の評価の予測に影響するセンサー埋設箇所

5. 考察

　以上の分析により、立体造形に埋設された32個のセンサーのうち、3つのセンサーに触れられた頻度から、立体造形に対する鑑賞者の印象評価「形の面白さ」の程度を知ることが可能であることが示された。

　この方法を応用すれば、鑑賞者に対するアンケート調査方法も変化する可能性がある。例えば、作品に対する印象は、これまでは口述してもらう、あるいはアンケートに回答してもらうしかなく、その真偽は確かめようもなかった。しかし、本装置を活用すると、アンケートを取らずとも鑑賞者の興味や印象を知ることが可能になるかもしれない。

　本研究における触覚的鑑賞の計測装置は、著者が研究の中で独自に開発したものであり、その調査方法や分析方法は萌芽的なものである。技術的側面では改良の余地が数多く残されていると思うが、鑑賞行動から「心の声を知る」ための一つの方法を提案できたのではないかと考えている。今後は、鑑賞者の感性情報の分析をふまえ、鑑賞者を支援する研究へ発展させていきたい。

6. おわりに

　本研究は、触覚的鑑賞を取り上げ、立体造形の触覚的鑑賞行動の計測と、触覚的鑑賞行動から印象評価を予測する方法について検討した。

　タッチセンサーを埋設した立体造形を制作し、鑑賞データを PC に記録するための装置（センサーボックス）や記録用プログラムを開発した。本装置を用いて触覚的鑑賞実験を行い、立体造形に対する鑑賞データを収集した。そして、触覚的鑑賞行動から印象評価を予測するために、立体造形に対する「形の面白さ」の評価得点を収集した。

　「形の面白さ」の評価得点を従属変数、センサー埋設箇所の触察回数を独立変数とする重回帰分析（ステップワイズ法）を行った。その結果、「形の面白さ」の評価は、3つのセンサー埋設箇所（13番・25番・29番）の触察回数によって予測可能であることが明らかになった。よって、鑑賞者の触覚的鑑賞行動により立体造形に対する印象評価を予測する方法が示された。

　最後に、本研究は、2004年3月に提出した筑波大学博士（デザイン学）学位論文「造形の印象評価とその特徴抽出」の原稿から抜粋し、加筆修正を施したものである。本研究をご指導下さった先生方ならびに協力して下さった方々にあらためて深く感謝申し上げます。

注

1) 行場次朗, 箱田裕司：知性と感性の心理―認知心理学入門, 福村出版, 2000.
2) 三浦佳世：知覚と感性の心理学, 岩波書店, 2007.
3) 草山こずえ：美と触覚, 障害者の福祉増刊 リハビリテーション研究 No.72, 第22巻, 第2号, pp.15-18, 1990.
4) 原田昭：デザインにおける感性情報の取り込み, 知能と情報, 日本知能情報ファジィ学会誌, Vol.16, No.5, pp.392-399, 2004.
5) 森崎巧一, 原田昭：立体造形に対する触覚的鑑賞の計測法に関する実験, 大学美術教育学会誌 2002, no.35, pp.455-462, 2003.
6) 筑波大学附属盲学校「今日の視覚障害教育」編集委員会編：今日の視覚障害教育, 1996.

「ステークホルダーアプローチ」に基づく
不採算路線の活性化

大　塚　良　治

1. 問題意識

　今わが国は鉄道ブームであると言われる。書店には鉄道関連の本が平積みされ、週刊誌でも鉄道特集が組まれるようになった。10年前ではまず考えられなかったことである。

　しかし、一方で、鉄道事業の廃止が許可制から事前届出制に緩和された2000年以降、地方を中心にして鉄道廃止が続出しているのもまた事実である。2012年4月1日、十和田観光電鉄線14.7kmと長野電鉄屋代線24.4kmが廃止され、また東日本大震災で被害を受けた東日本旅客鉄道（JR東日本）気仙沼線と大船渡線の一部区間がBRT（バス高速輸送システム）で仮復旧されるなど、地域鉄道を取り巻く環境は厳しさを増している。

　さらに、2013年11月8日にJR東日本は、2010年7月31日に押角～岩手大川間で発生した列車脱線事故により運休していた岩泉線茂市-岩泉間38.4 kmについて、国土交通大臣に鉄道事業廃止の届出を行い、その後、同年12月19日に東北運輸局による関係者への「公衆の利便の確保に関する意見の聴取」が行われ、2014年1月7日に国土交通大臣より2014年4月1日への廃止の繰り上げが認められることとなった。岩泉線の廃止に伴い、鉄道の廃止は712.1kmと700kmを突破した。

　このように、鉄道を維持することは容易なことではない。鉄道事業に採算確保を求められている日本のスタンスは、世界のスタンダードからはかけ離れている。すなわち、日本の鉄道事業は事業者自身が用地を確保し、線路施設を建設・維持しなくてはならないのに対し、欧米では、イコールフッティングの立場から鉄道施設は公共財産という考え方に基づいて、インフラ部分

については、公的主体が負担する方法が主流になっているのである[1]。

わが国の鉄道事業は採算性を求められている。それでは、不採算路線を維持する方策はないのだろうか。本論では、豪華列車運行による採算性向上と「ステークホルダーアプローチ」に基づく鉄道路線の運営費負担の分担による不採算路線の持続的運営方策について考察するものである。第2節では、豪華列車運行による鉄道の採算性向上について検討し、第3節でステークホルダーの協働による不採算路線の活性化策を検討する。そして、第3節の検討をさらに敷衍する形で、第4節では補助金支給による不採算鉄道存続の課題について「ステークホルダーアプローチ」の見地に基づいて議論する。そして、第5節でまとめを行い、残された課題を述べることとする[2]。

2. 豪華列車運行による鉄道の採算性向上

2012年10月30日、JR東日本は、「グループ経営構想V～限りなき前進～」を発表し、その中で、豪華列車の導入を明記した。具体的には、4変わらぬ使命(3)「ともにいきる」：地域との連携強化 ～震災からの復興、観光流動の創造と地域の活性化～「観光立国の推進」で、「鉄道ならではの魅力ある旅の提案などを目的とした、新たな豪華列車の導入」を明記し、さらに「地方路線の担い手としての取組み」として、「乗る」こと自体が目的となるような新しいコンセプトの列車づくりを掲げている。豪華列車の導入が、鉄道を活性化させることをJR東日本はよく認識しているのであろう。しかし、同時に「地方路線の運営効率化」を進めることも表明しており、観光化による活性化が見込みにくい路線についてはダウンサイジングも視野に入っていることがうかがわれる。

JR九州は、2013年10月15日にクルーズトレイン「ななつ星in九州」を運行開始する。同列車は、九州内を周遊する観光列車であり、乗車料金は1人あたり15万〜55万円とまさに豪華列車に相応しい高料金となっている。

「ななつ星in九州」ほどの豪華列車は別格としても、豪華列車が鉄道を活性化させることは明白になりつつある。鉄道ファンではない一般の人たちに、鉄道を選んでもらうためには、工夫が必要なのである。

湖沼、川、海がある観光地では、それらの景色を楽しむための遊覧船が運

航されている。交通機関としての船そのものが観光資源となっているのである。鉄道における豪華列車は、鉄道そのものを観光資源にする。JR東日本が、掲げる「『乗る』こと自体が目的となるような新しいコンセプトの列車づくり」は、鉄道（路線）のアトラクション化（あるいは、「遊覧船化」）そのものである[3]。

　これからの日本は、少子化による人口減少に向かう。従来の詰め込み重視の車両設計を改め、夢のある豪華列車の導入を検討すべき時代を迎えつつあると考える。

　JR旅客会社の地方交通線では、大都市圏からの新幹線や有料特急の利用者を増やすために、オリジナリティのある豪華列車の運行を進めている。

　実際、JR東日本は、秋田新幹線が開業した1997年度に五能線で「リゾートしらかみ」の運行を始め、当初は4万人台であった乗車人員を、2011年度には約16万8千人にまで増やすことに成功している。さらに、2010年12月4日からは、ハイブリッドシステムを採用した新型気動車HB-E300系「青池」編成（4両編成1本）を新たに投入し、五能線観光化のさらなる強化を図っている（写真1）。2011年度は3月11日に東日本大震災があった

図1　地方路線の「アトラクション（遊覧船）化」による鉄道ネットワークの活性化（JR東日本エリアの例）

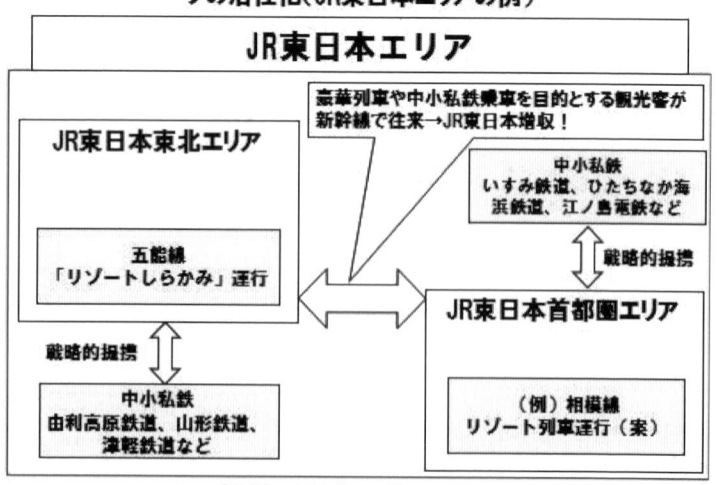

［出典］　大塚［2013d］、204頁。

「ステークホルダーアプローチ」に基づく不採算路線の活性化

写真1 JR東日本五能線「リゾートしらかみ」HB-E300系気動車。ハイブリッドシステムを搭載し、環境負荷低減を図っている。

ものの、16万8千人の乗車人員があった。五能線は赤字であるものの、「リゾートしらかみ」はJR東日本全体の増収に貢献しているのである。

JR旅客各社の路線網を「テーマパーク」、各路線を「アトラクション」と見立てて、旅客に「アトラクション」（各路線）へ向かうためにJR旅客各社の路線網を利用してもらうというアイデアの浸透を図ること、および新幹線のアクセスネットワークとして在来線を強化することが地方交通線・並行在来線の持続的運営のために必要である。地方交通線・並行在来線の「アトラクション化」または「遊覧船化」を図るために、豪華列車・面白列車を運行することは有効な方策であることは間違いない（図1）。

地方路線においては、観光輸送はもちろん、通勤・通学輸送の活性化のためにも、豪華列車導入は有効であると考えられる。大都市圏の最混雑時間帯に、別建ての通勤ライナーを運行することや、一般列車の車両の一部へグリーン車をはじめとする特別車両を連結することは、一般列車・一般車両の混雑を悪化させる懸念があるため、慎重な検討を要するものの、地方路線では一般列車乗車率は大都市圏ほど高くなく、豪華列車・豪華車両を導入しやすい環境にあると言える。競合の鉄道路線がない場合でも、他の交通機関（バスやマイカー）との競争に勝ち抜くために、魅力的な豪華列車・豪華車両の導入を考えたいところである。

JR東日本が東北地方で運行している「ポケモン・ウィズユートレイン」（写真2）やJR四国の「アンパンマン列車」（写真3）は、子供を伴う家族連れを引き付けている。特に、JR四国の「アンパンマントロッコ」がJR貨物による車両回送の協力も得て、JR東日本に貸し出され、2012年3月から7月にかけて、宮城、岩手、福島・茨城、千葉の各エリアで運行されたこと

写真2　JR東日本気仙沼線
「ポケモン・ウィズユートレイン」外観

写真3　JR四国瀬戸大橋線
「アンパンマントロッコ」外観

は記憶に新しい。「子供たちに笑顔を！！震災からの復興に向けて『アンパンマントロッコ』を運転！」とのコンセプト[4]の下、抽選で選ばれた被災地の家族連れが無料招待され、多くの子供たちに勇気を与えたに違いない。

　国鉄分割民営化後は、とかくばらばらになりがちなJR各社であるが、日本全国につながる鉄道ネットワークを発揮して、被災地支援にJR3社が一致団結した画期的取組みである。今後の継続が望まれる。

3. ステークホルダーの協働による不採算路線の活性化

　JR旅客会社や大手私鉄で豪華列車の運行が拡大しつつあるが、ただ列車を走らせるだけで活性化を実現することは容易なことではない。鉄道を活性化させるためには、沿線地域を巻き込み、協力体制を構築することが大切である。

　JR肥薩線では、観光列車として、「九州横断特急」、「SL人吉」、「いさぶろう・しんぺい」、「はやとの風」を運行している。これらの列車は観光客を引き付けるだけの魅力を備えているが、これら観光列車の旅を沿線地域の人たちが一緒になって盛り上げているのである。これらの観光列車の停車駅では、地元産品の即売会や歓迎イベントが頻繁に実施されている。また、肥薩線では「手を振レール運動」と称して、列車の窓から沿線の人たちに旅客が手を振ることを積極的に奨励しているが、沿線の人たちも積極的に列車に手を振って見送っている。「オラが町の鉄道」を盛り上げる機運がJR肥薩線

沿線に徐々に醸成され、それがリピーター獲得につながる好循環を生んでいる。鉄道活性化に「ソフト」がいかに大切かを、肥薩線の事例は如実に物語っている。

一方で、通勤・通学輸送を活性化させることが鉄道路線の持続的運営にとって何より大切なことであることもまた事実である。定期券利用者を増やすためには、どうしたらよいのだろうか。

鳥取県庁では、職員の特急通勤を認め、特急料金の半額相当額を支給している。この措置が、JR山陰本線の特急利用者を増やしていることはもちろんのこと、職員の単身赴任の解消を実現することで、彼らのQOL（生活の質）の向上にもつながっている。鳥取県の事例は、地元の協力が鉄道活性化を導いていることを示すベスト・プラクティスと言えそうである。

株主、経営者、鉄道利用者、地域住民、地元自治体等の鉄道事業者を取り巻くステークホルダーが手を取り合って、鉄道活性化に向けて協働することが、鉄道活性化へのカギである。また、鉄道事業者の垣根を超えて、鉄道事業者同士が「戦略的提携」[5]を取り結び、鉄道ネットワーク全体を活性化させるという発想も肝要である[6]。

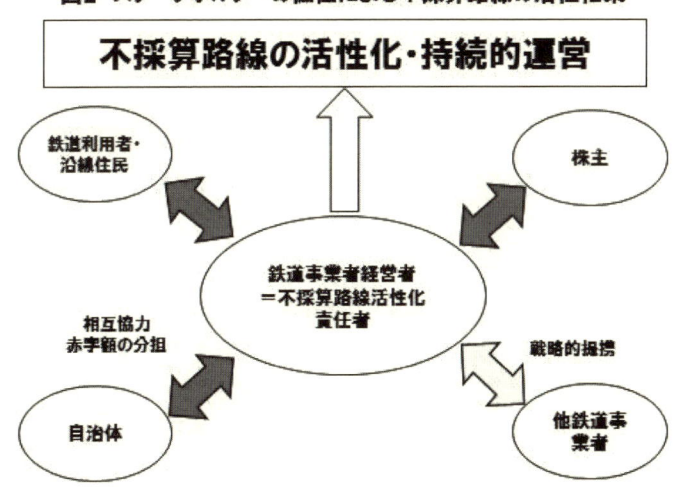

図2 ステークホルダーの協働による不採算路線の活性化策

不採算路線の活性化・持続的運営

- 鉄道利用者・沿線住民
- 株主
- 鉄道事業者経営者＝不採算路線活性化責任者
- 相互協力 赤字額の分担
- 自治体
- 戦略的提携
- 他鉄道事業者

［出典］ 大塚［2013d］、209頁。

ステークホルダー間の利害調整を図る上で「ステークホルダーアプローチ」が必要である。本論では「ステークホルダー」を企業によって影響を受けるまたは企業に影響を及ぼす人または集団[7]と定義し、その定義を踏まえ、「ステークホルダーアプローチ」をステークホルダーの利害調整を図る方法論と定義する[8]。

　鉄道が地域にもたらしている社会的便益を踏まえて、ステークホルダー同士が徹底的に議論を交わし、鉄道活性化を図ることが重要である。鉄道事業者をはじめとして、企業は株主価値向上を図りつつ、株主以外のステークホルダーへの責任を果たすという視点も考慮する必要がある[9]。JR本州会社や大手私鉄の不採算路線については、株主、沿線地域、利用者の間の負担の分かち合いを議論することが課題である（図2）。

　例えば、年間360万人以上の乗車人員がありながら、年間3億円弱の経常損失が続いているとして事業者から廃止が提案された近畿日本鉄道（近鉄）内部・八王子線では、地元の市民団体「特定非営利活動法人四日市の交通と街づくりを考える会」が、同線の社会的価値と軽便鉄道としての文化財

図3　市民が株主として経営参加する「市民鉄道」（出資比率：自治体70%、市民30%、補助金2億円、経常損失1.5億円の場合）

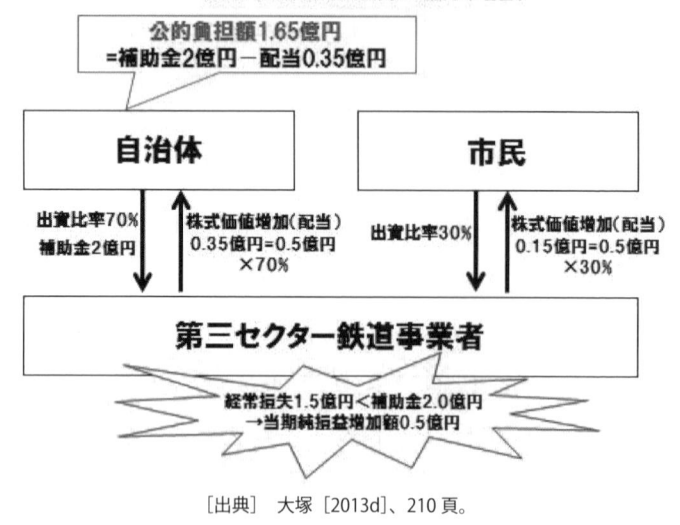

公的負担額1.65億円
＝補助金2億円－配当0.35億円

自治体　　　　　　　　　市民

出資比率70%　株式価値増加（配当）　　　出資比率30%　株式価値増加（配当）
補助金2億円　0.35億円＝0.5億円　　　　　　　　　　　0.15億円＝0.5億円
　　　　　　　×70%　　　　　　　　　　　　　　　　×30%

第三セクター鉄道事業者

経常損失1.5億円＜補助金2.0億円
→当期純損益増加額0.5億円

［出典］　大塚［2013d］、210頁。

写真4
2012年に開業から100周年を迎えた近鉄内部・八王子線　都市近郊鉄道としての社会的価値と全国に3か所しかない軽便鉄道の文化財的価値に注目が集まる中、沿線の洋食店「モンヴェール」による貸切列車が運行された

的価値の大きさを強調して、市民も株主として運営に参画する「市民鉄道」としての存続を提唱している。仮に、補助金が経常損失の範囲内に収まった場合、株式価値が向上するため、株主である市民の乗車がより促進される効果を見込むことができる（図3）。2013年11月24日には、沿線の洋食店「モンヴェール」による貸切列車が運行され、募集定員以上の参加者を集めた（写真4）。

　また、鳥取県の県職員に対する特急料金の半額支給の制度は、不採算路線の利用促進のために、自治体も応分の負担に応じている好事例であると言えるのではないだろうか。

4.　補助金支給による不採算鉄道存続の課題—「ステークホルダーアプローチ」からの示唆

　内部・八王子線をはじめとする各地の地域鉄道の存続問題は、補助金支給の是非という大きな判断を行政に突き付けている。

　JR本州会社や大手私鉄は、内部補助で不採算路線を維持してきたが、1990年代終わりから2000年代にかけて我が国でも活発化した株主価値重視の動きが、それを徐々に許容しない状況に追い込みつつある。

　しかし、鉄道の存続問題は、会計上の損益（＝株主利益）だけで決するべきではなく、鉄道がもたらす社会的便益を踏まえた議論に基づいて判断されるべき性質を有するものである。

鉄道が地域にもたらしている社会的便益を踏まえて、ステークホルダー（株主、債権者、経営者、地域社会、利用者、行政等）が徹底的に議論を交わし、鉄道活性化を図ることが重要である。

　鉄道会社をはじめとして、企業は株主価値向上を図りつつ、株主以外のステークホルダーへの責任を果たすという視点も考慮する必要がある[10]。現代企業は可能な限りステークホルダーのニーズに対応する合目的的な社会的機関であると理解するのが最善であるからである[11]。

　JR本州会社や大手私鉄の不採算路線については、株主、沿線地域、利用者の間の負担の分かち合いを議論することが重要である。JR本州会社や大手私鉄の貸借対照表の純資産の部に「社会貢献積立金」を設定し、当該積立金を活用して、不採算路線活性化策を講じるのも一案であろう。積立金設定事業者に税制優遇を措置することで、補助金支給を回避しつつ、実質的な補助金支給と同等の効果を発生させることによって、事業者に不採算路線活性化のインセンティブを与える案も有効と考えられる[12]。また、JR本州会社や大手私鉄の地方路線にクルーズトレインを運行し、大都市圏から地方までの新幹線や特急利用者を増やすことによって、会社全体で採算を確保する方策も検討する余地がある。

　採算路線を有しない地域鉄道事業者は、補助金なしに存続することは困難である。費用対効果分析に基づいて、補助金支給の可否を検討する必要がある。不採算の場合でも、社会的価値＞会計損失の場合は、鉄道の主要な受益者である沿線住民が税金で支えることで、沿線住民の便益が守られる。不採算鉄道の存続のための拠出額は、便益を守るための投資であるとの考え方（費用対効果）が必要である。

5.　まとめにかえて

　今後我が国の鉄道事業者には、少子化による乗車人員減を見据えた経営戦略が必要となってくる。先に述べた豪華列車導入による地方路線の活性化も、少子化時代の下で持続的運営を実現する方策として位置付けることが適当であろう。そして、「ステークホルダーアプローチ」に基づくステークホルダー間の負担の分かち合いが必要と考えられる。

これまでは、株式会社形態の鉄道事業者には採算性と株主価値向上に向けた努力が求められてきた。しかし、欧米では、イコールフッティングの立場から鉄道施設は公共財産という考え方に基づいて、インフラ部分については、公的主体が負担する方法が主流になっているとされる。宇都宮［2012］によると、地域の鉄軌道を下水道や道路などと同じ都市のインフラとみなし、公的な財源で支える一方、運行については施設保有者とは別個の運行会社によって担われている事例も多いことが指摘されている[13]。

　日本で不採算路線の持続的運営を確保するためには、「ステークホルダーアプローチ」に基づいて、インフラ部分については行政が負担する一方で、運営費については、利用者、株主が原則として負担し、さらに不足する部分については行政も負担する枠組みを常に議論することが欠かせない。そうすることで、不採算路線がもたらす社会的便益を維持することができる。また、普段からこうした負担の分かち合いを議論することが、災害による鉄道施設の損傷が生じた時にも、復旧に向けた環境を整備することにも資することになる。不採算であるから存続が無意味であると短絡的に判断するのでなく、地域の活力維持のために、普段から鉄道の在り方についてステークホルダー同士で議論を交わしておくことが、鉄道を守ることにつながるのである。

注

1) 宇都宮［2012］、172 頁を参照されたい。
2) 本論は大塚［2013d］第 7 章を基に再構成していることを予めお断りしておきたい。
3) 詳細は、大塚良治［2011］を参照願いたい。
4) 『JR 四国ホームページ』http://www.jr-shikoku.co.jp/03_news/press/12-02-07/01.htm、『JR 東日本ホームページ』http://www.jreast.co.jp/press/2011/20120203.pdf、『JR 貨物ホームページ』http://www.jrfreight.co.jp/ommon/pdf/news/201202-01.pdf を参照のこと。
5) Jeffs [2008], pp.83-84. によると、戦略的提携とは、「リスクを軽減し、お互いに望む成果を達成することを目標とするリエゾンを形成するための 2 社以上の会社が結ぶパートナー協定（partnership agreement）である。
6) 詳しくは、大塚［2012］をご覧いただきたい。

7) Boutilier [2012], p.4.
8) 津田［2005］、81頁
9) Smith [2008], p.10 and Brockett, et al. [2012], p.8.
10) Smith [2008], p.10 and Brockett, et al. [2012], p.8.
11) Husted, *et al.* [2011], p.43.
12) 勇和孝氏のアイデアを応用して、報告者が考案した。勇氏に記して感謝申し上げる。
13) 宇都宮［2012］、172-173頁

参考文献

Boutilier, B. [2011], *A Stakeholder Approach to Issues Management*, Business Expert Press, 2011.

Brokett, A. M., and Z.Rezaee [2012], *Corporate Sustainability Integrating Performance and Reporting*, Willey, 2012.

Smith, I. B. [2008], "Research Paper on The Japanense Approach to Corporate Governance –A Foreign Researcher's View", *Daito Bunka University Research Paper*, March 2008.

Husted, B. W., and D. B. Allen [2011], *Corporate Social Strategy Stakeholder Engagement and Competitive Advantage*, Cambridge University Press, 2011.

Jeffs, Chris [2008], *Strategic Management*, SAGE, 2008。

宇都宮浄人［2012］『鉄道復権　自動車社会からの「大逆流」』新潮社、2012年。

大塚良治［2011］「JR本州3社の地方交通線・並行在来線の持続的運営に向けた株主利益の内部留保」『交通権』第28号、2011年5月。

大塚良治［2012］「鉄道事業者間の戦略的提携に基づく鉄道ネットワークの持続的運営への模索―中小私鉄の活性化を中心として―」『湘北紀要』第33号、2012年3月

大塚良治［2013a］「鉄道廃止による地域への影響に関する一考察― BRT化が提案された内部・八王子線への示唆―」『湘北紀要』第34号、2013年3月。

大塚良治［2013b］「不採算鉄道の社会的便益―内部・八王子線の事例に焦点を当てて―」『湘北紀要』第34号、2013年3月。

大塚良治［2013c］「不採算鉄道存続問題における費用対効果分析の実施と鉄道存続策としての補助金支給の正当化」『交通権学会第28回研究大会報告資料』、2013年7月。

大塚良治［2013d］『「通勤ライナー」はなぜ乗客にも鉄道会社にも得なのか』東京堂出版、2013年。

津田秀和［2005］「ステークホルダーアプローチによるコーポレート・ガバナンス論に関する考察―その理論に内包される規範性の批判的検討を通じて―」『経営管理研究所紀要』、2005年12月。

あとがき

野口周一
佐藤知条

　「まえがき」において現在の比較文化学の多様性に言及したが、本書を通読された方はそのことを実感されたことと思う。一方で、多様性を「なんでもあり」と読み替えることは、責任ある学術団体としてあってはならない姿勢だろう。このことは、個々の研究を深めることとは別に、われわれがあらためて問わなければならない課題である。比較文化学の地平が拓かれれば拓かれるほど、何をもって比較文化学なのかが問われ、熟考され、共有されなければならない。この論集が活発な議論の契機となることを願っている。
　なお日本比較文化学会関東支部は 1986 年に設立され、再来年に設立 30 周年を迎える。それを記念して新たな論集の出版を企画中とのことである。そこに、本書から刺激を受けさらなる比較文化学の地平を拓く論文が掲載されるならば、執筆者の一人として、そして編集に携わった者として望外の喜びである。
　本書所収の論文の査読にあたっては本学会関東支部の会員の方々にご協力をいただいた。そして刊行にあたり山内信幸会長には序文をお引き受けいただき、刊行の主旨については関東支部長の近藤俊明氏にご理解をいただいた。また厳しい出版事情のなか、開文社出版に本書の出版を快諾いただき、とくに安居洋一社長には特別にご配慮を賜った。三氏に御礼申し上げたい。

2014 年 3 月

執筆者一覧（掲載順）

第1部
中村 友紀　　関東学院大学
下田尾 誠　　中央総合学園
熊谷 摩耶　　東北大学大学院博士課程
高山 有紀　　新島学園短期大学
伊藤 善隆　　湘北短期大学
石井 智子　　立命館大学大学院研修生
王　 媛　　　一橋大学大学院博士課程
齋藤 忠和　　立命館慶祥高等学校
鈴木 正弘　　埼玉県立所沢西高等学校
佐藤 知条　　湘北短期大学
野口 周一　　湘北短期大学

第2部
阿久津 聡　　群馬県立文書館
才藤 千津子　同志社女子大学
山内 信幸　　同志社大学
三井 真紀　　九州ルーテル学院大学
木下 哲生　　防衛大学校
荒井 美幸　　同志社大学
高橋 強　　　東海大学
成田 小百合　新島学園短期大学
前田 浩　　　新島学園短期大学
水島 孝司　　南九州短期大学
森崎 巧一　　湘北短期大学
大塚 良治　　湘北短期大学

| 比較文化学の地平を拓く | （検印廃止） |

2014年3月30日　初版発行

編　　者	日本比較文化学会関東支部
発 行 者	安　居　洋　一
印刷・製本	創　栄　図　書　印　刷

162-0065　東京都新宿区住吉町 8-9
発行所　**開文社出版株式会社**
TEL 03-3358-6288　FAX 03-3358-6287
www.kaibunsha.co.jp

ISBN978-4-87571-877-2　C3036